범애汎와 평등

범애汎愛와 평등
— 홍대용의 사회사상

박희병 지음

2013년 3월 18일 초판 1쇄 발행
2019년 7월 30일 초판 2쇄 발행

펴낸이 한철희 | 펴낸곳 돌베개 | 등록 1979년 8월 25일 제406-2003-000018호
주소 (10881) 경기도 파주시 회동길 77-20 (문발동)
전화 (031) 955-5020 | 팩스 (031) 955-5050
홈페이지 www.dolbegae.co.kr | 전자우편 book@dolbegae.co.kr
블로그 imdol79.blog.me | 트위터 @Dolbegae79

편집 이경아
표지디자인 민진기디자인 | 본문디자인 박정영·이은정
마케팅 심찬식·고운성·조원형 | 제작·관리 윤국중·이수민
인쇄·제본 상지사P&B

ISBN 978-89-7199-527-3 (94150)
이 도서의 국립중앙도서관 출판시도서목록(CIP)은 e-CIP 홈페이지
(http://www.nl.go.kr/ecip)에서 이용하실 수 있습니다.(CIP제어번호: CIP2013001366)

책값은 뒤표지에 있습니다.

돌베개 한국학총서 14

범애와 평등

汎愛

홍대용의 사회사상

박희병 지음

돌베개

책머리에

　이제 이 책으로써 담헌 홍대용을 향한 나의 긴 학문적 여정을 마무리하고자 한다.

　나는 삼십대 후반인 1990년대 초에 홍대용을 만났다. 약 20년 전이다. 그 당시 나는 학문의 목적 및 방법과 관련하여 큰 고민에 사로잡혀 있었다. 기존의 학문 패턴을 탈피해 학문의 틀을 새롭게 정초定礎하고 싶다는 욕구는 강했으나 암중모색만 했지 길을 찾지는 못하고 있었다. 내가 홍대용의 『담헌서』湛軒書를 읽은 것은 바로 그 무렵이다. 나는 이 책을 읽고 비로소 길을 발견할 수 있었으며, 마침내 한 걸음씩 앞으로 전진할 수 있게 되었다.

　홍대용과의 만남을 계기로 나는 1995년 겨울에 「한국고전문학의 전통과 생태적 관점」이라는 논문을 발표했으며, 1999년에는 『한국의 생태사상』이라는 책을 내게 되었다. 이후에도 홍대용의 탈화이론脫華夷論과 평화주의 사상에 관심을 쏟으며 공부를 계속하였다. 그렇기는 하지만, 나는 그의 사회사상 전반에 대한 연구를 진행하지는 못했다. 그래서, 조만간 이 작업을 수행해야겠다고 늘 생각해 왔다. 그러던 차, 재작년 실시학사實是學舍의 요청으로 홍대용의 사회사상에 대한 논문을 집필하게 되었다. 나는 이참에 내가 몇 년 전부터 구상하고 있던 홍대용의 사회사상 연구에 착수하였다. 이 책은 바로 그 결실이다.

홍대용에 대해서는 기왕에 연구가 적지 않다. 특히 그가 주장한 '지전설'地轉說과 관련해 과학사 연구자들이 많은 관심을 보여 왔다. 하지만 홍대용 사상의 본령은 '사회사상'에 있다는 것이 나의 생각이다. 그의 자연과학 연구조차도 그것이 궁극적으로 향하고 있는 곳은 사회사상이기 때문이다. 따라서 홍대용 사상의 본래면목本來面目을 드러내기 위해서는 그의 사회사상의 내용과 성격을 심도 있게 검토할 필요가 있다. 이 점에서 우리 학계의 홍대용 연구는 아직 '본론'에 들어가지 못했다 할 것이다. 홍대용의 사상이 그 실상에 걸맞게 제대로 평가받고 있지 못하다고 내가 생각하는 건 이 때문이다.

이 책에서는 홍대용의 사회사상에 대한 전면적 고찰이 시도된다. 근래, 주로 성리학 – 낙론洛論과의 관련 속에서 그의 사회사상을 이해하고자 하는 경향이 있지만, 나는 그런 접근법에 동의하지 않고 홍대용 사상의 형성 계기를 좀더 다면적으로 이해하고자 하였다. 그 결과 홍대용이 장자莊子와 묵자墨子를 주체적으로 원용援用한 데 주목하였다. 특히 홍대용 사회사상의 숙성熟成 과정에서 묵자는 대단히 중요한 인소因素다. 그럼에도 이 점에 대한 해명은 종전에는 없었다.

묵자는 유교를 국시國是로 삼은 조선에서 이단 중의 이단으로 간주되었으며, 전통시대의 학자 중 묵자에 우호적인 태도를 보인 인물은 홍대용 외에는 찾아볼 수 없다. 중국에서도 묵자는 무시된 사상가였다. 묵자가 재조명된 것은 18세기 후반, 청조淸朝 고증학자들에 의해서였다. 하지만 홍대용의 묵자에 대한 관심은 청조 고증학자들의 영향을 받은 것이 아니라, 독자적인 것이었다.

유가儒家가 묵자를 미워하며 배척한 가장 큰 이유는 그가 '겸애'兼愛를 주장한 데 있다. 유가의 본령은 '차등애'差等愛에 있는데, 묵자의 겸애는 차별 없는 사랑, 곧 '평등애'平等愛이기 때문이다. 놀라운 것은 홍대용이 겸애를 진리로 받아들였다는 사실이다. 또한 주목되는 것은, 묵자의 겸애는 '사람과 사람'의 관계에 한정되지만, 홍대용은 이를 '사람과 사람'의 관계는 물론이려니와 '사람과 사물(즉 자연)'의 관계 및 '자족自族과 타족他族'의 관계로까지 확장시켜 놓고 있다는 점이다. 이 책의 제목 중에 보이는 '범애'汎愛라는 말은 홍대용에 의해 확장된 이 새로운 겸애를 지칭한다. 사회와 자연을 아우르는 홍대용의 도저한 평등사상의 배후에는 바로 이 '범애'라는 개념이 자리하고 있다. 이로써 홍대용의 사상은 성리학은 말할 나위도 없고 기존의 유학을 뛰어넘는 면모를 지니게 되었으며, 인간학과 자연학, 그리고 사회철학에 있어 전혀 새로운 패러다임을 만들어 내면서 호한浩瀚하고 혁신적인 세계관을 정초해 낼 수 있었다. 사상의 이런 스케일과 창의성은 조선에서는 물론이려니와 근세 동아시아에서 유례를 찾기 어렵다.

　홍대용 사상 속의 '범애' 개념은 오늘날 우리가 사용하고 있는 '박애'라는 말과는 다르다. '박애'는 기독교적 연관을 갖는 말로서, 어디까지나 '인人–인人'의 관계에 초점을 맞추고 있다. 그 점에서 그것은 휴머니즘의 한계 안에 있다. 이와 달리 홍대용의 '범애'는 '인–인'만이 아니라, '인–물物'의 관계에까지 적용된다. 이 점에서, 자연에 대한 태도와 관점의 수정을 요구받고 있는―그것은 동시에 인간에 대한 관점의 수정과 연결되지만―현대인은 이 개념에 주목할 필요가 있지 않을까 한다.

　종래 필자를 포함해 모든 연구자들은 홍대용을 북학파의 일원으로 간주해 왔다. 본서는 이런 통설을 뒤집고 있다. 박지원이나 박제가가 대체로 생산력生産力의 향상에 치중한 개혁론을 주장했다면, 홍대용은 그와 달리 사회적 관계의 평등을 제고提高하는 데 중점을 둔 개혁안을 구상하였다. 북학론北學論은 비록 현실적이기는 하나 그 논리구조가 퍽 단순한 데 반해, 홍대용의 사회사상은 대단히 심오하다.

근세 동아시아의 사상가 중 홍대용만큼 국내 문제 및 국제 관계에 있어서 '평등'의 이념을 관철시켜 간 인물은 없지 않나 생각된다. 그는 동아시아의 사상적 전통 속에 담지된 '평등'의 계기를 십분 끌어왔으며, 이를 자신의 창조적인 사상으로 재구성해 냈다. 그리하여 장자와 묵자만이 아니라, 낙론, 기철학氣哲學, 양명학을 원용하였다. 서학西學도 예외는 아니었다. 그러므로 홍대용은 단순히 유가적 지식인으로 규정될 수 없다. 또한 특정한 중국 사상가를 추종한 아류적 사상가도 아니다. 그는 과감히 '정통'正統과 '이단'의 경계를 허물면서 새롭게 진리의 지평을 넓으로써 자기대로의 일가一家를 이뤄 낸, 대단히 독특하고 창의적인 사상가라고 해야 마땅하다.

주지하다시피 조선 후기에는 실학이 개화開花하였다. 그것은 새로운 사회, 새로운 세상에 대한 꿈꾸기로서의 면모를 갖는다. 그러므로, 홍대용 사회사상의 진가와 고유성을 드러내기 위해서는 실로 다채롭게 전개된 조선 후기 실학의 사상사적 지형도地形圖 속에서 홍대용을 음미할 필요가 있다. 본서의 제5장은, 비록 그 분량상 책의 균형을 깨뜨리고 있긴 하지만, 순전히 이런 필요 때문에 서술되었다.

이처럼 본서는 비록 홍대용의 사회사상에 대한 연구서이기는 하나, 조선 후기 실학사 내지 사상사를 보는 시각 자체를 수정하고 있어 여러 가지 면에서 논쟁의 소지를 안고 있다. 설사 나의 생각이 모두 옳지는 않을지라도 문제 제기 자체, 그리고 다른 종류의 시각과 목소리 자체는 필요하고 의미 있는 게 아닌가 스스로 생각한다. 비판과 갱신更新이 없는 학문은 죽은 학문이다. 아무쪼록 질정과 편달을 바란다. 그 과정에서 우리 학문의 체력이 더욱 튼실해지고, 사유 수준이 좀더 높아진다면 그보다 다행한 일이 있겠는가.

　물질적 부와 효율의 추구가 우리 삶을 행복하게 할 것인가? 검소와 절약의 가치를 전全사회적으로 공유하고, 자기중심주의를 덜어 나가면서 사회적 평등의 수준을 제고하는 쪽에 힘을 쏟는 것이 우리의 삶을 행복하게 할 것인가? 문명은 과연 자연과 어떤 관계를 맺는 것이 바람직한가? 궁극적으로 이 지구상에서 인간은 어떻게 살아가는 것이 바람직하며, 인간다운가? 홍대용의 사회사상을 연구하며 나는 이런 물음들을 다시 골똘히 묻지 않으면 안 되었다.

　어려운 여건에도 이같은 책을 흔쾌히 출판해 주신 돌베개의 한철희 사장과, 언제나 그래왔듯 자기 글처럼 정성들여 편집과 교정을 해준 이경아 팀장에게 감사를 표한다. 아울러 교정과 색인 작성을 도와준 나의 문생들인 김민영, 안준석, 박희수 군, 그리고 자료에 도움을 준 박상휘, 유정열 군에게도 고마운 마음을 전한다.

2013년 3월

박희병

차례

제1장

무엇이 문제며, 무엇을 할 건가

본서는 담헌湛軒 홍대용洪大容(1731~1783)의 사회사상, 특히 만년의 사회사상을 검토함을 목적으로 한다. '사회사상'이란 일반적으로 '사회적 이념이나 제도에 대한 구상 내지 모색'을 의미한다. 잘 알려져 있다시피 담헌은 새로운 학문을 구축하였다. 담헌이 구축한 이 새로운 학문은 단지 사회사상만으로 다 설명될 수 있는 것은 아니지만, 그럼에도 그 핵심에 사회사상이 자리하고 있다는 것이 필자의 생각이다. 담헌의 학문 속에 포섭되어 있는 여러 사상적 계기들은, 비록 그것이 꼭 모두 사회사상에 해당되는 것은 아니라 할지라도, 사회사상과 간접적으로 관련을 갖거나 일정한 연관을 맺고 있는 경우가 적지 않다. 이 점에서 담헌 사회사상의 검토는 그의 학문 전반, 혹은 그의 사상 전반에 대한 검토와 긴밀하게 맞물려 있는 문제라 아니할 수 없다.

담헌은 당대의 주류 학문인 정주학程朱學에서 출발했으나, 당시 조선의 학자들이 보여주던 정주학의 말폐에 깊은 의혹과 회의를 품지 않을 수 없었다. 담헌은 정주학을 공부하면서도 서학西學에 깊은 관심을 가져 천문학과 수학을 연구했으며, 병학兵學에도 남다른 관심을 쏟았다. 말하자면 그는 도학 공부만 한 것이 아니라 자연과학과 실용지학實用之學을 함께 공부했던 셈이다. 이는 그가 이른바 연행燕行을 통해 '중국'이라는 텍스트를 정독精讀하기 이전에 이미 그러했다. 이것이 담헌 사상 형성의 제1단계에 해당한다.

담헌은 35세 때인 1765년 연행을 떠나 1766년 귀국하였다. 담헌의 중국 여행은 그의 학문과 사상에 아주 중요한 모멘트가 되었다. 담헌은 중국에 가기 전에 이미 학문적으로 자기대로의 경지를 이룩했다고 보이며, 조선 학계의 최전선最前線에 있었던 것으로 생각된다. 그렇긴 하지만 이 단계의 담헌은 비록 조선 학문의 패러다임과 조선 지식인의 일반적 사유 방식과 담론 행태에 큰 의혹을 품고 있었음에도 불구하고 그것을 부수면서 그 대안에 해당하는 새로운 논리구조와 사유 체계를 모색하거나 구상하는 데까지는 이르지 못했던 것으로 보인다. 담헌의 중국 여행이 담헌 사상의 형성 과정에서 중차대한 의미를 갖는 것은 바로 이 때문이다. 즉 '중국 여행'이라는 외적 계기는 담헌 사유의 내적 조건으로 인해 빛을 발할 수 있었던 것이다. 달리 말하면 담헌에게 있어 '중국'이라는 계기는 그 사유의 내적 조건의 연장선상에 있는 것이었다고 할 만하다. 이로 인해 담헌의 '중국 읽기'는, 이전의 조선 지식인 그 누구와도, 그리고 이후의 조선 지식인 그 누구와도 다른 의미를 갖게 된다. 그러므로 담헌의 중국 여행은 그 사상 형성의 제2단계에 놓인다고 할 만하다.

중국에서 돌아온 후 담헌은 주지하다시피 중국에서 사귄 몇 명의 인물과 지속적으로 편지를 주고받으며 우정을 나눔과 동시에 학문적인 교류를 전개하였다. 이 과정에서 담헌은 자신의 사유 내지 입장을 좀더 분명히 하거나, 조선 학문의 문제점을 좀더 뚜렷이 자각할 수 있었다. 한편 담헌은 중국에서 돌아온 후 조선의 보수적인 학자인 본암本庵 김종후金鍾厚(1721~1780)와 치열한 사상 논쟁을 벌인다. 이 논쟁은 담헌에게 조선 학문의 허위성과 오활함을 더욱 통절히 절감케 하는 계기가 되었으며, 이 논쟁을 거친 담헌은 사상적으로 위축되기는커녕 이전보다 훨씬 더 담대하고 적극적으로 새로운 학문과 사상을 모색하는 쪽으로 나아가게 된다. 이 논쟁은 담헌을 사문난적斯文亂賊으로 몰 수도 있을 만큼 위험한 것이었고 담헌 스스로도 그 점에 적지 않은 위구심危懼心을 느껴야 했지만, 그럼에도 이 논쟁을 거치면서 담헌은 사상적으로 더욱 전투적으로 바뀌게 되고, 성리학 혹은 유교 바깥의 사상들, 이른바 '이단'으로 간주되는 사상들을 전면적으로 재검토하면서 사상의 영역에서 '정통'과 '이단'의 경계를 허무는 작업을 꾀하게 되었다. 그리하여 이 시기의 담헌은 비단 정주학만이 아니라 양명학陽明學도, 그리고 유학만이 아니라, 서학, 불교, 제자백가도 모두 진리를 일정하게 구현하고 있다는 생각에 도달하게 되었다. 제자백가 가운데는 특히 장자莊子와 묵자墨子가 유의되었다. 묵자는, 맹자 이래 유학자들이 늘 '양주楊朱·묵적墨翟'으로 병칭하면서 그를 배우면 금수에 가깝게 된다며 가장 극렬하게 이단으로 내친 대상에 해당한다. 담헌은 이런 묵자에 내포된 사상 계기를 적극적으로 수용하여 자신의 사상을 만들어 나갔다.[1] 이런 점에서 담헌은, 기존 연구에서는 결코 그렇게 보지 않았지만, 단순히 유자儒者로만 파악되어서는 안 된다. 그는 비록 유교에서 출발했으나, 사상 전개의 어느 국면에서 장자와 묵자를 포섭함으로써 유교를 벗어나는 지점에까지 나아가게 되었으며, 그리하여 유교가 강조하는 차등에 대한 대안으로서 '평등'을 사상적 지향점으로 내세우게

---

1 종래 담헌 사상과 묵자의 관련성에 대해서는 아무도 언급한 적이 없다. 담헌이 자신의 사상을 완성하는 데 묵자의 어떤 계기들을 적극적으로 원용(援用)한 것은 만년에 와서였다. 이로써 담헌의 사상은 조선조의 어떤 학인(學人)과도 구별되는 자기만의 독특한 컬러와 지향을 갖게 되었다. 이 점에서 담헌 사상의 독해(讀解)에서 묵자와의 관련성은 퍽 주목을 요한다. 담헌 사상의 본질에 대한 이해와 맞물려 있음으로써다.

되었다. 담헌이 추구한 '평등'의 기저에는 차등애差等愛를 본질로 삼는 유가의 인仁과는 다른, '평등애'를 본질로 삼는 묵가墨家의 겸애가 자리하고 있다. 담헌은 묵가의 이 겸애를 묵가 본래의 그것과 달리 사회철학에 한정시키지 않고 자연철학적으로 확장시킴으로써 거기에 생태주의적 및 우주론적 맥락을 보태고 있다. 본서에서는 담헌에 의해 확장된 이 겸애 개념을 '범애'汎愛라 명명하기로 한다.[2] 범애와 평등을 강조한 이 시기가 담헌 사상 형성의 마지막 단계, 즉 제3단계에 해당한다. 담헌은 바로 이 시기에 『임하경륜』林下經綸과 『의산문답』毉山問答, 이 두 문제적 저작을 저술한 것으로 추정된다.

『임하경륜』에는, 조선이라는 나라를 좀더 튼실하게 만들고 백성들을 잘살게 하기 위해서는 경제, 행정, 군사, 교육 제도에 있어 어떤 획기적인 개혁이 필요한가, 양반이라는 유식遊食 신분을 어떻게 할 것인가, 사민四民, 즉 사농공상은 과연 어떻게 이해되어야 옳은가, 신분 세습은 정당한 것인가, 교육은 지배층인 사족士族의 자제에게만 허용되어야 하는가 아니면 모든 인민에게 허용되어야 하는가, 인재 등용, 즉 국가의 관리 등용에 있어 어떤 사회적 제한을 두어야 하는가 아니면 능력에 따른 '기회의 평등'을 보장해야 하는가, 왕실의 사치는 어떻게 제한할 것인가, 간관諫官 제도는 왜 혁파되어야 하며 그 대안은 무엇인가, 전쟁에 대해 어떤 태도를 취해야 하며, 평화시에 무비武備, 특히 축성築城을 어떻게 해야 하는가 하는 등등의 문제에 대한 담헌의 의견이 개진되어 있다.

---

2 담헌 스스로 '범애'라는 말을 쓴 적이 있다. 이에 대한 자세한 논의는 본서의 제2장 제5절로 미룬다. '범애'는 '겸애'와 같은 뜻으로 쓰이기도 하나, 본서에서는 담헌에 의해 확장된 이 겸애 개념을 '범애'로 정의한다.

『의산문답』에는, 인간이란 어떤 존재인가, 인간과 사물은 어떤 관계에 있는가, 진정한 학문이란 어떠한 것인가, 우주는 어떻게 구성되어 있으며 그 속에서 지구는 어떤 위치에 있는가, 인간과 문명의 관계, 욕망·소유·지배·폭력과 국가의 관계, 성인聖人과 예악형정禮樂刑政, 즉 성인과 사회적 제도와의 관계 등등은 여하히 이해되어야 하는가, 화이華夷의 관계에서 볼 때 중국의 역사는 어떻게 파악될 수 있는가, 그리고 화華와 이夷는 엄별되어야 마땅한가 아니면 본질적으로 평등한 존재인가, 중화주의＝중국중심주의 및 화이론의 초석을 놓은 책인 공자의 『춘추』春秋는 과연 어떻게 이해되어야 할 것인가, 그것은 시공간을 뛰어넘는 절대적 진리를 담지하고 있는가 아니면 역사적·지리적·문화적으로 제약된 진리를 담지하고 있을 뿐인가 하는 등등의, 인간·자연·사회·역사와 관련된 중차대하고 심오한 물음들이 근저에 자리하고 있으며, 이에 대한 담헌의 견해가 제시되어 있다.

요컨대, 『임하경륜』에 담헌의 사회정치적 견해가 제시되어 있다면, 『의산문답』에는 인간과 자연과 세계에 대한 전연 새로운 기획企劃, 새로운 사유들이 원리적原理的으로 모색되고 있다. 그러므로, 담헌의 사회사상을 온전히 파악하기 위해서는 이 두 저작을 합간合看하지 않으면 안 된다.

서상敍上한 바와 같이, 담헌 사상의 전개는 크게 세 단계로 구획된다. 제1단계는 제2단계와 연결되고, 제2단계는 제3단계와 연결된다. 제1단계와 제2단계 사이에는 단절과 연결이 함께 존재하며, 제2단계와 제3단계 사이도 마찬가지다. 그런데 담헌 사상 형성 과정의 단절과 연결을 살피는 것도 중요하지만, 그보다 중요한 것은 단계에 따라 어떤 지적知的 도약, 어떤 인식의 진전과 비상飛翔이 나타나는가 하는 점을 살피는 일일 터이다. 이 점에 주목해야 사상가로서 담헌의 분투와 그 사유의 발전 과정이 온전히 파악될 수 있겠기 때문이다. 기왕의 연구에서는 대체로 담헌의 사상이 시간적 계기 관계 속에서 이해되지 못하고, 정태적·평면적으로 파악된 면이 없지 않다.

한편, 담헌은 이른바 북학파의 영수領首, 혹은 북학파의 선도자先導者로 이해되어 왔다. 그래서 담헌 사상은 '북학사상'으로 명명되기도 하였다. 기왕의 모든 연구가 그런 입장을 취해 왔다. 하지만 최근 필자는 이런 입장에 강한 회의를 품게 되었다. 그래서 본서에서는 담헌 사상과 북학론의 관련을 재검토하고, 담헌의 사상을 '북학사상'으로 부르는 것이 과연 합당한지를 따지게 될 것이다.

담헌의 학문과 사상에 대해 논의한 기존 연구는 적지 않다. 그중 유봉학 교수의 『연암일파 북학사상 연구』[3]는, 담헌의 '북학사상'이 낙론洛論의 사유 구조 속에서 배태될 수 있었음을 해명하였다. 이런 관점은 조선 후기 사상사를 공부하는 후학들에게 지금도 큰 영향을 미치고 있는 것으로 보인다. 하지만 담헌의 사상을 낙론과의 연관성 속에서만 규정해서는 담헌이 당대 조선의—나아가 당대 동아시아의—사상적 지형 속에서 고군분투하며 이룩해 간 사상의 형성 과정과 그 사상의 독특한 내질內質이 정당하게 포착되기 어렵다. 앞에서도 지적했듯, 담헌의 사상은 사상 주체의 내적 조건과 외적 계기의 변증법적 교호작용交互作用 위에서 전개되어 간 측면이 강하고, 따라서 사상 주체의 대응 양상 내지 고투苦鬪의 양상이 각별히 주목될 필요가 있다. 담헌 사상의 낙론적 기초를 강조하는 입장에서는 이런 주체적 대응 내지 고투가 사상捨象되고 만다. 그 결과 담헌 사상은 '북학사상'으로 잘못 단순화되거나 박제화剝製化되어 버리며, 북학론北學論을 전개한 박지원이나 박

---

3 일지사에서 1995년 간행되었다.

제가의 사유와 대동소이한 것으로 이해되고 말게 된다. 담헌과 박지원·박제가를 함께 묶어 흔히 연암일파燕巖一派 내지 연암학파燕巖學派라 부르고 있으나, 담헌은 이들과 그 사상적 지향점을 달리한다. 물론 이들 사이에는 사상의 공통점도 없지 않지만, 그것만 강조하는 것이 능사는 아니며, 오히려 차이에 예민하게 주목해야만 각인各人의 사상적 입지는 물론, 담헌 사상의 유니크한 측면이 정당하게 해명될 수 있다.

담헌의 '사회사상'에 대한 언급으로는, 비록 산발적인 논의지만, 천관우 씨의 「홍대용」[4]과 「홍대용의 실학사상」[5]이 주목된다. 본격적인 논의로는, 조광 교수의 「홍대용의 정치사상 연구」,[6] 신용하 교수의 「담헌 홍대용의 사회신분관과 신분제도 개혁사상」[7]을 꼽을 수 있다. 이들의 논의에는 공통적으로 민족주의적 및 근대주의적 시각이 견지되고 있음이 특징적이다. 이 경우 민족주의와 근대주의는 서로 결부되어 있다. 민족적 자긍심의 주관적 강조와 자생적 근대화의 맹아를 발견하려는 시도는 서로를 안받침하고 있음으로써. 이런 시각은 그 시대의 인식틀에 좌우된 것일 터인데, 지금 보면 부담스러운 부분이 없지 않다. 따라서 이런 시각을 걷어내 버리고, 가능한 한 담헌 당대의 사회역사적 틀 속에서 그의 사회사상이 갖는 의의와 한계를 따져 보는 일이 일차적으로 긴요하다고 생각된다. 담헌 사상의 후대적 전망도 어디까지나 이를 토대로 할 때에만 공소空疎함을 면할 수 있을 것이다.

담헌의 사회사상에 대한 논의에서 화이론華夷論에 대한 검토는 특

---

4 천관우 외, 『한국의 인간상』 4(신구문화사, 1965)에 실려 있다. 이 글은 천관우, 『한국사의 재발견』(일조각, 1974)에 '담헌 홍대용'이라는 제목으로 재수록되었다.

5 천관우, 『근세조선사연구』(일조각, 1979)에 실려 있다.

6 『민족문화연구』 14(고려대 민족문화연구소, 1979)에 실려 있다.

7 『한국문화』 12(서울대 한국문화연구소, 1991)에 실려 있다.

히 중요하다. 담헌의 사회사상이 화이론에만 국한되는 것은 물론 아니지만, 화이론에 대한 그의 인식 태도는 여타의 사회사상적 의제議題들, 이를테면 '문명'을 보는 그의 시각이라든가, 인간과 사물의 관계에 대한 그의 인식론적·존재론적 태도라든가, '중심'과 '주변', '안'과 '밖'에 대한 그의 가치론적 판단 등과 서로 내면적으로 깊이 맞물려 있으며, 일종의 논리적·이론적 정합성整合性을 구축하고 있다. 사상가로서 담헌의 특출함과 심원함이 바로 이에서 잘 드러나는 셈이다.

이런 점에서 본다면 담헌의 화이론을 그 자체만 떼어 내어 논의하는 방식은 필경 오독誤讀이나 천박한 이해로 귀결될 수밖에 없다고 생각된다. 그러므로, 담헌의 이른바 '역외춘추론'域外春秋論의 본래면목이 무언지에 대한 논의는, 그것이 개진된 『의산문답』의 끝부분만을 손쉽게 검토하는 것으로 결판날 문제가 아니다. 담헌 사유 전개의 특성을 충분히 감안하고 십분 존중하여, 『의산문답』이라는 텍스트를 구조적으로 들여다 보지 않으면 안 된다. 본서에서는 이 사실에 유의하여 담헌의 역외춘추론에 대한 기존의 논의들을 비판적으로 점검함과 동시에 그 사회사상적 의의와 연관을 깊이 따져 보고자 한다.

이상의 검토가 끝나면, 연구의 시야를 확대해 조선 후기 사상사의 맥락 속에서 담헌의 사회사상을 재음미하는 작업을 하기로 한다. 여기서는 세 가지 문제 설정이 이루어진다. 첫째는 사상의 자유 추구에 대한 문제이고, 둘째는 화이론의 문제이며, 셋째는 평등의 문제이다. 이 세 주제에 대하여 의미 있는 생각이나 입장을 개진한 인물들의 견해를 집약적으로 살핀 다음, 담헌과 마주세워 보기로 한다.

필자는 일찍이 동아시아적 맥락에서 최한기崔漢綺(1803~1877)의 사상을 후쿠자와 유키치福澤諭吉(1834~1901) 및 강유위康有爲(1858~1927)의 사상과 비교해 보기도 하고, 담헌의 사상을 17세기 말 일본의 아사미 케이사이淺見絅齋(1652~1711)의 사상과 비교해 보기도 했으며, 이언진李彦瑱(1740~1766)의 사유행위를 명말明末의 이지李贄(1527~1602) 및 18세기 일본의 안도오 쇼오에키安藤昌益(1703~1762)의 사유행위와 비교해 보기도 하였다.[8] 이런 접근 방법은 '비교사상사'比較思想史에 속한다. 다만, 종래에 필자가 시도한 것은 모두 나라 안의 인물을 나라 밖의 인물과 비교하는 방식이었지만, 본서에서는 그와 달리 나라 안의 인물들을 서로 비교하는 방식을 취한다. 비교사상사 연구라고 하면 보통 전자를 가리키는 것이 일반적이지만, 필자는 '안'과 '밖'의 비교는 물론이거니와 '안'과 '안'의 비교에도 두루 적용되는 개념으로 '비교사상사' 개념을 확장하고자 한다.[9]

종래 실학 연구는 주로 실학자 개개인의 사상을, 그것도 대체로 한 실학자의 사상의 어떤 국면을 검토함을 주안으로 삼아 왔다. 이런 방식은 연구 대상을 더 넓은 맥락 속에서 살피지 않고 고립시킴으로써, 연구자가 의도했건 의도하지 않았건, 과장이나 왜곡을 낳기 쉽다. 또 설사 그렇지는 않다 할지라도 연구 대상을 전후前後의 사상사적 추이와의 연관 속에서 보지 못하게 할 공산이 크다. 물론 '비교'가 능사는 아니다. 그렇지만 비교의 방법을 적절히 잘 활용할 수만 있다면, 우

---

8 박희병, 『운화와 근대』(돌베개, 2003); 「淺見絅齋와 홍대용—중화적 화이론의 해체양상과 그 의미」(『대동문화연구』40, 2002. 본서에 부록으로 실었음); 『나는 골목길 부처다—이언진 평전』(돌베개, 2010).

9 실학자의 사상을 비교 검토한 연구가 더러 없었던 것은 아니나, 대체로 방법론적 자각이 부족했던 것으로 여겨진다. 그래서 이런 연구를 '비교사상사'의 영역으로 독자화하면서 이론과 방법을 개척하고, 심화하고, 축적하는 작업이 본격적으로 이루어지지는 못했다. 필자는 비교사상사에 다음의 세 영역이 모두 포함된다고 생각한다. ①국내의 인물과 국외의 인물을 비교하는 것, ②국외의 인물과 국외의 인물을 비교하는 것, ③국내의 인물과 국내의 인물을 비교하는 것.

리의 시야를 보다 넓고 깊게 함으로써 논의 중인 대상의 특성은 물론이려니와 그것의 한계까지도 좀더 명료하고 투철하게 인식할 수 있다는 이점利點이 있다. 뿐만 아니라, '비교'는 단지 '이쪽'만이 아니라, '저쪽'에 대한 이해의 증진과 심화에도 기여할 수 있다. 이 점에서 비교사상사 연구는 앞으로 우리 학계에서 좀더 활발하게 수행될 필요가 있지 않나 생각한다.

담헌과 조선 후기의 주요 학인을 비교하는 작업은 이런 점에 대한 고려 위에서 시도된다. 이를 통해 부수적으로 실학 전반에 대한 이해 수준을 조금이나마 더 높일 수 있기를 기대한다.

제2장

홍대용 사회사상 형성의 제 계기

담헌의 사회사상 형성에는 여러 가지 계기가 관여하고 있다. 담헌은 이들 각각의 계기를 주체적으로 포섭하면서 자신의 독특한 사상을 만들어 나갔다. 그것은 곧 치열한 지적 분투의 과정이었다. 그러므로 담헌 사회사상 형성의 제 계기를 점검해 보는 일은 담헌의 사회사상을 단순히 정태적·평면적으로 이해하는 데서 탈피해 동태적·입체적으로 이해하는 것을 도와준다.

1) 낙론

조선 학계는 17세기 말 이래 인성人性과 물성物性이 같은가 다른가를 둘러싸고 기나긴 논쟁을 전개하였다. 이른바 '인물성 동이人物性同異 논쟁'이다. 인물성이론異論을 주장한 학인들이 주로 호서湖西 지역에 거주하고, 인물성동론同論을 주장한 학인들이 대개 낙하洛下, 즉 서울에 거주했으므로, 흔히 전자를 '호론'湖論, 후자를 '낙론'洛論이라 불렀으며, 둘 사이의 논쟁을 '호락논쟁'湖洛論爭이라 일컬어 왔다.

담헌은 그 스승인 미호渼湖 김원행金元行(1702~1772)의 입장을 계승하여 낙론 쪽에 섰던 것으로 알려져 있다. 다음 자료들에서 담헌의 입장을 살필 수 있다.

(가) 사람에게는 사람의 이理가 있고, 물物에게는 물의 이가 있다. (…) 초목의 이理는 곧 금수의 이이고, 금수의 이는 곧 사람의 이이며, 사람의 이는 곧 하늘의 이이다. 이라는 것은 인仁과 의義일 따름이다.[1]

(나) 범·이리의 인仁과 벌·개미의 의義는 그 나타나는 바를 좇아서 말한 것일 뿐이다. 그 성性을 말한다면 범·이리의 성이 어찌 인에 그치겠으며, 벌·개미의 성이 어찌 의에 그치겠는가. 범·이리의 부자父子는 인을 보여주는바, 그 인을 행하는 소이所以는 의이다. 벌·개미의 군신君臣은 의를 보여주는바, 그 의를 발發하는 소이는 인이다.[2]

(다) 범·이리는 그 자식에 대해 사랑하는 마음이 절로 일어나고, 벌·개미는 그 임금에 대해 경외하는 마음이 자연히 생기니, 여기서 그 마음이 본래 선한 것이 사람과 동일하다는 것을 알 수 있다.[3]

---

1 「심성문」(心性問), 『국역 담헌서』 I(민족문화추진회, 1974), 내집 권1, 54면. 이하 본서에서 인용된 『국역 담헌서』의 번역문은 대개 필자가 조금 고친 것임을 미리 밝혀 둔다.
2 같은 글, 같은 곳.
3 「서성지의 논심설에 답하다」(答徐成之論心說), 『국역 담헌서』 I, 내집 권1, 58면.

(가)와 (나)는 「심성문」心性問이라는 글에 나오는 말이고, (다)는 「서성지徐成之의 논심설論心說에 답하다」(答徐成之論心說)라는 편지의 한 구절이다. 두 글 모두 정확히 언제 작성된 것인지는 알 수 없다. 하지만 그 내용으로 판단컨대 수학기修學期의 글이 아닌가 한다. 적어도 연행燕行 이전에 씌어진 것은 분명하다.

이들 자료에서 보듯, 담헌은 인물성동人物性同임을, 다시 말해 사람과 물物이 다같이 인의仁義의 이理=성性을 갖추고 있음을 말하고 있다. 담헌은 '인·의'를 말하면 '예禮·지智'는 그 속에 포함된다[4]고 한바, 인人·물物이 공히 인의예지의 이理=성性을 갖추고 있는 게 된다. 자료 (다)에서 확인되듯, 인물성동론의 기저에는 '인물심본선'人物心本善(인과 물의 심은 본래 선함) 혹은 '인물개성선'人物皆性善(인과 물은 모두 성이 선함)이라 일컬음직한 도덕적 관점이 전제되어 있다.

그런데, 담헌의 이런 인물성동론은 그 만년의 저술인 『의산문답』에서도 확인된다. 다음이 그것이다.

(a) 오륜五倫과 오사五事[5]가 인간의 예의라면, 무리를 지어 다니면서 함께 먹이를 먹는 것은 금수의 예의이고, 군락을 지어 가지를 벋는 건 초목의 예의이다. (b) 인人의 입장에서 물物을 보면 인이 귀하고 물이 천하지만, 물의 입장에서 인을 보면 물이 귀하고 인이 천하다. 그러나 하늘의 입장에서 보면 인과 물은 균均하다.[6]

---

4 「심성문」, 위의 책, 54면.
5 '오사'(五事)는 『서경』「홍범」(洪範)에 나오는 말이다. 해당 구절을 제시하면 다음과 같다: "五事: 一曰貌, 二曰言, 三曰視, 四曰聽, 五曰思. 貌曰恭, 言曰從, 視曰明, 聽曰聰, 思曰睿."
6 『의산문답』, 『국역 담헌서』I, 내집 권4, 454면.

인간에게만 예禮가 있는 것이 아니라, 초목과 금수에게도 예가 있음을 말하고 있는 이 대목은 낙론적 감수성의 발로라 할 것이다. 인용된 구절 바로 뒤에는 초목과 금수에 인의예지가 있음이 자세히 거론되고 있다.

이로 볼 때 『의산문답』에 낙론적 감수성이 작용하고 있음은 분명하다. 그런데 문제는, 상기 인용문의 (b)다. (a)가 낙론과 관련된다면, (b)는 꼭 낙론이라고 할 수 없다. 낙론은 비록 인과 물이 이理를 갖추고 있다는 점에서는 다름이 없다고 보지만, 그렇다고 해서 인과 물의 차등 내지 우열을 부정하거나 인간이 만물의 영장이라는 인간중심주의를 부정하는 것은 아니다. 비록 '이동'理同, 즉 '이는 같다'고 해도, 기이氣異, 즉 기氣의 차이로 인해, 인간은 물보다 우등한 것으로 간주된다. 다시 말해 인간은 기氣의 청탁수박淸濁粹駁에 있어 물과 다르다고 본 것이다.[7] 이 점에서 낙론이 이기론理氣論을 특징으로 하는 주자학에 속한다는 것, 그리고 차등과 위계位階에 기초해 있는 유학에 속한다는 것은 말할 나위도 없다. 하지만, (b)에선 차등과 위계가 전제되고 있지 않으며, 인과 물은 철저히 상대주의적 관법觀法으로 인식될 뿐이다. 이는 낙론과는 다른 뉘앙스, 다른 맥락을 보여주는 것으로 이해된다. 낙론과 연속되어 있는 것으로 파악하면 안 된다는 말이다. 요컨대 낙론과의 단절, 혹은 낙론으로부터의 질적 비약을 인정해야 할 것으로 생각된다. 이런 단절 혹은 비약은, 후술되지만 담헌이 자기 사상의 형성과정에서 장자와 묵자를 중요한 인소因素로 끌어들임으로써 야기된 것

---

7 담헌도 「서성지의 논심설에 답하다」에서, "맑은 기(氣)를 얻어 화(化)한 자가 사람이 되고, 흐린 기를 얻어 화한 자가 물(物)이 된다"(『국역 담헌서』 I, 내집 권1, 58면)라고 한 바 있다.

이다.[8]

　이렇게 본다면 『의산문답』에서는 비록 낙론에 담지된 동일성의 계기('이동'理同이라는)가 인입引入되고 있기는 하나, 그렇다고 해서 전적으로 낙론이 '인물균'人物均을 정초하고 있는 것은 아니라고 해야 할 것이다. '인물균' 테제에서는 인간중심주의가 철저히 부정되고 있고, 존재의 평등이 주장됨으로써다.

　이 자리에서 담헌의 기철학氣哲學에 대해서도 조금 언급해 두고자 한다.[9] 호론이 상대적으로 기氣를 중시한다면 낙론은 상대적으로 '이'理를 중시한다. 하지만 만년의 담헌에게서는 기철학에의 경도가 확인된다. 이는 그의 서학西學 공부 및 천문天文 연구와 무관하지 않다고 생각된다. 다음은 『의산문답』의 한 구절이다.

　　인人과 물이 생긴 것은 천지에 근본했으니, 내가 먼저 천지의 실정부터 이야기하마. 태허太虛는 고요하고 아득한데, 기氣로 가득 차 있다. 그것은 안도 없고 밖도 없으며, 처음도 없고 끝도 없다. 이 태허의 기가 가득히 쌓여 응결됨으로써 형질形質을 이루어 허공에 두루 퍼지는데 (…) 이른바 지구, 달, 태양, 별이 그것이다.[10]

　여기서 알 수 있듯 담헌은 만물의 시원始原이 '태허'太虛라고 보고

8　이 점은 이 장의 제5절에서 상론된다.
9　담헌의 기철학에 대한 연구로는 허남진, 「조선후기 기철학 연구」(서울대 박사학위논문, 1994); 박홍식, 「조선조 후기유학의 실학적 변용과 그 특성에 관한 연구」(성균관대 박사학위논문, 1993)가 참조된다.
10　『의산문답』, 『국역 담헌서』 I, 내집 권4, 455~456면.

있다. 태허는 곧 기이며, '천'天이다. 담헌이, '하늘의 관점에서 인과 물을 보면 인·물이 균均하다'라고 말했을 때의 '하늘'은 바로 이 태허를 가리킨다. 인·물의 균등함을 보증하는 최종 근거가 곧 태허인 것이다.

이 '태허'라는 개념은 북송北宋의 철학자 장재張載에게서 유래한다. 주지하다시피 그는 기일원론氣一元論을 전개하였다. 그의 유명한 말 "민오동포, 물오여야"民吾同胞, 物吾與也(민은 나의 동포요, 물은 나의 벗이다)[11]에는 그가 펼친 기철학의 정수精髓가 담겨 있다. 민民과 물物은 다같이 태허의 소산이므로 나의 '동포'요 '벗'인 것이다.

이처럼 장재는 모든 존재가 태허에서 유래한다는 점에서는 같다고 보았지만, 그럼에도 인과 물이 대등하며 존재론적으로 평등하다고 보지는 않았다. 그는, "물도 성性을 갖추지 않은 것은 아니나, 통폐개색通閉開塞으로 말미암아 인과 물의 차별이 생긴다"[12]라고 보았으며, 동물(여기에는 인간도 포함된다)과 식물 사이에는 차등이 있는 것으로 보았다.[13] 또한 그는 무차등애無差等愛를 배격했으며, 차등애를 옹호한 맹자의 견해를 지지하였다.[14]

이처럼 존재론적으로 볼 때 장재의 철학에는 평등의 계기와 차등의 계기가 공존한다. 담헌은 장재의 기철학을 섭취하고 있지만, 그 차

---

11 「乾稱篇 第十七」, 『正蒙』, 『張載集』(四部刊要; 台北: 漢京文化事業有限公司, 1983), 62면.

12 "橫渠先生曰: '凡物莫不有是性, 有通閉開塞, 所以有人物之別. (…)'"(「後錄(下)」, 『張子語錄』, 『張載集』, 341면).

13 「動物篇 第五」, 『正蒙』, 『張載集』, 19면 참조.

14 「語錄(上)」, 『張子語錄』, 『張載集』, 311면. 이 점과 관련해, 양시(楊時)가 장재의 글 「서명」(西銘) 중에 '민포물여'(民胞物與)가 나오는 걸 가리켜 그를 묵자에 견주자 정이천(程伊川)이 그에 동의하지 않으면서 "西銘'明理一而分殊, 墨氏則二本而無分"(「後錄(上)」, 『張子語錄』, 『張載集』, 337면)이라고 말한 것이 주목된다.

등의 계기는 수용하지 않은 것으로 보인다. 『의산문답』에서 인과 물은 상대주의적 인식론에 따라 평등한 관계로 파악되고 있을 따름이다. 이 점에서, 담헌은 낙론과 마찬가지로 기철학 역시 어디까지나 그 취할 만한 점만을 원용하고 있다고 할 만하다.

낙론적 인물성론人物性論이 담헌 사상의 철학적 기초를 이룬다는 주장은 유봉학 교수에 의해 처음 제기되었다. 이 주장은 지금도 학계에 큰 영향력을 끼치고 있는 것으로 판단된다.

유 교수에 의하면, 담헌은 "인물성동人物性同의 낙론을 논리적 기초로 하여 '인물균'人物均의 논리"를 끌어냈으며,[15] "이러한 인물균의 논리가 출발점이 되어 결국은 역외춘추론의 새로운 화이론에까지 이르게" 되는 것으로 이해된다.[16] 뿐만 아니라 『열하일기』의 「상기」象記에서 확인되는 박지원의 '인물막변'人物莫辨의 사고 역시 낙론의 인물성동론同論의 논리적 전개로써 성립한 것으로 이해된다.[17] 담헌과 박지원은 자신들이 공유한 이 낙론적 사고에 기초하여 대청관對淸觀을 바꾸어 나갈 수 있었으며, 북학론 역시 낙론적 사고에 힘입고 있는 것으로 보았다.

그러나 유 교수는 담헌과 박지원이 보여주는 경제지학經濟之學을 단지 인물성동론의 전개 결과로만 볼 수는 없다고 말하고 있다.[18] 이는 이들을 제외한 대다수 낙론계 학자들의 학문적 지향을 고려한 발언이다. 그리하여 유 교수는 "'인물균' '인물막변'의 논리는 낙론 그대로로서보다는 그것이 변용되는 가운데 심성론 이외의 상수학象數學·경제

---

15 유봉학, 『연암일파 북학사상 연구』, 96면.

16 위의 책, 141면.

17 위의 책, 99면.

18 위의 책, 101면.

지학을 수용하는 논리적 토대로서 담헌·연암의 사고에 기능"[19]했던 것이라는 결론을 내리고 있다.

한편 유 교수는, 담헌이『의산문답』에서 기왕의 모든 고정관념을 상대적인 것으로 바꾸어 놓고 있는데, 이때 "이 연쇄의 출발점은 바로 기존의 주자주의적 의리지학풍義理之學風에 대한 비판의식과, 새로운 사물관을 도출하기에 이른 낙론에서의 이일理—의 원리"[20]라는 점에 주목하고 있다.

담헌이 낙론적 학문 연원淵源을 갖고 있음은 사실이므로 그의 사상에서 낙론과의 연관을 읽어 내려고 하는 시도는 의미가 없지 않다. 이 시도는 어쨌든 조선성리학의 자기 전개 과정의 맥락 속에서 담헌 사상을 해명하고 있다는 미덕이 있다. 하지만 문제는 낙론과의 연관에 대한 의미 부여가 실제 이상으로 과장된 게 아닌가 하는 점이다. 이 때문에 담헌 사상의 발전 내지 형성 과정에 작용한 여타의 계기들에 대한 고려가 사상捨象되고 말았다고 생각된다. 이는 결과적으로 담헌 사상이 형성되는 과정에 대한 입체적 이해를 가로막고 있으며, 그리하여 담헌 사상의 본질과 의의를 정당하게 포착하는 것을 차단하고 있는 것으로 보인다. 낙론적 연관 속에서 담헌 사상을 이해하는 입장은 다음의 몇 가지 점에서 문제점을 안고 있다.

첫째, '낙론적 기초'라는 그 출발점만이 자꾸 강조된다는 사실이다. 담헌 사상의 해명에서 그 출발점만이 강조되어서는 안 될 것이며, 일생을 통해 전개된 담헌의 사상적 분투와 자기갱신自己更新이 유의될 필요가 있다.

---

19 같은 책, 같은 곳.
20 유봉학, 앞의 책, 109면.

둘째, 낙론적 토대를 강조하다 보니 담헌과 박지원의 공통점이 지나치게 부각되기에 이르렀다. 그것도 종종 무리한 일반화를 동원하면서. 두 사람의 사상에는, 물론 서로 통하는 점도 없지 않지만, 같이 섞어서 논해서는 안 되는 중대한 차이점들이 존재한다. 둘을 섞어 논의하면 담헌 사상의 심오하면서도 독창적인 점들이 소거消去되고 만다. 하지만, 낙론적 토대의 지나친 강조는 두 사람을 뒤섞는 오류를 종종 범하고 있다. 가령 "담헌·연암에게 있어서 새로운 화이론은 조선이라는 주체와 조선의 학문이나 문물에 대한 사실적 인식에서 본격적인 모색이 행해지고 있었다"[21]라고 했는데, 화이론에 대한 최종 인식에서 담헌과 연암은 같은 차원에서 논의될 수 없다. 공통점만 주로 강조함은 담헌이 '주체적'으로 모색해 간 사유행위의 과정과 의미를 온전히 포착하기 어렵게 만든다.

셋째, '북학론'이 최종심급最終審級으로 설정됨으로써 『의산문답』의 화이론과 북학론의 관계가 전도되어 파악되고 있다는 점이다. 가령 『의산문답』에서 확인되는 화이론 자체에 대한 담헌의 원리적 부정은, 적어도 그 세계인식의 측면에서는 북학론의 '지양止揚'으로서의 의미를 갖는다.[22] 그러므로, "(담헌이―인용자) 조선을 중심으로 하는 화이론을 생각하는 데서 기존의 화이론을 넘어서는 것이었고, 그러한 그의 인식은

---

21 위의 책, 124면.
22 담헌이 화이의 구분 자체를 이론적으로 부정한 것이 타자=화(華)에 대한 존중 및 그에 기초한 화(華)의 수용을 부정한 것은 아니다. 담헌의 화이론 부정은 '타자'와 '자기'에 대한 동시적 긍정 위에서 이루어지고 있음에 주목해야 한다. 이와 달리 북학론의 자기인식은 '자기'에 대한 정당한 긍정과는 거리가 있다. 북학론은 조선중화주의가 표방한 문화 자존 의식에서 벗어나고자 한 나머지 화(華)를 과도하게 높이면서 그에 반비례하여 조선을 과도하게 낮춘 혐의가 없지 않다.

아직 조선 문물과 청 문물을 비교하고 있지는 않았다는 면에서 북학론까지 나아간 것은 아니었다"[23]라는 진술은 사태를 전도시키고 있는 것으로 판단된다.

넷째, 『의산문답』의 '인물균' 테제와 낙론 사이에 불연속이 있음을 간과하고 있다는 점이다.[24] 즉, '사람의 관점에서 보면 사람이 물物(초목금수)보다 귀하지만 물의 관점에서 보면 물이 사람보다 귀하다. 하지만 하늘의 관점에서 보면 사람과 물이 균등하다'라는 『의산문답』의 진술은 낙론과는 질적으로 다른 것이다. 낙론은 이理의 보편성을 강조하여 심성론적으로 인성人性과 물성物性이 동일하다는 주장을 펼쳤기는 하나, 그렇다고 해서 '사람과 사물이 똑같다'라고는 하지 않았다. 그러므로 '사람과 사물이 똑같다'라는 인물균의 테제에는 낙론으로부터의 비약, 혹은 다른 각도에서 생각하면 '낙론과의 단절'이 있다고 하지 않을 수 없다. 이 비약 혹은 단절은 담헌이 『장자』의 상대주의를 공관병수公觀倂受함으로써 가능했던 것이다.[25]

---

23 유봉학, 앞의 책, 143면.

24 문석윤 교수는 담헌이 말한 인(仁)이, "인간을 중심으로 해서 혹은 인간을 정점으로 해서 실현되는 것이 아니라, 인간과 자연세계 속에서 각각의 방식으로 실현되는 것으로 이해되었다. 바로 그런 점에서 담헌의 이동설(理同說)은 성리학적 이동설(理同說)이나 낙학(洛學)의 인물성동론(人物性同論)과 구별된다"(「담헌의 철학사상」, 『담헌 홍대용 연구』, 성균관대 출판부, 2012, 53면)라고 한바, 담헌 사상과 낙론 사이에 연속성만 있는 것이 아니라 비연속성이 있음을 인정한 지적으로 주목된다. 조성을, 「홍대용의 역사인식」(『진단학보』 79, 1995), 217면에서도 담헌의 인물성동론이 전단계 낙론의 그것과 질적인 차이가 있다고 했다.

25 『의산문답』이 『장자』의 사상, 특히 그 상대주의의 영향을 받았다는 주장은 송영배, 「홍대용의 상대주의적 사유와 변혁의 논리」(『한국학보』 제20권 제1호, 1994)에서 제기되었다. 하지만 송영배 교수는 『의산문답』의 사상을 오로지 『장자』의 영향으로만 설명하고 있는데, 이는 과도하고 일면적인 것으로 보인다. 이 점은 일찍이 박희병, 「홍대용 연구의 몇 가지 쟁점에 대한 검토」(『진단학보』 79, 1995)에서 지적된 바 있다. 그중 "담헌 사상의 형성 과정

다섯째, 담헌의 사상을 기존 성리학 사상과의 관계 속에서 이해함으로써 조선 사상사의 내적 맥락을 십분 중시하고 있기는 하나, 담헌이 성리학 바깥의 사상들을 어떻게 전유專有하면서 자신의 사상을 창조적으로 만들어 나갔는가 하는 점은 전적으로 간과되었다. 그 결과 담헌 사상과 기존 사상의 연관과 차이는 잘 드러났으나, 담헌 사상이 얼마나 새로운지, 그것이 기존의 인식틀과 사유의 패러다임을 넘어 어떤 놀라운 혁신을 이룩했는지는 잘 드러나지 않는다. 그리하여 담헌

***

에 대한 고려 없이 단지 발상의 상통점만을 논거로 삼아 『의산문답』의 인식론이 결정적으로 장자 철학의 영향하에 있다고 주장함은, 그 부분적인 타당성이야 인정할 수 있다 할지라도 전면적으로 승인하기는 어렵지 않은가 한다"라고 한 말을 여기서 다시 환기시키고자 한다. 다만 필자는 위의 논문에서 "심성론과 자연과학 연구로부터 자득(自得)한 상대적 관점은 장자의 상대주의와 쉽게 연결될 수 있었고, 이에 장자의 상대주의를 원용(援用)해 자신의 관점을 더욱 분명히 하거나 확장해 갔던 게 아닌가 생각된다. 즉 사상 형성 과정의 어느 국면에서 장자 철학 특유의 인식론과의 접합이 이루어졌고, 이는 담헌의 사상과 세계관을 한층 더 호한(浩瀚)하게 만들고 심화·확대하는 데 기여했다고 보인다"라고 말함으로써, 담헌의 사상 형성에 관여한 여러 가지 계기들에 주목해야 한다는 점, 그리고 담헌의 사상 발전 과정에서 낙론이 전연 의미 없는 것은 아니라는 점을 정당하게 지적했기는 하나(송영배 교수는 낙론의 철학적 의미가 담헌 사상의 해명에 별 의미가 없다고 보았다), '인물균' 사상이 한편으로는 낙론과 연속되어 있으나 다른 한편으로는 연속되어 있지 않다는 점, 그리고 이 불연속의 측면에 장자가 개입되고 있다는 점을 꼬집어 지적하지는 못했다. 따라서 이 부분의 서술은 필자의 이전 생각을 수정·보완하고 있다 할 것이다.

'공관병수'는 '공평무사한 눈으로 보아 다른 사상의 장점을 두루 받아들인다'라는 뜻인데, 담헌이 중년 이후에 도달한 생각이다. 이 명제(命題)에 대한 주목은 박희병, 「한국고전문학의 전통과 생태적 관점」(『창작과비평』 제23권 제4호, 1995 겨울), 111면에서 처음 이루어졌다. 이 명제는 이송(李淞)이 쓴 담헌의 묘표(墓表)인 「홍덕보묘표」(洪德保墓表.『담헌서』부록 所收)와 담헌의 종제(從弟)인 홍대응(洪大應)이 쓴 「종형 담헌선생 유사」(從兄 湛軒先生遺事.『담헌서』부록 所收) 중에 보인다. 이 명제는 담헌의 중년 이후의 학문방법론 내지 사유행위의 핵심으로서 당색(黨色)·사상·이단·현실에 대한 담헌의 태도와 입장을 극명히 드러내는 것이라고 할 만하다. 박희병, 『한국의 생태사상』(돌베개, 1999), 199·246·266면 참조.

학문의 의의는 고작, "기존의 사상 체계가 주자학을 절대화시키면서 그 연구 방향이 심성론과 예론禮論에 경도되고 성명의리지학性命義理之學과 예학禮學이 그 중심을 이루었던 것이라면, 담헌에게는 상수학象數學과 경제지학經濟之學의 연구라고 하는 또 다른 학문 경향이 모색되었던 것"[26]이라는 정도로만 평가되고 만다.

2) 유형원과 이익

담헌 실학의 형성 과정에 영향을 미친 두 실학자로 반계磻溪 유형원柳馨遠(1622~1673)과 성호星湖 이익李瀷(1681~1763)이 주목된다.

유형원은 북인계北人系 남인南人으로, 노론에 속한 담헌과는 당색이 다르다. 하지만 담헌은 유형원의 『반계수록』磻溪隨錄을 '경세유용經世有用의 학學'으로 중시하였다.[27] 이 책은 영조 46년인 1770년 왕명에 의해 간행되었다. 하지만 이 책은 간행되기 이전에도 필사본으로 유통되어 왔기에 담헌이 꼭 간본刊本이 나온 이후에 이 책을 읽은 것이라고 단정하기는 어렵다.

『반계수록』은 그 전체가 국가 개혁의 방안이다. 모순과 불합리로 가득한 17세기 당시의 조선을 개혁해 튼실하고 부강한 나라로 만들고자 함이 이 책의 저술 의도다. 담헌은 이 책을 읽으며 유형원의 개혁적

---

26 유봉학, 앞의 책, 109면.
27 「종형 담헌선생 유사」(從兄湛軒先生遺事), 『국역 담헌서』 IV, 부록, 81면의 "우리나라 사람들 저서 가운데 『성학집요』(聖學輯要)와 『반계수록』(磻溪隨錄)을 경세유용(經世有用)의 학(學)으로 삼으셨고"라는 말 참조.

·변법적變法的 학문 성향을 섭취했을 수 있다. 가령『임하경륜』의 변법적 면모는『반계수록』의 전통을 계승하고 있지 않은가 생각된다.[28]

『반계수록』에서 가장 주목되는 것은 토지제도, 교육제도, 관리 임용 제도의 개혁 방안이다. 토지제도는 공전제公田制가 주장되고 있다. 이는 토지 국유화를 통해 소농小農에게 토지를 재분배함으로써 당시 만연된 토지겸병의 문제를 해결하고자 함이 그 핵심 목표다. 유형원의 이런 문제의식은 담헌이 제기한 균전제均田制에 영향을 미치고 있다고 보인다. 유형원은 과거제科擧制를 폐지하고 단계별 교육과 연계된 공거제貢擧制를 시행해야 한다고 주장했는데, 담헌 역시 과거제 폐지와 공거제의 실시를 주장했으며, 이를 단계별 교육과 연계하였다.[29]

성호 이익은 유형원의 실학을 계승한 인물이다. 이익이 쓴 「반계수록서」磻溪隨錄序에서 그 점을 확인할 수 있다.[30] 담헌은 태어나기는 이익보다 50년 뒤이지만, 이익과 몇 십년간 시대를 함께하였다.[31] 이익은 만년에『성호사설』星湖僿說을 편찬하였다. 그는 당색은 비록 남인이지만, 그의『성호사설』은 그 굉박宏博함으로 인해 일부 노론계 학인들에게까지 읽혔다.[32] 주목되는 것은 담헌이『성호사설』20권을 소장하

---

28 이와 관련하여『임하경륜』의 맨 끝에 보이는 다음 말이 주목된다: "爲今之計, 當率由舊章而申明之耶? 當一變前法而更張之耶?" '변법'과 '경장'(更張)을 강조하는 이런 태도는 유형원의 실학과 통한다.

29 이상의 토지제도, 교육제도, 공거제와 관련된 담헌의 주장은『임하경륜』참조. 이에 대한 자세한 논의는 본서의 제3장 제1절로 미룬다.

30 『星湖集』권32,『星湖全書』1(여강출판사, 1984), 621면 참조.

31 이익은 담헌이 33세 때인 1763년에 몰(歿)하였다.

32 이 점은 황윤석(黃胤錫)의 일기를 통해 알 수 있다.『頤齋亂藁』권50, 경인년(1770) 4월 2일자 일기(『이재난고』3, 한국정신문화연구원, 1997, 126면) 참조. 이 일기에서 황윤석은 이익이 남인인 것이 애석하지만『성호사설』은 대문자(大文字)라 볼만하다고 적고 있다.

고 있었다는 사실이다. 담헌과 동문수학한 사이인 황윤석黃胤錫이 쓴 일기『이재난고』頤齋亂藁를 통해 그 점이 확인된다.[33]

유형원과 마찬가지로 이익 역시 실사實事를 중시했으며, 현실을 직시하는 속에서 학문을 모색해 간 인물이다. 또한 그는 양반 기득권의 양보를 통한 신분제의 유연화를 꾀했으며, 민民의 질고疾苦를 개선하려는 의지가 각별하였다. 뿐만 아니라 그는 서양과 일본에 적극적 관심을 쏟는 등 대단히 개방적이고 합리적인 학적 태도를 지닌 인물이었다. 이익의 이런 면모는 담헌과 통하는 면이 적지 않다. 추측건대 이익의 이런 학적 자세와 개혁에 대한 열의는 담헌에게 일정한 참조가 됐을 법하다.

유형원과 이익은 각기 나름대로 경제적·사회적 평등의 문제를 고심하였다. 그리하여 토지제도의 개혁을 모색하거나 신분제의 모순을 개선하고자 하였다. 하지만 이들의 시도는 불철저한 것이었다. 특히 신분제와 관련해선 그 전면적 개혁을 구상한 것이라기보다 모순의 완화를 꾀한 것에 불과하였다. 이처럼 이들은 경제적·사회적 평등에 대한 인식의 단초는 열었으되, 낡은 사회의 틀을 깨뜨리며 평등의 문제의식을 충분히 구현하지는 못하였다. 담헌은 이들이 제시한 이런 단초를 과감하게 발전시키는 쪽으로 자신의 사상을 전개해 나갔다. 이 점에서 담헌은 유형원과 이익의 비판적 계승자라 할 만하다.[34]

---

33 『頤齋亂藁』 권39, 병오년(1786) 7월 18일자 및 7월 19일자 일기(『이재난고』 7, 한국정신문화연구원, 2001, 386면) 참조.
34 이 점에 대한 자세한 논의는 본서 제5장 제3절에서 이루어진다.

3) 서학

담헌이 서양의 자연과학에 깊은 관심을 갖고 천문학과 수학을 연구했음은 이미 잘 알려져 있는 사실이다. 담헌은 29세 때 나경적羅景績 (1690~1762)과 만나 혼천의渾天儀 제작에 몰두한 바 있으며, 천안의 향저鄕邸에 농수각籠水閣을 건립하여 그곳에다 의기儀器를 비치하였다.[35]

담헌은 중국 여행시 남천주당을 방문하여 서양인들과 역상曆象 및 천문을 관측하는 기구들에 대해 문답을 나눈 바 있다. 담헌은, 중국에서 1722년에 편찬된 『역상고성』曆象考成 ──이 책은 유럽의 천문학 연구 성과를 집성한 것이다──까지 구입해 읽었다.[36]

서양 근대과학은 관측과 실험, 연역적 추론, 체계적 가설의 수립을 중시한다. 담헌은 서양 자연과학의 이런 면모에 주목했을 수 있다. 담헌의 중국 여행기인 『연기』燕記가 보여주는 놀라운 관찰 정신, 『임하경륜』 중 행정조직 개혁 방안에서 확인되는 정연한 수리적數理的 체계성,[37] 『의산문답』에서 확인되는 연역적인 논리 전개 방식[38] 등은 담헌의 서학 공부와 전연 무관한 것은 아니지 않을까. 다시 말해 서학을 통해 체득

---

35 이 점을 비롯한 담헌의 전기적(傳記的) 사실에 대해서는 김태준, 『홍대용과 그의 시대』 (일지사, 1982); 『홍대용 평전』(민음사, 1987); 『홍대용』(한길사, 1998) 참조.

36 황윤석의 『이재난고』에는, 그가 담헌이 소장한 『역상고성』 상·하·후편(上·下·後編)을 보았다는 기록이 보인다. 『이재난고』 권22, 병신년(1776) 8월 초9일자 일기(『이재난고』 4, 한국정신문화연구원, 1998, 395면) 참조.

37 '구'(九)라는 숫자로 행정적·군사적 체계를 일관되게 구성해 내고 있음에 유의해서 한 말이다.

38 『의산문답』의 서두에 제시된 인물균에 내장(內藏)된 인식론 내지 존재론이 뒷부분의 우주에 대한 이해나 자연현상에 대한 이해, 안과 밖, 중심과 주변의 관계에 대한 이해, 화 (華)와 이(夷)에 대한 이해 등으로 확장되어 관철되는 양상에 주목해서 한 말이다. 이는 이른바 '탑다운'(top-down) 방식의 논리 전개에 가깝다.

한 사유 방식과 정신이 일정하게 구현된 것은 아닐까 생각된다. 그렇다고 한다면 담헌은 서학과의 조우遭遇 및 자신의 자연과학 연구를 통해, 사상事象과 세계를 원리적으로 이해하고 재구성하는 눈이라든가 사유행위와 글쓰기의 방식 등을 새롭게 열어 갔다고 말할 수 있을 터이다. 이처럼 서학은 담헌 사유의 내용과 형식에 큰 영향을 끼친 것이 분명하다.

하지만 담헌의 새로운 사상, 특히 『의산문답』에 보이는 상대주의에 입각한 새로운 사회사상을 이론적으로 떠받쳐 준 것이 당시 동아시아에 전해지고 있었던 유럽 수리과학數理科學이라고 단정함[39]은 그리 온당한 일이라고 생각되지 않는다. 이런 견해는, 여러 사상적 계기들을 주체적으로 포섭하거나 변용하면서 새로운 사상을 창조해 간 담헌의 실존적 고민과 사상가로서의 창의적 면모를 읽어 내려고 하기보다는 그의 사상을 어떤 외부적 이론 내지 지식의 결과물로 '환원'해 버리기 때문이다.[40] 따라서 이런 관점은 크게 보아 일종의 '기계적 환원론'에 가까우며, 사상을 박제적剝製的으로 재단하게 될 위험성이 없지 않

---

39 가와하라 히데키(川原秀城), 『朝鮮數學史』(東京大學出版會, 2010), 164면.
40 담헌의 자연과학 연구 성과를 검토한 김문용 교수의 최근 논문 「담헌의 천문·우주 이해와 과학」(실시학사 실학연구총서 3: 『담헌 홍대용 연구』, 성균관대 출판부, 2012)에서도 이런 경향이 간취된다. 가령 『의산문답』 종결부의 화이론에 대한 부정이 페르비스트(F. Verviest, 중국명 南懷仁)의 책 『곤여도설』(坤輿圖說) 상권 마지막에 서술되어 있는 「인물」 항목의 내용에 "계발되었을 가능성이 다분하다고 할 수 있다"라고 한 것(같은 논문, 같은 책, 213면)이 그런 예에 해당한다. 해당 항목에서 페르비스트는 지구상의 모든 인간은 영성(靈性)을 지니고 있다는 점에서 같음을 강조하고 있는바, 논지의 근거나 사고의 틀이 담헌과 같지 않다. 요컨대 페르비스트가 「인물」이라는 글에서 말하고자 한 포인트는 첫째, 모든 인간은 영성을 갖고 있다는 점에서 같되 외모가 같은 사람은 단 한 사람도 없는데 이는 주재자(主宰者)인 천주(天主)의 뜻이라는 것, 둘째 그래서 인간은 금수와 달리 인륜과 제치(齊治: 제가와 치국)를 구비할 수 있다는 것, 이 두 가지다.

다. '박제적'이라는 말을 쓴 것은, 사상의 활발한 내적 운동이라든가 사유행위의 주체에 의해 이룩된 창발과 변용의 측면을 무시하고, 사상을 외적 요인 하나로 규정해 버림을 지칭하기 위해서다. 이렇게 되면 특정 사상의 주체적 면모, 특정 사상을 그렇게 정초定礎되게 한 사상가 개인의 절실한 실존적 고민 같은 것은 시야 속에 들어오지 않게 된다.

『의산문답』에 보이는 담헌의 상대주의적 존재이해存在理解가 오로지 서학 공부에서 비롯되는 자연과학적 지식, 즉 지구설地球說과 티코 브라헤Tycho Brache의 우주체계설에 그 이론적 근거를 두고 있다[41]고 못박기는 어렵지 않은가 한다. 지구설과 우주체계설에서 자동적으로 가치상대주의가 도출될 수 있는 것은 아니기 때문이다.[42] 이러한 설명법에는 근대인의 과학 만능주의, 과학 우월주의적 사고가 은연중 개입되어 있는 게 아닌가 의심된다. 담헌의 지구에 대한 이해와 우주에 대한 이해, 그리고 각종 자연현상에 대한 이해에는 유럽 과학에서와 달리 '물활론'적物活論的 지향이 강한데, 이는 그의 기철학적氣哲學的·낙론적 사유가 작용해서다. 이를 통해 그의 과학 지식이 단순히 서학에 의해서만 규정될 수 있는 것이 아니며, 이종異種의 사고 내지 사상들이 '매개적'으로 작용한 결과임이 확인된다.[43] 요컨대 단순히 유럽의 자

---

41 가와하라 히데키, 앞의 책, 163면에서, "価値相対主義をなりたたせる理論的根拠は何かといえば、ヨーロッパ起源の科學知識、すなわち (a)地円說と、(b)ティコ・ブラーエの宇宙体系にほかならない"라고 했다.

42 가령 청조(淸朝)의 학인 이광지(李光地)는 지구설을 시인했지만 그럼에도 불구하고 가치적으로는 중국이 세계의 '중심'임에 틀림없다고 했다. 이를 통해 지구설이 꼭 가치상대주의를 낳는 것은 아님을 알 수 있다. 이는 근대 유럽의 지식인들에게도 해당된다고 생각된다. 지구설은 유럽에서 비롯되지만 대부분의 유럽 지식인은 유럽 중심주의를 탈피하지 못했다. 이광지의 견해는 「記南懷仁問答」, 『榕村集』 권20(四庫全書 제1324책), 809면 참조.

43 문중양, 「18세기 조선 실학자의 자연지식의 성격―象數學的 우주론을 중심으로」(『한국

연과학 지식의 영향만으로 담헌 사상을 설명하려는 태도를 벗어나, 담헌 사상의 형성 계기를 좀더 다층적이고 복합적으로 파악하는 관점이 필요하다. 이런 관점을 취하면 담헌이 동서고금의 사상들을 여하히 공관병수하면서, 다시 말해 주체적으로 읽고 재구성하면서, 자기 나름의 독특한 사상을 만들어 갔는가 하는 것이 좀더 잘 해명될 수 있다.

이런 점에서 서학의 영향이 비단 담헌의 과학사상만이 아니라 그의 사회사상을 해명하는 데 전일적專一的 혹은 규정적 요인이 된다고 파악하는 입장은, 낙론을 담헌 사상을 떠받치는 기저基底로 보는 입장과 마찬가지로 지나치게 단순하고 일면적이다.

『의산문답』에 대한 과학사 연구자들의 이해에는 종종 '과학주의적'인, 따라서 '근대주의적'인 편견이 내포되어 있지 않은가 한다.[44] 『의산문답』의 내용을 서양 '과학'의 잣대로 평가하는 것도 물론 필요한 일이기는 하나, 그보다 훨씬 더 중요한 일은 이 텍스트를 구조적으로 읽으면서 그 전체적 연관을 이해하는 일일 것이다. 말하자면 『의산문답』이라는 텍스트를 서학적 지식과의 관련 속에서 주로 과학서科學書로서 보는 이해 방식에서 벗어나 형이상학과 형이하학, 인식론과 존재론, 새로운 인간학과 세계에 대한 혁신적인 구상을 담고 있는 **사상서**思想書로서 읽는 관점이 필요하다. 적어도 『의산문답』을 통해 볼 때 담헌의 서학 공부와 자연과학 연구는 결코 그 자체로 그치거나 고립적·독자적

과학사학회지』 제21권 제1호, 1999), 51면; 전용훈, 「조선후기 서양천문학과 전통천문학의 갈등과 융화」(서울대 박사학위논문, 2004), 238·246면 참조.

44 가령 근년의 논문인 임종태, 「무한우주의 우화」(『역사비평』 71, 2005)에서도 그런 면모가 보인다. 이 논문에서는 『의산문답』의 인물균(人物均)에 '철학적 진지함'이 부족한 것으로 보았으며, 『의산문답』은 '일종의 우화'로 보아야 한다고 했다. 이런 생각의 기저에는 암암리에 근대과학의 편견이 자리하고 있는 게 아닌가 생각된다.

으로 존재하는 것이 아니라 철학 및 역사학, 정치학 및 사회사상 등과 깊은 연관을 맺고 있다.[45] 그러므로 이 연관을 해체해 버린 채 어떤 요소나 지식만을 떼 내어 논의하는 것은 『의산문답』에 대한 정당한 독법이라고 하기 어렵다.

4) 중국 여행

담헌은 35세 때인 1765년 11월 북경 여행길에 올라 동년 12월 27일 북경에 도착했으며, 익년 4월에 귀국했다. 담헌은 중국 여행을 위해 몇 년간 중국어를 공부한 바 있다.[46] 이는 당시의 조선 사대부 지식인으로서는 아주 이례적인 일이었다. 담헌의 중국 여행이 단순히 '만유'漫遊가 아니라 중국을 면밀히 읽어야겠다는 내적 요구의 결과임이 이런 데서 잘 드러난다.

『연기』를 통해 알 수 있는 사실이지만, 담헌은 중국의 문물과 제도, 정치적 성쇠盛衰, 풍속, 인심, 치란治亂, 지배층의 태도, 인민의 생활 정황 등을 면밀히 관찰하고 있다.

중국에 가기 전 담헌의 정치의식은 대체로 노론 주류의 그것과 별 차이가 없었던 것으로 보인다. 「답한중유서」答韓仲由書[47]에서 그 점을

---

45 담헌의 사회사상은 그의 자연철학의 영향을 받기만 한 것이 아니라, 거꾸로 그의 자연철학 내지 자연 인식에 중대한 영향을 미치면서 그 시좌(視座)를 규정하고 있기도 하다. 이 점은 본서 제3장의 각주 76을 참조할 것.
46 「연로기략」(沿路記略), 『연기』(燕記), 『국역 담헌서』 IV, 외집 권8, 207면; 『산해관 잠긴 문을 한 손으로 밀치도다』(『을병연행록』의 현대역. 김태준·박성순 옮김, 돌베개, 2001), 21면.
47 『담헌서』, 내집 권3.

확인할 수 있다. 담헌의 이 글은 대명의리론을 충실히 구현하고 있다. 하지만 담헌은 연행燕行 이전의 시기에 성리학만 공부한 것은 아니었으며, 역상曆象＝천문학, 수학, 병학兵學 등 이른바 술학術學에도 상당한 경지에 도달했던 것으로 보인다.[48] 이는 그가 이미 이십대에 실학에 뜻을 둔 것을 의미한다. 이처럼 연행 이전 시기 담헌은 성리학 공부에 겸하여 실학에서도 온축蘊蓄이 있었다. 그런 만큼 이 무렵 담헌은 실지實地와 실사實事[49]를 도외시한 채 관념적·허위적인 말폐를 드러내고 있던 조선의 주자학적 학문 풍토에도 깊은 회의를 품고 있었던 것으로 여겨진다.

요컨대, 담헌은 연행 전 화이론에 있어서는 아직 별견別見을 갖지 못하고 있었지만, 학문방법론이나 학문 자세, 학문과 현실 간의 연관에 대한 인식에 있어서는 조선의 주류 학문에 회의를 품으면서 새로운 모색을 해 나가고 있었다고 할 만하다. 특히 담헌은 스승 김원행의 영향에 따라 학문에서 '실심'實心, 즉 '진실된 마음'의 중요성을 제1의적第一義的으로 강조했으며, 이는 그로 하여금 진리인식에 있어 편견과 고집을 경계하고 성찰적이고 개방적인 마음을 갖게 한 것으로 생각된다. 이처럼 담헌은 실심을 모토로 삼았기에 학문과 삶, 이론과 실천의 통일을 각별하게 문제삼을 수밖에 없었고, 현실에 대하여도 '팩트'를 중시하는 방향으로 나아갈 수밖에 없었다고 생각된다.

연행 이전에 담헌의 사고가 어떤 단계에 있었는지를 살피는 것은 아주 중요한 일이다. 왜냐하면 이런 내적 조건 위에서 중국이라는 텍스트, 중국 여행이라는 계기가 비로소 의미를 갖게 되기 때문이다. 담헌 사상의 형성 과정에서 중국 여행이라는 계기는 외부적인 것으로

---

48 『산해관 잠긴 문을 한 손으로 밀치도다』, 305~306면 참조.
49 담헌이 북경 체류시 중국인들에게도 '실지'(實地)를 강조했음은 위의 책, 314면 참조.

서만 독해되어서는 안 되며, 내부적인 조건과의 교호관계 속에서 파악되어야 옳다. 그러므로 단순히 담헌의 사상이 중국 여행의 영향 때문에, 혹은 중국에서 만난 사람들과 주고받은 문답의 영향 때문에 바뀌게 되었다고만 이해하는 것은 피상적이며, 주체의 내적 조건에 대한 고려 없이 외부로부터의 임팩트만을 부각하는 문제점을 드러내게 될 것이다.

담헌은 중국 여행의 경험을 세 종류의 책으로 엮었다. 『간정동 필담』乾淨衕筆談(일명 '간정동 회우록'), 『연기』, 『을병연행록』이 그것이다. 이들 책에서는 다음과 같은 점이 주목된다.

첫째, 조선은 동이東夷, 즉 오랑캐로 인식되고 있으며, 중국은 대국大國으로 불린다. 조선과 중국 간에는 중외지분中外之分, 다시 말해 내외지분內外之分이 있음이 여러 곳에서 언급된다.

조선은 동쪽의 편소編小한 땅이며 이런 풍토로 인해 우물 안 개구리처럼 사고가 국체局滯되어 있는 반면, 중국은 광대하고 심법心法이 정밀하며 사람들의 국량이 크다고 했다. 담헌은 중국의 제도와 문물을 자세히 관찰하며 그 장점을 두루 거론하고 있다. 그렇기는 하나 무조건 중국이 최고라는 관점을 취하고 있지는 않다. 전반적으로 중국에 우호적인 시선을 보이고 있음은 분명하나, 더러 비판적인 시각을 보이거나 의문을 제기하고 있기도 하다.

둘째, 중국에서 접한 유구인琉球人, 몽고인, 회회인回回人, 러시아인 등을 주의 깊게 관찰하고 있다. 특히 그들의 의복과 습속을 유심히 살피고 있다. 가령 회회인은 다음과 같이 서술된다.

(가) 그들은 그들의 풍속에 따라 묘당廟堂을 세워 그들이 섬기는

신을 받들어 이로써 자신을 진안鎭安한다는 것이었다.[50]

(나) 회자回子(위구르인—인용자) 한 사람이 앞서거니 뒤서거니 함
께 갔다. 옆에서 바라보니 수염과 눈썹이 험상궂고 고약하기가
호랑이 같아서 가까이 할 수 없을 듯하였다. 나는 시험삼아 앞으
로 가서 중국말로 "안녕하십니까" 하고 손을 들어 읍을 하였더
니, 회자가 놀라서 돌아보고 읍을 하는데, 활짝 웃는 얼굴에 구
김살이라고는 없었다. '오랑캐들은 성품이 솔직하다'라는 말이
빈말이 아니라 하겠다.[51]

셋째, 만주족의 장점이 지적된다. "기미氣味가 너그럽고 무거워
서 함부로 떠들거나 웃지 않고 속마음을 털어놓고 옛 친구를 만난 듯
이 대답하는 것은 아마 만주 사람들의 본성이 그런 듯하였다"[52]라는 언
급이나 "남쪽 지방의 풍속이 북쪽 지방 사람의 솔직함을 따르지 못한
다"[53]라는 언급에서 보듯, 만주족은 금도襟度가 있고 솔직한 것으로 묘
사된다.[54]

---

50 「번이(藩夷)들의 다른 습속」(藩夷殊俗), 『연기』, 『국역 담헌서』 IV, 외집 권7, 131면.
51 위의 글, 위의 책, 130면.
52 「양혼」(兩渾), 『연기』, 『국역 담헌서』 IV, 외집 권7, 79면.
53 「아문제관」(衙門諸官), 『연기』, 『국역 담헌서』 IV, 외집 권7, 75면. '남쪽 지방의 풍속'
은 한족(漢族)의 풍속을, '북쪽 지방의 풍속'은 만주족의 풍속을 가리킨다.
54 담헌은 1774·1775년에 세손익위사 시직(侍直) 벼슬을 맡아 세손(世孫, 후의 정조)을
가르쳤는데, 당시 세손과 주고받은 문답을 기록하여 『계방일기』(桂坊日記)라는 책으로 남
겼다. 이 중에도 "대개 한인(漢人)은 재주 있는 이가 많고 만인(滿人)은 질실(質實)한 이가
많은데, 인품을 논하면 만인이 한인보다 낫습니다"(『계방일기』, 『국역 담헌서』 I, 내집 권2,
285면)라는 말이 보인다.

넷째, 모순된 자기의식이 확인된다. 담헌은 스스로를 "동이의 변변찮은 사람"[55] 혹은 "동이의 비천한 사람"[56]으로 인식하고 있으며, 조선을 편벽된 규모를 면치 못하는 작은 동이東夷의 나라로 인식하고 있다. 담헌은 중국 사람들과 만날 때 그들이 조선에서 온 자기를 어떻게 생각하는지 늘 신경을 쓰고 있다. 다음에서 그 점이 확인된다.

> (가) 내(담헌—인용자)가 물었다. "외국인인 저로서 생각해 볼 때, 당신이 우리를 보기를 몽고 사람들과 같은 무리로 보리라 여겨지는데, 그렇지 않습니까?"[57]

> (나) 내가 말했다. "물어도 대답하지 않으려 하니, 아마도 우리가 비루한 오랑캐여서 가르칠 만한 상대가 못 된다고 생각하는 것인가?"[58]

이들 예는 담헌이 중국인과의 대면을 통해 자기를 '타자화' 내지 '객관화'하고 있음을 보여준다. 이 타자화의 과정에는 동이로서의 열등감 내지 콤플렉스가 개입되고 있다. 하지만 이 타자화는 자기인식의 한 과정이다.

하지만 담헌은 조선이 작고 소조蕭條한 나라이지만 내세울 것이 없는 나라는 아니라고 보고 있다. 동국은 예로부터 중국의 예악 문물

---

55 『산해관 잠긴 문을 한 손으로 밀치도다』, 245면.
56 「오팽문답」(吳彭問答), 『연기』, 『국역 담헌서』 IV, 외집 권7, 21면.
57 「송가성」(宋家城), 『연기』, 『국역 담헌서』 IV, 외집 권7, 156면.
58 「주학구」(周學究), 『연기』, 『국역 담헌서』 IV, 외집 권7, 167면.

을 배워 소중화로 일컬어져 왔으며, 게다가 지금 중국은 변발과 좌임左衽을 하고 있는데, 조선이 "홀로 머리털을 보존하여 부모의 유체遺體를 헐지 아니하니, 이러한 일로 마음을 위로하여 다행히 여기는 것"[59]이라고 했다. 또한 담헌은 동국의 역사가 신인神人인 단군에서 비롯되는바 중국의 요임금과 시대를 같이한다고 자국사를 인식하고 있으며,[60] 조선이 비록 편소한 나라이기는 해도 해외의 낙토樂土라고 말하고 있다.[61] 자국에 대한 담헌의 이런 자긍심은 크게 보아 소중화의식에서 기인하는 것이며, 명청 교체 이후 조선만이 의관衣冠과 복식服飾 제도에서 중화의 유제遺制를 지키고 있다는 조선 지식인의 전통적 관념에 따른 것이다. 이 시기 담헌의 소중화의식은,

> 우리나라는 중국을 사모하고 존숭하며, 의관과 문물이 중화의 제도와 비슷합니다. 그래서 옛부터 소중화로 일컬어지고 있습니다만, 언어만은 상기 동이의 풍속을 면치 못하고 있으니 부끄럽습니다.[62]

라고 한, 중국인 손유의孫有義(호 용주蓉洲)에게 한 답변에서 여실히 드러난다. 박제가처럼 우리나라 사람이 우리말을 쓰는 대신 중국어를 사용해야 한다고 한 것은 아니지만, 우리나라 말이 중국과 다름을 부끄럽게 여기고 있음을 알 수 있다.

---

59 『산해관 잠긴 문을 한 손으로 밀치도다』, 237면.
60 위의 책, 321면.
61 위의 책, 322면.
62 「손용주」(孫蓉洲), 『연기』, 『국역 담헌서』 IV, 외집 권7, 143면.

다섯째, 대명의리론을 표명하고 있음에도 불구하고 청나라를 중국으로 인정하고 있다는 점이다. 담헌은 100년간 승평昇平을 이룩한 청의 치적治績을 긍정하고 있다. 특히 강희제의 검약儉約함과 군주로서의 탁월한 능력에 칭송을 아끼지 않고 있다. 다만 청나라의 의복제도에 대해서는 비판적 태도를 견지하였다. 요컨대 청이 의복제도에 있어서는 흠결이 있다 하겠으나 그 통치 능력을 볼 때 중원의 명실상부한 주인임을 승인하고 있는 것이다. 담헌은 민생에 대한 관찰을 통해 청이 인민의 지지를 받고 있음을 확인하고 있다. 성城을 수리하고 있는 북경의 역부役夫들에 대해 기술하고 있는 다음 글이 참조된다.

> 나는 이어 그들의 사는 곳과 부역의 고되고 편한 것을 물어 보았다. 모두 서울에 산다면서 하루 일을 하면 쌀 석 되와 은 팔 푼을 받게 되니 덕을 볼 뿐 괴롭지는 않다고 했다. 성을 수리하는 데도 백성들에게 삯을 주니 은과 쌀이 얼마나 풍부하고 또 정치와 법령이 아래에까지 잘 미친다는 것을 알 수 있었다.[63]

담헌은 청이 천시天時와 인심을 모두 얻은 천명天命을 받은 왕조라고 보았다. 다음에서 그 점이 잘 드러난다.

> 순舜은 동이東夷 사람이고, 문왕은 서이西夷 사람이니, 왕후王侯와 장상將相이 어찌 종류가 있겠습니까? 진실로 하늘의 때를 받들어 이 백성을 평안히 한다면 이는 천하의 참 임금이라 일컬을 것입니다. 본조가 산해관을 들어온 후에 유적流賊을 평정하고 천

---

63 「성북유」(城北遊), 『연기』, 『국역 담헌서』 IV, 외집 권7, 298면.

하를 진정하여 오늘에 이르렀습니다. 100여 년 사이에 전쟁이 끊어지고 백성이 생업을 보전하니 치도治道의 성함이 가히 한당漢唐에 비길 만합니다. 오직 예악 문물에 있어 선왕의 풍속을 변치 아니하면 비록 천하의 고담준론하는 선비라도 거의 여감餘憾이 적을 것이며, 또한 길이 후세에 칭송하는 말이 있을 것입니다.[64]

여기서 보듯, 천명을 받아 중국을 다스림에는 종족 같은 건 문제가 되지 않는다는 입장을 취하고 있다. 청나라를 오랑캐의 나라라고 멸시하는 입장에서 벗어나 있음을 볼 수 있다. 중국에 와서 생긴 담헌의 가장 큰 변화다.

그러므로, 다음 구절에 보이는 '화이'華夷라는 용어는 당시 조선 사대부들의 용례와는 그 맥락이 다름에 유의해야 한다.

백성들이 부역의 고달픔을 느끼지 않고 세금을 더 물지도 않으며, 화이華夷가 다 같이 평화를 누리고, 관동關東 수천 리에 근심과 원망의 소리를 들을 수 없으니, 나라를 세울 당시의 간이하고 검소한 법도는 역대 조정이 따를 바가 아니지만, 지금 황제(건륭제를 가리킴—인용자)의 재략 또한 남보다 훨씬 뛰어난 점이 있다고 보아야 할 것이다.[65]

여기서 '화'華는 청나라를, '이'夷는 조선을 비롯한 청나라 주변의 국가를 가리킨다. 이를 통해 담헌이 이제 청나라를 오랑캐가 아니라

---

64 『산해관 잠긴 문을 한 손으로 밀치도다』, 404면.
65 「서산」(西山), 『연기』, 『국역 담헌서』 IV, 외집 권9, 276면.

'화'華로 간주하는 쪽으로 사고가 수정되었음를 알 수 있다. 이는 중국 여행 중에 담헌이 조선=화華, 청=이夷라고 인식했던 조선 사대부의 주류적 관념, 즉 조선중화주의에서 이탈해 '중국 대 주변 국가'라는 동아시아의 본래적 화이론으로 복귀한 것을 의미한다. 담헌의 중국 여행기에 북벌론에 해당하는 주장이 수사적 진술로도 제기되지 않고 있음은 이와 관련된다고 여겨진다.[66]

한편 위의 인용문에서 "관동關東 수천 리에 근심과 원망의 소리를 들을 수 없으니"라고 한 것은 조선을 가리켜 한 말로 판단된다. 담헌은 중국인과 나눈 대화에서, "동방(조선을 이름—인용자)이 또한 고휼顧恤을 입어 조공하는 방물과 주청奏請하는 사정이 순편順便치 않은 곳이 없습

---

66 담헌의 중국 여행기인 『연기』에서 '북벌'이라는 단어는 한 군데 보인다. 다음이 그것이다: "역관들의 말이, 중국 사람들은 불을 호랑이보다도 더 무서워하여, 한 집에 불이 나면 옆 집을 헐어 내어 불이 더 번지지 못하도록 할 뿐이니, 그 어리석기가 그만이라고 했다. 그래서 농담으로 우리나라에서 조만간 북벌을 할 경우 만일 불로 공격을 한다면 천하는 별로 힘들이지 않고 평정시킬 수 있을 것이다 하였더니, 한 역관이 '그렇지 않습니다. 언젠가 정양문 문루에 불이 난 것을 보았는데, 10여 대의 물차를 차려 놓고 비가 쏟아지듯이 물을 뿌려 대니 잠깐 사이에 불이 꺼지더군요. 이런 교묘한 기계가 있는데 불공격을 어찌 겁내겠습니까?' 하였다."(『연기』, 『국역 담헌서』 IV, 외집 권9, 216면) 하지만 담헌은 '북벌'이라는 말을 농담조로 하고 있다. 따라서 '북벌'은 희화화될 뿐이다. 북벌이 가당치도 않다는 담헌의 인식은, 당시 세손(世孫)이었던 정조에게 답한 다음 말에서도 확인된다: "형세와 힘이 서로 적수될 만해야 공격할 수 있으나, 실상 쉽지 않습니다."(『계방일기』, 『국역 담헌서』 I, 내집 권2, 285면) 한편 『을병연행록』에는 북벌론의 가소로움을 비웃는 듯한 다음과 같은 은유가 보인다: "짐승의 성정을 보아도 우리나라 말은 제 몸이 작음과 힘이 약함을 잊고 한갓 교만한 마음을 이기지 못하여 당치 못할 호마(胡馬)를 굳이 차고자 하였고, 호마는 제 힘과 기운이 족히 우리나라 말을 제어할 수 있는데도 족가(足枷)를 하여 겨루지 않으니, 가소롭게 여기는 일이었다. 국량의 대소와 기품의 얕고 깊음을 짐승으로 보아 짐작할 수 있었다. 스스로 생각하여 애달프고 부끄러운 마음을 이기지 못하였다."(『산해관 잠긴 문을 한 손으로 밀치도다』, 74면)

니다"[67]라고 했으며, "강희 연간으로부터 동방을 접대함이 다른 외국과 아주 달라졌습니다. 우리나라가 청하는 일이 있으면 따르지 않음이 없었으니, 대명大明 때는 해마다 1만 석의 쌀을 조공하였는데 강희 연간에 9천 석을 감하고 차차 덜어 지금은 겨우 수십여 석을 조공할 뿐이지요"[68]라고 한 바 있다. 담헌은 명과 청을 비교하여, 청이 명의 가혹한 정사政事를 덜고 백성을 편안히 하여 100여 년 태평을 이룩했다고 봤는데,[69] "관동" 운운한 발언은 이런 인식의 연장선상에 있는 것이라 하겠다.

이렇게 본다면, 담헌이 귀국 후 제기한 '청 왕조/중원 문물 분리론'[70]은 조선의 보수적 주류 담론을 의식한 일종의 자기방어적 논리이자 수사적 전략으로서의 성격을 갖는다 할 것이다.

여섯째, 서학에 대한 큰 관심이 확인된다. 담헌이 서양인 예수회 선교사를 만나 천문역법에 대한 문답을 나누고, 서양에서 전래된 각종 의기儀器와 기물들을 실견實見했음은 이미 여러 선행 연구에서 누차 지적된 바 있다. 그러므로 이 점에 대해서 재론할 필요는 없을 줄 안다. 여기서는 다만 천주교에 대한 담헌의 견문과 태도만을 확인해 두기로 한다. 다음의 자료들이 주목된다.

(가) 그 학문의 대강은 하늘을 존숭하여 하늘 섬기기를 불도佛徒의 부처 섬기듯이 하고, 사람을 권하여 조석으로 예배하고 착한 일을 힘써 복을 구하라고 하니, 대개 중국 성인聖人의 도와 다르

---

67 『산해관 잠긴 문을 한 손으로 밀치도다』, 316면.
68 같은 책, 같은 곳. 담헌은 이 말을 당시 세손이었던 정조에게도 하고 있다. 『계방일기』, 『국역 담헌서』 I, 내집 권2, 286면 참조.
69 『산해관 잠긴 문을 한 손으로 밀치도다』, 303면.
70 본서의 제4장 제4절 참조.

고, 이적夷狄의 교회教會라, 족히 이를 것이 없다. 그렇지만 천지의 도수度數와 책력册曆의 근본을 낱낱이 의논하여 세월의 절후節候를 틀리지 않게 함은 또한 옛사람이 미치지 못할 것이다.[71]

(나) 유송령劉松齡(예수회 선교사 A. von Hallerstein―인용자)이 말했다. "천주의 학문은 사람을 가르쳐 천주를 사랑하고, 사람 사랑하기를 내 몸과 같이하게 하는 것입니다."[72]

(다) 그 글 읽은 바를 물으니 천주학문의 문답한 글이었는데, 대개 진가陳哥가 천주학문을 깊이 숭상하므로 생질을 또한 이런 연유로 가르치는 것이었다. 그 읽는 책을 가져오라 하여 소소히 보니 대강 불경의 말에 가까운데, 그중 유가儒家의 공부에 합하는 말이 또한 많았다. 진가는 무식한 사람으로 그 참된 학문을 배우지 못하고 다만 날마다 예배하고 경을 읽어 후생의 복을 구하였는데, 제 말은 비록 불도佛道를 엄히 배척하나 기실은 불도와 다름이 없었다.[73]

(라) 내가 또 묻기를, 남방에도 천주학문을 존숭하는 사람이 있느냐고 하니, 반생(반정균을 이름―인용자)이 이리 말했다.
"천주학문은 근년에 비로소 중국에 행해졌는데, 이것은 금수에 가까운 것이어서 사대부는 믿는 사람이 없습니다. 명明 만력萬曆

---

71 『산해관 잠긴 문을 한 손으로 밀치도다』, 139면.
72 위의 책, 185면.
73 위의 책, 173면.

연간에 서양국 이마두利瑪竇가 중국에 들어오면서 그 학문을 비로소 행하여 여러 권의 글이 있습니다. 그중에 이르기를 '천주가 세상에 강생降生하여 사람을 가르치고자 하다가 원통하게 죄에 걸려 참혹한 형벌로 몸이 죽으니, 십자가라 일컫는 것이 있어 사람으로 하여금 날마다 예배하고 천주를 생각하여 상하上下가 눈물을 흘리고 은혜를 잊지 말라' 하니 극히 미혹한 말입니다."

내가 말했다.

"하늘의 도수度數와 역법曆法을 의논하는 것은 서양국 의론이 가장 높아서 중국 사람이 미칠 바가 아닙니다. 다만 그 학문을 의론하니, 유교의 상제上帝의 칭호를 도적질하여 불교의 윤회하는 말을 꾸몄으므로, 더러움이 이를 것이 없습니다. 그런데 중국 사람이 왕왕 존숭하는 이가 있으니 어찌 괴이치 않겠습니까."[74]

이들 자료를 통해 두 가지 점이 확인된다. 하나는, 담헌이 서학의 종교적 측면을 배척하고 학술적 측면만을 취하고 있다는 점이고, 다른 하나는 그가 '천주학문'이 인간에 대한 '보편적 사랑'을 특별히 강조하고 있음을 알게 되었다는 점이다.

일곱째, 중국인들과의 대화를 통해 '사해동포' 내지 '사해일가'四海一家의 관념을 빈번히 접하고 있음이 확인된다. 담헌이 귀국 후 쓴 글에도 이런 용어가 보이기 시작한다. 이들 용어는 본래 동아시아에서 오래전부터 사용되어 온 것이기는 하나, 담헌이 세계를 평등한 시각으로 보는 쪽으로 사유를 바꾸어 나가는 과정에서 하나의 담론적 계기가 되고 있다는 점에서 주목을 요한다.

---

74 위의 책, 335면.

여덟째, 중국은 조선과 달리 명분名分을 중시하지 않아, 독서인讀書人, 즉 사士가 장사를 하고 상인이 독서를 하는 경우를 여럿 목도하고 있다는 점이다. 가령 담헌이 귀국길에 만난 삼하三河의 등문헌鄧汶軒은 원래 거자擧子, 즉 과거科擧 수험생이었으나 신병 때문에 생계를 위해 소금장사를 하고 있었으며, 첨수점甛水店의 백씨는 산서山西의 공생貢生(각 지방에서 생원으로 선발된 자로 태학에서 공부할 자격이 주어진다)이지만 집이 가난해 행상을 하다가 가게를 차린 인물이었다. 청淸에서는 사士와 농·공·상 간의 신분적 분한分限이 없었으므로 필요와 능력에 따라 자유롭게 업業을 택할 수 있었으며, 한쪽에서 다른쪽으로의 이동에 사회적 금제禁制가 없었다. 담헌은 양국의 이런 차이에 유의했으리라 짐작된다. 이 점과 관련해서는 다음 자료가 참조된다.

(가) (조선은―인용자) 명분이 극히 엄하여 벼슬하는 집은 양반으로 일컬어 그 자손이 비록 가난하나 농農·상商을 일삼지 아니하고, 농·상의 자손은 비록 재학才學이 있어도 환로宦路에 드는 이가 적습니다.[75]

(나) 반생이 이리 말하였다.
"동국 사적을 대강 들으니 매우 다행스럽지만, 다만 문벌로 사람을 취함은 좋은 정사政事라 이르지 못할 것입니다. 세대世代를 이어 녹祿을 줌이 비록 삼대三代의 법이나 인재는 땅을 가려 나지 않고, 어진이를 세우는 데 방소方所를 없이 하라 하였으니, 반드시 문벌에 구애받는다면 문벌이 높은 자가 다 어질기 쉽지

---

75 위의 책, 324면.

않고, 어진 사람이 도리어 쓰이지 못할 것입니다."

내(담헌을 이름—인용자)가, 형(반생을 이름—인용자)의 의론이 매우 좋고, 동국은 종시 작은 나라여서 편벽한 규모를 면치 못한다고 하자 (…)[76]

(가)는 담헌이 북경 체류시 중국인 벗에게 보낸 편지의 한 구절이다. 이들 자료는 담헌이 명분(=신분)과 문벌을 중시하는 조선의 제도가 지닌 문제점을 중국과의 비교를 통해 통절히 자각하게 되었음을 보여준다.

아홉째, 사상적 개방의 조짐이 보인다는 점이다. 담헌은 중국에 가기 전 역상曆象과 병학兵學 등 사공事功에 관심을 두었다고는 하나, 기본적으로 성리학, 특히 주자학에 그 학문적 기초를 두고 있었다. 그의 세계인식과 진리인식은 크게 보아 아직 주자학의 틀을 벗어나지 못하고 있었던 것이다. 하지만 담헌은 북경에서 엄성, 반정균, 육비, 세 사람을 만나 격의 없이 학문적 토론을 벌이는 과정에서 자신의 학문과 진리인식을 되돌아보지 않을 수 없었다. 항주杭州 출신인 이들 3인은 양명학, 불교에 공감을 표하거나, 유교 경전의 해석에서 주자의 집주集註에 반대하면서 당시 중국에서 성행하던 고증학풍을 따르고 있었다. 주자학을 절대적으로 신봉하던 조선의 교조적 학풍에서는 용납하기 어려운 현상이었다. 담헌은 주자학도의 입장에서 이들의 견해에 맞서며 토론을 벌였지만, 다른 한편에서 이들의 사상적 활달함과 진실된 면모에 좋은 인상을 받았던 것 같다. 담헌은 이들의 견해에 반대하여 무조건 자신이 옳다는 태도를 보인 것이 아니라 한발짝 물러서서 자신의 소견에 대해 재음미하고자 하는 성찰적 태도를 보이고 있다. 가령 담헌은,

---

76 위의 책, 334면.

양명의 학문이 진실로 그른 곳이 있지마는, 다만 후세 학자들이 겉으로 주자를 숭상하여 입으로 의리를 논할 따름이고 몸의 행실을 돌아보지 아니하니, 도리어 양명의 절실한 의론에 미치지 못할 것입니다. 어찌 부끄럽지 않겠습니까.[77]

라며, 왕양명의 절실한 의론에 미치지 못하는 후세 주자학자들의 공소함과 위선을 비판하는가 하면, 논쟁 과정에서도 "감히 먼저 주장한 소견을 고집하여 지키지는 않을 것"[78]이라면서, 무조건 자신의 견해를 고집하지는 않겠다는 뜻을 분명히 하고 있다. 『시경』 소서小序 문제로 서로 의견이 크게 엇갈렸을 때에도 담헌은 이리 말하고 있다.

어찌 구차하게 합일合─하겠습니까? 다만 피차 마음을 비우고 다시 생각함이 옳을 것이니, 오직 경서를 존숭하여 옛일을 배우고자 하는 뜻은 급급히 서로 같음이 마땅하지만, 문의文義의 소견이 다름은 비록 몸이 다하도록 합일하지 못한들 무슨 해로움이 있겠습니까? 말마다 합일하기를 구하고 일마다 같기를 책망함은 교우의 큰 병통이므로, 마침내 종시終始를 보전치 못할 것입니다.[79]

육비가 집요하게 소서小序를 취함이 옳다는 의견을 제기하자 담헌은,

---

77 위의 책, 225면.
78 위의 책, 288면.
79 위의 책, 406면.

동국은 다만 주자를 알 따름이지 다른 말을 알지 못하는데, 나의 의론을 어찌 감히 스스로 믿겠습니까. 돌아간 후에 다시 생각하여 만일 새로 얻는 것이 있으면 필연 그른 곳을 굳이 지키지 아니할 것이고, 서로 편지를 주고받음이 있을 것입니다.[80]

라고 응대하였다. 그러자 육비도 "우리들도 또한 주자의 주註를 다시 읽어 새 소견을 구하리라"[81]라고 하였다. 담헌은 다음 말을 덧붙임으로써 이 논쟁을 끝내고 있다.

대개 글을 보는 법이 먼저 든 소견所見으로 주인을 삼고 새로 얻음을 구하지 아니하니, 이는 진실로 큰 병통이고 몸이 다하도록 깨침이 없을 것입니다. 이는 제가 깊이 경계하는 바이고, 형들이 또한 이곳에 뜻을 더하기를 원합니다.[82]

여기서 알 수 있듯, 담헌은 중국인들과의 대화에서, 비록 아직은 여전히 주자학에 대한 신봉의 뜻을 밝히고 있기는 하나, 경전 해석의 자유를 옹호하면서 문의文義의 해석이 꼭 같을 필요는 없음을 천명하고 있다.[83] 이 단계 담헌은 아직 주자학 이외의 유학 사상, 이를테면 육

---

80 위의 책, 407면.
81 같은 책, 같은 곳.
82 같은 책, 같은 곳.
83 가와하라 히데키 교수는 『시경』의 소서(小序)를 둘러싼 이 논쟁에서 담헌이 "스스로의 이론적 패배를 인정"(『朝鮮數學史』, 161면)했다고 했으나, 이는 텍스트의 오독이다. 담헌은 패배를 스스로 인정한 것이 아닐 뿐더러, 패배 혹은 승리를 중시하는 입장을 취하지 않았다는 점을 제대로 이해할 필요가 있다. 담헌 스스로 말하고 있듯이, 담헌이 정말 학인(學人)에게 있어서 중요하다고 여긴 것은, 자신의 소견만을 고집하는 독선적이거나 단정적인

학陸學이나 왕학王學에 대해 여전히 비판적 태도를 취하고 있기는 하나, 그럼에도 상대방의 의견을 경청하는 태도를 보여준다.

담헌은 육학이나 왕학에 대해서만이 아니라 불교에 대하여도 '외도'外道라고 말하면서 비판적인 태도를 보여준다. 그리하여 중국인 엄성에게,

> 필경 정도正道로 돌아가면 한때의 미혹함이 괴이치 않다 하겠지만, 인하여 외도外道에 빠지고 돌아가기를 잊으면 어찌 아깝지 않겠습니까.[84]

라고 충고하고 있다. 이처럼 중국에 있을 때 담헌은, 비록 주자학의 말폐에 대하여 비판적인 태도를 취하고 있기는 하나, 그럼에도 여전히 주자학의 테두리 속에 머물고 있었다. 하지만, 중국인들과의 대화는 조선 학인의 편협한 학문 태도라든가 사상적 협소성에 대해 성찰하는 소중한 기회가 되지 않았을까 생각된다.

이상, 중국 여행시의 담헌에게 주목되는 점들을 점검해 보았다. 이 시기의 담헌은 아직 화이론을 부정하는 단계까지 나아가지는 못했다.

태도를 버리고 열린 마음으로 진리를 찾아 나가는 자세였기 때문이다. 이 논쟁을 끝내면서 담헌이 한 말의 본의도 바로 이 점에 있으니, 그것은 담헌만이 아니라 중국인에게도 똑같이 해당되는 것이었다. 담헌은 훗날 『계방일기』에서도, "'무슨 일이건간에 갑자기 결정지어서는 아니된다'라는 명도(明道: 정명도를 이름―인용자)의 의론을 배우는 것이 타당할 듯합니다. 대개 학자의 병통 중 자신을 과신하는 것보다 더 심한 것이 없습니다"(『계방일기』, 『국역 담헌서』I, 내집 권2, 234면)라고 말하고 있다.

84 『산해관 잠긴 문을 한 손으로 밀치도다』, 270면.

그렇기는 하나 중국 여행이라는 계기를 통해 담헌의 화이론은 그 내용이 완전히 바뀌었음이 확인된다. 즉 이전과는 달리, '청=중국=화華'이며 '조선=이夷'라는 쪽으로 화이론의 전도顚倒가 초래되고 있다. 이는 당대 조선 사대부가 견지한 주류 담론과의 결별을 의미하는 것이었다. 이에 따라 담헌에게는 만족滿族을 긍정적으로 인식한다든가, 청조의 치적治績을 인정하는 등, 현실인식상의 심중한 변화가 나타나고 있다. 그리고 이와 함께 조선인으로서의 '자기의식'에 있어 자비감自卑感과 자존감이 교차하는 모순을 드러내고 있다. 이는 장차 담헌이 사상적으로 극복해야 할 과제였다. 이 과제의 해결은 화이론을 다시 정면 돌파함으로써만 가능하지 않을까.

한편, 담헌은 '중국'이라는 텍스트를 주의 깊게 읽음으로써 '조선'의 현실을 직시할 수 있었고, 조선에게는 너무나 익숙하고 당연한 것으로 간주되고 있던 제도상의 여러 문제점과 모순에 대해 깊이 성찰하는 기회를 가질 수 있었다. 특히 조선의 사족士族, 즉 양반이 명분을 극도로 중시하여 농·공·상의 직職에 종사하지 않는다는 점, 그리하여 환로에 나가지 않을 경우 평생 무위도식하는 유식층遊食層으로서 살아가게 된다는 점이라든가, 신분적 제한과 문벌 중시 때문에 인재 등용의 길이 막혀 있다는 점 등은, 중국의 사례에 비추어 볼 때 지극히 비정상적인 상황이자 제도로 보였음 직하다. 담헌은 이에 대한 개혁 방안의 모색 및 개혁의 사상적 근거 마련을 귀국 후에 꾀하게 된다. 이 점에서 담헌에게 중국이라는 텍스트는 비록 그 자체가 꼭 해답은 아니라 할지라도 해답을 모색하는 데 하나의 실마리, 즉 계기가 될 수 있었던 것이다.

담헌의 중국 여행은 천주학문에 대해서도 골똘히 생각해 보는 계기를 제공했다고 판단된다. 담헌은 종교적 측면에서는 천주학문에 대해 몹시 비판적인 태도를 취했지만, 천주학문이 인간에 대한 보편적 사랑을 강조하고 있음에 대해서는 유의했던 게 아닐까. 그것은 귀국 후 담헌이 겸애兼愛를 주장한『묵자』의 사상을 재음미하고 이를 원용해 자신의 사유를 재구성하게 하는 데 하나의 단초端初가 된 것은 아닐까.

담헌은 귀국 후 이전과는 달리 주자학의 테두리 속에 머물지 않고 여러 사상을 공관병수하면서 적극적으로 자신의 새로운 사상을 만들어 나가게 된다. 중국 여행 중의 담헌은 아직 자각적으로 '공관병수'에 이르지는 못했다고 여겨진다. 그렇기는 하나, 자신의 주견主見만을 고집해서는 진리에 도달할 수 없으며, 다른 견해, 다른 생각에 눈을 열어 '새로운 얻음을 구해야 한다'[85]고 여겼다는 점에서 공관병수로 나아가는 가능성의 일단을 이미 내비친 것이 아닌가 짐작된다. 담헌이 공관병수라는 테제에 도달하기까지는 사상행위의 주체로서 자신의 오랜 실존적 고민과 현실과의 대결 과정이 존재한다고 봐야 하겠지만, 중국인의 사상적 활달함에 대한 목도가 적어도 테제 형성의 한 계기가 된 것만은 분명하다. 담헌은 귀국 후에도 이들 중국인과 서신을 주고받으면서 인간적·학문적 교류를 지속하였다.[86] 이 과정에서 담헌은 마침내 주자학을 절대화하는 관점에서 벗어나 주자학 이외의 여러 학문과 사

---

85 위의 책, 407면.

86 이들 중국인들은 사실 학문적으로 담헌을 능가할 만큼 뛰어난 사람들은 아니다. 그들이 담헌을 '호걸지사'라고 하거나 '높은 학문'을 지닌 '큰 선비'라고 한 것은 결코 의례적인 말이 아니라고 생각된다. 학자로서의 담헌의 식견과 풍모에 그만큼 매료되고 존경심을 품었음을 의미한다. 그러므로 담헌은 이들에게서 학문적으로 크게 무언가를 배웠다기보다는, 학문과 사상에 대한 개방적이고 자유로운 태도를 배웠다고 봄이 옳을 것이다. 『의산문답』의 서두에, 실옹이 중국에 가서 대단한 학자를 만나지 못해 실망했다는 투로 말하고 있는 데서, 담헌이 내심 자신이 만난 항주의 선비들을 학문적으로 어찌 평가하고 있었는지를 엿볼 수 있다.

상의 장점을 적극적으로 취하여 자신의 사상을 새롭게 정립해 가게 되고, 여기서 '공관병수'라는, 학문행위와 사상행위를 수행하는 담헌의 기본 강령이 탄생하게 된다. 이 기본 강령에는 특정 사상의 배타적 진리 주장에 대한 거부와 함께 사상행위의 자유에 대한 옹호가 담지되어 있다. 그러므로 이 테제는 '진리인식'에 대한 담헌의 전연 새로운 태도와 관점을 반영하고 있다고 할 것이다. 이 테제는 귀국 후 다시 긴 시간을 요하는 깊은 숙고 끝에 도출될 수 있었다고 보이지만, 그 단초는 역시 중국 여행 중에 배태되었다고 해야 하지 않을까.

담헌은 또한 중국 여행을 통해 한족만이 아니라 만주족, 몽고족, 유구인, 회회인, 서양인 등 타종족의 인물들과 접촉했으며, 이들의 습속을 관찰하였다. 이런 경험 역시 훗날 담헌이, '습속의 차이에도 불구하고 제 종족은 평등하다'는 관점을 도출하는 데 일정하게 도움이 되었을 것으로 생각된다.

총결해서 말한다면, 담헌이 경험한 중국은 다양한 이문화異文化와 이습속異習俗이 동거하고 있고, 다양한 담론과 시각들이 혼재하는 텍스트였다. 담헌에게 가장 큰 충격으로 다가온 것은 이런 다양성이 아니었을까. 그러므로 그가, "반평생을 돌아볼 때 우물 속에 앉아 그래도 잘난 체 눈을 크게 뜨고 가슴을 활짝 펴서 함부로 천하 일을 논하려 했으니 자량自量을 못한 것도 이만저만이 아니다"[87]라고 한 것은, 당대 조선 지식인을 특징짓는 저 폐쇄성과 자기중심성, 그리고 단순성에 대한 통절한 깨달음이 아니겠는가.

이런 점에서 담헌은 중국 여행에서 진리인식, 새로운 세계상世界像의 수립, 조선의 사회정치적 개혁 등의 문제와 관련해 장차 스스로

---

87 「망해정」(望海亭), 『연기』, 『국역 담헌서』 IV, 외집 권9, 224면.

풀어 가야 할 많은 과제를 떠안고 돌아온 것이라 할 만하다. 바로 이 점, 즉 담헌의 경우 중국이라는 텍스트는 하나의 단초, 다시 말해 사고의 중요한 출발점과 참조점이기는 했으나 그 자체가 바로 답은 아니었다는 점에서, 박제가와 길이 갈린다. 박제가는 대체로 중국 여행시 담헌이 보여준 사유 단계를 좀더 단순화시킨 형태로 『북학의』를 저술한 바,[88] 거기서는 중국이 모든 문제의 '답'으로서 제시된다. 어떤 의미에

---

[88] 필자의 추정에 의하면, 『북학의』는 담헌의 중국 여행기가 나온 이후 그것을 참조해 저술된 책이다. 담헌은 『연기』를 먼저 쓰고 이어서 『을병연행록』을 쓴 것으로 여겨진다. 『간정동 필담』에 항주인(杭州人)들과의 필담을 수록했으므로, 중복을 피하여 『연기』에서는 그 부분은 다 빼 버렸다. 이처럼 『간정동 필담』과 『연기』는 서로 보완관계에 있는 책이다. 다른 각도에서 본다면 『연기』의 한 부분을 독립시킨 책이 『간정동 필담』인 것이다. 담헌이 『을병연행록』보다 『연기』를 먼저 썼을 것으로 추정하는 이유가 이에 있다. 『을병연행록』은 최종적으로 이 두 책을 합쳐 일기식의 체재로 하고, 내용의 첨삭을 가하고, 표기를 국문으로 바꾼 것이다. 그런데 『연기』는 적어도 1775년에서 1778년 사이에 씌어졌을 것으로 본다. 『계방일기』 을미년(1775) 3월조에 보면 당시 세손이었던 정조가 담헌에게 연행일기가 있느냐고 묻자 담헌은 아직 못 썼다고 답하고 있는바, 적어도 이때까지는 『연기』가 집필되지 않았음을 알 수 있다. 담헌은 아마 이 직후에 『연기』의 집필에 착수했으리라 본다. 『북학의』가 『연기』를 읽은 후 집필된 책이라는 추정은, 『북학의』의 내용 중 『연기』의 영향으로 보이는 것들이 일부 발견된다는 데서 뒷받침된다. 일례를 들면, 『북학의』의 '말'[馬] 항목에, "중국 말은 우리의 말에 비해 월등하게 큰데 우리 말이 덤비고 소란을 피워도 무시하고 상관하지 않으며 입을 다물고 의젓하게 서 있을 뿐이다"(『북학의』, 84면)라고 기술되어 있는데, 같은 취지의 말이 『연기』(『국역 담헌서』 IV, 351면)에도 보인다. 이는 단순한 우연의 일치라고 보기 어렵다. 혹 거꾸로 『북학의』가 『연기』의 집필에 영향을 미친 것은 아닐까 하는 의문이 제기될 수도 있겠으나, 그럴 가능성은 희박하다고 본다.

여기서 덧붙여 말해 두고 싶은 것은, 『연기』 뒤에 완성된 『을병연행록』에 담헌의 만년 사상이 좀더 반영되어 있는 것으로 보인다는 사실이다. 가령 『을병연행록』의 서두는 『연기』에는 보이지 않는 부분인데, 이는 꼭 중국으로 떠날 당시의 생각을 그대로 기록한 것이라기보다 귀국 후 담헌이 겪은 사상의 변화를 얼마간 투사하고 있다고 판단된다. 이를테면, "만일 오랑캐의 땅은 군자가 밟을 바가 아니요, 호복(胡服)을 한 인물과는 함께 말을 못하리라 한다면 이것은 편협한 소견이며 인자한 사람의 마음이 아니다"(『산해관 잠긴 문을 한 손으로 밀치도다』, 21면)라는 구절에는 김종후와의 논쟁 체험이 반영되어 있다고 여겨진다.

서 박제가는 독자적인, 따라서 '본격적인' 사유를 더 진행시키지 않고, 중국이라는 텍스트의 경이로움에 심취하여 그만 거기서 사고를 멈춘 것일지도 모른다. 하지만 담헌은 달랐다. 담헌에게 중국은 사유의 끝이 아니라 고작 시작에 불과했다. 그리하여 바야흐로 이제부터 그의 독자적 사유가 개시될 것이었다. 그것은 조선과 중국을 포함하면서도 그것을 넘어 세계의 존재 원리를 근거짓는 일임과 동시에, 인간과 사물의 관계, 개별적 존재(인간이든 종족이든 국가든)를 보는 새로운 관

「오팽문답」(吳彭問答) 중에도 그런 점이 확인된다. 『연기』에서는 담헌이 중국인의 질문에, "학문을 3등분하는 것(의리義理의 학學, 경제經濟의 학, 사장詞章의 학으로 3등분하는 것을 이름—인용자)은 세속 선비의 고루한 소견입니다. 만일 의리를 버린다면 경제는 공리(功利)에 흐르고, 사장(詞章)은 부조(浮藻)에 빠지게 될 것이니, 어찌 학(學)이라 할 수 있겠습니까? 또 경제가 아니면 의리를 펼 데가 없고, 사장이 아니면 의리를 나타낼 수가 없을 것입니다. 그러므로 요컨대 이 세 가지에서 하나라도 버린다면 학이라 할 수 없습니다. 그렇다면 의리가 그 근본이 아니겠습니까?"(「오팽문답」, 『연기』, 『국역 담헌서』 IV, 외집 권 7, 13면)라고 답한 것으로 서술되어 있다. 하지만 이 구절이 『을병연행록』에는, "학문이 어찌 두세 가지리오. 참된 의리의 학문을 숭상하면 경륜과 문장은 거기서 벗어나지 않을 것이로되, 후세 학문은 근본을 알지 못하고 이 세 가지로 각각 표준을 세워 하나를 높이매 둘을 잃으니, 이러므로 문장의 학문은 넉넉함을 자랑하고 공교함을 다투어 부질없는 부조(浮藻)를 숭상하고, 경륜의 학문은 재물을 모으고 군사를 다스려 구차히 공 이루기를 숭상하고, 의리의 학문은 말로 성명(性命)의 물리(物理)를 일컫고 글로 정주(程朱)의 의논을 모방하되 베풀 재주를 생각지 아니하고 덮을 행실을 닦지 아니하여 공연히 생사(生死)의 헛이름을 도모하니, 필경은 세 가지 학문이 다 참된 공부를 이룸이 없나니, 내 평생에 세상 학문이 말단을 일삼아 본(本)을 잃으며 겉을 꾸미고(치장하고라는 뜻—인용자) 안을 힘쓰지 아니하여 헛되이 세 가지 명목으로 세상을 속이고 이름을 도적질하는 줄을 애달파 하는지라"(소재영·조규익 외, 『주해 을병연행록』, 태학사, 1977, 375면)라고 조금 다르게 되어 있다. 『연기』와는 달리 『을병연행록』에는 조선의 기존 학문 행태에 대한 비판이 보인다. 아마도 『을병연행록』의 이 서술에는 담헌 만년의 격정(激情)이 담겨 있는 게 아닌가 보인다. 이처럼 『을병연행록』에는 연행 당시 담헌의 시좌(視座)와 만년 담헌의 시좌, 이 둘이 중첩되어 있음에 유의할 필요가 있다. 『을병연행록』만큼은 아니라 하더라도 『연기』에도 그런 면이 없지 않으리라고 생각된다.

점을 이론적으로 정초定礎하고, 그것을 사회정치적 대안으로 제시하는 일이었다.

5) 『장자』와 『묵자』

『의산문답』이 보여주는 상대주의적 사유가 『장자』에 유래한다는 지적은 송영배 교수에 의해 본격적으로 제기된 바 있다.[89] 상대주의적 사유가 『의산문답』에 관철되고 있음은 분명하고, 이것이 『장자』를 원용한 것이라는 점에 대해서는 이론異論의 여지가 없다. 그렇기는 하지만 송영배 교수의 입론은 『의산문답』의 사유 특징을 주로 『장자』의 영향 하나로 설명하고 있다는 점에서 문제가 있는 게 아닌가 생각된다.[90] 거듭 말하지만, 『의산문답』의 사유는 단순히 하나의 특정한 요인으로써 설명되거나 규정되기 어렵다. 문제는, 그렇게 할 경우 논의가 단순화되고, 그 결과 『의산문답』에 내포된 다채롭고 풍부한 사유가 제대로 파악되지 못한다는 점에 있다. 『의산문답』은 담헌 사유의 최종 귀결을 보여주는 만큼, 거기에는 여러 겹의 사유'들'과 여러 층위의 생生의 궤적이 복합적이고 중층적重層的으로 얽혀 있다. 『의산문답』의 상대주의적 사유가 『장자』에 기반하는 것이라는 주장은 이 점의 승인 위에서만 의미를 갖는 게 아닌가 생각된다. 다시 말해, 『의산문답』의 논

89　송영배, 「홍대용의 상대주의적 사유와 변혁의 논리」. 하지만 『의산문답』의 상대주의가 『장자』의 영향이라는 지적은 일찍부터 있었다. 가령, 이상은, 「담헌서 해제」, 『국역 담헌서』 I, 25면에 그런 견해가 피력되어 있음을 본다. 이 해제는 1974년 11월에 작성된 것이다.

90　이 점은 박희병, 「홍대용 연구의 몇 가지 쟁점에 대한 검토」에서 지적된 바 있다.

리와 체계, 그 시좌視座 속에는 몇 개의 사상소思想素가 상호 결합되어 있다. 그러니 단지 어느 하나만 주목해서는 일면성과 단순성을 면하기 어렵다.

또 하나 지적해야 할 사실은, 『의산문답』에서 상대주의적 사유가 중요하다는 것은 말할 나위도 없지만, 그보다 더 중요한 것은 '평등'의 사유가 아닌가 하는 점이다. 『의산문답』에서 상대주의는 '방법'일 뿐이며, 기실 그것이 목표로 삼는 것, 다시 말해 그 '목적'은 '평등'에 있다고 생각되기 때문이다. 말하자면 인식론적 상대주의는 존재론적 평등에 길을 깔아 주고 있는 것이다. 따라서 상대주의만이 아니라, 상대주의가 가리키는 바를 보지 않으면 안 된다. 이 점에 유의한다면 담헌이 『장자』와 『묵자』를 구별하지 않고 병칭한 이유를 알 수 있다. 그리고, 전연 무관한 것처럼 보이는 『의산문답』과 『임하경륜』 사이에 서로 연결되는 사유의 통로가 발견된다.

담헌은 만년에 자신의 새로운 진리인식을 뒷받침하기 위해 '공관병수'의 방법을 구사하였다. 이는, 특정한 하나의 사상을 '정통'으로 간주해 그밖의 제 사상을 '이단'으로 배척하는 태도에 반대하여 뭇 사상에 개방적인 자세를 취하면서 그 장점을 고루 취하자는 것이 그 핵심적 취지다. 이에 따르면 정통과 이단의 구분은 의미를 잃게 된다. 정통으로 간주되어 온 것이 오히려 허위적·기만적인 것일 수도 있고, 이단으로 간주되어 온 것이 진실된 것일 수도 있기 때문이다. 담헌은 뭇 사상이 '징심구세'澄心救世(마음을 맑게 하여 세상을 구제한다는 뜻)를 지향한다는 점에서는 결국 귀일歸一된다고 보았다.

이를 통해 담헌이 이제 주자학을 고수하고 있지 않고, 활달하게 그것을 훌쩍 뛰어넘었음을 알 수 있다. 아니 이 단계의 담헌은 비단 주자학만이 아니라 '유학 자체'를 고수하고 있지 않으며, 유학 밖으로 성큼 나갔다고 말할 수 있을 터이다. '유학 밖으로 나갔다'는 말은 유학을 부정하면서 유학과는 완전히 다른 어떤 사상에 기대고 있다는 말은 아니다. 한쪽 발은 유학에 디디고 있으면서, 다른 쪽 발을 유학 측에서 이단으로 간주하며 공격해 온 다른 사상에 디디고 있음을 뜻한다. 담헌의 이런 사상적 입장, 담헌이 보여주는 이런 사상적 지향은 '탈유교적'이라고 말해도 무방하지 않을까.

담헌의 탈유교적 지향은, 그 만년의 새로운 사유를 이론적으로 뒷받침하기 위해『장자』와『묵자』를 적극적으로 공관병수하고 있음에서 여실히 드러난다.

담헌이 자신의 사유 체계 속에『장자』와『묵자』를 유의미한 것으로 끌어들인 것은 중국에서 귀국한 이후의 일로 판단된다. 그것은 이 시기에 담헌이 사상적 고투와 숙고熟考를 거치며 사유를 새롭게 모색해 간 과정과 밀접히 연관된다. 몇 개의 자료를 검토해 보기로 한다.

(가) 이 두 분(장자와 왕양명을 말함―인용자)의 제멋대로 한 의론이 실로 나의 마음과 같다고 여겨 세상을 돌아보고 슬피 여기면서 몇 번이나 유儒에서 도망쳐 묵墨으로 들어가고자 하였소.[91]

(나) 만일 그대가 나의 단점은 가르쳐 주고 나의 장점은 취하여, 마음을 비우고 되풀이해 일러 준다면, 나도 마땅히 어리석은 마음을 더욱 다하여 수야秀野(김종후를 이름―인용자)에게 충고하는 친구가 됨을 잃지 않을 것이오. 그렇지 않고 굳이 없는 것을 적발하여 입에다 재갈을 물리고, 심지어 내가 사문斯文을 배척한다

91 「어떤 사람에게 준 편지」(與人書),『국역 담헌서』I, 내집 권3, 349면.

고 멋대로 말한다면, 나는 장차 성인聖人의 가르침을 버리고 물아物我를 가지런히 함으로써 수야의 장주莊周가 될까요? 장차 지행합일知行合一하고 치양지致良知함으로써 수야의 양명陽明이 될까요? 아니면 의義와 이利, 왕도王道와 패도覇道를 겸용함으로써 수야의 진동보陳同甫가 될까요?[92]

(다) 추호秋毫를 크다 하고 태산을 작다 함은 장주씨莊周氏의 과격한 말이로다. 지금 내가 건곤乾坤 보기를 한낱 초정草亭처럼 여기니, 나도 장차 장주씨의 학문을 할 참인가? 30년 동안 성인聖人의 글을 읽었던 나인데, 어찌 유儒에서 도망하여 묵墨으로 들어갈쏘냐? 말세에 살며 화란禍亂을 겪자 하니, 눈의 어지러움과 마음의 아픔이 극심하여라.[93]

(라) 노담老聃은 드디어 오랑캐에 들어가고
　　중니仲尼는 구이九夷에 살고자 했노라.
　　조화造化가 품물品物을 만드니
　　북방 불모의 땅에 사는 이도 천성天性은 같네.
　　강역疆域의 내외內外는 있다 해도
　　범애汎愛에는 편사偏私가 없노라.
　　(…)
　　인문人文이 혼돈混沌을 능멸하므로

---

92 위의 글, 358면.
93 「건곤일초정 주인」(乾坤一草亭主人), 『국역 담헌서』 I, 내집 권3, 385면.

억조의 창생은 질고疾苦에 빠졌다오.[94]

(마) 우리나라 사람은 편협한 마음 뽐내며

　　가혹하여 모함이 많거늘

　　거룩할손 현천옹玄川翁은

　　박애博愛로써 성인聖人의 법을 따르길.[95]

(바) 노씨老氏와 묵씨墨氏는 가르침은 다르지만

　　순박함과 검소함은 또한 취할 만하네.

　　천지를 부모로 삼고

　　사해四海를 한 집으로 여기노라.

　　동물도 모두 영묘한 덕을 지녔으며

　　새 또한 춤을 추네.[96]

(사) 양씨楊氏의 위아爲我는 소부巢父·허유許由·장저長沮·걸닉桀溺의 유류流이니, 그의 청고淸高하여 세속을 끊은 것은 넉넉히 완악한 것을 변화시켜 염치있게 할 만하였고, 묵씨墨氏의 겸애兼愛와 근검과 절용節用은 세상의 급박한 사정에 대비하여 위로는 시속時俗을 구제하고 아래로는 사사로움을 잊을 수 있게 하였으니, 또한 보통 사람들보다 월등히 현명합니다. 두 분의 도를 너

---

94 「잡영」(雜詠), 『국역 담헌서』 I, 내집 권3, 391면.

95 「원현천이 전사(田舍)로 돌아갈 때 주다」(贈元玄川歸田舍), 『국역 담헌서』 I, 내집 권3, 398면.

96 「손용주 유의가 추루에게 부친 시에 차운해서 용주에게 주다」(次孫蓉洲有義寄秋庫詩韻仍贈蓉洲), 『국역 담헌서』 I, 내집 권3, 411면.

무 지나치게 실천하면 혹 독행獨行(극단적 이기주의를 말함—인용자)하고 혹 노형勞形(몸을 수고롭게 함을 말함—인용자)하여 사람이 반드시 감내하지 못할 것이나, 천하를 변역變易할 걱정은 없다 하겠는데, 이를 금수로 여겨 배척하는 것은 혹 지나친 일이 아니겠습니까? (…) 이단의 학문이 행해진다고 해서 세상에 해가 될 게 무엇이겠습니까?[97]

(가)와 (나)는 1769년 경 김종후에게 보낸 편지 중의 한 구절이다. 주지하다시피 당시 담헌은 꽉 막힌 조선의 보수적 학자인 김종후와 격렬한 논쟁을 벌이고 있었다. 이 논쟁은 담헌의 현실주의적 대청對淸 인식과 김종후의 명분론적·의리론적 대청 인식 간의 대립에서 비롯되지만, 실제로는 이 문제에 국한되지 않고 그것을 넘어 여러 중대한 문제를 둘러싼 양인의 입장 차이를 드러낸다. 정통과 이단의 문제, 참된 학문이란 어떤 것인가에 대한 문제, 조선인으로서의 자기인식의 문제, 사실과 명분의 관계에 대한 문제, 경전 해석의 문제 등등이 그것이다. 한마디로 두 사람은 '무엇이 진리인가'라는 '진리인식'의 문제를 둘러싸고 첨예한 공방을 벌였던 것이다. 이 과정에서 김종후는 담헌의 생각이 대단히 불온해 그냥 두어서는 안 되겠다고 판단했던지 그를 억누르며 위협하는 태도를 취했다. 담헌은 '사문斯文의 난적'으로 몰릴 수도 있는 상황이었던 것이다. 담헌은 김종후의 이런 비학문적·비이성적 태도에 격렬하게 반발하며 항의를 제기했지만, 이 논쟁 과정에서 그가 느꼈을 두려움과 절망감은 이루 형언하기 어려운 것이었다고 여

---

97 「손용주에게 준 편지」(與孫蓉洲書), 『항전척독』(杭傳尺牘), 『국역 담헌서』 II, 외집 권 1, 135면.

겨진다. 그럼에도 담헌은 학문적·사상적 소신을 굽히지 않고 담대하고 꿋꿋하게 자신의 견해를 밝히고 있다. 이는 학자로서, 그리고 사상가로서, 담헌의 용기와 기백을 보여주는 것이다. 이 자료들은 이런 점을 염두에 두고 읽지 않으면 안 된다.

(가)에서 "유儒에서 도망쳐" 운운한 것은 '유'를 자처하는 김종후의 허위의식과 공소空疎함에 염증을 느껴 한 말일 터이다. 주목되는 것은, 담헌이 몇 번이나 '묵'으로 들어가고 싶었다는 점을 밝히고 있다는 사실이다. 담헌이 '유'에 대한 대자적對自的 의식 하에 '묵'을 중시하게 된 것이 이 논쟁 과정 중이라는 사실을 유의할 필요가 있다.

(나)에서는 담헌의 절망감이 느껴진다. 그가 거론하고 있는 장자, 왕양명, 진동보는 모두 이단에 해당한다. '진동보'는 송나라의 학자 진량陳亮을 말한다. 그는 주자의 관념론을 비판하며 '사공'事功을 중시하는 입장을 취하였다. 사실 이 논쟁에서 담헌은 김종후 일一 개인과 맞붙은 것이 아니었다. 김종후는 당대 조선의 주류 학문을 대변하는 입장에서 논쟁을 벌인 것이고, 따라서 그의 배후에는 그와 입장을 같이하는 여타의 노론계 조선 학인들이 있었다고 봐야 할 것이다.[98] 담헌이 김이안金履安에게 논쟁의 중재를 부탁하면서 "다른 몇 사람으로부터 제가 타고난 떳떳한 마음이 없다느니 하는 책망을 다시는 받지 않게 해 주신다면 감사하겠습니다"[99]라고 말하고 있는 데서 그 점이 확인된다.

---

98 담헌의 벗 홍원섭(洪元燮)이 쓴 담헌 제문(祭文) 중에 "進夷黜名, 衆咻群呶"라는 구절이 이 점을 방증한다고 할 수 있다. 홍원섭의 제문은 『醒言』, 『青城雜記』 권3; 「담헌을 그리며」, 『국역 청성잡기』(김종태 외 옮김, 민족문화추진회, 2006), 393면 참조.

99 「김내형(金內兄) 원례씨(元禮氏)에게 답한 편지」(答金內兄○○氏書), 『국역 담헌서』 I, 내집 권3, 343면. '김내형'은 김이안(金履安)을 가리킨다. 그의 자(字)는 원례(元禮)다. 따라서 편지 원제(原題) 중의 빠진 글자는 '元禮'로 추정된다.

담헌은 김종후와의 격렬한 논전을 통해, 자신의 학문론과 사상적 입장을 좀더 뚜렷이 자각하게 되었다고 생각된다. 하지만 김종후와의 논쟁은 사상 투쟁의 끝이 아니라 '시작'에 불과했다. 담헌은 이후 꼬리를 내린 채 문제를 미봉하거나 현실에 추수追隨하는 쪽으로 나아간 것이 아니라, 그와 정반대로 과감하게 자기 사상을 새롭게 정립하는 쪽으로 나아갔다. 그것은 조선의 기존 학문과의 결별을 의미하는 것이었으며, 전혀 새로운 진리인식을 추구하면서 사상의 새로운 패러다임을 구축하는 일이었다. 그 결과물이 『임하경륜』과 『의산문답』이다. 자료 (나)는 이런 점을 염두에 두면서 읽어야 한다.

(다)는 「건곤일초정乾坤一草亭 주인」이라는 시詩 병서竝序의 한 구절인데, 자료 (가)와 마찬가지로 '유儒 · 묵墨'의 사상 선택에 대한 고민을 토로하고 있다. "30년 동안 성인聖人의 글을 읽었던 나인데, 어찌 유儒에서 도망하여 묵墨으로 들어갈쏘냐"라는 말은 비록 문면상文面上으로는 '묵으로 들어갈 리가 있겠는가'라는 뜻으로 읽히지만, 이런 말을 한다는 그 자체가 담헌이 유 · 묵의 기로에서 심각한 사상적 고민을 하고 있음을 반증한다. 유儒냐 묵墨이냐 이런 이분법에서 벗어나 생각해 본다면 담헌은 이 무렵 자신의 사유 체계 속에 '묵'을 상당히 받아들이고 있었던 것으로 추정된다. "화란"禍亂은 김종후와의 논쟁을 가리킬 터이다. 이 자료 역시 (가)와 마찬가지로 장자와 묵자가 병칭되고 있음이 흥미롭다. 다만 자료 (가)든 (다)든 '유'와 대척적인 관계에 있는 사상으로는 어디까지나 '묵'墨이 거론되고 있다. 다시 말해 '유 대 묵'儒對墨이 부각되고 있다. 제자백가 중 『노자』나 『장자』는 유가의 지식인들도 흔히 읽었다. 비록 이단이라고는 하나 크게 배척은 하지 않고, 유가를 보완하는 차원에서 접근했던 것이다. 하지만 묵자는 다르다. 유가 지식인으로부터 묵자는 늘 양주楊朱와 함께 금수禽獸의 사상으로 격렬

하게 비난받아 왔다. 조선의 학인 중 묵자를 긍정한 사람은 좀처럼 찾아보기 어렵다.[100] 허균처럼 사상적으로 발랄했던 인물도 맹자가 묵자를 배척한 일을 정당하다고 봤으며, 묵자를 사이비라고 했다.[101] 그러

---

100 18·19세기의 몇몇 조선 학인들을 예로 들어 보면, 이의현(李宜顯)은 "所謂異端者, 非指兇邪小人. 雖其人品高出流俗, 若其所爲違背聖道, 則自當爲異端, 孟子斥楊墨爲異端, 楊墨乃學仁義而差者, 其人品豈不絶異凡人, 而以其所學之差, 斥之如此"(『陶峽叢說』, 『陶谷集』 권20, 한국문집총간 제181책, 438면)라고 말했고, 남공철(南公轍)은 "古之所謂異端者, 老佛楊墨四家是也. 四家者之說, 與聖人相反, 各以其術惑天下"(「丁君改名序」, 『金陵集』 권11, 한국문집총간 제272책, 217면)라고 말했으며, 홍길주(洪吉周)는 "所謂異端者, 如佛老楊墨, 尙足以亂天下"(「名敎(下)」, 『縹礱乙幟』 권16)라고 말했다.

101 「讀諸子各題其後」의 '墨子', 『惺所覆瓿藁』 권13, 文部10, 『許筠全集』(성균관대 대동문화연구원, 1981). 허균은 이 글에서 한유(韓愈)가 「독묵자」(讀墨子)에서, '孔墨幷用', 즉 '공자와 묵자의 사상이 서로 통한다'는 주장을 편 것에 의구심을 보이고 있다. 한유의 「독묵자」는 『性理大全』 권57 '諸子(一)'의 「墨子」에서도 언급되고 있는바, "朱子曰: 楊墨皆是邪說. 但墨子之說, 尤出於矯僞, 不近人情而難行. 孔墨竝稱及, 退之之繆"가 그것이다. 담헌은 한유의 이 글을 읽었으리라 본다. 하지만 담헌은 한유처럼 공자와 묵자를 귀일(歸一)시키기보다는 이 둘을 서로 다른 범주의 것, 조금 더 강하게 말한다면 서로 대립적인 것으로 파악했던 것으로 보인다. 본문 중에 인용된 자료 (가)와 (다)에서 그 점을 알 수 있다. 담헌은 『묵자』를 어떤 판본으로 봤을까? 그것은 알기 어렵다. 다만 조선 후기의 학인들이 제자백가를 읽을 때 명대에 간행된 『제자품절』(諸子品節)이나 『백가유찬』(百家類纂)이나 『명세문종』(名世文宗)을 많이 봤음을 감안한다면 담헌 역시 이런 유의 책을 읽었을 가능성이 높다. 『명세문종』은 진인석(陳仁錫)이 1628년에 쓴 서문이 붙어 있는데, 조선에서 훈련도감자(字) 목활자본으로 복간되었다. 중국에서 1567년에 간행된 『백가유찬』 역시 1692년 조선에서 복간된 바 있다.
한편, 중국에서는 청대(淸代)에 들어와 고증학이 발전하면서 묵자에 대한 관심이 제고되었다. 특히 건륭(乾隆)·가경(嘉慶) 때 묵학(墨學)이 부흥하여 장혜언(張惠言), 왕념손(王念孫), 필원(畢沅), 손성연(孫星衍), 노문초(盧文弨), 왕중(汪中) 등의 학자가 열심히 연구하였다. 이 중 필원이 노문초와 손성연의 교주(校注) 성과를 종합하여 1783년 간행한 『묵자주』(墨子注) 16권은 청조 묵학의 본격적 출발을 알리는 주석서로 간주된다. 담헌의 몰년은 1783년이다. 따라서 그는 이 책을 보지 못했을 터이다. 건륭 연간의 고증학자 중 묵자의 구세 의지(救世意志)를 정당하게 복원해 내면서 맹자의 묵자 비판을 무고(誣告)라고 반비판한 인물로 왕중이 주목된다. 이 때문에 그는 공맹(孔孟)을 옹호한 보수적 학자인 옹방강(翁

므로, 담헌이 '유'와 '묵'을 대립시키면서, 장차 묵으로 들어가야 할 건가 말 건가 하는 고민을 토로한 것은 조선 사상사의 일대 사건이라고 할 만하다.

(라)는 「잡영」雜詠이라는 시의 일부분이다. 흥미로운 점은, 『의산문답』의 사유에 상당히 근접한 면모가 보인다는 사실이다. 하늘의 '범애'汎愛라는 점에서 본다면 화華와 이夷는 같음을 말하고 있음으로써

方綱)으로부터 "名教之罪人"(옹방강, 「書墨子」, 『復初堂文集』 권15)이라는 비난을 받았다. 이상의 사실은 鄭杰文, 『中國墨學通史』(人民出版社, 2006); 侯外廬 外, 『中國思想通史』(人民出版社, 1961) 제5권 제12장 '汪中的 思想' 참조.

고증학자 중 왕중처럼 대담하게 묵자 사상의 가치를 선양(宣揚)한 인물은 흔치 않다. 담헌 역시 묵자의 진실됨과 구세 의지를 주목하여 그를 공관병수한 것이고 보면, 담헌과 왕중의 묵자 이해에는 뭔가 서로 통하는 점이 없지 않다고 생각된다. 왕중의 생년은 1744년이고 몰년은 1794년이다. 담헌은 생년이 1731년이다. 그러므로 이 두 사람은 거의 같은 시대에 동아시아를 살았던 인물들이라고 말할 수 있다. 담헌의 글 중 묵자에 대한 직접적 언급이 처음 보이는 것은 1769년 김종후에게 보낸 편지에서다(「어떤 사람에게 준 편지」, 『국역담헌서』 I, 내집 권3, 349면). 그의 나이 39세 때로서, 중국에서 돌아온 지 3년째 되는 해다. 당시 왕중은 고작 26세였으며, 아직 묵자 연구에 착수하지 않았다. 그가 『묵자』의 주석 작업을 벌여 「묵자서」(墨子序)를 탈고한 것은 한참 뒤인 1780년의 일이었다(汪學群·武才娃, 『淸代思想史論』, 중국사회과학출판사, 2007, 389면 참조). 이렇게 따져 보면 담헌이 왕중이 수행한 묵자 연구의 성과를 접했을 가능성은 거의 없다고 판단된다. 담헌이, 비록 왕중의 글은 보지 않았다 할지라도 묵자를 연구한 청조 고증학자의 다른 성과는 혹 보았을 수도 있지 않은가 하는 반문이 제기될 수도 있겠으나, 필자로서는 그럴 가능성도 별로 높지 않다고 생각한다. 담헌은 고증학에 대해 극히 회의적인 태도를 취했기 때문이다. 뿐만 아니라 담헌은 중국에 가기 전에 이미 병학(兵學)에 깊은 관심을 가졌는데, 이 병학에의 관심 속에 묵자에 대한 초보적인 관심이 내장(內藏)되어 있었다고 봐야 하지 않을까 의심된다. 『묵자』의 「비공」편(非攻篇)이나 「비성문」편(備城門篇) 등에서 확인되듯 묵자는 방어 전쟁의 전문가였기 때문이다. 다만, 병학적 관심에 국한하지 않고 묵자의 평등적 문제의식에 공감하면서 묵자를 재조명·재음미하게 되는 것은 귀국 후의 일일 터이다. 따라서 담헌의 묵자에 대한 관심은 청조 학술의 영향이라기보다 스스로의 학문적 고민과 탐색의 결과라고 봐야 하리라 본다.

다. 또한 '인문'人文, 즉 사치와 화려함을 추구하게 마련인 '문명'이 인간 본성의 순수함을 해침으로써 급기야 억조 창생이 질고疾苦에 빠지게 되었다는 문명관 역시 『의산문답』의 그것과 상통한다.[102] 다만 『의산문답』에서는 한 단계 더 나아가 '강역疆域의 내외'조차 부정해 버리고 있다.

이 자료는 전반적으로 장자적莊子的 사유가 농후하다. 그런데 '범애'汎愛라는 단어가 주목된다. 『의산문답』에서는 이것과 저것, 안과 밖의 상대성을 말하면서 그것이 '하늘'의 관점에서는 해소된다는 점을 강조하였다. 하늘은 차별이 없기 때문이다. 비록 『의산문답』에서는 '범애'라는 말을 쓰고 있지 않지만, '하늘의 관점'이라는 것의 기저에 있는 것이 바로 이 '범애'汎愛일 터이다.[103]

(마)는 「원현천이 전사田舍로 돌아갈 때 주다」라는 시의 몇 구절이

---

102 한편, 이 시의 "노담(老聃)은 드디어 오랑캐에 들어가고/중니(仲尼)는 구이(九夷)에 살고자 했노라"라는 구절은, 『의산문답』 서두의, 허자가 의무려산에 올라 눈물을 흘리면서 "노담(老聃)은 호(胡)로 들어갔고, 중니(仲尼)는 바다를 건너고 싶다고 했다"라고 말한 대목과 일치한다.

103 묵자의 '겸애'는 '범애'(汎愛)로 이해되기도 했다. 송대(宋代)의 임희일(林希逸)이 찬(撰)한 『장자구의』(莊子口義) 권10의 "墨子汎愛兼利"라는 말에서, 그리고 청조(淸朝) 황식이(黃式二)의 『경거집』(儆居集) 권2에 수록된 「위아겸애설」(爲我兼愛說) 중의 "夫墨氏以泛(泛'은 '汎'과 통한다―인용자)愛兼利爲急而短父母之喪"이라는 말에서 그 점을 알 수 있다. 묵자는 겸애나 비공(非攻)을 비롯한 자기 학설의 바탕을 '하늘'에 두고 있다. "今夫天兼天下而愛之, 遂萬物以利之"(『墨子』, 「天志」), "奚以知天之欲人之相愛相利, 而不欲人之相惡相賊也? 以其兼以愛之, 兼以利之也"(『墨子』, 「法儀」) 등에서 그 점이 확인된다. 하늘의 뜻이 만물에 대한 '겸애'에 있으므로 인간은 차등애(差等愛)가 아닌 평등애(平等愛), 즉 서로 겸애를 해야 옳다는 것이다. 묵자에 있어 '하늘'은 인격적인 존재다. 그것은 인간을 내려다보며, 인간에게 화복(禍福)을 내린다. 묵자가 귀신을 존숭한 것도 이와 관련된다(이 점은 『묵자』 「명귀」편明鬼篇에서 알 수 있다). 이는 묵자 사상의 비합리적·미신적 면모랄 수 있다. 담헌은 묵자를 원용하되 이런 면모는 취하지 않았다. 공관병수한 것이다. 담헌이 이단에 대해 '사단취장'(捨短取長)의 수용적 태도를 취했음은 일찍이 이지형, 「홍담헌의 경학관과 그의 시학」(『한국한문학연구』 1, 1976), 75면에서 지적된 바 있다.

다. "박애博愛로써 성인聖人의 법을 따르"라고 한 말은, 일본의 학자들을 이단과 사설邪說로 지목하지 말고 박애의 눈으로 보라고 원중거에게 충고한 말이다. '박애'라는 말이 주목된다. (라)의 '범애'가 하늘의 '편사偏私 없음'을 뜻하는 말이라면, 여기서의 '박애'는 인간의 편사 없음을 가리킨다고 할 것이다. 그러므로 '범애'든 '박애'든 그 내부에는 대상에 대한 공평무사公平無私한 시각 내지 평등한 시각이 내재해 있다고 할 수 있을 터이다. 이들 단어는 '차별 없는 사랑'을 말하고 있다는 점에서, 적어도 담헌 사상 내에서는 묵자의 '겸애'와 깊은 연관을 갖는다고 생각된다.[104]

---

[104] '범애'나 '박애'라는 말은 유교적 전통 속에서도 사용되어 온 말이다. 담헌은 중국에 갔을 때 남천주당을 방문하여 서양인 할러슈타인(중국명 유송령)에게서 직접 '천주의 학문은 사람 사랑하기를 내 몸과 같이하게 하는 것'이라는 말을 들은 바 있다. 담헌은 천주학에 몹시 비판적인 태도를 취했지만 '사랑'과 관련된 이 언설에 대해서는 어떤 코멘트도 가하고 있지 않으며, 그냥 들은 대로 적어 놓고 있다. 담헌은 비록 천주학의 교리가 허황하다고 생각했음에도 불구하고 적어도 그 '인간에 대한 보편적 사랑'의 메시지만큼은 주목했을 수 있고, 그것을 동아시아적 사유의 전통 속에서 음미하면서 재해석해 보지 않았나 추정된다. 담헌이 귀국 후 '범애'라든가 '박애'와 같은 단어를 쓰게 된 것은 이런 맥락에서 이해되어야 할 소지도 없지 않은 듯하다. 담헌이 쓴 '박애'라는 단어에는 원래의 유교적 의미와 달리 『묵자』에서 말하는 무차등적 사랑, 즉 '겸애'의 의미가 스며들어 있다고 생각된다. '범애'나 '박애'는 담헌이 중국 여행에서 가져온 중대한 두 과제인 신분제 문제와 화이론 문제를 풀어 나감에 있어 핵심적인 원리가 된다고 판단된다. 즉 '범애'나 '박애'로부터 도출되는 '비차별에의 문제의식' = '평등에의 문제의식'이, 국내적으로는 신분 세습의 탈피를(『임하경륜』), 국제적으로는 화이론의 부정을(『의산문답』) 꾀하게 한 것으로 생각된다.
'박애'라는 단어는 『논어』에는 보이지 않는다. 중국 고대의 유교 전적(典籍) 중에는 『효경』에 이 단어가 보이는데, 「삼재」장(三才章)의 "是故, 先之以博愛, 而民莫遺其親"이 그것이다. 한편, 한유(韓愈)는 「원도」(原道)에서 "博愛之謂仁, 行而宜之之謂義"라고 하여 박애가 곧 인(仁)이라고 보았다. 하지만 송대의 정이(程頤)는, 한유가 박애를 인이라고 한 것은 잘못이다, 인자(仁者)는 박애할 수 있지만 그렇다고 박애를 '인'이라고 할 수는 없다, '애'는 정(情)이고 '인'은 성(性)이니 어찌 애를 인이라고 하겠는가라며 한유를 공박하였다(『二程

(바)는 중국인 손유의에게 준 시의 일부분이다. 노자와 묵자를 거론하면서 순박함과 검소함을 숭상하는 그 교의敎義는 취할 만하다며 긍정하고 있다. 이하의 네 구句도 노자 및 묵자와 관련되는데, 존재의 평등을 강조한 말이다. 담헌 사상에서는 '검소함'이 가치론적으로 대단히 중시되는데, 이런 면모가 묵자와 연관이 있음이 이 자료를 통해 확인된다.[105] "동물도 모두 영묘한 덕을 지녔"다는 것은, 동물과 사람이

全書』권18;『近思錄』권1 참조). 주희 역시 "정 선생의 설이 가장 분명하다"(『朱子語類』 권137)라며 정이의 설에 동조하였다. 이처럼 '박애'라는 말은 비록 유가에서 사용하지 않은 말은 아니나, 그렇다고 해서 '인'처럼 광범하게 쓰인 말은 아니며, 또 '무차별적 사랑'을 의미하는 말로 쓰인 것도 아니다.

한편, '범애'라는 말이 보이는 유교 경전은『논어』다.『논어』의 딱 한 군데에 이 말이 보인다. 즉「학이」편(學而篇)의 "子曰: 弟子入則孝, 出則弟, 謹而信, 汎愛衆而親仁(⋯)"이 그것이다. 한유는「독묵자」(讀墨子)라는 글에서, 공자가 범애친인(汎愛親仁)한 것은 묵자의 겸애와 같다고 봄으로써, 종래 유자들이 묵자를 기롱하던 태도를 탈피해 공자와 묵자를 회통(會通)시키려고 하였다. 또한 한유는「원인」(原人)이라는 글에서, "人者, 夷狄禽獸之主也. 主而暴之, 不得其爲主之道矣. 是故, 聖人一視而同仁, 篤近而擧遠"이라고 하여, 이적에 대해 인도적이며 관대한 관점을 취했다. 하지만 주희는, 공자가 '친인'(親仁)과 '범애'를 함께 말한 것은 까닭이 있으며, 만일 '범애'만 말한다면 '겸애'로 흐르게 된다고 했다(『주자어류』 권21). 송대의 소식(蘇軾)은「독한유」(讀韓愈)라는 글을 써서 한유의 견해를 통척(痛斥)하였다. 그는, 공자는 겸애를 말한 게 아니라고 비판함과 동시에, 공자가 묵자와 다른 까닭은 '차별'을 말했기 때문인데 한유는 '일시동인'(一視同仁)을 주장한바 이는 사람을 대하는 도로써 이적(夷狄)을 대하고 이적을 대하는 도로써 금수를 대하는 것이니, 결국 '叛聖人之敎'가 된다고 했다(『東坡全集』권43). '일시동인'의 관점에서 이적을 봐야 한다는 한유의 견해는 묵자의 '겸애'와 연결되며 그 점에서 '차등'을 내세운 공자의 가르침과 다른 것이라는 소식의 주장은『의산문답』의 '화이일'(華夷一)을 떠올리게 한다는 점에서 자못 흥미롭다.

이상의 사례들을 통해 알 수 있듯, '범애'나 '박애'라는 말은 사용하기에 따라서는 논쟁적으로 될 수 있는 소지를 안고 있는 단어다. 적어도 담헌의 경우 이 단어들은 묵자에의 경사를 보여주는 것으로 이해된다.

105 묵자에게서 검소함의 강조는 '근로'에 대한 강조와 연결된다. 하지만 유교의 경전들에도 검소와 절용, 근로의 중요성에 대한 언급이 없는 것은 아니다. 가령『예기』(禮記)「왕제」(王制)에서는 "無遊民"이라 했고,『논어』「팔일」(八佾)에서는 "禮, 與其奢也, 寧儉"이라

차이가 없다는 뜻이다. 『의산문답』의 인물균人物均, 그리고 그로부터 도출되는 '화이일'華夷一과 통하는 생각이라 할 것이다. (라)에서 말한 '범애'가 '인人-인人'의 관계에 한정되지 않고 '인人-물物'의 관계, 즉 자연의 세계로까지 확장되는 것임이 (바)를 통해 확인된다. 이 점에서 담헌이 사유한 '범애'는 단지 사회사상적 맥락만이 아니라 자연철학적

고 했다. 또한 절약과 근로에 대한 담헌의 언급 중 상당수는 그 출처가 유교 경전에 해당한다. 이를테면 "園圃墻下, 樹以桑麻, 不毛者罰"(『임하경륜』)은 『주례』(周禮) 「지관사도」(地官司徒) '재사'(載師)의 "凡宅不毛者, 有里布"에 유래하며, "其不係四民, 而遊衣遊食者, 官有常刑"(『임하경륜』)은 『주례』 「지관사도」 '여사'(閭師)의 "凡無職者, 出夫布"와 관련이 있는 듯하고, "遊民多而生之者少"(『임하경륜』)는 『대학』의 "生財有大道, 生之者衆, 食之者寡, (…) 則財恒足矣"와 관련이 있는 듯하며, "瞽者以卜, 宮者以閽, 以至於喑, 聾, 跛, 躄, 莫不各有其所事"(『임하경륜』)는 『예기』 「왕제」의 "瘖, 聾, 跛, 躄, 斷者, 侏儒, 百工, 各以其器食之"에 유래하는 것으로 보인다. 담헌이 어릴 적부터 몇 십 년간 유교 경전을 읽어 왔음을 생각한다면 이는 전연 이상한 일이 아니다. 유의해야 할 것은, 묵자 사상에서 사치의 배격이라든가 검소나 절용에 대한 중시라든가 근로에 대한 강조는 그 '정도'에 있어 유교의 그것과 비교가 되지 않을 정도로 강렬한 면모를 보이고 있다는 사실이다. 가령 후장(厚葬)을 배격한다거나 3년상에 반대한 것이 그 단적인 예다. 이 때문에 유가 쪽에서는 묵자가 검소를 지나치게 강조해 예(禮)를 잃었다고 비난하였다(鄭杰文, 『中國墨學通史』, 336면 참조). 담헌 역시 『의산문답』에서 후장(厚葬)을 반대하였다. 그리고 묵자의 후장 반대를 비판한 맹자를 반비판하였다. 또한 그는 『의산문답』에서 주나라가 토목공사를 많이 일으킨 데 대해 비판적인 입장을 취하였다. 사치와 낭비라고 본 것이다. 이는 주나라의 문물을 이상화한 공자를 따른 것이 아니라, 근검을 숭상한 하우(夏禹)를 높인 묵자를 따른 것이었다. 이렇게 본다면, 담헌이 사치의 배격을 말하거나 검소나 절용을 강조하거나 근로를 강조했을 때, 이를 단지 고립적·요소적으로 파악하고 말 것이 아니라 그 사상의 전체적 지향이나 사상 전체의 맥락 속에서 파악할 필요가 있다. 그럴 경우 담헌 글의, 혹은 담헌 사유의 어떤 부분이 유교 경전에 유래하는가 아닌가는 본질적으로 그리 중요한 일이 아니다. 묵자의 시좌를 기저에 둔 채 유교 경전의 이 구절 저 구절을 가져오거나 재구성하는 방식으로 자신의 사유를 전개해 나갈 수 있음으로써. 조선의 사상적 풍토를 고려한다면 표면적으로 묵자를 드러내기보다는 이런 방식으로 작업하는 쪽이 설득력을 얻을 수 있고, 안전하기도 할 터이다. 이는 '차유유묵'(借儒喩墨: '유'를 빌려 '묵'을 말함)의 글쓰기 전략이라 이름할 만하다.

맥락도 내포하고 있다고 할 것이다. 이 시는 1773년에 씌어진바, 이 시기에 이미 『의산문답』에 나타나는 주요한 관점의 일부가 형성되고 있었던 것을 알 수 있다.

(사)는 1776년 손유의에게 보낸 편지의 한 구절이다. 이 자료는 그 작성 시기가 확인된다는 점에서 귀중하다. 1776년이면 담헌의 나이 46세 때이며, 죽기 7년 전이고, 김종후와 논전을 치른 지 6, 7년이 경과된 시점이다. 그 사이 담헌의 사유가 어떻게 정립되고 있었는지를 알게 해 주는 자료인 것이다. 이 자료에서 담헌은 양주와 묵적을 두둔하면서 그 장점을 적극적으로 긍정하고 있다. 유가의 일반적인 관점을 반박하면서 양주와 묵적을 '금수의 사상'으로 여겨 배척하는 것은 지나친 일이라고 했다. 그리고 이단의 학문이 세상에 행해진다고 한들 나쁠 것이 뭐 있느냐고 묻고 있다. 인용문 바로 뒤에는, 이단의 학문이 비록 여러 가지이나 '징심구세'를 목적으로 한다는 점에서는 똑같으니, 배척함이 없이 각자 자기가 좋아하는 바를 따르며 선善을 닦고 풍속을 선량하게 한다면 그것으로 좋을 것이라는 말이 이어진다. '사상의 자유' '학문의 자유'를 옹호하고 있음이 분명히 확인된다.

한편, 이 자료에서는 "묵씨墨氏의 겸애兼愛와 근검과 절용節用"의 의의를 분명히 지적하고 있음이 주목된다. 주지하다시피 유가에서는 묵자의 '겸애'에 대해 절대 용납할 수 없다는 태도를 취해 왔다. 그럴 수밖에 없는 것이 유가의 핵심 주장인 인애仁愛는 '차등'을 토대로 하고 있는 데 반해, 묵가의 '겸애'는 '무차등=평등'을 토대로 하고 있다는 점에서 서로 대립되기 때문이다.[106] 그럼에도 담헌은 묵자의 겸애를 자

---

106 『묵자』 「겸애」편에서 그 점을 살필 수 있다. 묵자의 번역서로는 김학주 역, 『묵자』(명문당, 2003) 참조. 묵자의 사상에 대해서는 馮友蘭, 『中國哲學史』 上冊(中華書局, 1961)

신의 사상 체계 속에 흡수하고 있는 것이다. 담헌은 겸애만이 아니라, 묵자의 근검과 절용의 사상 역시 취하였다. 『임하경륜』에서 만민개로 萬民皆勞를 주장한 것이나 『의산문답』에서 절검節儉에 주목하며 호胡의 역사적 부상浮上을 필연으로 파악한 것이 그 한 예다.

요컨대 (바), (사)의 자료에서는 담헌이 1770년대 초반 이래 공관 병수의 입장을 확고하게 구축했다는 점, 그리고 정통과 이단의 엄별嚴 別을 해체하면서 학문과 사상의 자유에 대한 옹호 위에서 유가의 테두 리를 벗어나 새로운 진리 구성을 꾀하고 있다는 사실을 확인할 수 있 다. 그러니 이 단계의 담헌은 이제 '유가'만으로 설명되거나 규정될 수 없다. 그렇다고 그를 묵가나 도가로 규정하기도 어렵다. 그렇다고 그 를 '서학가'西學家라 할 것인가? 담헌은 이 '사이'에 있다 할 것이다. 다 시 말해 이런 제 사상을 주체적으로 공관병수하면서 자기의 사상, 즉 **홍자**洪子라고 할 만한 일가一家의 사상을 동아시아의 학문적 토양 위에 서 새롭게 구축해 낸 인물이 바로 담헌인 것이다.

이상, 자료에 대한 일별에서 드러나지만, 담헌에게 있어 장자와 묵 자는 연결되어 있다. 두 사상은 그 지향이 전연 다른 것임에도 담헌은 이 둘을 공관병수하면서 회통會通시킴으로써 자신의 사상을 구축하는 데 원용하고 있다 할 것이다. 담헌은 개인의 절대 자유에 대한 옹호라 든가 세속적 시비의 초탈을 위해 장자를 끌어들이고 있는 것이 아니라

의 제1편 제5장 '墨子及前期墨家'; 侯外廬 외, 『中國思想通史』 제1권(人民出版社, 1961)의 제6·7장; 狩野直喜, 『中國哲學史』(岩波書店, 1953)의 제3편 제6장 '墨子の哲學'; 渡辺卓, 『古代中國思想の硏究』(創文社, 1973)의 제3부 제3편 제1장 제4절 '墨家思想の展開'; 淺野 裕一, 『古代中國の文明觀: 儒家·墨家·道家の論爭』(岩波書店, 2005)의 제4장 '墨家が說 く 節約型文明社會 - 墨子'; V. A. 루빈, 임철규 역, 『중국에서의 개인과 국가—공자, 묵자, 상앙, 장자의 사상 연구』(현상과인식, 1988) 등 참조.

그 상대주의적 사유의 차용借用을 통해 일체의 자기중심주의를 해체함으로써 존재론적 평등의 정초를 꾀하고 있다고 보인다. 그것은 인간에 대한 성찰의 차원, 물物에 대한 차원, 화이론의 차원, 교육과 신분의 차원 등 여러 차원에서 관철된다. 바로 이 '평등'이라는 점에서 담헌 사상에 있어 장자는 묵자와 기묘하게도 서로 연결된다. 이런 점에 유의한다면 담헌이 장자와 묵자를 같이 거론하곤 한 이유를 알 수 있다 요컨대 만년의 담헌 사상을 관통하는 가장 중요한 키워드는 '평등'이며, 그것의 기저에 자리하고 있는 것은 확장된 겸애, 즉 '범애'라고 말할 수 있다.

6) 양명학

담헌은 중국에서 귀국하기 전까지는 양명학을 수용하는 입장이 아니었다. 그는 북경의 유리창琉璃廠에서 만난 항주杭州의 선비들과 학문적 토론을 벌일 때 주자를 옹호하며 양명학에 비판적인 자세를 취하였다. 그렇지만 주자학의 말폐에 대하여는 담헌 역시 인정하였다.

귀국 직후에도 양명학에 대한 담헌의 비판적인 태도는 크게 바뀌지 않았다. 다음 편지에서 그 점이 확인된다.

> 공리功利가 학술을 혼란시키고, 노老·불佛이 마음을 방탕하게 하고, 육陸·왕王이 진실을 어지럽히어, 이로 말미암아 능히 우뚝하게 정학正學을 똑바로 하는 사람이 더욱 적은 것입니다.[107]

---

107 「철교에게 준 편지」(與鐵橋書), 『항전척독』(杭傳尺牘), 『국역 담헌서』 II, 외집 권1, 25면.

중국인 엄성에게 보낸 편지의 한 구절이다. 인용문 중 '정학'正學
은 주자학을 가리킨다. 담헌이 주자학의 입장을 견지하면서 육상산陸
象山과 왕양명의 학문이 진실을 어지럽히는 이단이라고 보고 있음이 잘
드러난다.

귀국 직후 중국인 육비陸飛(호 소음篠飮)에게 보낸 다음 편지에서도
그 점이 확인된다.

> 주자朱子 문하의 말학末學들이 구이口耳만 숭상하여 기송記誦과
> 훈고訓詁로 그 사설師說을 어지럽히므로, 왕양명이 시속時俗을
> 밉게 여겨 치양지致良知를 했으니, 이것은 다 그 시대를 근심하
> 고 세도世道를 걱정한 뜻은 있지만, 잘못의 교정이 지나쳐, 방자
> 한 의론의 폐해가 우유迂儒나 곡사曲士와 다를 것이 없었고, 도
> 를 바로잡으려는 해독이 자못 기송이나 훈고보다도 더하였으니,
> 가만히 생각건대 왕양명의 높은 기운은 장주莊周에게 견줄 만하
> 나 그 학술이 정도正道와 차이가 있다는 점에서는 함께 이단에
> 귀속된다 하겠습니다.[108]

양명학이 나오게 된 것이 실용實用과 실득實得을 도외시한 채 기송
記誦과 훈고訓詁에 매몰되어 허학虛學을 일삼은 주자학의 말폐 때문임
을 시인하면서도, 양명학은 정학正學이 아니며 오히려 주자학의 말폐
보다도 그 해독이 더 심하다고 보고 있다.

양명학, 그리고 이단에 대한 담헌의 인식 태도가 달라지는 것은,

---

108 「소음(篠飮)에게 보낸 편지」(與篠飮書), 『항전척독』, 『국역 담헌서』 II, 외집 권1,
21~22면.

앞에서 지적한 대로 김종후와 치열한 논전을 치르면서다. 담헌은 이 논전 중에 씌어진 한 편지에서 이렇게 말한 바 있다.

> (만일 그대가—인용자) 굳이 없는 것을 적발하여 입에다 재갈을 물리고, 심지어 내가 사문斯文을 배척한다고 멋대로 말한다면, 나는 장차 성인聖人의 가르침을 버리고 물아物我를 가지런히 함으로써 수야秀野(김종후의 별호—인용자)의 장주莊周가 될까요? 장차 지행합일知行合一하고 치양지致良知함으로써 수야의 양명陽明이 될까요?[109]

앞에서도 한 번 인용한 바 있는 글이지만, 또 인용한다. 1769년 경 김종후에게 보낸 편지의 끝 구절이다. 담헌이 단순히 김종후가 공격해 온 데 대한 반발 심리로 이단으로 들어가겠노라고 어깃장을 놓고 있는 것으로 보아서는 안 된다. 담헌은 아마도 김종후와의 논쟁 과정 중에 이른바 '진리'의 문제와 관련해 통절한 깨달음을 얻게 된 것으로 보이며, 이전에 자기 자신이 고수한 정학=주자학의 부지扶持와 이단의 배척에 큰 회의를 품게 된 게 아닌가 생각된다. 김종후라는 보수적 주자학자와의 심각한 논전이 담헌으로 하여금 주자학의 문제점을 더 심절深切하게 느끼게 만든 것이 틀림없다.

다음 편지는 이 논전 이후에 씌어진 것인데, 입장 변화가 확인된다.

> 노씨老氏(노자老子를 이름—인용자)의 조박糟粕이 한漢나라 문제文帝·경제景帝의 치세治世를 이루었고, 선가禪家의 상승上乘이 왕

---

109 「어떤 사람에게 준 편지」, 『국역 담헌서』 I, 내집 권3, 358면.

王·육陸의 고원高遠함을 해롭게 하지 않았으니, 다스림이 문제·
경제와 같으면 쇠란과 상거相距됨이 멀고, 고원함이 왕·육과 같
으면 시속時俗과의 상거가 멀다 하겠거늘, 이단의 학문이 행해
진다고 해서 세상에 해가 될 게 무엇이겠습니까.[110]

1776년에 중국인 손유의에게 보낸 편지 중의 한 구절이다. 인용
문 중의 '왕王·육陸'은 왕양명과 육상산을 가리킨다. 담헌이 이전과 달
리 양명학의 '고원함'을 인정하면서 그것을 배척할 이유가 없음을 밝히
고 있음이 주목된다. 담헌은 이 편지의 끝에서, 학문은 '통일'할 수 없
는 것이며, 모든 학문은 마음을 맑게 하고 세상을 구제하는 것을 목적
으로 한다면서, 각자 자기가 좋아하는 학문을 좇아 선善을 닦고 그 장
점을 다하여 사욕을 버리고 풍속을 선량하게 한다면 대동大同으로 돌
아가는 데 해로움이 없다고 했다.[111] 이는 공관병수의 태도로 양명학을
적극적으로 긍정하고 수용하고 있음에 다름 아니다.

그러므로 담헌의 다음 말, 즉,

중국에서는 주자朱子를 반대하고 육陸·왕王의 학學을 존숭하는
이들도 성대하여 다 인정을 받으며, 사문斯文에 위배된다고 죄
를 받는 일을 듣지 못했다. 대개 그들은 범위가 넓고 크기 때문
에 공관병수하나니, 어느 한쪽에 얽매이는 그런 편견이 없다.[112]

---

110 「손용주에게 준 편지」, 『항전척독』, 『국역 담헌서』 II, 외집 권1, 135면.
111 위의 글, 위의 책, 136면.
112 「종형 담헌선생 유사」, 『국역 담헌서』 IV, 부록, 382면.

라는 말은, 그 만년 지론의 피력이라 보아야 할 것이다. 담헌이 중년 이전과 달리 만년에 이르러 양명학을 '병수'倂受해야 한다는 확호確乎한 입장을 견지했음은 그의 벗인 태화太和 홍원섭洪元燮이 남긴 담헌 제문祭文의 다음 글귀에서도 확인된다.

주자를 으뜸으로 삼고 육상산을 받아들여
모두 모아 자신의 학문을 풍부히 하였네.[113]

"주자를 으뜸으로 삼고"라는 말은 그대로 준신準信할 것이 못 되지만, "육상산陸象山을 받아들여"라는 말은 옳은 증언일 것이다. 육상산을 받아들였다는 것은 곧 양명학을 수용했음을 의미하는 말이다.

일찍이 정인보는 담헌 사상의 본질을 양명학으로 이해하였다.[114] 그는 『의산문답』이 보여주는 '실'實과 '허'虛의 대립적 설정을 양명학적 사고의 발로로 이해하였다. 『의산문답』을 집필하던 단계의 담헌은 이미 공관병수를 확고한 자신의 진리 추구 방법으로 정립한 터였으므로, 양명학이라고 해서 배척하지는 않았으며 그 취할 만한 점을 받아들였을 것은 당연하다. 하지만 담헌을, "양명陽明을 말하지 아니하되 그 생평주장生平主張의 주뇌主腦되는 정신精神을 보면 두말할 것 없이 양명학陽明學임을 알 수 있는 이들"[115] 중의 하나로 봄은 좀 지나친 게 아닌가 생각된다. 담헌은 실심實心과 실사實事를 중시했고 허학虛學과 공언

---

113 "宗朱袐陸, 錯綜蓏居." 『醒言』, 『靑城雜記』 권4; 『성언』(醒言), 『국역 청성잡기』, 392면.
114 정인보, 『陽明學演論』, 『詹園鄭寅普全集』 2(연세대 출판부, 1983), 235~237면 참조.
115 정인보, 위의 책, 211면. 원문에는 한자가 노출되어 있으나, 여기서는 국문으로 바꾸고 한자를 병기하였다.

空言을 배척했으나, 이는 꼭 양명학의 영향이라고만 단정하기 어렵다. 담헌의 스승인 김원행 ─ 그는 당시 조선의 으뜸가는 주자학자의 한 사람이었다 ─ 역시 실심과 실사를 몹시 강조했음으로써다.[116] 따라서, 설사 담헌이 『의산문답』에서 '실'을 높이고 '허'를 배척한 데에, 그리고 '인물균' 테제의 숙성熟成 과정에, 묵자나 장자만이 아니라 양명학에 대한 그의 공감이 일정하게 작용하고 있다 할지라도, 이를 **단지** 양명학의 발로로만 이해함은, 그리고 『의산문답』의 핵심 사상을 양명학으로 규정해 버리는 것은, 지나치게 단순한 태도라 할 것이다. 담헌은 자신의 진리인식 태도에 따라 양명학을 긍정하고 수용했지만, 그렇다고 해서 그를 양명학자로 규정할 수는 없다고 생각한다. 이는 그가 장자나 묵자를 수용했다고 해서 그를 도가 혹은 묵가로 규정할 수 없는 것과 마찬가지 이치다. 또한 그의 사상에 낙론의 영향이나 정주학의 요소가 확인된다고 해서 만년의 그를 주자학자로 규정할 수는 없는 것과 마찬가지 이치다. 담헌은 서학을 포함한 여러 사상을 병수倂受하고 취장取長하면서 그 특유의 독창적인 사상을 만들어 간 인물인 것이다.

이제 조금 더 파고들어 가 담헌이 양명학의 어떤 점에 특히 공감했을 것인지에 대해 논해 보기로 한다. 왕양명은 '인'仁이 '천지만물을 하나로 보는 마음'임을 유별나게 강조하였다.[117] 한 예를 들어 본다.

---

116 이경구, 「담헌의 지식인 교유와 지성사적 위치」, 『담헌 홍대용 연구』(실시학사 실학연구총서 3: 성균관대 출판부, 2012), 324~325면 참조.
117 『傳習錄(上)』, 『王陽明全集(上)』(上海古籍出版社, 1992) 권1, 25면; 『傳習錄(中)』, 같은 책, 권2, 40·54면; 『傳習錄(中)』, 같은 책, 권2, 79면; 「重修山陰縣學記」, 같은 책, 권7, 257면; 「書王嘉秀請益卷」, 같은 책, 권8, 272면; 「大學問」, 『王陽明全集(下)』, 속편 1, 권26, 968면 등 참조.

대저 성인聖人의 마음은 천지만물을 일체一體로 여긴다. 그가 천하의 사람을 봄에는 내외와 원근이 없는지라, 무릇 혈기가 있는 것은 모두 형제·적자赤子의 친親으로 여겨 안전하게 하고 가르쳐 키워서, 만물을 일체로 여기는 그 마음을 이루고자 한다.[118]

이처럼 왕양명은 인仁을 '일체동물지심'一體同物之心(물物을 똑같이 일체로 여기는 마음)[119]으로 보면서, '인기지분'人己之分, 즉 '남과 자기의 구분'이 없으며, '물아지간'物我之間, 즉 '물과 나의 간격'이 없는 경지[120]라고 주장하였다. '천지만물일체지인'天地萬物一體之仁으로 요약되는 왕양명의 이런 입장은 자기본위 내지 자기중심주의를 벗어나게 한다는 점에서 주목된다. 양명학에 담지된 이런 메시지는 담헌이 인물균 사상을 정립하는 데 일정한 방조傍助 작용을 했을 수 있다.

이외에도 양명학에는 기송記誦·훈고訓詁·사장詞章을 일삼는 속유俗儒들의 행태를 비판하면서 실심實心과 실행實行을 강조한다거나, 승심勝心을 지금 학자의 큰 병폐로 경계하는 경향이 두드러지는데,[121] 담헌은 『의산문답』을 집필할 때 양명학의 이런 면모에 큰 공감을 느꼈을 것으로 여겨진다. 가령 『의산문답』 서두부의,

---

118 『傳習錄(中)』, 『王陽明全集(上)』 권2, 54면.

119 위의 책, 40면.

120 위의 책, 55면.

121 『傳習錄(中)』, 『王陽明全集(上)』 권2, 55·87면; 「別三子序」, 같은 책, 권7, 226면; 「象山文集序」, 같은 책, 권7, 246면; 「自得齋說」, 같은 책, 권7, 265면; 「書石川卷」, 같은 책, 권8, 270면; 「書中天閣勉諸生」, 같은 책, 권8, 279면; 「答徐成之」, 같은 책, 권21, 806면 등 참조.

"또 내가 너에게 묻나니 너의 이른바 현자賢者란 어떤 자이냐?"

허자가 말했다.

"주공周公과 공자孔子의 업業을 높이고, 정자程子와 주자의 말을 익혀서 정학正學을 부지扶持하고 사설邪說(이단을 이름—인용자)을 물리치며, 인仁으로써 세상을 구제하고 명철함으로써 몸을 보전하는 자가 유문儒門에서 말하는 현자입니다."

실옹이 고개를 치켜들고 웃으면서 말했다.

"네가 학문의 미혹됨이 있음을 진실로 알겠다. 아아, 슬프다. 학문이 없어진 지 오래다. 공자가 죽은 후에 제자諸子들이 어지럽혔고, 주자 문하의 말학들이 어지럽혔다.[122] 그의 업적은 높이면서 그의 진리는 잊고, 그의 말은 익히면서 그의 본의는 잃어버렸다. 정학을 부지하는 것은 실상 자랑하려는 마음에서 말미암고, 사설을 물리치는 것은 실상 이기려는 마음(勝心)에서 말미암으며, 인仁으로써 세상을 구제하는 것은 실상 권력을 유지하려는 마음에서 말미암고, 명철함으로써 몸을 보전하는 것은 실상 이익을 노리는 마음에서 말미암는다. 이 네 가지 마음이 서로 따르매 참뜻이 날마다 없어지고, 온 천하가 넘실넘실 날마다 허虛로 치닫고 있다."[123]

---

122 이 구절은 담헌이 중국에서 돌아온 후 김종후와 논쟁할 때 그에게 보낸 편지의 다음 구절, 즉 "아아! 70자(七十子: 공자의 현철한 제자 70인을 지칭—인용자)가 죽은 후에 대의가 어그러졌소. 장주(莊周)는 세상을 통분히 여겨 「제물」편(齊物篇)을 지어 오래 살기를 도모했고, 주자 문하의 말학(末學)들은 그 스승의 학설을 어지럽혔으며, 양명(陽明)은 시속(時俗)을 미워한 끝에 치양지(致良知)를 주장하였소"(「어떤 사람에게 준 편지」, 『국역 담헌서』 I, 내집 권3, 349면)와 그 의취(意趣)가 통한다.

123 『의산문답』, 『국역 담헌서』 I, 내집 권4, 451~452면.

에서 그 점이 짐작된다.

한편, 왕양명은, "천하의 도는 하나일 뿐이다"(天下之道, 一而已矣)[124] 라는 말에서 보듯 학문의 통일, 즉 학문의 단일화를 주장했으며, '정학/이단'의 2분법에 의거해 이단을 배척했고,[125] 천인감응설天人感應說을 믿었다.[126] 하지만 담헌은 왕양명의 이런 견해에는 동의하지 않았다.

사상가로서 왕양명과 담헌의 차이는 특히 묵자를 보는 양인의 시각의 상위相違에서 잘 드러난다. 왕양명은 묵자가 후세의 위학僞學보다는 낫다는 점을 인정하면서도 묵자의 겸애는 '무차등애'無差等愛라는 것, 따라서 '차등애'를 인仁의 본질로 삼는 유가儒家와는 다르다는 것, 그러니 맹자가 묵자를 '무부무군'無父無君의 사상이라고 비난한 것은 정당하다는 것, 묵자를 따르면 자신의 부자형제父子兄弟를 길 가는 사람과 똑같이 보게 된다는 것, 따라서 그것은 편벽되며 도가 아님을 주장하였다.[127] 요컨대, 노老·불佛과 함께 양楊·묵墨을 이단으로 배척함으로써 유가의 정통성을 옹호하고자 한 것이다. 그러므로, 왕양명의 '천지만물일체지인'이 그 내용으로 하는, "천지만물은 본디 나와 일체다"(天地萬物, 本吾一體)라든가 "남을 보기를 자기처럼 한다"(視人猶己)[128]는 것은 평등애平等愛를 말함이 아니며, 어디까지나 후박厚薄과 친소親疎의 차등을 전제한[129] 차

---

124 「策五道」, 『王陽明全集(上)』 권22, 861면. 그 뒤에 이어지는 말은, "而以爲有二焉者, 道之不明也"이다.

125 「朱子晩年定論序」, 위의 책, 권7, 241면; 「書王嘉秀請益卷」, 같은 책, 권8, 272면; 「策五道」, 같은 책, 권22, 861면 등 참조.

126 「氣候圖序」, 『王陽明全集(上)』 권22, 871면 참조.

127 『傳習錄(上)』, 『王陽明全集(上)』 권1, 25~26면; 「別湛甘泉序」, 같은 책, 권7, 230~231면; 「策五道」, 같은 책, 권22 참조.

128 『傳習錄(中)』, 『王陽明全集(上)』 권2, 79면.

129 『傳習錄(下)』, 『王陽明全集(上)』 권3, 108면 참조.

등애의 또 다른 표현임을 간과해서는 안 된다.

왕양명과 달리 담헌은 '벽묵'闢墨의 입장을 취한 것이 아니라, 오히려 맹자의 묵자 비판을 반비판하면서 묵자를 적극 옹호하였다. 그는 묵자의 겸애를 긍정하면서 묵자의 사상에 담지된 높은 평등의 계기를 자기화하였다. 이 점에서 담헌은 유가의 테두리를 벗어나지 못했던 양명학을 뛰어넘어 훨씬 대담하고 자유로운 사상적 모색을 감행했다고 말할 수 있을 터이다.

이상의 논의를 통해 알 수 있듯, 담헌은 양명학에 담지된 열의熱意와 구세의식救世意識, '천지만물일체지인'의 표방에서 확인되는 평등의 계기 등에 깊이 공감한 것으로 보이지만, 그렇다고 해서 그의 사상의 핵심을 '양명학'으로 규정할 수는 없다. 묵자에 대한 사상적 스탠스에 있어, 그리고 '정통/이단'을 보는 눈에 있어, 담헌과 왕양명 간에는 심중한 차이가 존재한다.

7) 일본에 대한 전문傳聞

종전에는 간과되어 왔지만 담헌 사회사상 형성의 한 켠에는 '일본'이라는 모멘트도 자리하고 있다고 생각된다. 당시 조선에는 '일본'이 많이 들어와 있었다. 조선은 17세기 전반 이래 통신사通信使를 일본에 여러 차례 파견했으며, 이를 통해 일본에 대한 학지學知가 조선 내부에 점차 축적되어 왔다.[130]

담헌은 중국에 갔을 때 조선에서 갖고 온 왜지倭紙 두 권을 엄성과

---

130 이에 대해서는 하우봉, 『조선후기 실학자의 일본관 연구』(일지사, 1989) 참조.

반정균에게 선물한 바 있는데,[131] 다음에서 알 수 있듯 일본 문물에 퍽 관심을 두었던 것으로 보인다.

> (유송령이 ─ 인용자) 묻기를,
> "조선에도 자명종이 있습니까?"
> 하여, 내(담헌 ─ 인용자)가 말하기를,
> "우리나라에서 만든 것이 있지만 많지 않고, 중국에서 만든 것과 일본에서 나온 것이 많으며 혹 서양국 제작도 있습니다."
> 라고 하였다. 유송령이 말하기를,
> "일본에도 또한 자명종이 있습니까?"
> 하여, 내가 말하기를,
> "근본 제양制樣은 중국 제도를 효칙效則하였으나, 정교한 수단은 중국에 뒤지지 않습니다."
> 라고 하였다.[132]

담헌은 특히 계미년癸未年(1763)에 통신사행通信使行의 일원으로 일본에 다녀온 원중거元重擧를 통해 일본의 이런저런 사정을 전해 들을 수 있었다고 여겨진다.[133] 담헌과 원중거가 언제부터 교유했는지는 분명하지 않다. 일본에 다녀온 후 원중거가 어떻게 지냈는지는 성대중의 다음 말을 통해 알 수 있다.

---

131 『산해관 잠긴 문을 한 손으로 밀치도다』, 345면.

132 위의 책, 210~211면.

133 계미사행에 참여한 원중거와 성대중이 북학파의 학문에 영향을 미쳤을 것이라는 지적은 임형택, 「실학자들의 일본관과 실학」, 『실사구시의 한국학』(창작과비평사, 2000)에 보인다.

(원중거는―인용자) 일본에서 돌아온 후 남항南巷에 집터를 정해 살며 생도生徒를 가르쳤다. 집에는 늘 신발이 가득했다. 나 또한 자주 그 집에 갔었다.[134]

인용문 중 '남항'南巷은 남산 기슭의 동리를 말한다. 당시 담헌의 집 유춘오留春塢도 이 부근에 있었다. 담헌과 원중거의 교유는 담헌이 그에게 써 준 글 「일동조아발」日東藻雅跋을 통해 확인된다. 이 글에서 담헌은 이렇게 말하고 있다.

이伊와 물物의 학술은 비록 그 학설을 자세히 알 수는 없지만 그 요체는 몸을 닦고 백성을 구제하는 것이니, 이들 또한 성인聖人의 무리다. 그 학술대로 나라를 다스린다 하더라도 또한 가可하지 않겠는가. 하물며 망령스럽게 성명性命을 논하고, 함부로 불佛과 노老(노자를 말함―인용자)를 배척하며, 참다움을 빙자해 거짓을 파는 것은 우리 학문에 이로움이 없는 것이니 (…)[135]

'이'伊와 '물'物은 일본의 학자 이토오 진사이伊藤仁齋(1627~1705)와

---

134 「書金先達詩軸後」,『靑城集』권8, 한국문집총간 제248책. 원중거는 일본에서 돌아온 지 3년째 되는 해인 1767년 9월 8일 예빈시(禮賓寺) 참봉에 보임(補任)됨으로써 다시 환로에 나아간다. 이어 1768년 12월 21일 장흥고(長興庫) 봉사에, 1769년 6월 19일 순릉(順陵) 직장(直長)에, 1771년 6월 22일 사도시(司導寺) 주부에 각각 보임된다. 그리고 동년 12월 22일에 처음으로 외직인 송라찰방(松羅察訪)에 보임된다(이상의 사실은『승정원일기』참조). 원중거는 일본에서 돌아온 후 3년 가까이 벼슬을 하지 못해 훈장 노릇을 하며 생계를 이어갔던 것으로 보인다.

135 「일동조아발」(日東藻雅跋),『국역 담헌서』I, 내집 권3, 378면.

94

오규우 소라이荻生徂徠(1667~1728)[136]를 가리킨다. 이들은 주자학을 거부하고 상고시대의 유학을 따를 것을 주장하였다.[137] 이 때문에 당시 조선 학인들은 거개 이들의 주장을 이단과 사설邪說로 간주하였다. 원중거 역시 마찬가지였다. 하지만 담헌은 이들 역시 '성인의 무리'이며, 그 학문의 요체가 "수신이제민"修身而濟民, 즉 '몸을 닦고 백성을 구제하는 것'이라고 말하고 있다. 원중거는 주자학을 견지했기에 "명정학, 식사설"明正學息邪說,[138] 즉 '정학을 밝히고 사설을 그치게 해야 한다'는 입장을 취하고 있었던 것으로 보인다. '정학'은 주자학을, '사설'은 이토오 진사이와 오규우 소라이의 학설을 가리킨다. 담헌은 원중거의 이런 생각에 반대하여 '명정학, 식사설'이 급선무가 아님을 천명하고 있다.[139] 담헌은 이 글에서 일본의 학문이 비록 주자학은 아니라 할지라도 '수신제민'修身濟民을 지향함에 있어서는 다르지 않다는 것, 또 이단이라고 해서 함부로 배척해서는 안 된다는 것을 분명히 하고 있다. 당시 조선의 주류 담론과는 판연히 다른 입장이다.

담헌은 1776년 중국인 손유의에게 보낸 편지에서 이렇게 말한 바 있다.

이단이 비록 여러 가지이나 **징심구세**澄心救世하여 수기치인修己

---

136 인용문에서 '物'이라고 한 것은 오규우 소라이의 성(姓)이 '物'이기 때문이다. 『國史大辭典』2(東京: 吉川弘文館, 1980), 788면의 '荻生徂徠' 항목 참조.

137 吉川幸次郎, 「仁齋東涯學案」, 『伊藤仁齋·伊藤東涯』(日本思想大系 33; 岩波書店, 1971); 「徂徠學案」, 『荻生徂徠』(日本思想大系 36; 岩波書店, 1973) 참조.

138 「일동조아발」의 끝에, "현옹(玄翁)의 주장인, '정학(正學)을 밝히고 사설(邪說)을 없앤다'는 것은 급선무라고 할 수 없다"(玄翁之明正學息邪說, 不可謂急先務也)라고 했다. '현옹'(玄翁)은 원중거를 지칭한다. 그의 호가 '현천'(玄川)이기에 '현옹'이라고 했다.

139 138번 주 참조.

治人으로 귀결됨은 똑같습니다. 나는 내가 좋아하는 바를 따르고 저들은 저들이 좋아하는 것을 따른다고 한들 무슨 상관이 있겠습니까. 같기가 어려운 것이 물物인데 그중에서도 마음이 더욱 그렇지요. 사람들은 저마다 자기가 좋아하고 숭상하는 것이 있거늘 누가 이를 통일할 수 있겠습니까. 그렇다고 한다면, 각기 그 좋아하는 것을 닦고, 그 장점을 다하여 사욕을 없애고 풍속을 훌륭하게 함이 대동大同에 무슨 해가 되겠습니까.[140]

인용문 중의 '징심구세'澄心救世는 「일동조아발」에서 말한 '수신제민'修身濟民과 통한다. 요컨대 담헌은 일본을 이적으로 멸시하거나 그 학술을 이단시하지 않고, 존중하는 태도를 보이고 있다. 이런 태도 때문에 그는 일본에 관한 각종 전언傳言을 경청할 수 있었을 터인바, 이 점 그의 사상 형성에 일정한 인소因素가 된다고 판단된다.

『임하경륜』에는 담헌이 구상한 행정·군사 제도의 개혁 방안이 제시되어 있는데, 다음은 그중의 하나다.

도道에는 도백道伯 한 명을 두되 3년마다 실적을 점검하여 직책에 맞게 잘했으면 **종신토록** 그 직위에 그대로 둔다. 목사牧使와 군수 이하도 이와 같이 한다.[141]

도백=관찰사, 목사, 군수, 현감 등의 외관外官은, 3년마다 치적治績을 평가하되, 유능할 경우 종신토록 근무할 수 있게 했다. 담헌은 경관

---

140 「손용주에게 준 편지」, 『항전척독』, 『국역 담헌서』 II, 외집 권1, 136면.
141 『임하경륜』, 『국역 담헌서』 I, 내집 권4, 430면의 서술을 필자가 재정리했다.

京官에 대해서는 그런 규정을 두지 않았다. 지방관에 종신 근무를 허용해야 한다는 이런 주장은 담헌 말고는 아무도 제기한 사람이 없다. 그러니 이 주장은 대단히 파격적인 것이라 할 만하다. 담헌의 이 주장은 일본의 봉건제에서 힌트를 얻은 것으로 추정된다. 주지하다시피 도쿠가와 시대 일본의 통치 구조는 에도에 막부幕府가 있고 지방에 2백 수십 개의 번藩이 존재하는, 이른바 막번체제幕藩體制로 되어 있었다. 번의 지배자인 번주藩主는 막부의 통제와 감시를 받으면서도 그 영지領地에 대한 자치권自治權을 갖고 있었다. 그리하여 각 번주는 자신이 통치하는 영지의 유지와 발전을 위해 노력하였다. 담헌은 일본에 대한 각종 전문傳聞을 접하면서, 일본의 부강富强함이 그 통치 체제와 일정한 관련이 있다고 생각했을 법하다. 비록 담헌보다 좀 후대의 인물이긴 하나, 정약용의 다음과 같은 말이 이런 추정을 뒷받침해 준다.

> 봉건제封建制는 아득한 옛날의 법이어서 지금 사람들은 그것을 행할 수 없다고 한다. 그러나 고염무顧炎武의 「군현론」郡縣論에서는 군현제郡縣制에 봉건제를 참용參用하고자 했다. (…) 일본의 통치 체제는, 정히 군현제로써 하되 겸하여 봉건제를 시행하니, 수령守令이 세습하여 나라가 편히 다스려졌다. 어찌 꼭 봉건제가 나라를 어지럽히는 빌미가 된다고 하겠는가.[142]

일본의 봉건제가 나라를 편히 다스리는 데 유익하다고 보고 있음을 알 수 있다. 『임하경륜』의 통치제도 개혁안은 군현제를 토대로 하되

---

142 「田制 9」, 「井田議」 1, 『經世遺表』 권7, 『與猶堂全書』 제5집 제7권, 『與猶堂全書』 5(경인문화사, 1982), 135면.

봉건제의 요소가 약간 가미되어 있음이 특징적이다.[143]

한편, 담헌이 지방관의 종신 근무를 허용하는 구상을 하게 된 것과 관련해 원중거의 저술인 『화국지』和國志의 다음 서술이 특히 주목된다.

> 대판윤大阪尹[144]은 반드시 문무文武를 다 갖춘 인재를 그 자리에 둔다. (…) 일단 사람을 얻으면 종신토록 일을 맡기며, 큰 죄가 없는 한 윤尹을 교체하지 않는다.[145]

원중거는 오오사카의 경제적 번성에는 이런 제도적 뒷받침이 있는 것으로 생각했던 듯하다.[146] 담헌이 『화국지』를 읽은 뒤 『임하경륜』을 썼는지는 단언하기 어렵다. 하지만 설혹 그가 이 책을 쓸 때 『화국지』를 읽지는 않았다 할지라도, 적어도 원중거로부터 이 흥미로운 오오사카에 대한 이야기는 전문했을 가능성이 아주 높다고 생각된다. 하지만 담헌이 구상한 내용의 골자가, 어디까지나 군현제를 근간으로 하되 거기에 봉건제와 연관된 지방자치의 요소를 조금 더 부여하고자 한 것이었음을 분명히 해 둘 필요가 있다. 그러므로 그가 일본의 제도에서 시

---

143 조선에서는 18세기 이래 식자들 간에 군현제와 봉건제에 대한 논의가 이루어지기 시작했다. 그리하여 군현제를 바탕으로 봉건제를 절충해야 한다는 주장이 제기되곤 했다. 박광용, 「18~19세기 조선사회의 봉건제와 군현제 논의」(『한국문화』 22, 1998) 참조. 담헌의 통치제도 개혁안은 조선 후기의 이런 분위기와 무관하지 않다고 생각된다.

144 오오사카 죠오다이(大阪 城代)를 말한다. 막부에서 임명하는 직책이다.

145 원중거 저, 박재금 역, 『와신상담의 마음으로 일본을 기록하다』(『和國志』의 국역. 소명출판, 2006), 126면.

146 오오사카의 경제적 번성에 대한 원중거의 서술은 「風俗」, 『和國志』(이우성 편, 栖碧外史海外蒐佚本 30: 아세아문화사, 1990) 권1, 48면: 『조선 후기 지식인, 일본과 만나다』(『乘槎錄』의 국역. 김경숙 옮김, 소명출판, 2006), 435~438면, 467면 참조.

사받은 바는 아주 제한된 것이었다고 할 것이다.

담헌은 다음에서 보듯 행정제도와 군사제도의 통일을 꾀하고 있는
데, 이러한 구상 역시 일본의 봉건제에서 영감을 얻은 게 아닐까 추정
된다.

> 도백이 대장군, 군수가 장군, 현감이 교위校尉, 사장司長이 기총
> 旗摠, 면임面任이 대장隊長이 된다.[147]

조선 학인들은 전통적으로 '지방관=고대의 제후'라는 관념을 갖
고 있었던 것으로 여겨진다. 조선 왕조의 법제적法制的 기초를 마련한
정도전鄭道傳은 『경제문감』經濟文鑑에 이렇게 서술한 바 있다.

> 조정에서는 10만 호戶를 한 명의 군수에게 맡기고, 100리의 땅
> 을 한 명의 현령에게 맡겼으니, 백성의 휴척休戚이 그에게 달렸
> 고, 일시一時의 풍흉豊凶이 그에게 달렸다.[148]

군현제에 봉건제의 유의遺意가 일정하게 있다고 보고 있는 것이다.
명종明宗 때의 영의정 이기李芑는, "지금의 수령은 100리의 땅을 통치
하고 있으니 옛날의 제후와 같습니다"[149]라고 하여, 그 점을 좀더 분명
하게 말하고 있다. 담헌과 동시대 인물인 조경趙璥 또한 "비록 일현一縣
은 작다고 할지라도 정령政令을 발發하는 권한이 내게 있으니, 봉封해

---

147 『임하경륜』, 『국역 담헌서』 I, 내집 권4, 433면.
148 '守令不任事', 『經濟文鑑』 下, 『三峰集』 권6(국사편찬위원회, 1961), 200면.
149 『明宗實錄』 권11, 明宗 6년 7월 13일조 기사.

진 100리의 땅을 손바닥에서 놀리듯 할 수 있다"[150]라고 말한 바 있다.

담헌 역시 '지방관＝고대의 제후'라는 관념을 갖고 있지 않았나 생각된다. 담헌이 일본의 경우를 참작해 조선의 군현제에 봉건제적 요소를 가미한 통치제도 개혁안을 구상한 데에는 이런 관념이 배후에서 거들고 있었던 건 아닐까.

담헌이 조선의 사회정치적 개혁 방안을 강구할 때 일본의 제도에서 어떤 점을 참조하기도 한 것은 그가 일본을 이적시하지 않고 평등한 관점에서 보았기 때문에 가능한 일이었다.[151] 담헌은 향리鄕里로 돌아가는 원중거에게 준 시[152]에서 이렇게 읊은 바 있다.

---

150 趙璥, 「送金稚五宰兎山縣序」, 『荷棲集』 권6, 한국문집총간 제245책, 337면.

151 실학자 중 이처럼 일본을 평등한 관점에서 본 사람은 필자가 아는 한 담헌이 유일하다. 이익이나 정약용은 일본에 대한 이해가 있기는 했으나 그렇다고 해서 일본을 평등한 눈으로 본 것은 아니었다. 유독 담헌이 그럴 수 있었던 것은 그의 화이론 부정과 깊은 관련이 있다. 즉 담헌은 다른 실학자들과 달리 화이론 그 자체를 부정하는 쪽으로 나아갔기 때문에 문화에 있어서도 일본을 멸시하지 않고 평등한 눈으로 볼 수 있었던 것이다. 담헌과 여타 실학자들의 화이론에 대한 비교 논의는 본서의 제5장 제2절에서 이루어진다.

152 이 시는 1775년 가을에 씌어진 것으로 보인다. 원중거는 1771년 12월 22일 송라찰방에 보임되나 두 달 만에 해임된다(오수경, 『연암그룹 연구』, 한빛, 2003, 182면 참조). 시의 내용 중에 송라찰방을 지냈음이 언급되고 있는바 이 점이 이 시의 창작 시기를 추정하는 단서가 된다. 원중거는 송라찰방에서 해임된 후 극심한 가난에 시달렸으며, 남산 기슭에 벽지(僻地)를 얻어 나무를 키워 팔아 생계를 유지하였다. 그가 귀거래한 용문산 부근의 땅도 몸소 키운 나무를 팔아 마련한 것이었다(박제가, 「送元玄川重擧序」, 『貞蕤閣文集』 권1 참조). 박제가의 말에 의하면 원중거는 "秋九月"에 귀거래했다고 하는데, 몇 년도 9월을 가리키는지 정확히 알 수 없다. 그런데 이덕무의 「협주기」(峽舟記)라는 글(간본 『아정유고』 권3, 『국역 청장관전서』 IV 所收)에 보면 이덕무가 박제가 등과 함께 배를 타고 한강을 거슬러 올라가 원중거를 만나러 가는 도중에 박제가의 「송원현천중거서」(送元玄川重擧序)를 읽었다는 내용이 나오는데, 그 일시를 병신년(1776) 3월 25일이라고 명기하고 있다. 이로 미루어 보면 박제가가 말한 "秋九月"은 전년도인 1775년 9월로 추정된다. 그렇다고 한다면 원중거가 향리로 귀거래한 것은 1775년 9월의 일이 된다. 송라찰방에서 해임된 후 원중거

이등伊藤은 높이 벼슬했고

조래徂徠는 홍유鴻儒였노라.

사해四海 모두 하늘이 낸 백성이니

현준賢俊은 한 지역에만 있지 않다네.

(…)

아침엔 두남斗南에게 강론하고

저녁엔 학대鶴臺를 가르쳤겠지.

언어와 모습 비록 습속習俗은 다르나

기의氣義는 우리들과 같다네.[153]

'이등'은 이토오 진사이를, '조래'는 오규우 소라이를 가리킨다. '두남'과 '학대'는 각각 원중거가 일본에서 만나 필담을 나눈 일본인 호소아이 토난細合斗南과 다키 카쿠다이瀧鶴臺를 지칭한다.[154] 이 시에서 담

는 한동안 벼슬이 끊겼다가 정조 원년인 1777년 7월 2일 장원서 별제(掌苑署別提)에 보임되는 것을 계기로 다시 환로에 나선다(『승정원일기』 참조).

153 「원현천이 전사(田舍)로 돌아갈 때 주다」(贈元玄川歸田舍), 『국역 담헌서』 I, 내집 권3, 396면.

154 원중거, 『화국지』(이우성 편, 栖碧外史海外蒐佚本 30; 아세아문화사, 1990) 권2의 「시문지인」(詩文之人)에 오오사카의 문인으로 언급된 '합리'(合離)가 바로 '두남'이며, 나가토(長門)의 문인으로 언급된 '농장개'(瀧長凱)가 바로 '학대'다. 호소아이 토난은 오오사카에서 간 칸코쿠(菅甘谷)에게 배웠으며, 시에 능했다. 다키 카쿠다이는 오규우 소라이의 문하생인 야마가타 슈우난(山縣周南)과 핫토리 난가쿠(服部南郭)에게 배웠다. 나가토(長州)의 하기 번(荻藩)에 출사하였으며, 1763년 통신사와 주고받은 필담을 편집한 책인 『장문계갑문사』(長門癸甲間槎)를 남겼다. 이 점에 대해서는 近藤春雄 저, 『日本漢文學大事典』(東京: 明治書院, 1985) 참조. 한편 『장문계갑문사』에는 소라이 학파에 속한 카쿠다이와 주자학도인 원중거가 주고받은 논쟁적인 대화가 수록되어 있다. 이에 대해서는 박희병 외, 『通信使의 筆談』(서울대 출판부 간행 예정) 참조.

헌은, '사해는 모두 하늘이 낸 백성'인바 평등하다는 관점을 취하고 있다. 그리고 일본인과 조선인 간에 비록 언어와 복식服飾 등 습속의 차이는 있지만 본질적으로는 같다는 견해를 보여준다. 『의산문답』에서, 제종족 간에 습속의 차이가 있다 할지라도 '하늘'의 관점에서 본다면 우열이 없으며 본질적으로 평등하다, 따라서 '하늘'의 관점에서 본다면 '화'와 '이'의 구별이란 없다고 한 주장과 일맥상통한다고 할 수 있다.

"화이일야"華夷一也,[155] 즉 '화이는 하나다', 다시 말해 '화이는 평등하다'라고 하면서 궁극적으로 화/이의 인식론적·존재론적 차별을 부정하는 담헌의 사고는 여러 가지 체험과 경로를 통해, 그리고 여러 사유 단계를 거쳐 도달한 것이라고 생각되지만, 일본에 대한 그의 예의주시도 한 몫을 한 것이 아닌가 여겨진다. 일본을 보는 담헌의 평등한 눈이 그의 '화이부정론'의 결과이기만 한 것이 아니라 원인이기도 하다는 말이다. 이렇게 본다면 『의산문답』에서, 높은 추상 수준으로 화이론이 새롭게 정초되고 일반이론화一般理論化되는 과정에는 비단 호족胡族인 청淸이나 동이東夷인 조선이나 양이洋夷인 서양만이 아니라 도이島夷인 일본 역시 고려되고 있다고 봐야 옳을 터이다.

원중거는 일본에서 돌아온 뒤 자신의 일본 체험을 『화국지』와 『승사록』乘槎錄이라는 두 책에 담았다. 『화국지』는 일본에 관해 주제별로 서술한 책이며, 『승사록』은 일기 형식으로 쓴 일록日錄이다. 이 두 책은 동시에 구상된 것으로 보이지만, 먼저 집필된 것은 『화국지』다.[156] 저작

---

155 『의산문답』, 『담헌서』, 내집 권4, 한국문집총간 제248책, 99면.
156 이 점은 『승사록』(고려대 육당문고본) 권2 정월 초4일자 일기 중의 "此下沿路州守, 見『和國誌』"라는 주기(注記)나, 같은 책 권2 정월 27일자 일기 중의 "城盖重鎭也, 亦屬關白. 其守詳別錄, 以下同然"이라는 말을 통해 알 수 있다. '별록'(別錄)은 『화국지』를 가리킨다.

연대는 분명하지 않지만,『화국지』중에 영조英祖를 '당저'當宁라고 지칭하고 있음으로 보아 영조 연간에 집필되었음이 분명하다. 그런데 원중거는 담헌의『간정필담』乾淨筆譚을 읽고 그 책 말미에다 발문을 써서[157] 담헌에게 되돌려준 바 있는데, 그 시기는 1772년 5월 13일이다. 이 발문에서 원중거는 자신이 일본에 갔을 때 담헌이 중국에서 한 것처럼 필담 자료를 챙겨 오지 못한 일을 후회하고 있다. 원중거는『승사록』에서, "대개 필담이 중요하고 시문은 그다음이다. 우리 무리가 필담을 소홀히 하였던 것은 몹시 잘못한 것이다"[158]라고 하면서 필담이 중요하다는 지적을 하고 있는데, 이는 담헌의『간정필담』에 감발感發된 바가 있어서 한 말일 터이다. 원중거의「『간정필담』발문」에는『화국지』에 대한 언급이 보이지 않으며 자신이 만난 일본인들에 대해서만 간단히 언급해 놓고 있을 뿐이다. 이런 점으로 미루어 보아 원중거가 담헌의『간정필담』을 처음 읽고 발문을 쓴 1772년 5월 당시까지만 하더라도『화국지』는 아직 집필되지 않았다고 생각된다. 원중거는 담헌의『간정필담』에 자극을 받아『화국지』집필에 착수한 게 아닐까 짐작된다.[159]

---

157 이 발문은 일제 강점기 때 간행된『담헌서』에는 실려 있지 않으며, 규장각 소장 도서인『담헌설총』(湛軒說叢)에 수록된『간정필담』(乾淨筆譚)의 말미에 첨부되어 있다. '乾淨筆譚'은『간정동 필담』을 말한다. 한편, 원중거가 발문을 쓴 1772년 5월은 그가 송라찰방에서 해임된 후 남산 기슭의 집에서 살고 있을 때라는 사실에 유의할 필요가 있다. 담헌 역시 그 당시 남산 아래에 살고 있었다. 아마도 이 무렵 두 사람의 의미 있는 지적 교유가 이루어졌던 게 아닌가 생각된다.

158 원중거 저, 김경숙 역,『조선 후기 지식인, 일본과 만나다』(『乘槎錄』의 국역. 소명출판, 2006), 555면.

159 정훈식,『홍대용 연행록의 글쓰기와 중국인식』(세종출판사, 2007), 46면에서는, 이 발문을 근거로 계미년 통신사행이 홍대용의 연행과 그의 연행록 저술에 영향을 끼쳤다고 봤으나, 이 발문이 그런 추정의 근거가 되지는 못한다고 생각한다. 필자는 원중거의 일본에 대한 학지(學知)가 견문으로든 혹은 저술을 통해서든 담헌에게 영향을 미친 것은『간정

이상의 논의를 통해 알 수 있듯, 담헌은 『임하경륜』을 쓰기 전 원중거를 통해 일본에 관한 다양한 지식을 얻었으며, 이는 그가 자신의 사회사상을 그려 나가는 데 일정한 참조가 되었음이 분명하다.

8) 소결

이상으로, 담헌 사회사상의 형성에 관여한 주요한 계기들을 검토해 보았다. 그중 ① 유형원과 이익, ② 묵자, ③ 일본에 대한 전문傳聞, 이 셋은 아마도 본서에서 처음 검토된 게 아닌가 생각된다.

종래의 연구는 대체로 담헌 사상을 특정한 하나의 계기에 주목하여 해명하려는 경향을 보여준다는 점에서 문제점이 있다. 이를테면 낙론의 영향으로 설명한다든가, 서학의 영향으로 설명한다든가, 중국 여

동 필담』 이후의 저서들에 와서가 아닌가 생각한다. 다시 말해 『간정동 필담』의 단계에서는 아직 원중거의 영향이라 할 만한 것이 확인되지 않는다. 『간정동 필담』은 애초 '간정동 회우록'(乾淨衕會友錄)이라는 이름으로 1766년에 씌어졌는데, 원중거가 발문을 붙인 것이 그로부터 6년이나 지나서인 1772년임을 감안하면 적어도 『간정동 필담』이 성립된 전후의 시기에 이 두 사람이 친교를 맺었을 가능성은 아주 낮아 보인다. 한편, 『화국지』에는 실학적 사고가 적잖이 발견되는데, 비록 원중거가 본디 남다른 관찰력과 실용에 대한 관심을 갖고 있었다고 보이기는 하나, 문제는 그의 실학적 지향이 담헌과의 교유로 인해 더욱 뚜렷해지고 강화된 게 아닌가 생각된다는 점이다. 「일동조아발」에서 확인되듯 담헌은 원중거에게 일본을 보는 시각의 교정을 강한 어조로 주문하고 있다. 율력(律曆)·산수(算數)·전곡(錢穀)·갑병(甲兵) 등에 대한 담헌의 실학적 및 경국제세적(經國濟世的) 관심은 그의 연행(燕行) 이전부터 있어 온 것인데, 이는 이후 박지원·이덕무·박제가만이 아니라 원중거에게도 큰 영향을 끼쳤을 것으로 여겨진다. 이런 견지에서 보면 원중거의 『화국지』에 실학적 면모가 두드러진 것은 그다지 이상한 일이 아니다. 그러므로 담헌과 원중거는 한쪽이 다른 쪽에 일방적으로 영향을 주기만 한 것이 아니라 서로 영향을 주고받으며 학문을 발전시켜 갔던 게 된다.

행의 영향으로 설명한다든가, 장자의 영향으로 설명한다든가, 양명학의 영향으로 설명한다든가 하는 게 그것이다. 이런 설명법은 대개 특정한 하나의 계기를 실제 이상으로 지나치게 강조함으로써 일면성에 매몰된다는 점에서도 문제지만, 담헌의 사상을 특정한 외부 이론이나 지식 체계로부터 받은 영향의 결과물로 '환원'시켜 버리곤 한다는 점에서 더욱 문제다. 따라서 이런 접근법으로는 사상행위의 '주체'로서의 담헌이 잘 부각되지 않는다. 그리하여, 여러 사상적 계기들을 주체적으로 포섭하거나 원용援用하거나 변용하거나 취사取捨하면서 자기대로 새로운 사상을 창조해 간 담헌의 실존적 고민과 그의 사상가로서의 창의적 면모가 제대로 드러나지 않게 된다. 더구나 담헌은 오랜 사유행위 끝에 그 특유의 사상 창조의 방법이라 할 '공관병수'라는 테제를 정초해 낸 바 있다. 따라서 그것이 구체적으로 어떻게 작동되고 있으며, 담헌 사상의 형성에 어떻게 작용하고 있는지를 입체적·다각적으로 해명하는 일이 긴요하다. 이 작업은 아마도 일차방정식이나 이차방정식이 아니라 고차방정식에 해당할 것이다. 본서에서 담헌 사회사상의 형성에 개입되어 있다고 판단되는 제 계기를 이것저것 검토한 까닭이 이에 있다.

본서에서 검토한 제 계기는 모두 담헌 사상의 형성에 다소간 작용하고 있음이 분명하나, 그렇다고 그것들이 모두 똑같은 정도의 중요성을 갖거나 똑같은 정도의 비중을 갖는 것은 아니다. 요소적으로 작용하고 있을 뿐인 것이 있는가 하면, 참조점과 시사점을 제공한 의의가 있는 것도 있고, 담헌 사유 전체의 원리 및 토대의 형성에 관여하고 있는 것도 있다.

담헌은 중국 여행에서 많은 생각할 거리와 사상적 숙제를 안고 돌아왔다. 진리인식의 문제, 주체와 타자의 관계, 신분제도의 변혁을 그

중심에 둔 조선의 사회정치적 개혁 방안 등이 그에 해당한다.

귀국 후 담헌은 김종후로 대변되는 국내의 보수적 학계와 일대 논전을 벌였다. 이 과정에서 중국에서 안고 돌아온 사상적 과제들에 대한 해결 방향의 윤곽이 드러나기 시작하고, 담헌 사회사상의 전회轉回된 지향점이 그 모습을 드러내게 된다. 이 점에서, 비록 독립된 절節로 다루지는 않았으며 이 장의 제5절에서 다른 문제와 함께 언급하는 방식을 취하기는 했지만, 김종후와의 논전은 담헌 사회사상의 형성 과정에서 하나의 중요한 계기라 할 만하다.

김종후와의 논전을 거치면서 담헌은 서로 관련을 맺고 있는 다음의 세 가지 의제에 대해 숙고하면서 그 해결 방안을 모색해 나간 것으로 보인다. ①진리인식의 문제, 즉 정학과 이단의 문제, ②화이론의 문제, ③신분제의 문제. 이 세 가지 문제는 모두 기존의 주류 학문, 즉 주자학으로는 도저히 해결이 불가능한 것들이었다. 더구나 담헌이 보기에 당시 조선의 주자학은 기송記誦·사장詞章·훈고訓詁에 갇혀 있어 실학이 아니라 허학일 뿐이었다. 주자학의 이런 말폐는 일찍이 명의 왕양명이 예리하게 지적한 바 있었다. 그러므로 담헌은 허위의 학술을 부정하고 진실된 학술을 강조하는 왕양명의 입론에 공감하면서 거기서 진리성의 일단을 발견하였다. 조선에서 양명학은 이단으로 간주되었다. 따라서 양명학에 대한 담헌의 변화된 태도는 기존의 '정학/이단'의 경계를 허물고, 새로운 프레임의 구성을 요구하는 것이었다.

양명학에 대한 담헌의 태도 변화는, 노老·불佛과 양楊·묵墨 등 유가 바깥의 이단들에 대한 태도 변화를 동시에 야기시켰다. 이 과정에서 '공관병수'의 테제가 도출되었다. 바야흐로 담헌에게서 주자성리학은 절대적 진리도 아니고, 유일한 진리도 아니었다. 뿐만 아니라 거기서 한 걸음 더 나아가 이제 담헌에게서 유교는 절대적 진리도 아니고,

유일한 진리일 수도 없었다.

담헌은 양명학이 부르짖은 '천지만물일체지인'에 큰 공감을 느꼈을 것으로 여겨진다. 그것은 '인人/물物'의 간격을 부정하고, '인人/기己'의 구분을 부정했음으로써다. 하지만 '천지만물일체지인'은 '인仁'의 본질이 차등애差等愛임을 전제하는 위에서 제기된 주장이었다. 이 점에서 그것은 기본적으로 유가의 테두리를 벗어난 것이 아니었다. 왕양명이, 차등애를 부정하고 겸애＝평등애를 주장한 묵자를 이단으로 간주하며 배척한 데서 그 점이 단적으로 확인된다. 담헌은 양명학에 담지된 평등의 계기를 수용하면서도 거기에 머물지 않았다. 그는 왕양명과는 달리 묵자의 겸애를 진리로 수용하였다. 바로 이 지점에서 사상가로서 담헌의 남다른 면모가 드러난다. 이로써 담헌의 사상은 유가의 범위를 벗어나면서 '평등'에 대해 한껏 사유해 들어가는 기초가 마련된 셈이다.

주목되는 점은, 담헌이 묵자의 겸애 개념을 묵자 그대로 받아들인 것은 아니라는 점이다. 묵자의 겸애는 '인人－인人'의 관계에 초점을 맞추고 있다. 담헌은 이런 묵자의 겸애 개념을 '인人－물物'의 관계로까지 확대시켰다. 본서에서 '범애'라고 규정한 이 확장된 겸애 개념은 사회철학에다 자연철학 및 우주론적 맥락을 결합시킴으로써 호한浩瀚한 사상적 스케일과 세계관적 체계를 획득하게 된다.

한편, 담헌의 사회사상에서 장자와 묵자는 서로 회통會通하고 있음이 주목된다. 담헌의 사유에서 장자의 상대주의는 그 자체가 목적이라기보다 '존재론적 평등'을 정초하기 위한 방법으로서의 성격을 띤다. 그래서 담헌에게 있어 장자의 인식론은 평등애를 주장한 묵자의 존재론과 연결된다. 이처럼 장자와 묵자의 합작을 통해 담헌의 '도저한' 평등사상이 정초된다. 평등사상의 배후에는 '범애'가 자리하고 있다. 다른 사상가의 사상 내용과 구별되는 담헌 사회사상의 독특한 뉘앙스와 맥락과 지향성은 바로 이 장자와 묵자를 공관병수한 데 기인한다. 유가는, 장자에 대해서는 꼭 그렇지는 않지만 묵자에 대해서는 극렬히 배척하였다. 그러므로 담헌이 자기 사유의 영토 속에 묵자를 불러들인 것은 대단히 주목을 요하는 일이다. 그것은 유가의 '인仁=차등애'와는 본질적으로 성격을 달리하는 평등애의 진리성을 승인하는 의미를 갖기 때문이다.

제3장

홍대용 사회사상의 논리와 체계

1) 『임하경륜』의 사회사상

『임하경륜』의 저작 시기는 미상이다. 하지만 담헌이 중국에서 돌아온 후 쓴 것만은 분명하다.[1]

담헌이 이 책을 저술한 의도는 '변법경장'變法更張,[2] 즉 '제도 개혁'

---

1 책명에 '임하'(林下)라는 말이 들어 있음에 유의할 필요가 있다. 이 말은 '물러나 은거하는 산림이나 시골'을 의미한다. 그래서, '임하인'(林下人)이나 '임하사'(林下士)라고 하면 곧 은둔지사(隱遁之士)를 뜻한다. 이런 점을 고려하면 이 책은 담헌이 사환(仕宦)하지 않고 재야에 있을 때 쓴 책으로 추정된다. 담헌은 영조 50년인 1774년 시직(侍直) 벼슬을 한 이래 서거한 해인 1783년까지 계속 벼슬길에 있었다. 그러므로 이 책은 적어도 1774년 이전에 씌어진 책이라 할 것이다. 혹 중국에 가기 전에 쓴 책은 아닐까 하는 의문을 품어 볼 수도 있으나, 책의 내용 중에 명분과 문벌을 중시하는 조선의 신분제를 해체하려는 기획이 발견됨을 고려할 때 연행 이후 집필된 것이 분명하다. 본서의 제2장 제4절에서 살핀 바 있듯이 담헌은 중국 여행을 통해 명분과 문벌을 강조하는 조선 신분제도의 모순 및 무위도식하는 양반 유식층(遊食層)의 문제점을 절실히 자각했음으로써다. 이렇게 본다면 이 책의 저작 시기는 1766년에서 1774년 사이로 압축된다. 담헌은 중국에서 돌아와 경저(京邸)에서 생활했으나, 1767년 11월 부친상을 당해 천안의 향저(鄕邸)로 내려가 삼년상을 치렀다. 상기(喪期)가 끝나자 1770년 다시 서울로 돌아온다. 복상(服喪) 중에 이 책을 썼으리라고는 생각되지 않는다. 그렇다면 이 책을 쓴 시기는 1770년에서 1774년 사이로 좀더 좁혀진다.

2 『임하경륜』, 『국역 담헌서』 I, 내집 권4, 442면. 이하 본서에서 인용한 『임하경륜』의 면

을 통해 '모국병민'耗國病民[3]의 조선을 구하려는 데 있었던 것으로 생각된다. 담헌은 학문의 궁극적 목적이 '징심구세'澄心救世라고 말한 바 있는데,[4] 이 책은 그 실천이다.

이 책에는 조선을 개혁하는 방안의 대강大綱이 제시되어 있는데, 그 초점은 행정제도, 토지제도, 군사제도, 교육제도, 인재 등용 방식, 축성법 등에 맞춰져 있다.

우선적으로 주목할 것은 토지제도다. 이는 국가의 물적物的 기초와 관련될 뿐만 아니라, 지배구조, 생산관계와 관련됨으로써다. 그러므로 토지제도에 대한 구상은 사회 전체의 청사진에 대한 밑그림이 된다. 담헌이, "분전제산分田制産의 법이 없이 그 나라를 다스리는 자는 모두 구차할 뿐이다"[5]라고 한 것은 그가 이 문제의 중요성을 자각했음을 보여준다. 담헌은 토지의 균분均分을 주장했으며, 토지 세습을 인정하지 않았다.[6] 토지가 부호나 권세가의 수중에 집중되는 것을 막아 민民의 항산恒産을 보장함으로써 사회와 국가의 안정을 꾀한 것이다.

행정제도와 군사제도는 이런 분전分田의 기초 위에 체계화된다. 그 특징은 정연한 수리성數理性에 있다. 이는 담헌의 수학자로서의 면모를 반영하는 게 아닌가 생각된다. 『임하경륜』의 사회사상이 이처럼 수리적 논리성을 담보하고 있음은 독특한 점이라 할 만하다.

행정조직의 장長은 군사조직의 장長을 겸한다. 그리하여 도백道伯

수는 특별히 그 출처를 밝히지 않을 경우 모두 이 책의 것이다. 그리고 인용된 번역문은 대개 필자가 조금 고친 것임을 미리 밝혀 둔다.

3 이 말은 『계방일기』(『담헌서』 I, 내집 권2 所收) 3월 29일자에 보인다.

4 「손용주에게 준 편지」, 『항전척독』, 『국역 담헌서』 II, 외집 권1, 136면.

5 『임하경륜』, 438~439면.

6 위의 책, 430면.

은 대장군을, 군수는 장군을, 현감은 교위校尉를, 사장司長은 기총旗摠을, 면임面任은 대장隊長을 겸한다. 대장군은 9명의 장군을 통솔하고, 장군은 9명의 교위를 통솔하며, 교위는 9명의 기총을 통솔하고, 기총은 9명의 대장隊長을 통솔하며, 대장은 9명의 병사를 통솔한다. 대장군은 모두 십만 명을 거느린다. 군제軍制를 이렇게 운용하면 9도를 합쳐 군사 수가 백만 명이 된다.[7]

얼핏 보면 굉장히 강력한 군사 국가를 염두에 두고 있는 듯하나, 꼭 그런 것은 아니다. 담헌은 무비武備 없이는 안정적인 국가 경영이 지속되기 어려운바, 무비가 제도적·일상적으로 갖춰지지 않으면 안 된다고 생각했던 듯하다. 여기에는 잦은 외침을 겪은 조선의 특수한 사정이 고려되었을 터이다. 뿐만 아니라, 담헌이 강조한 무비는 어디까지나 자국을 지키기 위한 것이었지 침략을 위한 것이 아니었다. 이는 그가, "병법은 전쟁을 않는 것이 가장 좋고, 전쟁을 좋아하는 것이 가장 나쁘다"[8]라면서 반전주의적 입장을 취하고 있는 데서 잘 확인된다. 이 점에 대해서는 후술한다.

본서의 제2장 제7절에서 지적한 바 있듯, 담헌이 행정제도와 군제軍制의 통일을 꾀한 데에는 일본의 봉건제가 얼마간 참조된 것으로 보인다. 하지만 일본의 경우, 병농분리를 전제로 한 무사계급이 주축이된 군사 조직이라면, 담헌이 구상한 군사제도는 균전均田을 토대로 한 병농일치를 전제로 한 것이다. 담헌은 단지 행정권과 군권軍權의 통일적 운용이 무비의 측면에서 도움이 된다고 판단해 이런 구상을 했던 것

---

7 『임하경륜』, 432~433면 참조.

8 위의 책, 437면. 원문은 "兵莫善於不戰, 莫匈於好兵"이다. 『손자』(孫子) 「모공」(謀攻)편의 "百戰百勝, 非善之善者也; 不戰而屈人之兵, 善之善者也"를 원용한 말이다.

으로 보이며, 일본과 같은 군사 국가를 염두에 둔 것은 아니라고 생각된다.

한편, 도백이나 목사, 군수, 현감, 면임 등은 3년마다 실적을 점검하되, 직책을 잘 수행했으면 종신토록 근무할 수 있게 했다.[9] 담헌은 왜 이렇게 해야 하는지에 대해서는 언급하고 있지 않지만, 아마도 목민관의 잦은 교체가 아전의 발호나 행정의 난맥을 초래하는 등 여러 가지 부작용을 낳음으로써 민생을 도탄에 빠지게 한 당대 조선의 현실을 고려한 결과가 아닐까 한다.

흔히 봉건제에서는 권력이 제후에게 분산되어 왕권의 약화가 초래

---

9 담헌에 앞서 율곡(栗谷) 이이(李珥)가 벼슬아치의 구임(久任)을 주장한 바 있다. 예컨대, "世宗朝用人, (…) 六卿百司莫不久任, 故庶績以成"(『經筵日記(二)』, 『栗谷全書』 권29, 한국문집총간 제45책, 130면)이라고 한 것이나, "古者, 爲官擇人, 久任而考其績"(『經筵日記(三)』, 『율곡전서』 권30, 한국문집총간 제45책, 200면)이라고 한 것, "大小內外之官, 皆擇其人, 任之專, 而持之久, 期以成績, 不限日月, (…) 才位相當者, 則雖終身一職可也"(「應旨論事疏」, 『율곡전서』 권6, 한국문집총간 제44책, 120면)라고 한 것이 그것이다. 이이는 특히 관찰사의 임기를 1년이 아니라 3년으로 해야 한다고 했다(「六條啓」, 『율곡전서』 권8, 한국문집총간 제44책, 171면). 하지만 이이는 비록 벼슬아치의 구임(久任)을 주장하기는 했으나, 그리고 어떤 사람의 능력이 그 직책에 맞으면 종신 근무하게 하더라도 괜찮을 것이라고 말하기는 했으나, 관찰사나 고을 수령 등 외관(外官)에 종신 근무를 허용해야 한다고는 하지 않았다. 그는, 지방관의 임기와 관련해 지금 1년으로 되어 있는 관찰사의 임기가 짧으니 3년으로 늘려야 한다고만 했을 뿐이다.
한편, 유형원 역시 지방관의 짧은 임기와 잦은 교체가 지방행정의 난맥을 초래한다고 보아 구임을 주장하였다. 하지만 유형원은 담헌과 달리 관찰사의 임기는 6년, 수령의 임기는 9년이 적당하다고 했다. '仕滿遷轉', 「仕官之制」, 『磻溪隨錄』 권13, 『國譯註解 磻溪隨錄(三)』(한장경 역주, 충남대, 1962), 2·9·11면 참조.
담헌이 지방관의 종신 근무를 허용해야 한다고 생각한 데에는 이이나 유형원의 구임 주장이 일정하게 참조되었을 수 있다. 하지만 담헌의 구상은 이이나 유형원의 영향만으로는 온전히 설명되지 않는다. 본서의 제2장 제7절에서 언급했듯, 담헌은 일본의 봉건제에서 시사를 받은 것으로 보아야 할 것이다.

되며, 군현제에서는 이와 달리 중앙에 권력이 집중되므로 왕권이 강화된다고 본다. 그렇다면 봉건제적 요소가 가미된 담헌의 통치제도 개혁안은 왕권의 약화를 낳게 되지 않을까? 그렇게 생각되지는 않는다. 담헌이 지방관의 구임久任을 구상한 것은 세신世臣의 특권을 강화하기 위해서가 아니라 지방 행정의 효율적 수행을 통해 '민국'民國, 즉 민과 나라를 부강하게 만들기 위해서라고 여겨지기 때문이다. 게다가 도백을 비롯한 지방관의 임면권任免權은 오로지 군주에게 있어,[10] 직책을 잘 수행하지 못하면 군주가 언제든지 그들을 파면시킬 수 있었다. 그리고 뒤에 보듯, 담헌이 구상한 교육제도(그리고 그와 연계되어 있는 인재 등용 제도)의 개혁안은 세습적 문벌 귀족의 소거消去를 꾀하고 있는만큼, 통치제도에 약간의 봉건제적 요소가 도입된다고 해서 '세경'世卿, 즉 세습 귀족이 발호할 우려는 없다고 할 것이다.

담헌은 군주는 사치와 낭비를 일삼지 말아야 하며, 이 점에서 백성의 모범이 되어야 한다고 생각했다.[11] 그리하여 "내수사內需司와 궁결宮結을 혁파하여 호부戶部에 붙일 것"을 구상하고 있다. 내수사는 왕실 재정 전반을 관장하는 기관이다. 왕실의 비호 아래 내수사는 막강한 권한을 가져 큰 위세를 부린바, 사회적·경제적으로 여러 가지 문제점을 야기하면서 국가 재정에 적지 않은 부담을 주고 있었다. 특히 17세기 이후 궁방宮房이 증가하면서 내수사의 영향력은 더욱 확대되었다.[12] 왕실 재정은 왕실의 '사장'私藏으로서의 성격을 갖기에 공공적인 성격을 갖는 국가 재정과 상충할 수밖에 없었다. 궁방전宮房田은 민전民田의 침

---

10 『임하경륜』, 430면 참조.

11 위의 책, 435면.

12 송양섭, 「正祖의 왕실재정 개혁과 宮府一體論」(『대동문화연구』 76, 2011), 111면 참조.

탈로 인해 민원民怨이 많았으며, 또한 그것이 누리는 면세免稅·면역免役의 특권은 국가의 재정 수입을 지속적으로 감소시키고 있었다.[13] 이런 사회적·경제적 폐단 때문에 담헌 이전에도 내수사의 문제점을 지적하거나 그 혁파를 주장한 이들이 없지 않았다. 그중 특히 주목되는 인물은 율곡栗谷 이이李珥다. 그는 내수사를 혁파해 호조戶曹에 편입해야 한다고 주장하였다.[14] 이이에 이어 유형원·이유태李惟泰·남구만南九萬이 내수사의 혁파를 주장했으며, 영조 때에는 오찬吳瓚이 그 혁파를 간언하다 유배형을 받기도 하였다.[15]

담헌의 주장은 이런 역사적 맥락 속에서 이해될 필요가 있다. 그렇지만 담헌이 내수사를 혁파해야 한다고 한 것은, 단지 국가 재정상의 문제나 사회적인 문제와 관련해서만이 아니라 군주와 왕실이 스스로의 검소한 생활로 신료臣僚와 민民의 모범이 되어야 한다는 요구와도 관련하여 제기된 것이라는 점에 유의될 필요가 있다.

한편, 담헌은 벌열閥閱 출신의 일부 관료들이 언로言路를 전담함으로써 생기는 문제점을 간파하고 다음과 같은 주장을 펼치고 있다.

마땅히 양사兩司(사간원과 사헌부를 이름―인용자)를 혁파하여 위로 공경公卿으로부터 아래로 서예胥隷에까지, 가까이는 환시宦侍로부터 멀리는 농민에 이르기까지 각기 일을 수행함에 있어 소회所懷

---

13 위의 논문, 84면.

14 『聖學輯要(七)』, 『栗谷全書』 권25, 한국문집총간 제45책, 29면.

15 유형원, '職官因革事宜', 「職官之制(下)」, 『磻溪隨錄』 권16(명문당, 1982); 이유태, 「己亥封事」, 『草廬先生文集』 권2, 한국문집총간 제118책, 46면; 송양섭, 「약천 남구만의 왕실재정개혁론」(『한국인물사연구』 3, 2005); 김순택(金純澤), 「故正言吳君敬父行狀」, 『志素遺稿』 三(국립중앙도서관 소장); 『英祖實錄』 권74, 영조 27년 6월 3일자 기사 참조.

가 있으면 반드시 아뢰도록 하여야 한다.[16]

　여기서 보듯, 언로를 상하의 전全 관리와 인민들에게 개방해야 한다고 말하고 있다.[17] 인민을 포함시킨 것은, '인민권'의 신장이라는 점에서 주목할 만하다. 사실, 『임하경륜』에서 가장 돋보이는 것은 바로 이 민권의 신장에 대한 숙고에 있다고 필자는 생각한다.[18] 민권의 신장

---

16 『임하경륜』, 431면.
17 일찍이 이이도 언로 개방의 필요성을 강조한 바 있다. 가령 그는 「간원진시사소」(諫院陳時事疏)에서, "大開不諱之門, 上自朝臣, 下至氓俗, 內自京邑, 外至遐裔, 皆令各陳時弊, 務盡其情 (……)"(『율곡전서』 권3, 한국문집총간 제44책, 52면)이라고 하여, 위로 조신(朝臣)만이 아니라 아래로 일반 백성에게까지 언로를 열어야 한다고 주장하였다. 하지만 언로 개방을 위해 사간원과 사헌부를 혁파해야 한다고까지는 하지 않았다. 이 점에서 담헌의 주장은 이이와 달리 아주 래디컬하다고 할 수 있을 터이다.
내수사의 혁파나 언로 개방을 주장한 데서 확인되듯 담헌의 사회개혁론에는 이이의 영향이 일정하게 감지된다. 담헌이 이이의 경세론을 높이 평가했음은 담헌의 종제인 홍대응이 쓴 「종형 담헌선생 유사」(從兄湛軒先生遺事) 중의 "東人著書中, 以『聖學輯要』、『磻溪隨錄』 爲經世有用之學"(『湛軒書』 부록, 한국문집총간 제248책, 323면)이라는 말에서 알 수 있다. 이이의 경세론은 유형원과 이익에게도 영향을 미쳤다.
하지만 이이는, 토지 소유 관계는 건드리지 않고 부세(賦稅) 제도의 개선만을 꾀한 데서 잘 드러나듯, 사회 구조나 체제의 변혁이 아니라 온건하고 점진적인 개혁을 도모하였다. 뿐만 아니라 그는 개혁론의 사상적 기반을 철저히 '도학=주자학'에 두고 있었다. 이 점에서 이이의 개혁론과 담헌의 사회사상 간에는 본질적인 차이가 발견된다. 이이의 개혁론에 대해서는 이선민, 「이이의 경장론(更張論)」(『한국사론』 18, 1988); 이동인, 『율곡의 사회개혁사상』(백산서당, 2002) 참조.
18 조광 교수는 담헌이 주장한 간관(諫官) 제도의 혁파가 귀족권(貴族權)을 약화시키고 국왕의 발언권을 강화함으로써 국왕과 민중을 직결시키려는 것이었으며, 이 점에서 왕권 강화론적 주장의 일종으로 해석할 여지가 있다고 보았다. 조광, 「홍대용의 정치사상 연구」, 75~76면 참조. 간관 제도가 일반적으로 왕권을 견제하고 귀족권을 강화시키는 기능을 했음을 고려한다면 조광 교수의 이런 주장은 그 타당성이 높다고 생각된다. 하지만 또한 놓치지 말아야 할 점은, 담헌의 사유에서 왕권의 강화는 결코 그 자체가 목적은 아니며, 어디까지나 귀족권 약화와 민권(民權) 신장의 결과로 이해된다는 점이다. 다른 각도에서 본다면, 왕권 강

은 주로 문벌과 신분제의 해체를 통해 획책된다. 한편 문벌과 신분제의 해체는, 전 인민(여성은 제외)에게 교육의 기회를 부여해야 한다는 주장과 인간은 누구나 예외없이 근로勤勞에 종사해야 한다는 이른바 '만민개로'萬民皆勞의 주장을 통해 실현된다.

바로 이 대목이 『임하경륜』이 담고 있는 사회사상 중 가장 정채를 발하는 부분이 아닌가 한다. 사농공상의 신분이 세습되는 제도를 없애어 기본적으로 모든 사람이 노동을 해야 한다는 것, 양반의 세습은 인정될 수 없으며 공경公卿의 자제라 하더라도 재능과 학식이 없다면 노비 일을 함이 마땅하다는 것, 농공상 출신의 자제라 하더라도 재능이 있고 훌륭하면 등용되어 조정에서 국정을 관장해야 한다는 것, 이런 여러 주장이 '모든 인민에게 똑같이 교육의 기회를 부여한다'는 구상으로부터 출발된다는 사실에 유의하지 않으면 안 된다. 당시 조선 사회의 양반 지배는 양반의 '지식 독점'에 의해 안받침되고 있었다. 이 점에서 지식은 곧 지배 및 권력과 통하는 것이었다. 반대로 지식의 부재 내지 결핍은 피지배를 의미했다. 그러므로 인민에게 교육의 기회를 부여해야 한다는 담헌의 구상은 가히 혁명적인 성격의 것이라 하지 않을 수 없다. 조선 사회의 기본 프레임과 지배관계를 허물고 새로운 틀을 기획한 것이었음으로써다. 이로써 담헌은 민民의 손에 항산恒産의 물질적 기초인 토지와 '지식'이라는 칼, 이 둘을 쥐어 준 셈이다. 그것은 기존의 사회관계, 기존의 사회체제에 변화를 야기할 것이었다.

앞서 『임하경륜』이 보여주는 행정제도와 군사제도의 상호연관 및

화는 귀족권(귀족의 세습을 포함한)을 허물고 신분제를 해체하기 위해 요청된 것이라고 말할 수 있을 것이다. 이 점에서, 담헌이 구상한 언로의 확대에서 확인되는 인민권의 신장은, 양반 신분의 세습 폐지를 골자로 하는 그의 신분제 개혁론과도 맞물려 있다고 보인다.

그 체계성에 대해 언급한 바 있지만, 이 체계성은 바로 이 혁신적인 교육제도의 구상과 연결된다는 사실에 주목할 필요가 있다. 담헌이 구상한 학교 교육은 정연하고 유력한 행정 체계의 뒷받침 없이는 불가능하다. 이 점에서 『임하경륜』의 행정·군사 체계는 교육제도와 연쇄적 관련을 맺고 있다 할 것이다.

그럼 이제부터 담헌의 주장을 좀더 자세히 들여다보기로 한다. 다음은 교육에 대한 그의 구상이다.

> 안으로 왕도王都의 9부九部와 밖으로 도道에서 면面까지 모두 학교를 설치하고 각각 교관을 두는데, 면에는 각각 재齋가 있고, 재에는 반드시 장長이 있다. 면에서 8세 이상의 자제들을 다 모아서 가르치는데, 효제충신孝悌忠信의 윤리를 가르치고 활쏘기·말타기·글씨쓰기·셈하기의 기예로써 연습시킨다.[19]

'왕도의 9부'란 한성을 9개의 행정조직으로 나눈 것을 이른다. 인용문에서 보듯 가장 하위의 촌락 단위에까지 학교를 두어 모든 8세 이상의 자제들을 가르칠 것을 구상하고 있다.[20] 국가에 의한 의무교육인

---

19 『임하경륜』, 433면.

20 주희의 「대학장구서」(大學章句序)에 보면, "三代之隆, 其法寢備, 然後王宮國都, 以及閭巷, 莫不有學, 人生八歲, 則自王公以下, 至於庶人之子弟, 皆入小學, 而敎之以灑掃應對進退之節·禮樂射御書數之文, 及其十有五年天子之元子衆子, 以至公卿大夫元士之適子, 與凡民之俊秀, 皆入大學, 而敎之以, 則自窮理正心修己治人之道, 此又學校之敎, 大小之節, 所以分也"라 하여, 왕공(王公)의 자제와 서민의 자제가 8세가 되면 모두 소학에 들어가 공부하고, 15세가 되면 천자의 원자(元子)와 중자(衆子) 및 공·경·대부·원사(元士)의 적자, 그리고 민(民)의 자제 중 준수한 자가 대학에 들어가 배우는 것이 3대(三代) 때의 제도라고 하였다. 담헌은 주희의 이 글을 당연히 읽었을 터이다. 하지만 담헌의 교육제도 개혁론

셈이다. 여기서 말하는 '자제'가 양반 자제에 한정되는 것이 아니라 사농공상의 모든 자제임은 이어지는 담헌의 다음과 같은 말을 통해 알수 있다.

> 면面에서 가르칠 때는 그중 뜻이 높고 재주가 많은 자는 위로 올려 조정에서 쓰도록 하고, 자질이 둔하고 용렬한 자는 아래로 돌려 야野에서 쓰도록 한다. (…) 재능과 학식이 있다면 비록 농부나 상인의 자식이 의정부議政府의 벼슬을 하더라도 참람僭濫할 것이 없고, 재능과 학식이 없다면 비록 공경公卿의 자식이 하인이 된다 하더라도 한탄할 것이 없다.[21]

이 꼭 주희의 이 글에 영향을 받은 것이라고 하기는 어렵다. 8세 때 교육을 시작한다고 말한 점 말고는 주희가 말한 3대의 교육제도와 담헌이 구상한 교육제도 간에 별로 일치점이 발견되지 않기 때문이다. 주희는 3대 적에는 왕공의 자제와 서민의 자제가 8세가 되면 모두 소학에 들어가 공부했다고 했지만, 그것이 국가에 의한 의무교육인지는 분명하지 않다. 아마 아닐 것이라고 생각된다. 한편, 주희는 15세가 되면 천자 및 귀족의 자제들과 민의 자제 중 준수한 자가 대학에 들어간다고 했는데, 이 진술에는 두 가지 전제가 작동하고 있다. 하나는, 천자 및 귀족의 자제는 그 특권에 의해 자동적으로 대학에 들어가는 반면 민(民)의 자제는 제한된 일부만이 대학에 들어간다는 것이고, 다른 하나는, 귀족 신분의 세습이다. 바로 이 점에서 주희가 거론한 3대의 제도와 담헌이 구상한 교육제도 간에는 본질적인 차이가 있다. 아마도 담헌은 중국 고대의 문헌에 언급된 3대의 교육제도를 참조하기는 했으되 국가의 역할이라든가 교육 기회 평등의 문제라든가 신분 세습의 문제 등과 관련해서는 스스로의 숙고(熟考)를 통해 새로운 사유에 이른 것으로 보인다.

8세에 소학에 들어가고 15세에 대학에 들어가는 것이 3대의 제도라고 한 「대학장구서」의 언급은 반고(班固)가 저술한 『한서』(漢書) 「식화지」(食貨志)의 "八歲入小學, (…) 十五入大學"(『漢書』 권24 上, 「食貨志」 第四)에 유래하는 것으로 여겨진다. 정이천(程伊川) 역시 "古者, 八歲入小學, 十五入大學"이라고 말한 바 있다. 이 점은 유형원, 「三代教人取士之法」, 「敎選攷說(上)」, 『磻溪隨錄』 권11(明文堂, 1982), 212면; 「後賢所論述」, 「敎選攷說(上)」, 같은 책 권11, 216면 참조.

21 『임하경륜』, 433~434면.

경향京鄉 각지에서 이루어지는 이 의무교육에서는 문무文武가 고루 가르쳐지고, 또한 도덕[22]과 기예가 함께 가르쳐진다.

그런데 이 의무교육은 교육 기회의 평등한 부여라는 의의를 지니는 데 그치지 않으며, 인재 등용과 연결된다.

> 그중에 재주와 행실이 뛰어나 쓸 만한 자가 있으면 사司(면 위의 행정단위—인용자)로 보내어 사의 교관이 모아 가르치게 한다. 그중 우수한 자를 뽑아 차례로 태학太學으로 보낸다. 태학에서는 사도司徒가 관장하여 가르치는데, 그 말과 행동을 관찰하고 학식과 재주를 시험하여 매년 정월에 그중 어질고 능한 자를 조정에 추천해서 관직을 제수하여 책임을 맡긴다. 재주는 높은데 관직이 낮은 자는 차례로 승급시키고 능치 못한 자는 물리친다.[23]

이에서 보듯, 교육을 통해 우수한 자를 추천하는 방식으로 인재가 등용된다. 이는 곧 과거 시험을 통한 인재 등용 방식의 부정을 의미한다. 당시 조선에서는 국가가 필요로 하는 실력 있는 인재를 뽑는다는 과시科試 원래의 취지가 이미 사라졌다고 해도 과언이 아니다. 온갖 부정행위가 만연했을 뿐 아니라, 설사 제대로 합격한 자라 할지라도 그가 과거 시험을 위해 오랫동안 공부한 것은 국가를 위해 아무 짝에도 도움이 안 되는 것이었다. 게다가 갈수록 편파적으로 되어 벌열 가문의 자제가 아니면 도무지 선발되기 어려웠다. 그러니 점점 더 소수 특

---

22 "효제충신의 도"를 말하고 있음에서 보아, 유교에 기반한 덕성 교육을 염두에 두고 있음을 알 수 있다.

23 『임하경륜』, 433면.

권층과 특정 당파가 부와 권력을 세습적으로 장악해 가는 형국이었다. 그 피해는 고스란히 '민국'民國, 즉 나라와 백성에 돌아갈 수밖에 없었다. 담헌이 과거제도를 없애고 교육에 의한 인재 선발 방식으로의 전환을 구상한 것은 이런 점을 고려한 결과가 아닌가 생각된다.[24]

그런데 더 중요한 것은, 이러한 인재 선발 방식이 궁극적으로 신분제의 철폐와 맞물려 구상되고 있다는 사실이다.

> 면面에서 가르칠 때는 그중 뜻이 높고 재주가 많은 자는 위로 올려 조정에서 쓰도록 하고, 자질이 둔하고 용렬한 자는 아래로 돌려 야野에서 쓰도록 한다. 그중 생각을 잘하고 솜씨가 재빠른 자는 공업工業으로 돌리고, 이利에 밝고 재물을 좋아하는 자는 상업으로 돌리며, 꾀를 좋아하고 용맹이 있는 자는 무반武班으로 돌리고, 소경은 점치는 데로, 궁형宮刑을 당한 자는 문 지키는 데

---

24 이 점에서 담헌이 구상한 과거제의 폐지와 공거제(貢擧制)의 실시, 신분의 세습 철폐와 의무교육의 실시, 만민개로(萬民皆勞) 등은 조선의 고질적 병폐인 당쟁을 없애는 데에도 근본적인 방안이 되는 것이 아닌가 생각된다. 당쟁은, 양반이 생산 활동으로부터 유리되어 있음으로 해서 어떻게든 권력을 잡아 관직을 독점하려고 사생결단의 투쟁을 벌인 데서 비롯되기 때문이다. 담헌이 당쟁을 조선 사회의 모순으로서 얼마나 심각하게 봤는가는 홍대응이 쓴 「종형 담헌선생 유사」(『국역 담헌서』 IV, 부록 所收)에 소개된 다음과 같은 담헌의 말, 즉 "우리나라가 비록 적국의 외환이 있다 하더라도 반드시 이것으로 끝내 망할 리는 없고 망하는 것은 오직 당론(黨論) 때문이다. 서로 공격하는 것에서부터 시작하여 나중에는 창과 칼이 서로 이어져서 사람을 죽이는 데까지 이르러 결국 국맥(國脈)이 따라서 끊어지게 되니, 이것이 바로 기필코 망할 징조인 것이다"라는 말을 통해 알 수 있다. 이 점에 유의한다면, 비록 『임하경륜』에 당쟁에 대한 직접적 언급은 없다 할지라도, 이 책에서 논의되고 있는 신분제의 개혁 방안 속에는 양반층의 당쟁에 대한 담헌의 심중한 문제의식이 담지되어 있다고 볼 수 있지 않을까 한다. 흥미롭게도, 담헌과 똑같이 양반 신분 세습의 철폐를 주장한 하곡(霞谷) 정제두(鄭齊斗) 역시 양반 신분 세습의 철폐가 당론(黨論)을 소멸시킬 것으로 보고 있다. 이에 대해서는 본서의 제5장 제3절을 참조할 것.

로 돌리며, 심지어 벙어리와 귀머거리, 앉은뱅이까지 모두 일을 하게 해야 한다. 유의유식遊衣遊食하며 일하지 않는 자는 군장君長이 벌을 주고 향당鄕黨에서 버려야 한다.[25]

여기에서 보듯, 인재의 선발은 신분제의 제한을 받지 않는다. 달리 말해, 인재의 선발 방식이 기존 신분제의 폐기를 낳는다. 사람들은 타고난 신분에 따라서 사대부가 되든가 서민＝농공상이 되는 것이 아니라, 그 재주와 자질에 따라 국정을 담당하기도 하고, 상공업에 종사하기도 하며, 농업에 종사하기도 하고, 무직武職에 종사하기도 한다. 그리고 모든 사람은 놀면서 밥을 먹어서는 안 되며, 자신이 할 수 있는 일을 하지 않으면 안 된다. 이른바 '만민개로'萬民皆勞다.

이 만민개로의 사상에는 묵자의 영향이 감지된다. 주지하다시피 묵자는 인민의 근로를 대단히 중시하였다. 묵자에게 '근로'는, 인간이 자신의 삶을 가치 있는 것으로 실현하며 사회적 행복을 이룩하는 가장 중요한 실천 행위였다. 또한 묵자에게 있어 근로는 인간의 사회적 평등을 뒷받침하는 것이기도 했다. 인간은 '근로한다'는 점에서 차별이 없다고 간주되었음으로써다.

담헌의 만민개로 사상은 일차적으로 당대의 유식층遊食層인 양반을 염두에 둔 것이 아닌가 생각된다.[26] 양반은 아무리 가난해도 농공

---

25 『임하경륜』, 433~434면.
26 『계방일기』의 1775년 3월 29일자에 담헌의 이런 말이 보인다: "생산하는 자는 여럿이고 소비하는 자가 적은 것이 나라 다스리는 큰 법이거늘, 소위 유민(遊民)으로서 벼슬자리를 요행으로 얻으려 하는 것은 모국병민(耗國病民)하는 일이니, 이 점 마땅히 깊이 생각하셔야 할 것입니다." 인용된 말 가운데 '유민(遊民)으로서 벼슬자리를 요행으로 얻으려' 하는 자는 무위도식하는 양반층을 가리킨다. 『계방일기』의 이 말에는 『임하경륜』의 생각이

상의 업에 종사하지 않고 무위도식하였다. 농공상에 종사하면 비루하게 여겨 더 이상 양반으로 치지 않는 사회 분위기 때문이었다. 그래서 굶어 죽을지언정 근로는 하지 않았다. 조선 후기에 들어와 양반은 자꾸 늘어나고, 그에 따라 일하지 않는 인구도 증대되었다. 양반들은 한정된 벼슬 자리를 놓고 생사를 건 쟁투爭鬪를 벌이니 국정이 제대로 될 리가 없고, 노는 인구가 많으니 국가 재정은 어려워질 수밖에 없으며, 따라서 서민에 대한 수탈이 가혹해졌다. 권력과 부는 서울의 고문세족高門世族의 양반들, 이른바 경화세족京華世族에 독점되어 갔다. 같은 양반이라도 시골 양반은 찬밥 신세였다. 조선은 마침내 '문벌 사회'로 화化한 것이다. 그리하여 국가 전체가 사람으로 치면 '기혈순환'氣血循環이 안 되는 위중한 상황에 빠져 버렸다. 담헌이 주창한 만민개로는 당대 조선이 봉착한 이런 악순환을 해결하기 위해, 무위도식하는 양반으로 하여금 농공상에 종사할 수 있게 길을 터 주고, 문벌에 의한 권력과 부의 독점과 세습을 끊어 버려 계층간의 사회적 유동성을 높이려는 의도가 담지되어 있다고 판단된다. 즉 조선을 기혈氣血이 통하는 건강하고 튼튼한 사회, 근로의 기풍이 전 사회적으로 관철되는 활기가 넘치는 국가로 만들기 위한 방책이었다고 생각된다.

　담헌이 얼마나 확고하게 신분 사회와 문벌 사회를 부정했는지는 다음 말에서 더욱 분명히 드러난다.

　　우리나라는 본래부터 명분名分을 중히 여겼다. 양반들은 아무리 심한 곤란과 굶주림을 겪더라도 팔짱 끼고 편하게 앉아 농사를 짓지 않는다. 간혹 실업에 힘써서 몸소 천한 일을 달갑게 여기

___

반영되어 있다고 여겨진다.

는 자가 있다면 모두들 나무라고 비웃어 노예처럼 무시하니, 자연히 노는 백성은 많아지고 생산하는 자는 줄어든다. 재정財政이 어찌 궁하지 않을 수 있으며, 백성이 어찌 가난하지 않을 수 있겠는가? 마땅히 법을 엄히 세워, 사민四民(사농공상을 이름―인용자)에 속하지 않은 채 무위도식하는 자에 대해서는 관官에서 형벌을 주어 세상의 큰 치욕이 되게 해야 한다. 재능과 학식이 있다면 비록 농부나 상인의 자식이 의정부議政府의 벼슬을 하더라도 참람僭濫할 것이 없고, 재능과 학식이 없다면 비록 공경公卿의 자식이 하인이 된다 하더라도 한탄할 것이 없다. 상하가 온 힘을 다하여 그 직분을 닦도록 하며, 부지런함과 게으름을 상고하여 상벌을 베풀어야 한다.[27]

신분제는 국가에 의해 직職의 세습이 강제될 때 성립된다. 상기 인용문이 보여주는 담헌의 구상에 의하면 양반이라는 직분은 강제력에 의해 세습되는 것이 아니다. 농공상 역시 마찬가지다. 능력과 자질에 따라 기존에 사士였던 자도 농공상에 종사할 수 있고, 농공상이었던 자도 사가 될 수 있다. 사와 농공상 사이에 넘을 수 없는 어떤 벽 같은 것은 없다. 사가 농공상이 되는 것이 부끄러운 일이 아니요, 농공상이 사가 되는 것이 이례적인 일도 아니다. 이렇게 되면 사농공상의 사민四民은 선천적인 어떤 것이 아니라, 다분히 직업으로서의 의미를 갖게 된다. 따라서 위 인용문 중 "상하가 온 힘을 다하여 그 직분을 닦도록" 한다고 했을 때의 '직분'(원문은 '職')이라는 단어에는 '세습 신분'적 의미 관련이 소거되고 후천적 직업으로서의 의미 관련이 담겨 있다고 할 것

---

27 『임하경륜』, 434면.

이다.[28]

사실 중국의 경우 사민四民은 이미 송대宋代 이래 신분이 아니라 직업으로서의 의미를 갖는 것이었다.[29] 본서의 제2장 제4절에서 살핀 바 있지만, 담헌은 중국 여행을 통해 청나라에서는 사士와 농공상 간에 엄격한 구분이 없다는 것, 사士가 상인의 일에 종사하는 것이 하등 수치스런 일이 아니라는 것, 상인도 독서를 하며 사士와 같은 생활을 할 수 있다는 것을 직접 목도한 바 있다. 그리고 절강浙江 선비들과의 필담을 통해 문벌에 따른 조선의 인재 등용 방식이 정당성을 갖지 못하며 아주 부끄러운 제도라는 점을 자각하였다. 그러므로 담헌의 중국 체험은 조선 사회에서 문벌과 신분을 없애려고 한 그의 구상에 일정한 참조가 되었을 수 있다. 그리고 그 구상 과정에 평등과 근로를 강조한 묵자의 사상이 원용되었다고 생각된다. 하지만 앞서 지적했듯, 담헌의 이런 구상에는 국가에 의해 이루어지는 인민에 대한 교육이 전제되어 있다는 사실을 잊어서는 안 된다. 이 부분은 청淸을 참조한 것도, 묵자를 원용한 것도 아니며, 담헌의 독자적 사유의 결과일 것이다.

이처럼 『임하경륜』에는 '평등'의 지향이 강하다. 그렇기는 하지만, 국가의 민에 대한 통제는 오히려 강화되는 경향이 발견된다. 다음에서

---

28 신용하, 「담헌 홍대용의 사회신분관과 신분제도 개혁사상」, 354면; 김인규, 「홍대용 사회개혁론의 특징과 그 의의」(『한국사상과 문화』32, 2006), 218면 참조. 하지만 이때 이 '직분'이라는 말에 귀천의 구분이 배제되는 것은 아니다. 적어도 이 점에서 거기에는 신분제와의 연관이 일정하게 잔존해 있다고 할 만하다. 이에 대해서는 본서 제6장에서 검토된다.

29　이 점과 관련해 유수원(柳壽垣)은 『우서』(迂書) 권2, 「문벌의 폐해를 논함」(論門閥之弊)에서, "송나라 이후로 중국에서는 문벌의 고하에 따라 인재를 쓰거나 버리는 법이 없어졌다"(『국역 우서』I, 민족문화추진회, 1981, 86면)라고 말하고 있다. 또한 중국의 신분제에 대해서는 미야지마 히로시(宮嶋博史), 「조선시대의 신분, 신분제 개념에 대하여」(『대동문화연구』42, 2003), 294~295면이 참조된다.

그 점이 확인된다.

> 백성은 각각 전리田里를 지켜서 죽어 장사를 지낸다든가 혹은 이
> 사를 함에 있어 살고 있는 마을에서 벗어나지 못하도록 한다.[30]
> 만약 부득이한 경우가 있을 때에는 관에 보고하여 인가장을 받
> 은 다음 그의 본적本籍을 없앤다. 이사 가는 곳에서는 즉각 관官
> 에 보고하여 입적入籍시키고 전토田土를 받는다. 관에 보고도 않
> 고 제 마음대로 이사하는 자는 벌을 준 다음 그가 살던 곳으로
> 되돌려 보내며, 관의 인가장도 없는데 이사를 허가한 경우 면임
> 面任에게 벌을 주어야 한다.[31]

이에서 보듯, 국가 혹은 공동체에 의한 민民의 규제가 강화되고 있
다. 이는 어떻게 해석되어야 할까? 이 문제는 담헌이 구상한 토지균분
제 및 병농일치에 기초한 행정·군사 조직과 관련지어 봐야 하리라 본
다. 그런 구상은 기본적으로 민의 토지에의 긴박緊縛을 필요로 하기 때
문이다.[32] 민이 자유롭게 옮겨 다니면 이 모든 구상은 수포가 될 수밖
에 없는 것이다.[33]

---

30 『맹자』「등문공」상(上)의 "死徙無出鄕"에 유래하는 말이다.

31 『임하경륜』, 434면.

32 신용하, 「담헌 홍대용의 사회신분관과 신분제도 개혁사상」, 366면 참조. 담헌의 사회경
제 개혁안은 군현제(郡縣制)에다 봉건제(封建制)를 약간 가미한 특징을 보이는데, 이 점도
그런 각도에서 볼 수 있는 여지가 없지 않다고 생각된다.

33 이 점과 관련해 조광 교수의 견해가 주목된다. 그는 담헌이 "왕조 체제의 정당성이나
왕의 존재에 대하여 아무런 의심도 가지고 있지는 않았"(「홍대용의 정치사상 연구」, 68면)
으며, "귀족권 강화 현상을 극복하고 왕권 강화를 지향하는 이론"(같은 논문, 74면)을 제기
한 것으로 본 바 있다. 하지만 담헌의 사유 속에서 왕권의 강화나 국가의 부강화(富强化)는

뿐만 아니라, 당시 조선은 유민流民이 사회적 문젯거리였다. 이는 가혹한 수탈과 잦은 기근으로 인해 농민이 토지에서 유리遊離됨으로 인해 생긴 문제였다. 이들은 부랑자로 각지를 떠돌거나 도회지로 유입되어 걸식을 하게 마련이었으며, 혹은 도적떼가 되기도 하였다. 그러므로 민을 토지에 긴박시키려는 담헌의 구상은 유민 문제에 대한 해결책이기도 하다고 생각된다.[34]

『임하경륜』에서 주목되는 또 하나의 사상은 절검節儉에 대한 강조다. 담헌은, 가정이건 국가건 사치함보다 더 나쁜 것이 없는바, 집과 기물器物은 오직 튼튼하고 깨끗함에만 힘써서 쓰는 데에 알맞도록 하고, 재물만 낭비할 뿐 쓰는 데에 유익이 없는 것은 일체 금지시켜야 한다고 하였다.[35] 이 문제에 있어서 담헌은 지배층, 특히 왕실부터 모범을 보여야 한다고 했다.[36] 앞에서 언급한 바 있는 내수사의 혁파도 이런 사고의 연장선상에 있다 할 것이다.

담헌이 절검의 가치를 중시한 데에는 묵자의 영향이 없지 않다고

순수하게 그 자체가 목적이라기보다 사회적 평등의 제고(提高)를 통한 민(民)의 삶의 안정 및 향상과 밀접히 결부되어 있음을 간과해서는 안 된다.

34 이는 만일 오늘날의 관점에서 본다면 주거의 자유를 제한하는 일이 되므로 담헌 사상의 한계로 지적될 수 있을 터이다. 하지만 당시가 지금과 달리 향촌 공동체가 유지되는 사회였음을 감안한다면 꼭 오늘날의 관점만으로 평가하는 일이 능사는 아니다. 더구나 담헌이 농민을 공동체에 긴박시키고자 한 것이 단지 국가적 필요에서만이 아니라 인민의 경제적 평등을 관철하기 위한 것이기도 했다는 점이 주요하게 고려되어야 할 것으로 생각된다.

35 『임하경륜』, 435면.

36 담헌은 『임하경륜』을 쓴 뒤에 집필한 것으로 추정되는 『연기』(燕記)에서, 청나라 강희제(康熙帝)의 검소한 생활을 찬탄해 마지않고 있으며, 거기서 청나라 국운의 홍륭(興隆)을 읽고 있다. 한편 강희제 이후의 군주들은 검소한 태도를 잃고 쓸데없이 궁궐의 사치를 일삼음으로써 국운의 쇠퇴를 초래하고 있다고 보았다. 『연기』에 수록된 「창춘원」·「원명원」·「서산」(『국역 담헌서』 IV, 외집 권9) 등 참조.

생각된다. 묵자에게는 근로, 절검, 평등, 이 셋에 대한 요구가 두드러지는데, 『임하경륜』에서도 기본적으로 그런 정신이 관철되고 있다. 담헌은 과학기술을 중시했으므로 당연히 인간은 교지巧智를 잘 발휘해 물物의 이용을 늘림으로써 생산을 계속 확대하고 그에 비례해 재화財貨의 소비를 늘려야 한다고 생각했을 것으로 오해하기 쉽지만, 실은 전연 그렇지 않다. 담헌은 재화는 아무리 써도 다하지 않는 것이라고 생각하지 않고 한정이 있다고 보았던 것 같으며, 이 때문에 낭비와 사치를 일삼지 말고 오직 '적용'適用에 힘써야 한다고 했다.[37] 담헌이 말한 '적용'은 '물화物貨의 적절하고 검소한 사용'을 의미한다. 담헌에게 있어 이 단어는 '실용'實用이라는 말과도 통한다고 생각된다. 물론 실용이라는 말은 '공리공론'의 배격이라는 함의凾義도 갖지만, 동시에 '실다운 사용'이라는 함의도 가짐에 유의할 필요가 있다. '실다운 사용'은 '실질'의 숭상과 연결되는바, 낭비나 남용이 아닌 검소와 절용을 전제하고 있다 할 것이다. 적어도 담헌에게 있어 '이용'利用이나 '실용'에는 '적용'適用이 전제되어 있다고 보지 않으면 안 된다.[38]

이 점에서 담헌의 실용 내지 이용利用에 대한 관념은, 사치를 일정하게 긍정하면서 물화物貨를 가능한 한 소비하는 것이 좋다는 쪽으로 생각한 박제가와는 세계관적 토대를 달리한다. 근대주의적 견지에

---

37 "惟務適用"(『임하경륜』, 『담헌서』, 내집 권4, 『한국문집총간』 제248책, 86면)
38 담헌은 『임하경륜』에서는 "사람의 마음이 영리해지고 기구가 편리해진 데서 말세의 쇠박(衰薄)함을 징험할 수 있다"라고 말한 반면, 『계방일기』에서는 "산해(山海)의 이로움을 다 개척하지 못하여 백성과 나라가 함께 가난함을 면치 못하오니 이것은 태공(太公)·관중(管仲)의 법이 없는 까닭입니다"(1775년 3월 29일자)라고 말한 바 있다. 두 진술은 일견 서로 모순되는 것처럼 보이나, 기실 담헌의 본래면목은 '이용은 하되 절제가 필요하다'는 데 있는 것으로 판단된다.

서 본다면 박제가의 주장이 좀더 진보적이고 근대적인 데 가깝고, 담헌의 생각은 상대적으로 낙후된 것이며 중세의 테두리를 벗어나지 못한 것으로 간주될 수 있겠으나, 근대주의의 시좌視座를 벗어나 생각해본다면 꼭 그런 것만은 아니다. 박제가가 인간중심주의적 입장에서 물物의 무제한적인 개발과 사용, 그에 따른 생산의 지속적 증대가 바람직하다는 입장을 견지했다면, 담헌은 물에 대한 존중[39] 위에서 인간과 물(＝자연)의 공존을 추구하는 입장을 견지하면서 인간중심주의를 제한하는 입장을 취했다고 할 만하다.[40] 그러므로 만일 탈근대적인 견지에서 본다면 양인에 대한 평가가 달라질 수 있다. 아무튼 양인의 인간관과 자연관, 나아가 문명관에는 서로 양립하기 어려운 상위相違가 존재한다. 박제가가 생산력주의를 제1의적으로 밀고 나간 것과 달리 담헌이 생산관계 내지 사회관계를 중시한 것은 이 점과 관련이 없지 않다고 여겨진다.[41]

『임하경륜』에 개진된 또 다른 사회사상으로는 평화주의 내지 반전주의가 주목된다. 담헌의 말을 직접 들어보자.

> (가) 한무제漢武帝는 천하의 군사를 떨쳐 일으켜 천 리의 땅을 개척하였으나, 흉노 백 명을 죽이는 데 잃은 군사가 반이 넘었고, 소와 양 천 마리를 얻는 데 태창太倉(도성의 큰 곡물 창고―인용자)의 곡식이 탕갈蕩竭되었으니, 이는 무武를 지나치게 쓴 허물이다.[42]

---

39 필자는 일찍이 『의산문답』을 논하면서 담헌의 물(物)에 대한 이런 태도를 '존물적'(尊物的) 태도라고 명명한 바 있다. 박희병, 『한국의 생태사상』(돌베개, 1999), 262면 참조.

40 박희병, 위의 책, 261~262면 참조.

41 이 점은 본서의 제4장 제5절에서 상론된다.

42 『임하경륜』, 437면.

(나) 병법은 전쟁을 않는 것이 가장 좋고, 전쟁을 좋아하는 것이 가장 나쁘다.[43]

(다) 행군하는 군사는 험지에서 피곤하고, 백성은 짐 실어 나르는 데 지친다. 이기면 군사가 반은 상하고, 이기지 못하면 국토를 도리어 잃게 된다. 그리고 기근이 따르게 되어 적국이 틈을 엿보게 된다. 성인聖人이 전쟁을 취하지 않는 이유가 여기에 있다.[44]

(라) 무릇 병기란 사람을 해치는 도구다.[45]

(마) 해자를 설치해 놓고 강함을 다투다가 사상자를 반이나 내는 것은 병법의 재앙이며, 성을 공격하고 땅을 공략하여 백 번 싸워 다 이기는 것은 병법으로서 하위下位. 인의仁義가 나라 안에 행해지고 적국敵國도 밖에서 쉬게 되어 싸우지 않고 남의 군사를 굴복시키는 것이 곧 성인聖人의 사람 살리는 도구이며, 병법으로서 최선이다.[46]

이들 예문에서 보듯 담헌은 전쟁의 폐해를 들어 전쟁, 특히 침략 전쟁에 대한 반대를 분명히 하고 있다. 국가 간에 분쟁이 있을지라도 전쟁이 아닌 평화적인 방법으로 문제를 해결해야 한다고 했으며, 무력

---

43 같은 책, 같은 곳.
44 같은 책, 같은 곳.
45 『임하경륜』, 441면.
46 위의 책, 442면.

사용의 충동을 경계하고 있다. 『임하경륜』에는 무비武備의 중요성이 극히 강조되고 있으며, 그 일환으로서 축성법에 대한 자세한 서술이 보인다.[47] 하지만 상기 예문들을 통해 볼 때 담헌이 무비를 강조한 것은 전쟁을 억제하고 평화 상태를 지속시키기 위한 것이었음을 알 수 있다.

그런데 묵자 역시 반전주의와 방어적 무장 평화주의를 적극 옹호하였다.[48] 담헌 사회사상의 한 주요한 국면을 점하는 평화주의적·반전주의적 지향에서도 묵자와의 친연성이 확인된다.

한편, 담헌이 주장한 반전주의·평화주의는 북벌론에 대한 명시적 반대 표명이기도 하다는 점에 주목할 필요가 있다.

2) 『의산문답』의 사회사상

(1) 『의산문답』의 저작 시기

『의산문답』은 담헌 만년의 저작일 것으로 추정되어 왔으나 정확

---

47 『임하경륜』은 축성법에 대한 서술에 상당한 지면을 할애하고 있다. 바로 이 축성법에 대한 담헌의 높은 관심에서도 그의 묵자에 대한 경사가 엿보인다. 묵자는 잘 알려져 있다시피 '무장 평화주의자'였다. 그는 대국(大國)의 침략으로부터 작은 성을 지키는 데 탁월한 방략(方略)을 갖고 있었다. 『묵자』의 「비성문」편(備城門篇), 「비고림」편(備高臨篇), 「비제」편(備梯篇), 「비수」편(備水篇), 「비혈」편(備穴篇), 「비아부」편(備蛾傅篇), 「기치」편(旗幟篇), 「호령」편(號令篇), 「잡수」편(雜守篇) 등은 모두 성을 방어하는 방법에 대한 서술이다.
48 이는 『묵자』「비공」편(非攻篇)에 자세히 언급되어 있다. 묵자의 반전주의, 무장 평화주의에 대해서는 샤오쿵취안(蕭公權), 『중국정치사상사』(서울대 출판부, 1998), 제1편 제4장 제7절의 '비공'(非攻) 참조.

한 저작 시기는 알려져 있지 않다.[49] 담헌이 1773년 중국인 손유의에게 준 시 중에 『의산문답』의 인물균人物均, 그리고 그로부터 도출되는 '화이일'華夷一의 사상과 통하는 생각이 피력되어 있음을 감안한다면 이때 이미 『의산문답』에 나타나는 주요한 관점의 일부가 형성되고 있었던 게 아닌가 생각된다.

담헌이 두 종류의 중국 여행기를 집필한 것은, 본서의 제2장 제4절에서 추정한 것처럼 1775년 이후의 일이다. 담헌은 이들 중국 여행기에서 중국을 '대국'大國으로 높이고, 조선은 변방의 일개 오랑캐로서 낮추었다. 심각한 '자비'自卑라고까지 말할 수는 없지만 그래도 다소간 '자비'의 태도가 없다고는 말할 수 없다. 또한 중국 여행기에서는 청淸을 인정하면서도 그 의관과 복식 제도에 대해서는 끝까지 시비를 거는 입장이었다. 이와 달리 『의산문답』에서는 '자비'의 태도가 '자존'의 태도로 지양止揚되고 있으며, 의관과 복식의 문제를 상대주의에 의거해 새로운 시각에서 보고 있다. 요컨대 『의산문답』에서는 『연기』 등 중국 여행기의 시좌視座가 지양되어 있다. 이런 점을 고려한다면 『의산문답』은 담헌이 중국 여행기를 집필한 이후 다시 사유를 진전시켜 나가면서 사상을 가일층 심화시킨 뒤의 저작으로 추정된다. 『의산문답』이 보여주는 호한한 스케일이라든가, 다양한 사상과 학지學知를 자유롭게 혼융하여 일가一家의 사상을 종합적·독창적으로 펼쳐 보이는 역량은 이 책을 담헌의 최만년最晚年 저작으로 추정케 한다. 담헌은 자신의 평생 공부와 온축된 사유를 이 책에 쏟아 낸 것이다. 이 점에서 이 책은 담헌 사유의 종결편으로서의 의미를 갖는다고 할 만하다.

---

49 김태준 교수는 "『의산문답』이 씌어진 시기는 현재로서는 확정할 수 없다"라고 했다. 김태준, 『홍대용과 그의 시대』, 232면 참조.

『의산문답』의 저작 시기와 관련된 또 하나의 중요한 단서는 박지원의 다음 발언이다.

> 홍대용 역시 책을 쓰지 못했습니다. 저는 그의 지전설地轉說을 믿어 의심치 않습니다. 그는 일찍이 저에게 자기 대신 그 설을 책으로 쓸 것을 권했지만 저는 조선에 있을 때 바빠서 못했습니다.[50]

『열하일기』「곡정필담」鵠汀筆談 중 박지원이 중국인들에게 담헌의 지전설에 대해 말한 대목이다. 박지원은 1780년에 중국에 갔다. 『의산문답』에는 지전설은 물론이려니와 분야설分野說에 대한 부정, 달 세계에 대한 언급 등 「곡정필담」에서 박지원이 한 말과 합치하는 내용이 적지 않다. 따라서 위의 박지원의 말을 준신準信한다면 담헌은 적어도 1780년 이후에 『의산문답』을 집필한 게 된다. 혹 담헌은 박지원이 중국에 가기 전에 이미 『의산문답』을 저술했는데 다만 박지원이 그걸 몰랐을 수도 있다. 하지만 두 사람이 누구보다 친밀한 사이였음을 생각한다면 그럴 가능성은 희박하다고 본다.

이상의 추론을 통해 볼 때, 『의산문답』은 적어도 1780년 이후에 씌어진, 담헌 최만년의 저작임을 알 수 있다. 담헌의 몰년이 1783년이니, 죽기 얼마 전의 저술인 셈이다. 1778년에 저술된 박제가의 『북학의』보다 뒤의 책이다. 심증에 불과하지만 필자는 담헌이 박지원의 『열하일기』, 특히 「곡정필담」을 읽고 그에 자극을 받아 『의산문답』을 집필한 게 아닐까 하는 생각을 갖고 있다. 「곡정필담」의 상기 인용문은 족히 담헌의 발분지심發憤之心을 불러 일으킬 만한 것이라고 여겨지기 때문이다.

---

50 「鵠汀筆談」, 『熱河日記』, 『燕巖集』 권14.

(2) 실옹과 허자

주지하다시피 『의산문답』은 실옹實翁과 허자虛子의 문답 형식으로
되어 있다. '실옹'과 '허자'는 그 이름에서 알 수 있듯 각각 '실'實과 '허'
虛를 대변하는 인물이다. 담헌은 젊은 시절 이래 '실'을 숭상하고 '허'를
배격했지만, 중년 이후 이런 입장은 더욱 더 강화되어 간 것으로 여겨
진다. 이 경우 '실'이란 실심實心, 실지實地, 실사實事, 실용, 실학 등을
뜻하며, '허'란 허례, 허식, 허위, 공론空論, 허학虛學 등을 뜻한다. 즉
담헌에게 있어 '허'는 폐기되거나 극복되어야 할 학문 태도 내지 학문
방법이었으며, '실'은 새롭게 추구되면서 정초되어야 할 대안 학문의
핵심적 방법 내지 가치에 다름 아니었다. 이 점에 유의한다면 『의산문
답』은 '학문론'을 둘러싼 첨예한 투쟁의 장이라 할 수 있다. 그것은 당
대 조선의 일반적이면서 주류적인 학문에 대항하여 그와는 성격을 달
리하는 새로운 학문을 옹호하고 정립하기 위한 것이었다. 따라서 크게
보아 그것은 사상 투쟁의 성격을 띠는 것이었다.

한편, 『의산문답』에는 다음과 같은 말이 보인다.

> 허자는 혼잣말로 이리 말하였다.
> "내가 허虛로써 호號를 삼은 까닭은 장차 천하의 실實을 살펴보
> 고 싶어한 것이며, 저가 실實로써 호를 삼은 것은 장차 천하의
> 허虛를 깨뜨리고자 함일 것이다. 허허실실虛虛實實은 참되고 오
> 묘한 도이니, 내 장차 그의 이야기를 들어 보리라."[51]

---

51 『의산문답』(毉山問答), 『국역 담헌서』 I, 내집 권4, 449면. 이하 본서에서 인용한 『의산
문답』의 면수는 특별히 그 출처를 밝히지 않을 경우 모두 이 책의 것이다. 그리고 인용한

이는 허자의 입을 빌려 이 책의 '담론적談論的 전략'을 밝힌 것이라 할 만하다. 즉, 허와 실의 대립적 설정은 일종의 '방법적' 고려에 의한 것임을 간취할 수 있다.[52]

그런데 하나의 문제가 있다. 허자에 담헌의 상像이 반영되어 있는 것으로 보인다는 사실이다. 가령 허자를 묘사하고 있는 다음 구절들을 잠깐 보기로 하자.

(가) 허자는 숨어 살면서 독서한 지 30년에 천지의 조화造化와 성명性命의 은미함을 궁구하고 오행五行의 근원과 삼교三教의 진리를 달통하여 인도人道를 경위經緯로 하고 물리物理를 깨달아 통했다. 심오한 이치를 헤아리고, 일의 시말과 내막을 환히 안 다

번역문은 대개 필자가 조금 고친 것임을 미리 밝혀 둔다.

52　한편, 이 『의산문답』의 장르에 대한 규정과 관련해 논란이 없지 않다. 김태준 교수는 '철학소설'이라고 했고(『홍대용과 그의 시대』, 202면), 필자는 '문대'(問對)라고 했으며(『한국의 생태사상』, 273~275면), 임종태 교수는 '우화'라고 했다(「무한우주의 우화」). 소설로 보는 것이 왜 부적절한지에 대해서는, 그리고 '문대'라고 일컫는 이런 문답체의 글쓰기 장르가 동아시아에 오래전부터 줄곧 있어 왔다는 사실에 대해서는, 필자의 위의 책에 자세히 해명되어 있다. '우화'라는 견해는 최근에 제기되었다. 『의산문답』은 『장자』의 인식론을 원용하고 있기는 하나, 『장자』의 글쓰기와는 그 성격이 판연히 다르다. 따라서 우화로 보는 것은 부적절하다고 판단된다. 동아시아 글쓰기의 오랜 전통 속에서 본다면 소옹(邵雍)의 『어초문대』(漁樵問對)와 같은 유의 문대체(問對體) 철리산문(哲理散文)에 속하는 것으로 봄이 타당할 터이다.

임종태 교수는, 『의산문답』이 꼭 진지한 주장을 담고 있지는 않으며(「무한우주의 우화」, 276면), 『장자』의 논법을 모방한 '과학적 우화'(같은 글, 279면)일 뿐이라고 보고 있고, 그래서 현대의 많은 연구자들이 "우화 속에 담긴 창조적 긴장을 허망하게 해소시켜 버리"(같은 글, 282면)고 있다고 단정하고 있지만, 필자가 보기엔 『의산문답』을 우화로 보는 태도야말로 이 텍스트의 '진지한 주장'과 '창조적 긴장'을 '우화로 허망하게 해소시켜 버리'고 있는 게 아닌가 생각된다.

음에 세상에 나가 남에게 이야기했더니 듣는 자마다 비웃었다.

허자가 말하기를,

"작은 지혜와 더불어 큰 것을 이야기할 수 없고, 비루한 세속 사람과 더불어 도를 이야기할 수 없다."

하고 서쪽으로 연경燕京에 들어가 중국 선비들과 필담하며 60일 동안이나 머물렀으나 제대로 이야기를 나눌 만한 이를 만나지는 못했다. 이에 허자가 슬피 탄식하면서 말하기를,

"주공周公이 쇠했는가? 철인哲人이 죽었는가? 우리 도가 글렀는가?"

하고 행장을 차려 돌아왔다.[53]

(나) 허자가 말했다.

"젊었을 적에 성현의 글과 시詩·예禮의 공부를 익혔고, 커서는 음양의 변화와 인人·물物의 이치를 탐구하였습니다. 마음을 기르는 데에는 충忠과 경敬으로써 했고, 일을 꾀하는 데에는 성실과 민첩함으로써 했으며, 경제經濟는 『주관』周官에 근본했고 출처出處는 이윤伊尹과 여상呂尙을 본받았습니다. 이외에도 예술藝術과 성력星曆과 병기兵器와 변두籩豆와 수율數律에 이르기까지 제한하지 않고 널리 배웠으나 육경六經을 표준으로 삼고 정자程子와 주자朱子의 학설을 절충하였습니다. 이것이 허자가 배운 것입니다."[54]

---

53 『의산문답』, 448~449면.

54 위의 책, 453면.

(가)는 『의산문답』 맨 처음에 해당한다. 이 바로 뒤에, 허자가 조선으로 귀국하는 도중 의무려산에 올라가 실옹을 만나는 대목이 나온다. (나)는 실옹이 허자에게 '네가 배운 것을 말해 보라'고 하자 허자가 대답한 말이다.

이들 예문은 모두 담헌의 체험과 학문을 반영하고 있다. 그렇기는 하나 허자가 바로 담헌이라고 말할 수는 없다. 『의산문답』의 초두에서 실옹은 허자가 아첨하는 말과 입에 발린 말을 늘어 놓는 데 대해 거듭 타박을 주고 있는데, 허자의 이런 면모는 담헌이 아니라 조선의 유자儒者들, 특히 속유俗儒의 일반적 행태를 반영하는 것이라고 생각된다. 뿐만 아니라, 이후 전개되는 『의산문답』의 전개 과정에서도 허자의 언행이 꼭 담헌을 반영하는 것이라고 말하기는 어렵다.

이렇게 본다면 허자에는 담헌의 삶이 일정하게 반영되어 있을 뿐만 아니라 담헌이 아닌 조선의 일반적 유자의 면모 역시 반영되어 있다고 할 수 있다. 『의산문답』에서 담헌의 분신은 분명 실옹이다. 그렇다면 담헌은, 비록 제한된 것이기는 하지만, 왜 허자에다 자신의 삶을 일정 부분 투사한 것일까? 그것은 담헌이 학문과 사상의 '자기갱신' 내지 '자기부정'을 분명히 하기 위해서였다고 생각된다. 『의산문답』에는, '학문의 미혹이 천하를 어지럽힌다'[55]는 말이 연거푸 나온다. 학문이 올바른 세상을 만드는 데 얼마나 중요한 것인지를 강조한 말이다. 제대로 된 사회와 나라를 만들기 위해서는 실답고 올바른 학문이 있지 않으면 안 된다. 구래舊來의 학문으로는 이것이 불가능하다. 실옹의 말에 의하면, 구래의 학문은 곧 '미혹된 학문'이다. 허자는 바로 이 미혹된 학문을 한 사람으로 지목된다. 새로운 학문을 정립하기 전까지는 담헌 역

---

55 위의 책, 451~452면.

시 크게 보아 구래의 학문에 매몰되어 있었고, 이 점에서 미혹된 학문을 했다고 할 터이다. 그러므로 실옹은 '갱신된 담헌', '이전의 자기가 지양된 담헌'이라고 할 만하다. 허자에 담헌의 어떤 계기가 내포된 것은 그러므로 학문의 자기갱신 과정에 대한 담헌의 자의식과 뚜렷한 자각을, 그리고 높은 자기성찰력을 보여주는 것이라고 해야 할 것이다. 이 점에서 '허자'의 설정은, 그리고 유교와 성리학에 바탕해 있는 허자의 생각에 대한 실옹의 통박은, 담헌의 자아비판이자 이전의 자기 사상과의 '결별'을 상징적으로 보여주는 것이라 할 만하다.

하지만 그렇다고 해서 허자를 전적으로 담헌의 또 다른 분신으로만 보는 것은 정당하지 않다. 앞서 지적했듯 허자는 허학에 매몰된 조선의 속류적 유자를 대변하고 있기도 하기 때문이다. 바로 이 허학에의 매몰이라는 점에서 허자에 내포되어 있는 두 개의 계기는 동일적이다.[56]

『의산문답』의 사회사상에 대한 본격적 논의에 들어가기 전에 또 하나 예비적으로 점검해 두어야 할 것은 이 작품의 서두에서 확인되는, 허자를 대하는 실옹의 어투다. 이 어투는 실옹의 도道, 즉 그 사상적 풍모와 연관된다고 생각됨으로써다.

허자가 실옹을 '현자'賢者라고 이르자, 실옹은 코웃음을 치며 네가 말하는 현자란 어떤 자냐고 묻는다. 허자는 이리 답한다.

> 주공周公과 공자孔子의 업業을 높이고 정자程子와 주자朱子의 말을 익혀서 정학正學을 부지扶持하고 사설邪說을 물리치며, 인仁으로써 세상을 구제하고 명철함으로써 몸을 보전하는 자가 유문儒

---

56 '허자'에 두 개의 계기가 내포되어 있다고 보는 본서의 관점은, 『한국의 생태사상』, 278 면에 개진된 필자의 종래 생각을 수정한 것이다.

門에서 말하는 현자입니다.[57]

실옹은 허자의 이 말을 듣자 웃으면서, "네가 학문의 미혹됨이 있음을 진실로 알겠다"[58]라고 대꾸한다. 허자의 이 말은 조선 학인이 견지한 유가적 내지 정주학적 학문론을 요약한 것이라 할 만하다. 하지만 실옹의 반응은 지극히 냉소적이고 부정적이다. 실옹의 이런 반응과 어투는 그가 허자와는 사상=학문을 달리함을 드러내는 것이라고 판단된다. 실옹은 허자에게, "너는 유자儒者의 학문에 있어 강령綱領이 모두 갖춰진 자"인데 또 무엇이 부족해서 내게 도를 묻느냐고 힐난하는가 하면,[59] "너는 유자儒者로구나. (…) 이제 나는 너에게 대도大道를 말하기에 앞서 본원本源부터 일러 주겠다"[60]라면서 '인물균'人物均으로 요약되는 자신의 존재론을 설파한다.

실옹의 이런 태도, 이런 반응, 이런 어투는 그가 유문儒門에 속한 자가 아님을, 다시 말해 그가 유자가 아님을 말해 준다. 유자인 자가 유자에게 '너는 유자로구나'라는 식으로 말할 리는 없다. 실옹은 허자에게 "나의 학문이 공자만 못한 줄 어찌 알겠느냐"[61]라고 말하고 있는데, 이 말도 유자라면 결코 할 수 없는 말이다. 성인聖人으로 추앙되는 공자에 대한 불경不敬의 죄를 짓는 말이기 때문이다.

이처럼 『의산문답』에서 실옹이 유문에 속하지 않은 사람, 즉 유가의 테두리 안에 있지 않은 사람으로 설정되어 있음은 각별한 주목을

---

57 『의산문답』, 451~452면.
58 위의 책, 452면.
59 위의 책, 453면.
60 같은 책, 같은 곳.
61 『의산문답』, 451면.

요한다. 실옹이 허자가 '유자'임이 확인되자 보여주는 저 냉소적인 태도와 어투는, 그 자신의 학문적·사상적 정체성에 대한 뚜렷한 자의식의 표현일 수 있다. 이 자의식은 다름 아닌 담헌의 자의식이라는 점에서 문제의 심각성이 있다. 그러므로,『의산문답』의 본론 부분에서 전개되는 실옹과 허자의 문답, 그리고 그것을 통해 점차 윤곽이 드러나는 실옹의 '대도'大道는 유문의 강령에는 없는, 다시 말해 유가 학문에는 속하지 않은 내용들이다. 이 점에서 실옹의 '대도'는 유가의 경계를 벗어난 새로운 진리인식이고, 인간과 세계에 대한 새로운 논리적 재구성이며, 삶과 자연과 사회에 대한 새로운 패러다임의 정초라고 할 만하다.

(3)『의산문답』의 논리와 체계

『임하경륜』이 국내의 사회경제적·정치적 문제들에 대해 논하고 있다면,『의산문답』은 인간과 물物의 관계, 천지와 우주의 원리, 인간과 문명의 관계, 국가의 발생, 중국사에서의 호한胡漢 관계, 화이론의 문제 등에 대해 논하고 있다. 전자는 구체具體의 수준이 높고 실제적인 데 반해, 후자는 추상抽象의 수준이 높고 이론적 성향이 강하다. 다시 말해 전자는 구체적인 맥락에서 사회역사적 문제를 논하고 있음에 반해, 후자는 인간, 자연, 우주, 역사, 세계에 대한 인식론적·존재론적 탐구를 꾀하고 있다. 이 점에서『의산문답』은 대단히 원리적이며, 래디컬하다. '래디컬하다'고 말한 것은 이 책이 도저한 사유를 통해 통념적 인식론과 존재론을 전복시키고 있음을 말함이다.

『의산문답』에는 자연과학과 관련된 서술이 많다. 이 때문에 과학사 연구자들이 많은 관심을 보여 왔다. 이 책이 과학사에서 주목받는 것은 당연한 일이지만, 그렇다고 해서 이 책을 한갓 과학사의 자료로만 간주하는 것은 옳지 않은 일이다. 이 책은, 그 속에 담겨 있는 과학 사상까지 포함해, 인간과 세계를 종합적으로 논한 하나의 창의적인 '사상서'로 보아야 옳다.

『의산문답』에서는 제일 먼저 '인물균'人物均이 논해진다. 이 인물균 사상은 낙론洛論과 연맥이 닿는 부분이 전연 없는 것은 아니나, 그렇다고 해서 낙론만으로 다 설명될 수 있는 것은 아니다. 낙론에서 '사람과 초목·금수가 존재론적으로 균등하다'고 말한 적은 없기 때문이다. 담헌은 "대도大道를 해침은 긍심矜心보다 심한 것이 없는데, 사람이 사람을 귀하게 여기고 물物을 천하게 여김은 긍심의 근본이다"[62]라고 말하고 있는바, 인간중심주의라는 기존 학문의 기저基底를 부정하면서 '물'에 대한 존중 위에 학문을 새롭게 정초하고 있다. 이는 '인人－인人' 관계에 초점을 맞춘 묵자의 겸애를 '인人－물物'의 관계로까지 확장시킨 의의가 있다. 즉 평등애를 인간 세계만이 아니라 자연 세계, 사물의 세계에까지 확대시키고 있다 할 것이다. 낙론이 '인물성동'人物性同을 주장했다고 하여 유가의 인간중심주의에 대해 깊이 성찰하거나 그것을 폐기한 것은 아니다. 실옹은 인물균을 논하며 이렇게 말한다.

> 옛사람이 백성에게 혜택을 입히고 세상을 다스림에는 물物을 본받지 않음이 없었다. 대체로 군신간의 의리는 벌에게서, 병진兵陣의 법은 개미에게서, 예절의 제도는 박쥐에게서, 그물 치는 법은 거미에게서 각각 취한 것이다. 그러므로 '성인聖人은 만물을 스승으로 삼는다'라고 한 것이다. 그런데 너는 어째서 하늘의 입

---

62 위의 책, 455면.

장에서 물을 보지 않고 사람의 입장에서 물을 보느냐?[63]

　기존 연구에서는 인용문 중의 '성인聖人은 만물을 스승으로 삼는다'
를, 담헌이 "물리物理의 연구 필요성을 제기"[64]한 것으로 보았으며, 나아
가 담헌이 낙론에서 물物에 관한 새로운 관점을 도출한바, 그의 물론物論
은 이용후생학의 철학적 기초를 이루는 것으로 이해하였다.[65] 하지만 이
러한 이해는 오독에 기초하고 있다고 보인다. 인용문은, 물과 인간 사이
에 아무 차등이 없다는 것, 그리하여 인간은 물을 존중하고 물에게서 배
우지 않으면 안 된다는 사실을 말하고 있을 뿐이다. 물과 인간은 균등하
다, 그러니 물을 잘 '이용'해야 한다, 이런 말을 한 것이 아님에 유의해야
한다.

　담헌이 제기한 인물균 사상은 이후 전개되는 『의산문답』의 논리
전개에서 인식론적 및 존재론적 기초를 이룬다. 이 인물균 사상이 논
리적·공간적으로 확대되면서 지구와 뭇 별의 균등함, 화이의 균등함
이 설파되기에 이른다. 이처럼 『의산문답』의 체계 내에서 인물균 사
상이 여타의 주장과 어떤 논리적 연관 관계를 맺고 있는가, 논리적으
로 어떤 정합성을 이룩하고 있는가를 아는 것은 퍽 중요한 일이다. 이
들이 드러내는 연관 관계, 이들이 보여주는 정합성에서 핵심적인 것은
'균均', 즉 '평등성'이다. 이 평등성은 인식의 자기중심적 국한성, 존재
의 왜곡된 자기중심성에서 탈피해야 비로소 확보된다. 담헌이 인물균
사상에서 치력해 말하고자 한 것은 바로 이 점이다. 그러므로 인물균

63　같은 책, 같은 곳.
64　유봉학, 『연암일파 북학사상 연구』, 106면.
65　유봉학, 위의 책, 107면 참조.

제3장 홍대용 사회사상의 논리와 체계　　143

사상에서 물에 대한 이용의 관점이 도출된다고 이해함은 담헌의 주지主旨를 정확하게 파악한 것이 못 된다. 담헌이 인물균 테제를 통해 말하고자 한 것은 물에 대한 존중, 즉 '존물'尊物의 태도라고 할 것이다.[66] 이런 태도의 배후에는 물物에 대한 '범애적' 시선이 자리하고 있다고 생각된다. 인간은 물과 관계를 맺고 살아가는 존재이므로, 이 존물의 태도는 불가피하게도 인간에 대한 이해 방식과 인간에 대한 규정의 수정을 요청하게 된다. 이 수정은 인식론과 존재론의 수정이면서 동시에 학문 패러다임의 수정에까지 이르는 거대한 세계관적 기획의 의미를 갖는다. 담헌은 이런 사태를 예견하면서 작심하고 『의산문답』을 썼다고 생각된다.

인물균 사상에서 확인되는 이런 '존물'의 태도가 낙론으로부터 절로 도출될 수 있는 것은 아니다. 그 사이에는 논리의 비약이 존재하기 때문이다. 이런 점을 고려한다면, 『의산문답』이, "심성론적인 정통 주자학으로부터 받았던 낙론적 소양이 그(담헌—인용자)의 새로운 사물관·자연관·인간관·세계관에 어떻게 일관되고 있는가를 분명하게 보여주고 있다"[67]라고 봄은, 방법론상 이 저술의 사상적 호한함과 불온함, 자유로움과 담대함, 그 성취의 정도를 정당하게 파악하는 데 장애가 된다.

그렇다면 이 '존물'이라는 담헌 독특의 시좌는 어떻게 마련될 수 있었을까? 담헌은 낙론적 교양 외에 장자와 묵자의 사상을 자기식으로 전유專有함으로써 이런 사유에 도달할 수 있었다고 생각된다. 물론, 장자나 묵자가 대놓고 '존물'을 말한 것은 아니다. 하지만 장자와 묵자의

66 박희병, 『한국의 생태사상』, 262면 참조.
67 유봉학, 앞의 책, 106면.

사상에는 존재의 '무차등', 존재의 '평등'을 향한 강한 지향성이 있다. 담헌은 장자와 묵자의 사상에 내재하는 이런 계기를 자기대로 발전시켜 인간중심주의에서 벗어나 물에 대한 새로운 관점을 정립한 것이 아닐까 한다.

인물균 사상에서 주목해야 할 또 한 가지는, 그것이 '천'天의 관점을 매개함으로써 도출되고 있다는 사실이다. 실옹의 다음 말에서 그 점이 확인된다.

> 사람의 관점에서 물을 보면 사람이 귀하고 물이 천하지만, 물의 관점에서 사람을 보면 물이 귀하고 사람이 천하다. 하늘의 관점에서 보면 사람과 물이 똑같다.[68]

사람의 관점이 옳은가, 물의 관점이 옳은가? 아니면 둘 다 인정되어야 하는가? 아니면 둘 다 그른가? '사람'의 관점은 인간 세상에서 일반적으로 통용되는 것으로서 흔히 진리로 간주된다. 담헌은 모두가 당연시하는 이 진리를 '물'의 관점을 끌어들임으로써 무력화시켜 버린다. 인간의 관점은 자기중심성의 소산일 뿐인 것이다. 따라서 비록 그 내부에서는 진리로 확신될 수 있을지 모르나 물과의 관계 속에서 본다면 절대적 진리성을 승인받기 어렵다. 그렇다면 물의 관점이 옳은가? 그 역시 자기중심성의 소산이라는 점에서는 차이가 없고, 이 점에서 절대적 진리성을 인정받을 수 없다. 요컨대 담헌은 전적으로 물의 편에 서는 것도 아니지만 그렇다고 해서 통용되고 있는 인간의 관점을 옹호하고 있는 것도 아니다. 양자의 이런 일면성을 벗어난 진리를 담헌은 '하

---

68 『의산문답』, 454면.

늘'의 관점에서 구하고 있다. 하늘은 '편사'偏私를 일삼지 않고, 범애를 행하기 때문이다.[69] 이 경우 하늘은 '공정성'의 궁극적 근거가 된다. 하늘은 만물의 할아버지로서,[70] 공평무사公平無私함을 담보함으로써다. 담헌의 사유행위에서 '하늘'이 이처럼 올바른 인식의 근거, 즉 진리의 최종적 근거라는 사실은 잘 기억해 둘 필요가 있다.

인물균에 대한 논의에 이어 『의산문답』은 천지天地에 대한 논의로 들어간다. 여기서는 천문, 우주, 지구, 방기잡술方技雜術 등에 대한 담헌의 견해가 제시된다. 자연과학과 관련된 논의는 바로 이 부분에 집약되어 있다. 따라서 담헌의 자연과학자로서의 면모를 접할 수 있다. 하지만 담헌에 있어 자연과학 연구는 자연과학 연구 그 자체로 끝나는 일이 아니다. 또한 그의 서양과학 수용은 단순한 수용이 아니다.[71] 만일 단순한 수용이라는 관점에서 이해하려고 할 경우 다소 실망스럽게도 왜곡된 수용의 양상만이 확인되지 않을까 한다. 담헌은 서양과학의 성과를 수용하되 그것을 자신의 체계, 자신의 인식론과 존재론의 틀 속에서 하고 있기 때문이다. 따라서 담헌의 자연관이나 물관物觀은 서양의 그것과 그 본질에 있어 다를 수밖에 없다. 담헌의 자연과학을 정당하게 이해하기 위해서는 이 점에 대한 투철한 인식이 필요하다고 본다. 그래야 담헌의 자연과학 연구가 그 자체로 끝나지 않고, 구경究竟

---

69 「잠영」(雜詠), 『국역 담헌서』 I, 내집 권3, 391면.

70 "땅은 만물의 어머니요, 해는 만물의 아버지이며, 하늘은 만물의 할아버지다."(위의 책, 478면) 비슷한 말이 『주해수용』(籌解需用)에도 보인다. 다음이 그것이다: "천(天)은 만물의 할아버지이고, 해는 만물의 아버지이며, 땅은 만물의 어머니이고, 별과 달은 만물의 제부(諸父)다."(「측량설」測量說, 『주해수용』 외편外編 하, 『국역 담헌서』 III, 외집 권6, 225면)

71 문중양, 「18세기 조선 실학자의 자연지식의 성격—象數學的 우주론을 중심으로」, 51면; 전용훈, 「조선후기 서양천문학과 전통천문학의 갈등과 융화」, 236·238면 참조.

인간과 사회에 대한 문제로 되돌아오고 마침내 그것을 보는 '눈'의 전환을 초래하고 있음을 알 수 있게 됨으로써다.[72] 말하자면 자연과학 연구는 인문학 및 사회과학 연구와 연결되어 있으며, 서로가 서로를 안받침하는 형국인 것이다.

여기서 『의산문답』의 자연과학적 부면部面의 의의와 한계를 자세히 논할 겨를은 없다. 그것은 그쪽의 연구로 미루기로 한다.[73] 다만 본서의 주제인 사회사상과 관련되는 것에 한해서만 약간 언급하기로 한다.

잘 알려져 있는 사실이지만, 『의산문답』에서는 지구설地球說 및 지전설地轉說이 제기되어 있다. 주목되는 것은 지구설을 토대로 담헌이 다음과 같은 주장을 펴고 있다는 점이다.

> 악라인鄂羅人(러시아인—인용자)은 악라를 정계正界로 삼고 진랍眞臘(캄보디아—인용자)을 횡계橫界로 삼으며, 진랍인은 진랍을 정계로 삼고 악라를 횡계로 삼는다.
> 또 중국은 서양에 대해 경도經度의 차이가 180도에 이르는데, 중국인은 중국을 정계正界로 삼고 서양을 도계倒界로 삼으며, 서

---

72 박희병, 『한국의 생태사상』, 262면 참조.

73 오가와 하루히사(小川晴久), 「地轉(動)說에서 우주무한론으로—김석문과 홍대용의 세계」(『동방학지』 21, 1979); Park Seong-Rae, "Hong Tae-Yong's Idea of the Rotating Earth"(『한국과학사학회지』 1, 1979); 박성래, 「홍대용의 과학사상」(『한국학보』 23, 1981); 「홍대용 湛軒書의 서양과학 발견」(『진단학보』 79, 1995); 문중양, 「18세기 조선 실학자의 자연지식의 성격—象數學的 우주론을 중심으로」; 구만옥, 「조선 후기 주자학적 우주론의 변동」(연세대 박사학위논문, 2002)의 제6장 제3절 '老論−洛論系의 北學과 氣一元的 우주론'; 전용훈, 「조선후기 서양천문학과 전통천문학의 갈등과 융화」의 제6장 제3절 '지구설과 氣의 결합: 서양적 경험과 동양적 이론'; 김영식, 「조선 후기의 지전설 재검토」(『동방학지』 133, 2006); 가와하라 히데키, 앞의 책, 제4장 제3절 제2항의 '洪大容の科學知識'; 김문용, 「담헌의 천문·우주 이해와 과학」 등이 참조된다.

양인은 서양을 정계로 삼고 중국을 도계로 삼는다.

그러나 실에 있어서는 하늘을 이고 땅을 밟는 사람으로서 지역에 따라 다 그러하니, 횡橫이나 도倒 할 것 없이 다 정계다.[74]

지구는 둥그니 특정한 어떤 나라 특정한 어떤 지역이 정계正界일 수 없으며, 모두가 정계라는 주장이다. 이 주장은 지구상의 국가에 중심은 없다는 주장으로 이해된다. 저마다 자기중심주의에 빠져 자국이 지구의 중심에 있다고 여길 수 있으나, 객관적으로 보면 중심이란 없다. "모두가 정계다"라는 말은 그런 뜻으로 해석될 수 있다.

지구상의 국가에 대한 담헌의 이런 상대주의적 인식은 적어도 지리적으로는 국가의 평등을 낳는다. 지리상地理上 중심과 주변은 없고, 모두가 중심이기 때문이다. 담헌의 이 상대주의는 지구설에 근거한 것이며, 따라서 자연과학에 근거를 둔 것이라는 주장이 존재한다. 더 나아가 지구설은 유럽의 과학적 성과를 수용한 것이므로 결국 담헌의 상대주의는 유럽의 과학에 이론적 근거를 두고 있다는 견해도 제기되어 있다.[75] 지구설이 중국이 세계의 중심이라는 관념을 뒤흔든 것은 분명하다. 따라서 이런 주장이 완전히 틀린 것이라고 말할 수는 없다. 하지만 이런 주장은 사태를 지나치게 단순화시키면서 담헌의 사상적 성취를 단지 자연과학에 기인한 것으로 '환원'시킴으로써 사상가로서 담헌의 주체적 몫을 협애하게 만들어 버리고, 담헌 사유 행위의 다단多端한 계기들에 대해 고찰할 기회를 차단한다는 점에서 문제다. 지구설을 주장한 동서양의 학자들이 모두 상대주의적 관점에 이른 것은 아니다.

74 『의산문답』, 460면.
75 가와하라 히데키, 앞의 책, 163면.

지금도 마찬가지다. 누구나 지구가 둥근지 알고 있으나 그렇다고 다 상대주의적 관점을 갖지는 않는다. 담헌은 특별한 사례라 할 것이다. 그렇다면 다른 사람과 달리 왜 담헌은 지구설에서 상대주의를, 그것도 도저到底한 상대주의를 도출하게 됐는지에 대한 설명이 필요하다.

지구설에서 저절로 상대주의가 도출되지는 않는다. 지구설은 그 자체로서는 무가치적이다. 거기에 가치의 문제를 개입시키면서 사태를 가치적으로 정위定位하는 것은 바로 특정 사상가의 몫이다. 담헌의 경우 바로 이 '가치적 정위'에 장자나 묵자 사상에 내재하는 '존재론적 평등'의 계기가 참조된 게 아닌가 생각된다.[76] 이렇게 본다면 특정한 과학적 지식 자체에서 바로 어떤 인식의 원리나 인식의 방법적 틀이 주어지는 것이 아니라 다른 여러 가치적 매개와 숙고가 개입된다는 사실에, 그리고 늘 과학이 사회사상을 규정하는 것이 아니라 사회사상

---

[76] 사실 『의산문답』에 제시된 담헌의 우주론 가운데 가장 주목되고 가장 창의적인 것은 지구설도 지전론도 우주무한론도 아닌 '지구비중심설'(地球非中心說: 지구가 우주의 중심이 아니라는 설)이 아닌가 한다. 잘 알려져 있다시피 티코 브라헤의 우주 체계에서는 지구가 우주의 중심이다. 담헌은, 태양과 달의 중심은 지구이고 수성·화성·목성·금성·토성 이 다섯 별의 중심은 태양이라는 티코 브라헤의 우주 체계를 수용하면서도 '지구가 우주의 중심'이라는 생각은 받아들이지 않았다. 그 대신 창조적인 상상력을 발휘해, 우주에 중심은 없으며 모든 것이 상대적일 뿐이라고 보았다. 담헌이 이처럼 지구가 우주의 중심이라는 견해, 즉 '지구중심설'을 부정하게 된 것은 『장자』와 『묵자』에서 유래하는 상대주의와 평등의 존재론에 기인한다고 생각된다. 즉 그의 사회사상의 기저부에 있는 인식론과 존재론이 우주론의 시좌를 결정짓고 있는 셈이다.

과학사 연구자인 전용훈 씨는 그의 박사학위논문에서, 담헌이 "서양 선교사들이 전해 준 우주의 중심은 지구이고 하늘은 주변이라는 중심·주변의 관념과는 다른 관념을 전제로 하고 있었"(「조선후기 서양천문학과 전통천문학의 갈등과 융화」, 237면)으며, "서양식의 중심·주변 관념마저 극복하고 우주의 모든 공간이 똑같은 존재론적 지위를 갖는다는 인식에까지 나아갔다"(같은 논문, 236면)는 점을 정당하게 해명한 바 있지만, '중심/주변'을 해체하는 이런 인식론적 및 존재론적 시좌가 대체 어디에서 유래하는지는 해명하지 못했다.

에 의해 과학이 규정되기도 한다는 사실에 유의할 필요가 있다. 필자가 거듭 '과학 환원주의'의 문제점을 지적하는 이유가 여기에 있다.

그런데 정계正界와 도계倒界의 구분을 원천적으로 부정하는 담헌의 사유는, 정학正學과 사설邪說, 달리 말해 정통과 이단에 대한 담헌의 사유 태도와 상동적相同的이라는 점에서 흥미롭다. 앞서 살핀 바 있지만, 『의산문답』의 서두에는, 정학의 부지扶持와 사설의 배척을 운위하는 허자의 말과, 허자의 이 말을 '미혹된 학문'이라고 냉소하며 꾸짖는 실옹의 말이 나온다. 실옹이 허자의 말에 대해 이런 반응을 보인 것은, 정학을 부지하고 사설을 배척하는 일이 잘못된 학문행위라고 보았기 때문이다. 우선 '정학'이라는 말 자체가 문제다. 특정한 학문을 '정학'이라 규정하면 그 외의 다른 학문은 모두 '비'非정학이 되고 만다. 비정학이 바로 사설이다. 이런 태도는 사실 '학문적'이라고 하기 어렵다. 학문이란 다른 것을 향해 열려 있어야 함으로써다. 그러므로 만년의 담헌은 이처럼 정학과 사설을 엄별하여 사설을 배척하고 억압하는 조선의 학문 행태에 반대하였다. 담헌은 1776년 중국인 손유의에게 보낸 편지와 1779년 중국인 엄과嚴果(호 구봉九峰)에게 보낸 편지에서, 사람들이 저마다 자기가 좋아하는 학문을 하더라도 현군자賢君子 됨에 해로울 것이 없고 대동大同에 아무 해가 없다고 말하고 있다.[77] 학문과 사상에 대한 담헌의 이런 개방적 면모는 그가 중국 여행에서 돌아온 후 김종후와 치열한 사상 투쟁을 벌인 경험이 중요한 촉매제가 되었다고 판단된다. 이 논전을 통해 담헌은 생각과 사상이 다르다는 이유로 상대방을 억압하면서 입에 재갈을 물리려는 태도는 심히 잘못된 것이라는 통절한 깨달음을 얻게 된 것으로 생각된다. 담헌이 1779년 엄과에게 보낸

---

77 『항전척독』, 『국역 담헌서』 II, 외집 권1, 103·136면.

편지 중에, "나의 연래의 세상 경험으로도 자못 깨달아 해득한 것이 있으니"[78] 운운한 것은 바로 이를 말함이었다.

필자가 여기서 말하고 싶은 것은, 담헌의 이런 실존적 체험 역시, 지구설이라는 가치중립적인 자연과학적 학지學知로부터 '지구상의 어떤 국가도 정계를 주장할 수는 없다'는 가치적 판단을 도출케 하는 데 관여하고 있는 것으로 보인다는 사실이다.

한편 담헌은,

> 지구가 해와 달의 중심은 되지만 오위五緯(수·화·목·금·토의 오성五星―인용자)의 중심은 될 수 없고, 해가 오위의 중심은 되나 여러 성계星界의 중심은 될 수 없다. 태양도 중심이 될 수 없는데 하물며 지구임에랴!

라고 말함으로써, 지구가 우주의 중심이라는 설을 부정하고 있다. 그리하여 담헌은 다음에서 보듯 지구와 뭇 별을 상대화하고 있다.

> 하늘에 가득한 별 치고 세계世界가 아닌 것이 없는데, 별의 세계에서 본다면 지구 또한 한 개의 별이다. 한량 없는 세계가 공계空界에 흩어져 있는데 오직 이 지구가 그 중심에 있다는 말은 있을 수 없다.

---

78 위의 책, 103면. 담헌이 중국에서 돌아온 직후, 아직 김종후와의 논전이 있기 전에 중국인 엄성에게 보낸 편지(「철교에게 준 편지」, 위의 책, 26~27면)를 보면, 적어도 이 시기까지는 담헌에게도 정학을 지키고 이단을 배척하려는 태도가 있었음이 확인된다. 이를 보더라도 담헌이 개방적인 사상적 면모를 갖게 된 데에는 김종후와의 논전 경험이 크게 작용한 것임을 알 수 있다.

그러므로 모두 세계가 아님이 없고, 모두 회전하지 않음이 없다. 뭇 세계에서 보면 이 지구에서 보는 것과 마찬가지로 각기 스스로를 중심이라 하나니, 각각의 별이 뭇 세계다.[79]

인/물, 정계/도계, 정학/이단의 관계에서와 마찬가지로, 가치론적인 우열, 중심과 주변의 구분을 해체하고, 수평적인 시각, 다시 말해 평등한 눈을 견지하고 있음을 알 수 있다. 『의산문답』의 초두에 제시된 '인물균'이라는 '평등의 존재론'이 그 범주를 달리하면서 '과학'의 영역에까지 확대되고 있는 것이다.

우리는 지구에 살고 있으니까 우리가 살고 있는 이 지구를 소중하게 생각하며 그것을 우주의 중심이라고 생각하기 쉽다. 하지만 다른 별의 입장에서 생각하면 다른 별 역시 그러하다. 자기중심적으로 생각하면 모두 자기를 중심이라고 여기게 된다. 하지만 인식의 자기중심적 한계에서 탈피하면 너도 나도 모두 중심은 아니며, 서로 각자의 세계일 뿐이다. 담헌이 말하고자 한 것은 바로 이 사실이다. 주목되는 것은 여기서도 '범애적' 시선이 관철되고 있다는 점이다.

그렇다면 중심을 부정한 채 각자의 세계를 그대로 인정하는 이런 인식론은 서로에 대해 어떤 태도를 취하게 될까? '존중'이다. 존중은 상대방을 인정하고, 상대방에 적대적인 태도를 취하지 않으며, 스스로 겸손한 마음을 갖고, 상대를 있는 그대로 용납하려는 태도에서 비롯된다. 또한 상대에 대한 진정한 존중심은 자기비하의 감정이 없어야 가능하다. 요컨대 자기비하도 없어야 하고, 긍심矜心, 즉 스스로 뽐내면서 남을 얕보는 마음도 없어야 한다. 뿐만 아니라, 승심勝心, 즉 남을

79 『의산문답』, 462면.

제압하고 꺾어 버리려는 마음이 있어서도 안 된다. 크게 보아 그것은 '관용'과 '공생'共生의 정신 위에서만 구현될 수 있다.

인물균으로부터 이단과 사설邪說의 용납에 이르기까지, 그리고 공관병수公觀倂受의 학문방법론에 이르기까지, 그 근저에 자리하는 것은 이와 같은 '상대에 대한 존중'의 태도다. 담헌이 제기한 평등의 인식론과 존재론에 이런 정신적 태도가 전제되어 있음을 간과해서는 안 된다. 이 태도는 근원적으로 묵자의 '겸애'와 일정하게 서로 연결된다고 생각된다. 담헌이 일본인에 대한 '박애'博愛를 말한 것[80]도 그 연장선상에 있다고 생각된다.

이처럼 담헌에 있어 물物에 대한 존중의 사상은, 타자他者에 대한 인정 및 자自와 타他의 공생으로 이어진다. 그것은 '자'만 긍정하고 '타'를 부정하거나 배격하는 것도 아니지만, '자'를 비하하면서 '타'를 긍정하고 높이는 것도 아니다. 자존과 타존他尊의 동시적 긍정인 것이다. 자존은 타존의 전제가 되고, 타존은 자존의 전제가 되는바, 둘은 상호관계 속에 있고, 상호규정된다. 타존을 전제로 하고 있기에 이 자존은 승심勝心이나 긍심矜心, 자기중심성에 함몰되어 있지 않으며, 정당하다. 나중에 보듯, 자존은 평화의 감수성과도 연관되어 있다. 자존을 전제로 하고 있기에 이 타존은 자기소외나 자기부정, 자기왜곡을 낳지 않으며, 양자의 조화로운 관계를 낳는다.

『의산문답』의 자연과학적 서술에서 주목되는 또 하나는 잡술雜術과 방기方技 등 온갖 미신적인 것의 부정이다. 음양오행설 및 그와 관련된 생극生克, 비복飛伏 등이 부정될 뿐 아니라, 천인감응설天人感應說과 분야설分野說, 풍수설, 길흉화복설 등이 모두 부정된다. 가령 분야설

---

80 「원현천이 전사(田舍)로 돌아갈 때 주다」, 『국역 담헌서』 I, 내집 권3, 398면.

은 이렇게 서술되어 있다.

이 지구 세계를 태허太虛(하늘을 이름—인용자)와 비교한다면 미세한 티끌만큼도 안 되며, 저 중국을 지구 세계와 비교한다면 십수분의 1밖에 되지 않는다. 전 지구로써 별의 도수度數에 결부시킨다면 혹 할 말이 있으려니와, 한쪽에 있는 구주九州(중국을 이름—인용자)로써 여러 별 세계에 억지로 배합시켜 나누기도 하고 합치기도 하여 재앙과 상서祥瑞를 엿보다니 그 허망하고도 또 허망함은 말할 나위가 없다.[81]

음양가陰陽家로부터 비롯된 이 분야설은 구주九州, 즉 중국이 바로 세계라는 관념의 소산이다. 중국중심적 세계관에 우주적 외피外皮를 뒤집어씌워 놓은 것이다. 담헌은 중국이 바로 세계는 아니라는 것, 중국은 세계의 일부분에 지나지 않는다는 사실을 지적함으로써 간단하게 분야설을 깨뜨려 버리고 있다. 후술되지만, 이 분야설의 부정은 화이론의 부정과도 무관하지 않다. 중국이 곧 세계라거나 세계의 중심이라는 관념이 부서져 버리면 화이론 역시 그 지반이 무너져 버리게 됨으로써다.

『의산문답』의 자연과학적 서술에서 주목되는 또 다른 하나는 '생명'에 대한 담헌의 관심이다. 예를 들어 본다.

(가) 하늘은 기氣일 뿐이요, 해는 불일 뿐이며, 땅은 물(水)과 흙일 뿐임을 알게 된다. 만물은 기氣의 조박糟粕이요, 불이 만들어

---

81 『의산문답』, 469면.

낸 것이며, 땅의 혹이다. 이 셋 중 하나만 없어도 조화造化가 이루어질 수 없다는 것을 어찌 의심하겠는가?[82]

(나) 사람과 물物의 생동生動은 태양빛에 근본한 것이다. 가령 하루아침에 해가 없어진다면 온 세계는 얼어붙고 온갖 물체는 녹아 없어질 텐데, 태胎와 알과 뿌리와 씨가 어디에 근본하겠는가? 그러므로 이르기를, '땅은 만물의 어머니요, 해는 만물의 아버지며, 하늘은 만물의 할아버지다'라고 하는 것이다.[83]

(다) 대저 흙은 물物의 모체요, 생生의 근본이다.[84]

이 예문들에서 확인되는, 생명의 근원 및 생명 활동에 대한 담헌의 이해는 기철학氣哲學[85]과 서양의 과학 지식을 결합시킨 것이라는 특징을 갖는다.

담헌은 생명의 생성과 전개에 불, 물, 흙이 필수적이며, 이 중 흙은 "물物의 모체요 생의 근본"이라고 보고 있다. 흙은 '생의 근본'이기에 생명의 소멸, 즉 죽음과도 밀접한 관련이 있다. 흙은, "비단으로도 족히 그 아름다움에 겨룰 수 없고, 구슬로도 족히 그 깨끗함에 비길 수 없는" "참으로 아름답고 참으로 깨끗한 것"[86]으로 간주된다. 따뜻하고 윤택함이

---

82 위의 책, 478면.
83 같은 책, 같은 곳.
84 『의산문답』, 482면.
85 담헌의 기철학(氣哲學)에 대해서는 허남진, 「홍대용의 철학사상」(『진단학보』79, 1995) 참조.
86 『의산문답』, 482면.

흙보다 더 귀한 것은 없다는 것이다.[87] 그렇건만 사람들은 죽음에 임해 염습殮襲하는 의복이 두텁지 못할까 염려하고 관곽棺槨과 회석灰石이 단단하지 못할까 염려하며 오직 흙을 멀리하기를 꾀할 뿐, 흙이 유해遺骸의 보장寶藏임을 알지 못한다.[88] 요컨대 인간은 흙에서 왔으니 죽어서 흙으로 돌아가는 것은 그의 근본으로 회귀함에 다름 아니라고 본 것이다.

이 점에서 담헌은 맹자가 묵자를 배척하며 박장薄葬을 나무란 것에 동의하지 않고 있으며, "관棺을 중후重厚하게 하고 명기明器(무덤에 부장副葬하는 그릇 등의 기물—인용자)를 써야 한다. 흙이 어버이 피부에 닿지 않아야 한다"라는 의론은 폐단이 없지 않다고 말하고 있다.[89] 또한 담헌은 산릉山陵에 대해 논한 주자의 글에 술가術家의 말이 많은데도 유종儒宗의 말이라고 하여 묵수하고 있으며, 이 때문에 간사한 말이 퍼져서 세상에 송옥訟獄이 들끓고 있음을 신랄하게 비판하고 있다.[90]

이처럼 생명의 근원인 흙에 대한 담헌의 자연과학적 성찰은 장례 제도 내지 장례 문화라는 사회적 의제에 대한 논의로 수렴되고 있다. 그리하여 생의 본원本源인 자연과 유리된 제도·문화에 내재된 낭비와 불합리함에 대해 지적하고 있다. 이 과정에서 맹자를 비판하고 묵자를 옹호하고 있음은 의미심장한 일이다.

생명 및 생명 활동에 대한 담헌의 남다른 관심은 다른 한편으로 지구에 대한 물활론적物活論的 이해를 낳고 있다. 다음 예문이 참조된다.

---

87 같은 책, 같은 곳.
88 같은 책, 같은 곳.
89 『의산문답』, 483면.
90 위의 책, 484면.

(가) 지구는 활물活物이다. 맥락脈絡과 영위營衛가 실상 사람의 몸과 같은데, 다만 그 몸뚱이가 크고 무거워 사람처럼 뛰고 움직이지 못할 뿐이다.[91]

(나) 지구는 물과 불의 찌꺼기다. 물과 불이 아니면 지구는 능히 살아 활동할 수 없다. 회전하고, 산과 강의 위치를 정하고, 만물을 만들어 내 자라게 하는 것은, 물과 불의 힘이다.[92]

(다) 대저 지구는 허계虛界의 활물活物이다. 흙은 그의 살이고, 물은 그의 정기와 피이며, 비와 이슬은 그의 땀이고, 바람과 불은 그의 혼백이며 영위다. 그러므로 물과 흙은 안에서 빚어내고, 태양의 화기火氣는 밖에서 쪼이므로, 원기元氣가 모여 온갖 물物을 낳는다. 풀과 나무는 지구의 모발이고, 사람과 짐승은 지구의 벼룩이며 이(蝨)다.[93]

　여기에서 보듯, 담헌은 지구 전체를 하나의 생명체로 이해하고 있다. 근래의 가이아Gaia 이론과 통하는 관점이다.[94] 이처럼 지구를 살아 숨쉬는 활물活物로 보고 있다는 데서 담헌의 물관物觀 내지 자연관自然觀의 일단이 드러난다. 이러한 물관 내지 자연관에서는 인간과 물物은 서로 긴밀하게 연결된 존재이며, 서로 의지해 장엄한 생명 활동을 전

91　위의 책, 481면.
92　같은 책, 같은 곳.
93　『의산문답』, 484면.
94　박희병, 『한국의 생태사상』, 283면 참조.

개해 나가는 주체'들'로서 파악되게 마련이다. 인간에 의한 물物의 일방적 지배가 이론적으로 정당화되지 않는다는 말이다. 거기서는 근대인의 관점과 달리 인간과 물物은 근원 및 운명을 같이한다는 의식이 강렬하게 전제되어 있다. 그러므로 우리는 이 지점에서 다시 담헌이 제창한 '인물균'의 메시지와 거기에 내포된 존물尊物의 함의를 곱씹어 볼 필요가 있으며, 이를 오만한 근대주의나 과학주의의 관점에서 쉽게 폄하하거나 무시할 것은 아니다.

그런데 더욱 중요한 것은, 곧 검토하게 되지만, 담헌의 이런 자연 이해가 인간, 역사, 문명에 대한 이해와 연결된다는 사실이다.

자연과학적 논의가 끝나면 『의산문답』의 세 번째 구성 부분인, 인물지본人物之本 · 고금지변古今之變 · 화이지분華夷之分에 대한 논의가 시작된다. 인과 물物의 근본, 고금의 변화, 화이에 대한 논변, 이 셋은 논리적으로 서로 맞물려 있다. 인과 물의 근본에 대한 논의는 고금의 변화를 논의하기 위한 것이고, 고금의 변화에 대한 논의는 화이에 대한 논변을 위한 것이다. 이렇게 본다면 화와 이에 대한 논변이 『의산문답』 세 번째 구성 부분의 꼭지점을 이룬다 할 것이다.

먼저 인물지본人物之本에 대한 논의부터 보기로 한다. 담헌은, 인과 물物의 형성에는 기화氣化와 형화形化 두 종류가 있는데, '기화'는 순전히 기氣의 작용으로 인한 것이고, '형화'는 암수의 교접으로 인한 것이라고 말하고 있다.[95] 상고시대에는 오로지 기화만 존재했기 때문에 인과 물이 많지 않았으며, 인과 물은 서로를 해치는 일 없이 화락하고 조

---

95 '기화'(氣化)와 '형화'(形化) 개념은 『이정유서』(二程遺書) 권5와 『주자전서』(朱子全書) 권49, 이기(理氣) 1, '천지'(天地)조에 보인다. 담헌은 정주학(程朱學)에서 이들 개념을 가져온 것이라 말할 수 있다. 그러나 개념을 빌려오기는 했어도 개념의 적용은 독창적이다.

화롭게 살 수 있었다고 본다. 이 단계의 인간은 욕심도 없고, 물物에 자뢰資賴할 필요도 없었으니, 조수鳥獸와 어별魚鼈이 모두 제 마음대로 살고 초목과 금석金石도 각각 제자리를 보전할 수 있었다고 했다. 이처럼 담헌이 그려 놓고 있는 상고시대는 인과 물이 서로를 해치지 않고 각각 자족적으로 생을 영위하는 세계로서, 신화적 상상력의 소산이다. 그것은 '천'天의 '범애'가 지상에서 완전하게 구현된 상태가 아닌가 여겨진다.

하지만 중고中古로 내려와 '형화'가 생기면서 '기화'는 끊어졌다. 이에 따라 인과 물이 늘어나고, 정욕이 생겼으며, 인과 물은 각각 제 몸을 위하기에 이르렀다. 인간은 음식과 의복과 주거를 위해 물物을 마음대로 약탈했는데, 그 때문에 조수와 어별이 제대로 살 수 없게 되었고, 초목과 금석이 형체를 보전할 수 없게 되었다. 상고시대가 보여주던 인과 물의 화락한 관계는 이제 찾아볼 수 없게 되었다. 곧 '범애'의 상실이다.

이처럼 담헌은 중고시대에 접어들면서 '자기중심성'이라는 것이 대두하고, 기교機巧한 꾀가 나타나며, 인간에 의한 자연의 수탈이 야기된 것으로 보고 있다. 흥미로운 것은, 담헌이 인간의 자연에 대한 지배와 수탈이 인간에 의한 인간의 지배와 수탈을 낳는 것으로 보고 있다는 사실이다. 인 대 물의 관계가 인 대 인의 관계로 전이되고 있음에 대한 통찰이다.

담헌은 지배/피지배 관계와 정치권력의 탄생을 다음과 같이 서술하고 있다.

　　용맹스럽고 지혜롭고 욕심 많은 자가 그 중간에 나서 제 마음과 같은 자를 이끌어 각각 우두머리 노릇을 하게 되매, 약한 자는 수고롭게 일하고, 강한 자는 그 이익을 누렸다. 땅을 쪼개어서

서로 차지하려고 눈을 부라리며, 무기를 소지해 싸우고 주먹을 뻗쳐 육박전을 벌이니, 마침내 백성의 삶이 피폐해졌다.[96]

군장君長과 국가의 탄생 과정을 그리고 있다. 욕망과 소유의 발생, 그리고 인간의 자연 수탈이 마침내 국가와 지배자=군장을 낳게 되고, 폭력을 초래하게 됐다고 담헌은 보고 있다. 욕망, 소유, 자연 수탈, 지배, 피지배, 국가, 폭력, 인민, 군장 등, 이들 제 개념의 발생 과정 및 그 상호연관성에 대한 담헌의 사회학적 통찰은 대단히 빼어난 것이라 이를 만하다.

담헌은 이에 더해 다음에서 보듯 무기의 탄생에 대해서도 주목하고 있다.

교巧한 자가 재주를 부려 살기殺氣를 도발하였다. 쇠를 정련하고 나무를 쪼개어 흉기를 만들었다. 날카로운 칼과 창, 흉악한 활과 화살로 성城을 다투고 땅을 다투매 시체가 들을 가득 덮었다. 인민의 재앙이 이에 이르러 극에 달하였다.[97]

여기까지가 『의산문답』에 서술된 인과 물의 근본에 대한 논의이다. 이 논의는, 구체적으로 특정한 나라를 염두에 두고 한 것이라기보다는 인간과 물의 관계에 대한 일반적·추상적 차원에서의 고찰이라고 여겨진다. 이 점에서 그것은 『의산문답』의 초두에 보이는 '인물균'이라는 테제를 역사적인 맥락 속에서 재음미한 측면이 없지 않다. 인과 물

---

96 『의산문답』, 485~486면.
97 위의 책, 486면.

은 그 본질상 평등하고 화락한 관계지만 시간의 흐름에 따라 그 본질이 퇴색되었다고 보는 것이 담헌의 기본 관점이 아닌가 한다.

바로 이 '시간의 흐름'에 대한 성찰은 일종의 '역사의식'을 보여주는 것이라 할 것이다. 담헌이 시간의 흐름을 어떻게 봤는가는, "혼돈混沌이 뚫어지매 대박大樸이 흩어졌다"[98]라는 말에 잘 압축되어 있다. '혼돈' 운운한 말은 원래 『장자』에서 유래한다. 그것은, 인간에게 교지巧智와 사려 분별이 늘어남에 따라 천기天機와 천진天眞이 사라지게 되었음을 말한다. 곧 도道의 상실이다. 이렇게 본다면 '인물지본'에 대한 담헌의 서술에는 장자적 관점이 원용되고 있다고 할 만하다. 중고시대 이래 보이는 인간의 정욕과 소유와 자연 수탈과 지배와 피지배는 사실 '문명화'의 과정과 합치된다. 담헌은 인류의 문명화 과정에 내재된 모순과 문제들을 장자의 눈을 빌어 통찰하고 있는 셈이다.[99]

그렇다면 담헌은 문명화를 부정하고 있는 것일까? 그렇지는 않다. 문명화라는 것이 어떤 파괴와 가치의 훼손 위에서 이루어진 것이라는 점을 예리하게 지적하면서도 일단 그것을 현실로서 인정하고 있다. 이는 '현실'을 직시하는 담헌의 면모를 보여주는 것이라 할 만하다. 곧 검토하게 되지만, 담헌에게 있어 '성인'聖人이란 존재는 인류가 처한 이런 현실 속에서 의미를 갖는다.

인물지본에 대한 논의가 지극히 원론적이고 추상적인 수준의 것이라면, 이어지는 고금지변古今之變에 대한 논의는 대단히 구체적이며, 실제의 중국 역사에 바탕을 두고 있다.

---

98 위의 책, 489면.

99 문명이 자연의 질서를 파괴한다는 장자(莊子)의 인식에 대하여는 아사노 유이치(淺野裕一), 『古代中國の文明觀』의 제5장 '道家による文明批判' 참조.

담헌은 먼저 중국에서 가장 잘 다스려진 시대는 복희, 신농, 황제黃帝, 요순 때라고 말하고 있다. 이들은 모두 성인聖人으로 간주되는 인물들이다. 이들이 몸소 검소한 덕을 닦은 덕에 백성이 잘살 수 있었는데, 이들이 펼친 정치의 요체는 시대를 따르고 풍속에 순응한 데 있다고 했다. 성인은 비록 옛날의 저 화락한 시대를 원하지 않은 것이 아니었으나 지금 세상에 옛 도를 돌이키는 것은 불가능하다고 여긴바, 이 점이 성인의 성인다운 점이라고 보았다. 그리하여 성인은 예악禮樂과 제도라는 방편을 통해 인간의 욕망을 일정하게 제어하는 데 그쳤다고 했다.

담헌은 이후의 중국 역사를 대체로 문명적 타락의 심화 과정으로 이해하고 있는바, 소위 3대三代로 일컬어지는 하夏·은殷·주周도 요순 이전과는 비교할 수 없다고 보고 있다. 특히 담헌은 주周나라에 상당히 비판적인 입장을 취하고 있는데, 이 점은 주목을 요한다. 다음 예문이 참조된다.

(가) 주나라는 문文을 숭상하여 전례典禮와 문물이 지나치게 갖춰졌다.[100]

(나) 주나라의 제도는 오로지 화려하고 사치함만 숭상하였다. (…) 영대靈臺와 벽옹辟雍은 겉모양을 아름답게 꾸몄고, 구정九鼎과 천구天球는 보물로 간직되었으며, 옥로玉輅와 주면朱冕은 복식을 사치스럽게 한 것이었고, 구빈九嬪과 어첩御妾은 좋은 여색을 빼앗은 것이었으며, 낙읍洛邑과 호경鎬京에서는 토목공사가 번

---

100 『의산문답』, 483면.

다하였다. 무릇 진시황과 한무제는 이를 본받은 것이다.[101]

(다) 미자微子와 기자箕子를 버리고 무경武庚을 세워서 은殷나라
의 도가 다시 일어나지 못하도록 하였으니, 주나라의 속마음을
어찌 숨길 수 있겠는가. 성왕成王이 즉위하매 관숙管叔과 채숙蔡
叔이 형제간에 다투었던바, 주공이 3년 동안이나 동쪽을 정벌하
여 창과 도끼가 다 부숴지고 여덟 번이나 매방妹邦(은나라 주왕紂王
의 도읍지)에 고시告示하였으나 백성들이 귀순하지 않았으니, 주
나라가 은나라를 대신하여 천하를 차지하려는 마음이 어찌 없었
다고 할 수 있겠는가.[102]

담헌은 충忠을 숭상한 하夏나라와 질質을 숭상한 은殷나라가 주나
라보다 낫다고 생각했음이 분명하다.[103] 주나라는 '문'文, 즉 전례典禮와
문물의 화려함과 세련됨을 숭상한 데 반해, 하와 은 두 나라는 상대적
으로 꾸밈을 덜 숭상하고 순후함과 질실함을 추구했다고 봤기 때문이
다. 담헌의 이런 생각에는 검소와 절약이야말로 인간이 이 세계와 관
계를 맺으며 살아감에 있어 올바르고 가치 있는 삶의 태도라는 자신의
확고한 윤리적이자 정치사상적이며 문명론적인 관점이 전제되어 있다
할 것이다. 인간과 물의 관계를 염두에 둘 때 인간은 절검을 견지하는
것이 옳다고 본 점에서 '윤리적'이고, 특히나 왕실을 위시한 지배층은
솔선하여 검소한 삶을 실천해 보이는 것이 훌륭한 정치라고 생각한 점

---

101 위의 책, 487면.

102 위의 책, 488면.

103 위의 책, 447면 참조.

에서 '정치사상적'이며, 절검과 질실함이 추구된 세상이야말로 성세盛世라고 본 점에서 '문명론적'인 것이다. 담헌의 이런 윤리적·정치사상적·문명론적 관점에는, 앞에서 지적된 장자의 영향만이 아니라 묵자의 영향 또한 감지된다. 절검을 중시했던 묵자는 하夏나라의 우禹임금을 가장 이상적인 군주로 여겼다. 『설원』說苑에 인용된 묵자의 다음 말이 참조된다.

> (하나라 우임금은―인용자) 궁실을 낮고 작게 만들고, 음식을 소박하게 하였으며, 흙으로 된 뜰은 고작 세 계단의 높이였고, 옷은 가는 베로 만들어 입었으니, 이때에는 보불黼黻의 무늬가 있는 비단은 쓸 곳이 없었고, 오직 질기고 오래가는 옷감에만 힘썼다. (…) 무릇 백성은 마음이 없으며 임금을 마음으로 삼으니, 진실로 위에서 문식文飾을 일삼지 않는다면 아랫사람이 어찌 문식을 일삼겠는가."[104]

묵자가 하나라의 도를 따랐음은 『회남자』淮南子의 다음 말에서도 확인된다.

> 묵자는 유자儒者의 업業을 배우고 공자의 술術을 받았으나, 그의 생각으로는 예禮는 번거로워서 좋지 않고, 후장厚葬을 하면 재산이 허비되어 백성이 가난하게 되며, 상복喪服을 오래 입으면 생산 활동에 지장이 있어 일을 해치게 된다고 여겼기 때문에, 주나

---

104 劉向, 「反質」, 『說苑』 권20.

라의 도를 등지고 하나라의 정치를 따랐다.[105]

이처럼 묵자가 하나라를 모델로 삼았던 것과 달리 공자는 주나라를 모델로 삼았다.[106] 주나라의 세련된 예악과 문물을 문명의 이상으로 간주한 것이다. 공자의 다음 말이 그 점을 잘 보여준다.

주나라는 2대(하나라와 은나라를 말함─인용자)를 살펴 증감增減하였다. 빛나도다, 그 문文이여! 나는 주나라를 따르겠노라.[107]

이 경우 '문'文이란 문물과 제도의 꾸밈과 세련됨을 뜻하는 말이다. 질박함, 검소함, 순후함, 실질적 가치 등의 의미를 갖는 '질'質이라는 말과는 대립되는 개념이다.

유교에서는 공자의 이런 관점을 따르며 주나라의 문화와 제도를 이상화하였다. 따라서 유가 지식인이 주나라 문물을 비판적으로 보는 법은 없다. 하지만 앞의 예문에서 보듯 담헌은 주나라를 이상화하기는커녕 그 전례典禮와 문화가 사치와 낭비, 대대적인 토목공사(이는 백성에게 고통을 야기한다) 위에 구축된 것이라는 모순을 지님을 지적하고 있다. 담헌의 이런 지적은 동아시아 일반의 유교적 관점에서 보더라도

---

105 劉安 撰, 「要畧」, 『淮南子』 권21.
106 이는 전근대 시기 중국 학자들의 일반적인 견해다. 특히 묵자가 근검과 근로, 헌신(獻身)을 중시한 우(禹)를 존숭했다는 것과 하나라의 문화를 숭앙했다는 것은 일반적으로 통용되던 견해였다. 필원(畢沅)의 『묵자주』(墨子注)에 첨부된 손성연(孫星衍)의 「후서」(後敍) 중, 묵가의 학설은 우하(禹夏)의 가르침에서 나왔으며 공맹(孔孟)이 종주(宗主)로 삼은 것과 다르다라는 지적을 그 한 예로 들 수 있다. 鄭杰文, 『中國墨學通史』, 334면 참조.
107 「八佾」, 『論語』.

대단히 이례적인 것에 해당하지만, 당대 조선의 맥락에서 본다면 더욱 이상한 것이라 아니할 수 없다. 왜냐하면 17세기 이래 조선 학계에서는 일반적으로 춘추대의春秋大義를 표나게 내세우며 존주尊周, 즉 '주周에 대한 존숭'을 슬로건으로 내세웠기 때문이다. 그리하여 '주'는 '중화'의 상징으로서, 완전한 문명적 가치를 구현하고 있는 것으로 절대화되었다.

담헌이 중국사를 개관하면서 주나라를 이상화하는 태도를 취하지 않고 있음은 당대 조선을 뒤덮고 있던 '존주尊周 의식'에 대한 비판적 음미의 결과일 수 있다. 담헌은 유가가 아니라 묵가의 입장에서 사태를 바라봄으로써 주나라 정치와 제도가 보여주는 낭비와 허례虛禮의 측면을 직시할 수 있었을 터이다. 아무튼 담헌이 주나라를 가치적으로 절대화하는 입장에서 벗어나 있었다는 점은 각별히 유의해 두지 않으면 안 된다. 이 점은 뒤에 논할 화이론의 문제와도 일정하게 연결되기 때문이다.

담헌이 중국사를 보는 기본 관점, 그리고 문명을 읽는 기본 관점은, '절검'의 여부에 있었다고 말할 수 있다. 그리하여 주나라 이래 중국은 점점 더 문약文弱과 사치, 낭비, 허례로 빠져 들어간 것으로 이해된다. 이는 "혼돈混沌이 뚫어지매 대박大樸이 흩어졌고, 문치文治가 승勝해지매 무력이 쇠했다"[108]라는 말에 잘 집약되어 있다.[109]

『의산문답』의 '고금지변'에 대한 서술은 다음의 말로써 끝난다.

---

108 『의산문답』, 489면.
109 담헌은 정치에서 문무의 균형을 이루는 것이 긴요하다고 보았다. 문치가 승(勝)하면 무(武)의 경시를 낳게 되고, 이는 국가를 위태롭게 한다고 본 것이다.

요遼나라와 금金나라는 서로 주인 노릇하다가 원元나라에서 합쳐졌고, 주씨朱氏(명나라 황제의 성—인용자)가 왕통을 잃으매 천하는 오랑캐의 손아귀에 들어갔다. 남풍南風(천자의 덕—인용자)이 떨치지 못하고 호胡의 운수가 날로 자라남은 인사人事의 감응이기도 하지만 천시天時의 필연이다.[110]

이에서 보듯 중국의 역사는 한족漢族 국가의 쇠락과 북방 민족인 호胡의 흥기로 특징지어진다고 말하고 있다. 인용문 중 "호胡의 운수가 날로 자라남은 인사人事의 감응이기도 하지만 천시天時의 필연"이라는 구절은, 주나라 이후 중국이 패도覇道를 일삼으며 문명의 폐단을 드러낸 데 반해, 호胡는 실용과 검덕儉德을 숭상함으로써 인심과 천명天命을 얻었음을 가리키는 말이다. 특히 이 구절은 청나라의 중국 통치를 정당화하는 발언이다.

흥미로운 점은, 담헌이 당대 조선의 학인들과는 전연 다른 관점에서 중국과 오랑캐를 보고 있다는 사실이다. 일반적으로 조선 학인들은 중국이 그 우수한 문명에도 불구하고 부당하게도 야만적인 오랑캐인 청에게 점거되었다고 봤지만, 담헌은 거꾸로 중국이 그 문명에 내재한 약점과 모순 때문에 쇠락할 수밖에 없었고 오랑캐는 실용을 추구했기 때문에 흥기하게 되었다고 보았다. 이런 사유 과정에서 담헌은 호=오랑캐를 결코 야만시하고 있지 않다. 오히려 다음에서 보듯 그 질실한 덕을 긍정하고 있기까지 하다.

어떤 자는 말한다.

---

110 『의산문답』, 490면.

"나무와 돌의 재앙은 유소씨有巢氏에게서 비롯되었고, 조수鳥獸의 화난禍難은 복희씨에게서 시작되었으며, 기근飢饉의 걱정은 수인씨燧人氏에서 유래되었고, 교묘함과 거짓됨을 일삼는 지혜와 화려한 풍속은 창힐蒼頡에게서 근본하였다. 봉액縫掖의 위용이 좌임左衽의 편리함만 못하고, 읍양揖讓의 허례가 모배膜拜(호胡의 인사법 – 인용자)의 진솔함만 못하며, 문장의 공언空言이 말 타고 활 쏘는 실용만 못하고, 따뜻하게 입고 더운 밥 먹어 신체가 약해진 것이 저 추운 장막에서 유죽乳粥을 먹어 근골이 굳세진 것만 못하다."

이는 혹 지나친 의론일지 모르지만 중국이 떨치지 못한 것은 그 까닭이 오래전부터 있었던 것이다.[111]

수사학적 전략을 동원해 '어떤 자'의 말이라고 둘러대고, 또 그것만으로는 안심이 안 됐던지 "혹 지나친 의론일지 모르지만"이라는 안전장치를 마련해 놓고 있기는 하나, 이 말이 담헌의 심중을 드러내 보인 것임은 췌언이 필요치 않다.

이상의 '고금지변'에 대한 서술이 끝나면 『의산문답』의 종결부인 '화이지분'華夷之分에 대한 논의가 시작된다.

먼저, 허자가 다음과 같이 문제를 제기한다.

공자께서 『춘추』를 짓되 중국은 '안'으로, 사이四夷는 '밖'으로 하셨습니다. 중국과 오랑캐의 구별이 이와 같이 엄격하거늘 지금 부자夫子(실옹을 가리킴 – 인용자)는 '인사人事의 감응이요 천시天

111 위의 책, 489면.

時의 필연이다'라고 하시니, 이는 옳지 못한 것이 아닐는지요?[112]

공자가 『춘추』를 지은 목적은 난신적자亂臣賊子를 벌하고, 존주양이尊周攘夷를 밝히기 위함이라고 전통적으로 운위되어 왔다. 춘추 대일통春秋大一統이니 춘추대의春秋大義니 하는 것은 이런 관점에서 유래하는 말이다. 이처럼 『춘추』는 중국중심주의의 이념이 강고한 경전이다. 『춘추』에서 중국은 '안'에 해당하며 '문명'을 뜻하는 반면, 오랑캐는 '밖'에 해당하며 '야만'을 뜻한다. 내외內外를 엄별한 것이다. 상기 허자의 말은 이 점을 지적한 것이다. 그것은 『춘추』를 이념적 근거로 삼아 존주대의尊周大義를 외치면서, 청나라를 오랑캐의 나라로 깔보며 야만시한 당대 조선의 분위기를 그대로 반영하고 있다.

사실 17세기 이래 조선 학계에서는 『춘추』에 기대어 소중화주의를 강화하였고 급기야 조선중화주의라는 허구적 이데올로기를 만들어 내는 데까지 이르렀다. 극단적인 명분론과 자고자대自高自大의 유아적인 허위의식 위에 구축된 이 조선중화주의는 기실 중화주의의 '우스꽝스런' 변형에 다름 아니었다. 그것은 조선의 학계와 사상계를 황폐화시키면서 인식의 '정저와적'井底蛙的 불모를 낳고 있었다. 그 결과 아전인수와 자기중심주의에 갇혀 사실과 현실을 왜곡하면서 맹목盲目에 빠져들게 되었다. 이것을 뒷받침해 준 책이 『춘추』였다. 그리하여 숭명배청崇明排淸을 주장하는 조선 학인들에게는 '춘추담론'이 무엇보다 중시되었다.

담헌이 중국에서 돌아온 후 김종후와 논전을 벌일 때에도, 김종후는 춘추대의에 입각해 담헌을 사문난적으로 몰면서 그 입에 재갈을 물

112 위의 책, 490면.

리려고 하였다. 이에 담헌은, 자신은 직접 본 '사실'과 '현실'을 말했을 뿐이건만 의리를 끌고와 자기를 윽박지르려 한다면서 강하게 반발한 바 있다.[113]

당시 담헌과 김종후의 논쟁을 지켜보던 김이안金履安은 「화이변」華夷辨이라는 글을 지어 담헌의 대청관對淸觀을 비판하고, 청＝오랑캐, 조선＝중화라는 기존의 조선중화주의의 정당성을 재확인하고 있다. 이 글에서 김이안은, "성인聖人께서 『춘추』를 지으신바, 그 의리는 오랑캐를 배척함보다 큰 것이 없다"[114]라고 전제한 뒤, 인간에 부속되어 있는 것이 두 가지가 있는데 하나는 이적이고 하나는 금수라고 하였다. 그리고 이적과 금수가 설치면 인류가 어지럽게 된다고 보았다. 또한, 옛날에는 지리를 기준으로 화이華夷를 분변하여, 중국의 동쪽은 동이東夷, 서쪽은 서이西夷, 남쪽은 남이南夷, 북쪽은 북이北夷라고 했지만, 지금은 오랑캐인 청이 중국을 점거한 바람에 사정이 달라져 지리를 기준으로 삼을 수 없고 문화를 기준으로 삼아야 하는데 그럴 경우 중국의 예악문물禮樂文物을 보존하고 있는 '예의지방'禮義之邦인 조선이 '중화'일 수밖에 없다고 했다.

이런 사정을 고려하면서 상기 허자의 말을 음미할 필요가 있다. 그럴 경우 이 허자의 말은 청을 중국으로 승인한 담헌의 생각에 대한 당대 조선 학계의 반발을 염두에 두어 설정된 것이라고 해석될 수 있을 터이다. 다음은 허자의 말에 대한 실옹의 대답이다.

---

113 「또 직재에게 답한 편지」(又答直齋書), 『국역 담헌서』 I, 내집 권3 참조. 특히 337면의 다음 말이 참조된다: "그런데 집사(執事)는 앞뒤로 몰아치고 대의(大義)를 고집하여 사람을 곧 적(賊)의 일변으로 돌리니 나로서는 실상 곤란하지 않을 수 없소."
114 「華夷辨」上, 『三山齋集』(여강출판사, 1987) 권10, 192면.

하늘이 내고 땅이 길러 주는, 무릇 혈기血氣가 있는 자는 똑같이 사람이며, 무리 가운데 뛰어나 한 곳을 맡아 다스리는 자는 똑같이 군왕君王이며, 문을 겹겹이 만들고 해자를 깊이 파서 삼가 강토疆土를 지킴은 똑같이 국가다. 장보章甫건 위모委貌건 문신文身이건 조제雕題건 간에 똑같이 습속이다. 하늘의 관점에서 본다면 어찌 안과 밖의 구분이 있겠는가.

그런 까닭에 각각 제 나라 사람과 친하고, 제 임금을 높이며, 각각 제 나라를 지키고, 각각 제 풍속을 편안히 여김은 중국과 오랑캐가 하나다.[115]

'장보'章甫는 은나라의 관冠이고, '위모'委貌는 주나라의 관이며, '문신'文身과 '조제'雕題는 몸과 이마에 그림을 새기는 동방과 남방 오랑캐의 풍속을 말한다.[116] 한편, "중국과 오랑캐가 하나다"라는 말의 원문은 "華夷一也"다.

상기 인용문에는 '똑같이'라는 단어가 네 번 나오는데 그 원문은 '균'均이다. 『의산문답』의 앞부분에 서술된 '인물균'의 '균' 자와 똑같은 의미다. 이 네 개의 '균' 자는 최종적으로 '일'一이라는 글자로 총괄된다. 의미상 '균'과 '일'은 차이가 없다. 따라서 상기 인용문에는 다섯 개의 '균'이 언급되고 있다고 봐도 좋다. 그 최종적 귀결이 '화이일야'華夷一也인 것이다. 이 점에서 '화이일'은 '화이균'으로 바꿔도 무방하다. '화이균'으로 바꿔 놓으면 이 테제가 '인물균'이라는 테제의 논리적·범

---

115 『의산문답』, 490면.
116 『예기』(禮記) 「왕제」(王制)에, "東方曰夷, 被髮文身, 有不火食者矣. 南方曰蠻, 雕題交趾, 有不火食者矣"라는 말이 보인다.

주적 확대라는 사실이 금방 드러난다. 이처럼 『의산문답』에서 인물균은 지구와 뭇 별이 같다는 '지성균'地星均을 거쳐 '화이균'에 이르기까지 논리적으로 관철되고 있다. 이 점에서 『의산문답』의 일관된 기저를 이루는 것은 '평등의 존재론'이며, 그것을 안받침하고 있는 것이 '범애'의 철학이라 말할 수 있다. 그리고 이 존재론을 철두철미 관철해 내기 위한 인식론적 방법론이 곧 상대주의인 것이다. 그러므로 『의산문답』을 읽을 때 '화이균'만 딱 떼 내어 보려는 태도는 정당하지 않다. 그런 태도는 담헌 사유의 긴 호흡과 맥락을 온전히 파악하지 못하게 할 뿐만 아니라, '화이균' 자체의 의미조차도 제대로 파악하지 못하게 할 소지가 크다. 인물균이 변주變奏되어 화이균이 되며, 따라서 화이균을 안받침하는 것이 인물균이라는 사실을 아는 것은 『의산문답』의 논리 구성과 체계를 이해하는 데 대단히 중요하다. 또한 화이균을 통해 인물균은 그 존재론의 외연을 더욱 확장하면서 세계관적인 스케일과 두께를 갖추게 된다. 요컨대 『의산문답』의 종결부에 제시된 이 '화이균'이라는 테제는 인간과 사물의 관계에서 출발한 담헌의 존재론이 마침내 정치사상 내지 사회사상과 연관을 맺는 쪽으로 확장되었음을 의미한다. 이 의미는 결코 범상히 봐서는 안 될, 대단히 심중한 것이다.

　다시 상기 인용문으로 돌아가 보자. 인용문 중 "하늘의 관점에서 본다면 어찌 안과 밖의 구분이 있겠는가"라는 말이 보인다. 이 말은, "하늘의 관점에서 본다면 사람과 물物이 똑같다"[117]라는 말과 어법상 동일하다. '하늘'이 다시 거론되고 있음에 유의해야 한다. 이미 앞에서 언급한 바 있지만, 담헌의 사유에서 '하늘'이란 공평무사한 인식을 담보하는 최종 근거가 된다. 즉 '범애'의 궁극적 근거다. 다른 각도에서

---

117 『의산문답』, 454면.

보면 그것은 인식의 국한성을 넘어서서 공평무사한 인식을 가능하게 하는 높은 정신적 차원을 의미한다. 그러므로 '하늘'의 관점에서 보는 것은 '도', 즉 총체적 진리에 이르는 길이다. 중요한 것은, 하늘의 관점에서 보면 이것과 저것의 일면성이 '지양'된다는 사실이다. 담헌은 『의산문답』에서 '하늘'의 관점을 통해 모든 자기중심성을 해체해 버리고 있다. 이 자기중심성의 해체는 새로운 '진리인식', 새로운 존재인식, 새로운 세계인식을 가능하게 하고 있다.

'화이균'도 마찬가지다. 담헌은 이 테제를 '하늘'의 관점에서 도출해 냄으로써, 몇 천 년 간이나 동아시아를 규율해 온 저 화이론을 탈주술화脫呪術化해 버리고 있다. 이제 '안'과 '밖'은 없으며, 모든 국가와 군주는 물론이려니와 습속조차도 평등함이 선언된다. 중화의 의관 복식은 문명적이고 우등하며, 오랑캐의 문신하는 습속은 열등하고 야만적인 것이 아니다. 그것은 단지 습속의 차이일 뿐이다.[118] 따라서 예악문물의 존재 여부로 화이를 차등적으로 구분하여, 이夷를 인간과 금수의 중간쯤에 있는 존재로 치부하는 관점은 원천적으로 성립될 수 없게 된다. 하늘의 관점에서 공평무사하게 본다면, 즉 '범애'라는 관점에서 본다면 모든 인간은 다 똑같기 때문이다.[119] 그러므로 타종족에 대

---

118 신용하, 「담헌 홍대용의 사회신분관과 신분제도 개혁사상」, 350면에서 "홍대용이 중국과 다른 나라들 사이의 정치적 평등뿐만 아니라 습속(習俗)을 비롯한 문화적 평등까지 강조한 것은 주목"되어야 한다고 지적되었다.

119 유의해야 할 것은, 담헌이 '하늘'을 내세울 때 그것은 단지 장자와만 관련되는 것으로 보이지는 않는다는 점이다. 그는, 묵자가 강조한 천의(天意)의 공평무사함을 장자가 말한 '천'(天)과 회통시키고 있다고 보인다. 묵자의 경우 '겸애'의 궁극적 정당성은 바로 '천의'(天意)에서 확보된다(『墨子』「法儀」편 참조). 그리고 '겸애'는 자기 본위, 자기중심성의 부정을 뜻한다. 그러므로 논리적으로 본다면, 담헌의 '인물균'이나 '화이균'은 단지 장자의 인식론과 연대어 있을 뿐만이 아니고, 겸애에서 확인되는 묵자의 평등의 존재론과도 맞닿아

한 멸시의 관점은 정당성을 상실한다.

중국을 상대화하면서 평등한 여러 국가 중의 하나로 간주하는 이런 관점은 이미 『의산문답』의 '천문지리' 부部에서도 나타난 바 있다. 지구설을 말하면서 지구상의 국가 중에 어느 한 나라가 정계正界일 수는 없다고 한 것, 그리고 분야설分野說을 비판하면서 중국은 지구의 몇십분의 일의 땅에 불과한바 지구 혹은 세계의 중심으로 간주될 수 없음을 내비친 것이 그것이다.

실옹의 말은 계속 이어진다. 좀더 들어 보기로 한다.

> 대저 천지의 변화에 따라 인과 물物이 많아지고, 인과 물이 많아짐에 따라 물아物我가 나타나고, 물아가 나타남에 따라 안과 밖이 구분된다.
> (…) 대저 자기의 것이 아닌데 취하는 것을 '도'盜라 하고, 죄가 아닌데 죽이는 것을 '적'賊이라 한다. 사이四夷가 중국 땅을 침략하는 것을 '구'寇라 하고, 중국이 무력을 남용해 사이四夷를 치는 것을 '적'賊이라 한다. 그러나 구寇와 적賊은 똑같다.[120]

"인과 물이 많아짐에 따라 물아物我가 나타나"게 되었다는 진술은, 앞서의 '인물지본'의 논리를 이은 것이다. 물아가 나타나면서 안과 밖의 구분이 생기게 되었다는 것은, '안'과 '밖'의 개념이 어떻게 발생하게 됐는지에 대한 설명이다. 요컨대 안과 밖의 구분은 존재의 '자기중심성'의 대두와 연관된다는 말이다. 자기의 관점에서 보면 자기가 중

있다는 점을 간과해서는 안 된다.
120 『의산문답』, 490~491면.

심이 되니 자기가 '안'이 되고, 남이 '밖'이 된다. 하지만 자기중심성을 벗어나 본원으로 돌아가서 보면 안과 밖이 따로 있지 않으며, 물아, 즉 '나와 남'은 각각 평등하다. 즉 자自와 타他는 그 누구도 중심이 아니며, 서로 수평적 관계에 있을 뿐이다.

이 '안'과 '밖'의 부정은, 춘추 의리에 따라 내/외, 즉 화/이를 엄격히 구분한 기존의 조선 학계가 취한 관점에 대한 전면적 부정이라 할 것이다. 더욱 놀라운 것은, 중국이 오랑캐를 공격하는 행위의 부당성을 지적하고 있다는 점이다. 물론 담헌은 오랑캐가 중국 땅을 침략하는 행위도 부당한 것임을 지적하고 있다. '도둑질'이라는 것이다. 담헌에 의하면, 중국이 무력을 남발해 오랑캐를 치는 행위는 '죄가 없는데 죽이는 짓', 즉 무도하게 살인을 일삼는 행위에 다름 아니다. 담헌은 중국이 오랑캐를 공략하는 행위나 오랑캐가 중국을 침략하는 행위는 근본적으로 똑같은 범죄 행위로 보고 있다. 『임하경륜』에서 확인된 담헌의 평화주의, 반전주의가 여기서도 그 모습을 드러내고 있다 할 것이다.

그렇다면 화와 이는 서로 어떻게 관계를 맺는 것이 옳을까? 담헌은 이 점에 대해서는 아무 말도 하고 있지 않다. 하지만 담헌의 논리를 따라가며 그 사유의 빈틈을 메우는 것이 허락된다면 다음과 같은 추정을 해 볼 수 있을 것이다: 화와 이는 자기중심성을 버리고 서로의 차이와 습속을 상호 인정하면서 서로를 침략하는 일 없이 각각 평화롭게 살아가도록 해야 한다.

『의산문답』은 실옹의 다음과 같은 말로써 종결된다.

공자는 주나라 사람이다. 왕실이 날로 낮아지고 제후들이 쇠약해지자 오吳나라와 초楚나라가 중국을 어지럽혀 도둑질하고 해치기를 싫어하지 않았다. 『춘추』는 주나라 역사책인바, 안과 밖에 대해 엄격히 한 것이 또한 마땅하지 않겠는가.

그렇기는 하나 만일 공자가 바다를 건너 구이九夷에 들어와 살았다면 중국의 예악문물로써 오랑캐를 변화시킴으로써 주나라의 도를 역외城外에 일으켰을 것이니, 안과 밖의 구분과 존양尊攘의 의리상 본래 마땅히 '역외춘추'가 있었을 터이다. 공자가 성인인 건 이 때문이다.[121]

이는 앞에서 허자가 공자의 『춘추』를 거론한 데 대한 답인데, 이른바 '역외춘추론'으로 잘 알려져 있는 대목이다.

우선 주목해야 할 것은, 비록 간단하긴 하지만 이 대목이 담헌의 '춘추론'에 해당한다는 점이다. 조선 후기에 제기된 춘추론은 예외 없이 주周와 공자를 절대화하는 관점 위에서 화와 이의 구분, 안과 밖의 엄별嚴別을 정당화하였다. 하지만 담헌은 완전히 새로운 관점을 제시하고 있다. 즉 그는 『춘추』에 대해서까지도 예例의 그 상대주의적 관법을 적용하여, 주周의 『춘추』만이 아니라 역외『춘추』, 즉 오랑캐의 『춘추』도 있을 수 있음을 말하고 있다. 주周의 『춘추』에서는 주가 안이고 오랑캐는 밖이 될 수밖에 없지만, 오랑캐의 『춘추』에서는 거꾸로 오랑캐가 안이고 주는 밖이 된다. 그리하여 오랑캐의 『춘추』가 '안'인 오랑캐를 높이고 밖인 주를 배척함은 당연한 일이 된다. 인용문 중 "안과 밖의 구분과 존양尊攘의 의리상 본래 마땅히 '역외춘추'가 있었을 터이다"라는 말은 바로 그런 뜻이다.

이처럼 담헌은 『춘추』의 지위를 상대화시키고 있다. 말하자면 『춘추』는 '하늘'의 관점은 아니며, '사람'의 관점에 해당하는 셈이다. 사람

---

121 위의 책, 491면.

의 관점에서는 사람이 귀하고 물이 천하지만, 물의 관점에서는 그 반대가 된다. 일찍이 담헌은 물의 관점이든 사람의 관점이든 모두 자기중심적이라는 점에서 인식의 국한성을 드러낸다는 점을 지적한 바 있다. 하늘의 관점에서 볼 때에만 인식의 국한성이 극복되고 진리의 전체상이 획득된다. 비록 말은 함축적이지만, 『춘추』에 대해서도 똑같은 논법이 관철되고 있음에 유의하지 않으면 안 된다. 『춘추』의 경우 물의 관점에 해당하는 것이 곧 '역외춘추'일 터이다. 이렇게 본다면 담헌의 '춘추담론'은, 역외춘추를 상정함으로써 지금까지 절대시되어 온 『춘추』의 지위를 상대화하는 쪽으로 인식의 전환을 꾀하는 데 그 일차적 목표가 있다 할 것이다.

하지만 이것이 담헌 춘추담론의 궁극적 목표는 아니다. 담헌은 『춘추』가 특정한 역사적·공간적 관련을 갖듯이 역외 『춘추』 역시 특정한 역사적·공간적 관련을 갖는다고 보고 있다. 그 점에서 둘은 모두 일면적이며 특수한 것이다. 따라서 담헌이 역외 『춘추』를 상정한 것은, 『춘추』를 배격하고 역외 『춘추』를 옹호하기 위해서가 아니다. 역외 『춘추』는 『춘추』의 절대화를 깨뜨리기 위한 일종의 방법적 사유일 뿐, 장차 『춘추』보다 역외 『춘추』를 더 고려해야 할 것이라든가 『춘추』보다 역외 『춘추』가 더 진리성을 담지하고 있다는 뜻을 피력한 것은 아니다. 이렇게 봐야 인물균에서 화이론에 이르기까지 인식론적으로 상대주의를 견지하면서 궁극적으로 '하늘'의 관점에서 존재의 평등성을 관철해 가는 『의산문답』 서사敍事의 본질이 이해된다.

바로 이 점에서 종래 사용되어 온 '역외춘추론'[122]이라는 용어는 오

---

122 지금 학계에서 널리 통용되고 있는 '역외춘추론'이라는 이 용어는 이우성, 『한국사상대계』 I(성균관대 대동문화연구원, 1973)에 실린 「실학파의 문학과 사회관」이라는 글 중에

해의 소지가 없지 않다. 그것은 얼핏 담헌이 '역외춘추'를 옹호한 주장을 펼친 것으로 받아들여질 수 있기 때문이다. 가령,

> '역외춘추'론은 봉건封建 명분名分의 그 시대에 있어서 담헌이 주창한 '민족 자주' '민족주의'론이다.[123]

라는 진술에서 그 점이 확인된다. 역외춘추를 거론한 『의산문답』의 이 대목을 민족주의적으로 해석함은 천관우 씨의 다음 말에서 진작 발견된다.

> 모화慕華냐 북학北學이냐보다도 더 근본적인 중국관과 민족의식이 담헌에게 있었음을 보는 것이요, 대명의리大明義理를 감히 의심치 못하던 당시로서는 실로 혁명적 자아의 각성을 보는 것이다.[124]

이처럼 담헌이 말한 『춘추』와 역외 『춘추』의 두 대립항 중 단지 역외 『춘추』에 대해서만 주목하려는 태도나 그런 태도에서 도출된 '역외춘추론'이라는 용어는 불가피하게도 민족주의적 색채를 강하게 띨 수밖에 없다.[125] 물론, 담헌이 역외 『춘추』를 상정하여 『춘추』를 상대화

언급된 '역외춘추의 이론'이라는 말에 기원하는 것으로 보인다. 이 글은 이우성, 『한국의 역사상』(창작과비평사, 1982)에 재수록되었다.

123 이상은, 「담헌서 해제」, 『국역 담헌서』 I, 27면.

124 천관우, 『한국사의 재발견』, 231면. 처음 게재된 곳은 『한국의 인간상』 4.

125 유봉학, 『연암일파 북학사상 연구』, 143면의 "조선을 중심으로 하는 화이론을 생각하는 데서 기존의 화이론을 넘어서는 것"이라는 진술에서도 그런 경향이 감지된다.

해 그것이 갖던 중심성을 해체해 버림으로써 중국중심주의를 탈피함과 동시에 타자화된 조선을 '자기화'할 수 있었음은 인정해야 할 사실이다. 하지만 이 경우 조선이라는 '자기'의 회복은 저 중국이라는 '타자'를 배척하고 멸시하고 주변화함으로써 획득된 것이 아니라는 사실에 유의해야 한다. 그것은 어디까지나 인식론적으로 그리고 존재론적으로 중국과 조선을 '균'均한 것으로, 즉 평등한 것으로 간주함으로써 획득된 것이다. 그리고 이 평등성은 '자기'에 대한 정당한 존중, 자기의 정당한 회복은 말할 나위도 없지만, 타자에 대한 존중을 내포한다. 이 점이야말로 담헌 사유의 고점高點을 보여주는 것이며, 담헌이 최종적으로 도달한 화이에 대한 사유의 남다른 점이다. 단적으로 말해 그것은 '화'의 중심성을 허물어 버리면서도, '이'夷인 '자기'를 새로운 중심으로 구축하지도 않으며, '화'를 배척하거나 멸시하지도 않는다는 데 그 특징이 있다. '화'와 '이'는 각각 개별적 '주체'로서 공존하고 공생하지 않으면 안 된다. 역외『춘추』라는 방법적 사유의 귀결처는 바로 여기다.[126]

　이상의 논의를 토대로『의산문답』에 제시된 몇 가지 핵심적인 개념의 논리적 상동성相同性을 표식으로 정리해 보면 다음과 같다.

　　　(a)　：　(b)
　　　인人　：　물物
　　　지地　：　성星
　　　내內　：　외外

---

126 이런 점을 고려한다면 '역외춘추론'이라는 말보다는 '춘추상대화론'이라는 말이 더 합당하지 않나 생각된다. 말을 굳이 새로 만든다고 한다면, '춘추상대화론'은『춘추』를 상대화하는 논리라는 뜻이다.

화華 : 이夷

춘추 : 역외춘추

두 대립항 중 (a)는 기존의 관념에서 '중심'으로 간주된 것들이다. 아무도 거기에 회의와 의심을 품지 않았으며, 당연한 진리로 통용되었다. (b)는 중심이 아닌 것, 즉 주변에 해당한다. 담헌은 '하늘'의 관점, 다시 말해 (a)와 (b)의 일면성=자기중심성이 지양된 관점에서 그 관계를 존재론적으로 재정립한다. 그 결과는 (a)와 (b)의 평등성이다. 이 평등성은, (a)의 우월감의 부정임과 동시에 (b)에 대한 멸시감의 부정의 결과다. 담헌은 이론적으로 (a)와 (b)의 어느 일방도 두둔하고 있지 않다. 양자의 동시긍정이다. 따라서 둘 사이에는 위계位階 관계나 상하上下 관계가 아닌, 수평적인 상호 관계만이 존재하게 된다. 중심과 절대성의 해체, 그것을 통한 시점視點의 상대화가 확보해 낸 새로운 사고틀이다. 이로써 기왕의 통념과 편견은 적어도 이론적으론 완전히 불식되었다.

『의산문답』의 종결부가 보여주는 이 화이론의 부정을 통한 화이의 무화無化 및 동시긍정은, 담헌이 이전부터 갖고 있던 생각은 아니었다. 그것은 담헌이 오랜 지적知的 숙고熟考와 사유행위의 고투苦鬪를 통해 그 생애의 마지막에 도달한 생각이었다. 이 점에서 그것은 담헌의 자기사유의 부정이자 갱신이기도 하다.

이미 언급했듯 담헌 당대의 조선 학인들이 일반적으로 갖고 있던 화이론은 조선=화, 청=오랑캐라는 등식이었다. 이 등식은 특히 노론계 학인들에 의해 공고화되었다. 이 화이론은 종래의 중원中原=화, 조선=오랑캐라는 등식을 부정하면서 그 관계를 전도하고 있다는 점에서 '전도된' 화이론이라 명명할 수 있다. 이 전도된 화이론은 현실을 도외시하고 명분을 극대화한 결과 초래된 일종의 희비극이다. 전도된 화이론은 기이하게도 화이론의 강화를 초래하면서 현실인식의 불모를 낳았다. 중국에 가기 전의 담헌 역시 이런 화이론의 틀 속에 있었다.[127]

하지만 중국을 여행하면서 담헌은 이 전도된 화이론의 허구성을 이내 깨닫게 된다. 청나라 문물에 대한 세밀한 관찰과 음미의 결과 청나라는 곧 중화이며 조선은 한갓 오랑캐에 지나지 않는다는 사실을 직시하게 된 것이다. 전도된 화이론은 지역과 종족이 아닌 문화에 의해 화이가 결정된다는 관점을 취했다. 그래서 조선이 비록 종족적으로 한족漢族이 아니고 지리적으로 중원에 있는 나라도 아니지만 문화적으로 중화의 예악문물을 따르고 있기에 '화'이며, 청은 그 좌임左衽의 복식과 변발辮髮의 습속을 따른다는 점에서 더러운 '이'라고 보았다. 이와 달리 담헌은 중국 여행 중 '지리적' 기준에 따라 화이가 구분된다는 쪽으로 자신의 관점을 수정하고 있다. 조선은 스스로 '화'라고 우쭐대지만 이는 실제에 맞지 않는 웃기는 일이며, 우물 안 개구리의 소견에 지나지 않는다고 본 것이다. 조선은 동쪽 변방의 작고 가난한 나라에 불과하며, 그래서 사람들의 식견도 고루하기 짝이 없다는 쪽으로 인식의 전환이 일어났다. 그 대신 중국, 즉 청나라는 '대국'大國으로 인식된다. 조선은 알고 보니 '동이'東夷에 불과하다는 담헌의 깨달음은, 전도된 화이론에 대한 비판과 조선 학인의 부당한 자고자대의 감정과 학적 태도에 대한 반성에 그치는 것이 아니라, 조선에 대한 다소간의 자기비하를 낳고 있다고 판단된다. 전도된 화이론의 '자기의식'만이 허위적이고

---

127 이 점은 이경구, 「담헌의 지식인 교유와 지성사적 위치」의 제2장 제1절 '노론 의리에 대한 견해'에 잘 밝혀져 있다. 연행 이전 담헌이 견지했던 화이론이 어떠한 것이었는지는 「답한중유서」(答韓仲由書, 『담헌서』 내집 권3)에서 뚜렷이 확인된다.

왜곡된 것이 아니라, '조선은 동이에 불과하다'는 깨달음 위에 재구축된 화이론의 '자기의식' 내에도 또 다른 왜곡이 있었던 것이다. 담헌이 중국에서 귀국한 후 김종후와 논쟁을 벌일 때만 하더라도 담헌은 아직 화이론의 부정까지는 사유하지 못했다. 담헌은 다만 재구축된 화이론으로 전도된 화이론에 대항했을 뿐이었다. 다음 말에서 그 점이 잘 확인된다.

> 우리 동방이 오랑캐가 된 것은 지세地勢가 그러한 때문인데, 또한 어찌 숨길 필요가 있겠소? (…) 내외內外의 분分이나 세류世類의 별別은 실로 하늘이 정해 놓은 것이니, 중국을 높여서 귀히 여긴다 한들 무슨 잘못이 있겠소?[128]

이에서 보듯, 이 시기만 하더라도 담헌은 지리적·종족적 기준에 따라 화이를 구분하였다. 반면 김종후는, 조선중화론을 신봉한 이들이 그러하듯 오직 문화적 기준에 의거해 화이를 구분하였다.

하지만 담헌은 이후 화이론에 대한 사유를 계속 심화해 감으로써 마침내 『의산문답』에서, 전도된 화이론과 재구축된 화이론 모두를 동시에 지양하기에 이른다. 전자에서는 조선이 중심이고, 후자에서는 중국이 중심이었으나, 이제 지양된 화이론에서는 중심이 부정된다. 이처럼 『의산문답』의 '화이지분'華夷之分에 대한 논의가, 김종후나 김이안 등에게서 확인되는 조선중화주의에 대한 부정을 의미할 뿐 아니라, 담헌 자신이 이전에 견지해 온 화이론의 부정을 의미한다는 점은 특기할 만하다. 특히 담헌이 기존의 자기 관점을 부정한 것은, 북학론이 전제

---

128 「또 직재에게 답한 편지」, 『국역 담헌서』 I, 내집 권3, 338면.

하는 '중국=화, 조선=이'라는 화이론의 부정을 의미한다는 점을 간과해서는 안 된다.[129] 적어도 『의산문답』의 단계에서 담헌은 북학론에 내포된 중국중심주의 및 자비적自卑的 자기의식을 지양하고 있다 할 것이다.

그런데 학계의 소수 의견이긴 하나, 역외춘추론을 담헌이 문화적 기준에 따른 화이론을 견지했음을 보여주는 것으로 해석하는 입장이 있다.[130] 이 입장은 역외춘추에 대한 언급 중 다음 구절, 즉,

> 그렇기는 하나 만일 공자가 바다를 건너 구이九夷에 들어와 살았다면 중국의 예악문물로써 오랑캐를 변화시킴으로써 주나라의 도를 역외域外에 일으켰을 것이니, 안과 밖의 구분과 존양尊攘의 의리상 본래 마땅히 '역외춘추'가 있었을 터이다. 공자가 성인인 건 이 때문이다.[131]

를 그 근거로 삼는다. 그리하여 인용문 중, 공자가 주나라, 즉 중국의 문화로써 오랑캐를 변화시켜 주나라의 도를 오랑캐에 일으켰을 것이라는 말은, 문화에 따른 화이華夷의 구분을 인정한 것으로 해석되었다.

상기 인용문만 딱 떼어 놓고서 그 문면만 본다면 그렇게 해석될 소

---

129 흔히 담헌의 『의산문답』을 '북학론'과 연관지어, 그것이 북학론의 이론적 초석을 놓은 것이라든가 북학론으로 나아가는 도정을 보여주는 것이라고 말하는 것을 목도하게 된다. 예컨대 유봉학, 앞의 책, 143면 참조. 하지만 필자는 이런 견해에 동의하지 않는다. 이에 대해서는 본서의 제4장 제5절과 제5장 제2절에서 논의된다.
130 조영록, 「17~8세기 尊我的 화이관의 한 시각」(『동국사학』 17, 1982); 조성을, 「홍대용의 역사인식」(『진단학보』 79, 1995). 또 이 두 분의 입론(立論)에 기대고 있는 논문으로 야마우치 코오이치(山內弘一), 「洪大容の華夷觀について」(『朝鮮學報』 159, 1996)가 있다.
131 『의산문답』, 491면.

지도 없지 않다. 하지만 이런 해석은 『의산문답』의 전체 구조와 논리 전개의 삼엄한 연관관계를 외면하거나 간과하고 있다는 점에서만이 아니라, '문장작법상' 이 구절이 『춘추』를 상대화하기 위해 서술된 것이 라는 점을 제대로 파악하고 있지도 못한 것 같다는 점에서 문제다.

공자는 주나라 사람이니, 그가 역외에 오더라도 주나라 도를 설파 할 것은 당연하다. 담헌은 상기 인용문의 바로 앞 구절에서 "공자는 주 나라 사람"임을 분명히 하고 있다. 주나라 사람이기에 주나라를 '안'으 로, 오랑캐를 '밖'으로 하여 '존양' 尊攘의 의리를 천명했다는 것이다. 하 지만 공자가 만일 오랑캐에 옮겨 와 살면 그는 '용하변이' 用夏變夷하여 주나라 도를 오랑캐에 실현하되 이제는 거꾸로 오랑캐를 '안'으로, 중 국을 '밖'으로 하여 존양의 의리를 펴리라는 것이다. "안과 밖의 구분과 존양의 의리상 본래 마땅히 '역외춘추'가 있었을 터이다"라는 것은 그 것을 말함이다.

여기서 담헌이 말하고자 하는 것은 '용하변이'에 무게가 실려 있 지 않다. 공자를 끌고 들어왔으니 '용하변이'가 따라 들어왔을 뿐이다. 그러면 글쓰기의 전략상 담헌이 말하고자 한 바는 어디에 있을까? 『춘 추』를 지은 공자라도 오랑캐에 옮겨 와 산다면 오랑캐를 '안'으로 하 여 춘추 의리를 전개하리라는 말 바로 거기에 포인트가 있다고 할 것 이다. 이렇게 본다면 『의산문답』에서는 『춘추』만 상대화되는 것이 아 니라 '공자'까지도 일정하게 상대화된다고 말할 수 있다.[132] 공자는 그

---

132 신용하, 「담헌 홍대용의 사회신분관과 신분제도 개혁사상」, 351면에서는 "홍대용은 화이 사상을 더욱 철저히 분쇄하기 위하여 이 사상의 대표적 창시자의 하나인 공자의 경우 도 그가 중국에서 나고 살았기 때문에 화이 사상을 담은 『춘추』를 썼지, 만일 그가 다른 나 라에서 나고 살았다면 그 나라 중심의 『역외춘추』를 썼을 것이라고, 공자의 화이 사상부터 그 객관성을 근원적으로 부정하였다"라고 했다.

가 어디에 있든간에 안과 밖의 의리를 절대적으로 고수하는 것이 아니라 그가 속한 공간에 따라 안과 밖을 바꾸는 인물이기 때문이다. 만일 김종후 같은 사람이 『의산문답』에 개진된 공자에 대한 이런 서술을 봤더라면 공자에 대한 '불경'不敬으로 간주했을 것이 틀림없다. 공자는 절대불변으로 '중국'의 공자이고 바로 그 점에서 중국이 세계의 중심, 즉 '안'이라는 믿음이 보장되는 것인데, 담헌은 '중국의 공자'만이 아니라 '오랑캐의 공자'도 있을 수 있다는 말을 하고 있기 때문이다.[133]

그러므로, 상기 인용문에서 "공자가 성인인 건 이 때문이다"라는 말을 맨끝에 굳이 덧붙인 까닭은, 혹 있을지도 모르는 반발을 의식해서가 아닌가 한다.[134] 이 지점에서 우리는 조선중화주의자들이 중국이 '안'임을 믿어 의심치 않았으며, 이 믿음을 지탱하기 위해 허구적인 조선중화주의를 주장한 것임을 상기할 필요가 있다. 따라서 오랑캐의 공자, 오랑캐의 『춘추』를 운위하고 있는 담헌의 진술은 문화적 화이론인

---

133 흥미롭게도 일본 도쿠가와 시대의 사상가 아사미 케이사이(淺見絅齋, 1652~1711)도 담헌처럼 『춘추』를 상대화하면서, 만일 공자가 일본에 태어났더라면 중국이 아니라 일본을 중심으로 『춘추』의 뜻을 세웠으리라는 말을 하고 있다(박희병, 「淺見絅齋와 홍대용─중화적 화이론의 해체 양상과 그 의미」, 본서의 부록, 394면 참조). 아사미 케이사이든 담헌이든, 공자를 높이면서도 공자의 화이론을 이전과는 달리 해석함으로써 『춘추』에 기반을 둔 화이론 자체를 무력화시켜 버리는 전략을 택하고 있다는 점에서는 동일하다. 하지만 중국중심주의를 허문 뒤에 어떤 새로운 세계상을 수립하는가, 그리고 '주체'를 어떻게 규정하고, 주체와 타자의 관계를 어떻게 설정하는가에 있어서는, 양인은 완전히 다른 길을 추구하고 있다. 이 점에 대해서는 박희병, 위의 논문을 참조할 것.

134 이 점에서 이 말은 실제상 공허한 말이며, 일종의 수사학적 책략이라고 할 것이다. 여기서만이 아니라 『의산문답』에서는 곳곳에 이런 글쓰기의 수사학적 책략이 보인다. 이런 사실에 유의한다면 장차 『의산문답』의 글쓰기 방식 내지 문장작법상의 특징에 대한 본격적 분석이 이루어질 필요가 있다고 생각된다. 『의산문답』이 '철학'이기만 한 것이 아니라, '문학'이기도 하다는 사실이 이런 데서 확인된다.

조선중화주의의 부정일 뿐만 아니라 전통적인 화이론이 내세우는 중국중심주의의 부정이기도 하다.

공자를 상대화하는 담헌의 어법은, 원중거元重擧가 일본에서 만난 가메이 난메이龜井南冥[135]의 다음 말을 연상시킨다.

> 내(원중거를 말함―인용자)가 묻기를,
> "신체발부身體髮膚는 부모에게서 받은 것이거늘, 그대는 비록 의업醫業에 종사하고 있긴 하나 머리를 기를 수는 없는지요?"
> 라고 하였더니, 그(난메이를 가리킴―인용자)가 대답하기를,
> "부자夫子(공자를 말함―인용자)께서 송宋나라에 계시면 송나라를 하는 것이고, 월나라(공자 당시 오랑캐로 간주되었음―인용자)에 계시면 월나라를 하는 것입니다. 우리나라 풍속이 그렇습니다."
> 라고 하였다.[136]

원중거는 이 말을 듣자 "큰 성인聖人을 인용한 것은 잘못"[137]임을 지적한다. 공자가 송나라에 있으면 송나라 풍속을 따르며 송나라 사람으로 행세하고 월나라에 있으면 월나라 풍속을 따르며 월나라 사람으로 행세하기 마련이라는 난메이의 말이 불경不敬을 범했음을 지적한

---

135 이름은 로(魯)이고, 자는 도오사이(道哉)이며, 난메이는 그 호다. 1763년 통신사 일행과 주고받은 필담을 편집한 책인 『앙앙여향』(泱泱餘響)을 남겼다. 이 책에 원중거와 주고받은 말이 실려 있다. 가메이 난메이에 대해서는 박희병, 『나는 골목길 부처다―이언진 평전』, 34~46면 참조.

136 원중거 저, 김경숙 역, 『조선 후기 지식인, 일본과 만나다』(『乘槎錄』의 국역. 소명출판, 2006), 175면. 원문은 다음과 같다: "問: '身體髮膚, 受之父母. 君雖業醫, 獨未可長髮耶?' 答曰: '夫子於宋則爲宋, 於越則爲越. 國俗然矣.'"(고려대 소장 『乘槎錄』 권1)

137 "大聖人引用失宜."(『乘槎錄』 권1)

것이다. 난메이가 이런 말을 한 본심은, 일본을 자꾸 오랑캐라고 하는데 공자 같은 성인도 만일 일본에 계신다면 일본의 풍속을 따르며 그것을 옳다고 하리라는 것을 밝히기 위해서다. 중국중심주의에 대한 항의인 것이다.

문장작법상으로 볼 때, 담헌이 『의산문답』의 '고금지변'부部에서 주나라를 이상화하지 않고 그 예악문물과 제도와 정치의 문제점 및 모순을 자못 비판적으로 지적한 것은, 역외 『춘추』에 대해 언급한 대문과 일정한 조응 관계에 있음을 주목할 필요가 있다. 주나라의 절대화 내지 이상화를 거부하는 이런 서술 태도는 역외 『춘추』 대문에서 『춘추』를, 그리고 슬그머니 공자를 상대화하는 것과 전연 연관이 없지 않으며, 예상되는 독자의 심리적 반발을 다소라도 줄이기 위한 게 아닌가 생각된다.

앞서 언급한 '용하변이'用夏變夷라는 말은 송시열도 쓴 바 있다.[138] 야마우치山內 교수는 『의산문답』에서 이 말이 사용된 것에 주목하여 담헌이 송시열 이래의 소중화의식을 견지하고 있다는 결론을 내리고 있지만,[139] 이는 텍스트의 오독에서 기인한다.[140] 이것은, 서두에서 결말에 이르기까지 논리적으로 그리고 문장작법상으로 용의주도하게 결구結構된[141] 이 사상서思想書를 단장취의斷章取義해 읽은 탓이다.[142]

---

138 주지하다시피 이 말은 원래 『맹자』(孟子) 「등문공」(滕文公) 상(上)에서 유래한다.

139 야마우치 코오이치, 앞의 논문.

140 야마우치 교수는 자신의 결론을 정당화하기 위해 『의산문답』에 개진된 '화이일'(華夷一) 테제를 단지 '레토릭'에 불과한 것이라며 무시해 버리고 있다. 만일 '화이일' 테제가 레토릭에 불과하다면 『의산문답』은 그 전체가 레토릭에 불과한 책이 되고 말 것이다.

141 정인보는 1939년에 쓴 「담헌서서」(湛軒書序)에서 이 점을 정확히 지적하고 있다. 이 지적은 지금도 유의될 필요가 있다고 생각한다.

142 야마우치 교수가 쓴 논문의 또 다른 문제점은 담헌 사상의 발전 과정을 제대로 살피지

끝으로, 진리인식과 화이론, 진리인식과 사회사상의 관계에 대해 몇 마디 덧붙이기로 한다. 결론부터 말한다면, 담헌에게서 진리인식과 화이론, 진리인식과 사회사상은 대체로 나란히 가는 양상을 보여준다.

담헌의 진리인식이 성리학의 테두리 안에 있을 때에는 춘추대의, 대명의리론, 엄격한 정학·이단론이 표명된다고 생각되며, 그 진리인식이 탈성리학적 지향을 높여 가는 단계에서는, 비록 아직 중국중심적 세계관을 벗어난 것은 아니나, 소중화론 내지 조선중화론이 논리적으로 신랄히 비판된다. 이와 함께 정학과 이단의 엄격한 경계 허물기가 이루어지기 시작한다. 다시 말해 정학을 옹호하고 이단을 배척하는 편협한 태도에 대한 반대가 표명된다. 이에 따라 이단에 대한 부분적 긍정이 서서히 이루어진다.

담헌의 진리인식이 마침내 탈유교적 지향을 드러내는 단계에서는 상대주의적 인식론과 평등의 존재론이 구축되기에 이른다. 이 단계에서는 존재를 차등적으로 대하는 데 대한 반대의 태도가 두드러지며, 인간과 물物, 주체와 타자, 한 종족과 다른 종족, 한 국가와 다른 국가, 정학과 이단은 수평적으로 파악된다. 모든 개별적 존재는 그 자체로 긍정되며, 우/열, 중심/주변의 관계로 파악되지 않는다. 상대주의적 인식론에 의거하면 존재들은 저마다 '주체'에 해당되기에, 존재들 간에는 상호인정이 요청된다. 따라서 어떤 주체도 다른 주체를 배척하거나 멸시하는 일이 정당화될 수 없다. 그러므로 여기서의 '주체'는 개념적으로 오만하거나, 지배적이거나, 폭력적이거나, 남을 이기려고 하는 성향을 갖지 않으며, 자주적自主的이되 상호적相互的이고, 자존적自尊的이되 타존적他尊的이다. 그것은 한마디로 겸손하고 열려 있는 주체

않고 있다는 점이다. 이런 문제점은 국내 학자의 논문들에서도 빈번히 발견된다.

에 가깝다고 판단된다.[143] 이 때문에 평화와 반침략이 강조된다. 이처럼 담헌은 자신의 사유행위를 생애의 최만년까지 밀고 나감으로써 원래 자신의 사상적 기반이었던 유교를 넘어, '범애'에 의해 지지되는 평등의 존재론에 기반한 전연 새로운 세계관을 수립해 낼 수 있었다. 그리하여 허위적 자고자대와 왜곡된 자기비하, 이 양자의 동시지양同時止揚을 통해 진정한 본연의 '자기의식'에 도달할 수 있었다. 이 자기의식은 지적知的으로 아주 높고 대단히 반성적인 정신 위에 정초된 것이며, 견고한 논리와 삼엄한 체계에 의해 뒷받침되고 있다. 이 점에서 그것은 전근대 조선 사상사 내지 정신사에서 공전절후空前絶後의 최고의 의식 형태를 보여주는 것이라 이를 만하다. 하지만 담헌이 『의산문답』에서 거둔 사유의 성취는 비단 한국사상사에서만 의의가 있는 일은 아니다. 그것은 동아시아사상사, 나아가 세계사상사에서도 주목될 만한 일이 아닌가 생각한다.

3) 종합적 고찰

지금까지 『임하경륜』과 『의산문답』을 각각 검토해 보았다. 이제 여기서는 둘을 함께 논의해 봄으로써 조금이나마 더 담헌 사상에 대한 이해의 진전을 도모해 보기로 한다.

---

143 필자는 일찍이 홍대용이 모색한 '주체'가 '관계적 주체'로서의 면모를 띠며, "약한 주체, 혹은 유연한 주체쯤으로 규정될 수 있지 않을까"(박희병, 『운화와 근대』, 174면)라고 한 바 있다. 그리고 사상사적으로 볼 때 홍대용의 이런 주체 개념은 다음 세기 최한기가 관념한 '주체'와 연결되는 것으로 이해하였다(같은 책, 174~175면).

『임하경륜』에는 절검의 중요성이 강조되고 있다. 특히 절검은 군주가 솔선수범하지 않으면 안 된다고 보고 있다. 이런 관점은『의산문답』에서도 똑같이 발견된다. 다만『의산문답』에서는 이런 관점이 원리적으로 더욱 확장되어 있으며, 역사와 문명을 평가하는 잣대가 되고 있다.

『임하경륜』은『묵자』의 색채를 비교적 강하게 보여준다. 사치의 배격, 검약과 검소에 대한 강조, 사민四民을 후천적인 '직'職으로 보려고 하는 태도, 근로의 강조, 문벌과 신분을 허물고자 하는 데서 확인되는 반차등反差等의 입장, 평화를 위한 무비武備와 반전주의의 천명 등등에서 그 점이 확인된다.[144] "사람의 마음이 영리해지고 기구가 편리해진

---

144 사치의 배격이나 검약과 검소에 대한 숭상은 유교에서도 흔히 강조된다. 따라서 꼭 묵자만의 주장은 아니다. 이 밖에도 유교와 묵자 간에는 유사한 사상적 지향이 적지 않다. 이는 묵자가 유술(儒術)의 영향을 받은 사상인 데서 기인한다(侯外廬 외,『중국사상통사』제1권, 193면; 蕭公權,『중국정치사상사』, 219면 참조). 그렇기는 하나 묵자는 유교에 비해 훨씬 더 사치를 배격하고 절검을 숭상한다는 차이를 보인다. 묵자가 유교의 형식화된 의례(儀禮)를 공격하고 후장(厚葬)을 반대한 데서 그 점이 단적으로 드러난다. 절검에 대한 묵가와 유가의 입장 차이는『순자』(荀子)에서 극명히 드러난다. 즉『순자』「부국」(富國) 편에는, 자연계가 인간에게 제공하는 식량이나 의복이나 장식의 재료는 충분한 것이기 때문에 묵자처럼 지나치게 걱정하며 절약을 주장할 필요는 없다고 했다. 그래서 예(禮)를 지키며 문식(文飾)을 하더라도 문제가 없다고 하면서 묵자의 절검주의를 부정하였다(墨子之言, 昭昭然爲天下憂不足. 夫不足非天下之公患也, 特墨子之私憂過計也. 今是土之生五穀也, 人善治之, 則畝數盆, 一歲而再獲之, 然後瓜桃棗李, 一本數以盆鼓, 然後葷菜百疏以澤量, 然後六畜禽獸, 一而剸車, 黿鼉魚鼈鰌鱣以時別, 一而成群, 然後飛鳥鳧雁若煙海, 然後昆蟲萬物生其間, 可以相食養者, 不可勝數也. 夫天地之生萬物也, 固有餘足以食人矣. 糧葛繭絲, 鳥獸之羽毛齒革也, 固有餘足以衣人矣. 夫不足非天下之公患也, 特墨子之私憂過計也: 이운구 역,『순자』1, 한길사, 2006, 257면 참조). 묵자가 자연계가 제공하는 물자의 한계를 통찰하면서 문명을 구상했다면, 순자는 자연계가 제공하는 물자는 부족한 법이 없다고 생각했으며, 따라서 문명에 대한 낙관적인 견해를 지녔다고 할 만하다. 아사노 유이치,『古代中國の文明觀』, 75~76면 참조.

그런데 묵자가 표나게 강조한 사치에 대한 배격과 절검에 대한 숭상은 상하(上下) 모두가

데서 말세의 쇠박衰薄함을 징험할 수 있다"[145]라는 말에서 보듯『장자』의 영향도 감지되지 않는 것은 아니나, 그리 강하다고 생각되지는 않는다.

이와 달리『의산문답』에서는『장자』가 좀더 적극적으로 원용되고 있다. 그리하여 그 전체를 가로지르는 인식론으로서 상대주의가 동원된다.『장자』의 영향은 중국 문명을 보는 눈에서도 확인된다.『의산문답』에는『장자』만이 아니라『묵자』도 깊이 들어와 있다. 사치와 낭비, 허례허식에 대한 배격, 절검의 숭상, 천天을 강조함으로써 존재의 자기중심성을 깨뜨리고 상호 평등을 강조한 것 등에서 그 점이 확인된다.

『임하경륜』에서는 옛 법의 고수가 아니라 현재의 실정에 맞게 법과 제도를 바꾸는 일, 즉 변법경장變法更張의 중요함이 역설된다.『의산문답』에는, 비록 상고시대가 이상화되어 있기는 하나, 그럼에도 옛 도를 회복하는 것은 불가능한 일인바 만일 억지로 회복하려고 한다면 재앙이 따를 것이라고 했다. 수시변통隨時變通을 강조한 것이다. 이 점에서『의산문답』은 상고주의尚古主義를 취하고 있지는 않으며, '지금'과

근로에 힘써야 한다는 그의 주장과 표리를 이룬다. 상하를 막론하고 절검하고 근로해야 한다는 묵자의 이 기본 사상은 인간에 대한 반차등적 이해와 결부되어 있다. 즉 묵자는 인간을 혈연이나 종법(宗法)에 따라 차등 짓지 않고 그 후천적인 능력을 중시한다는 점에서 유교, 특히 후대의 유교에 비해 평등에 대한 감수성이 훨씬 더 높은 편이다. 그러므로,『임하경륜』을 논할 때 사치의 배격과 절검, 이 사상소(思想素) 하나만 똑 떼어 내 생각할 것이 아니라, 그것이 전체적 사상 맥락 속에서 어떤 의미 관련을 갖는지를 따져볼 필요가 있다. 한편『임하경륜』이 유교에 기초해 있는가 묵자에 기초해 있는가, 이렇게 이분법적으로 묻는 것은 적절한 물음이 못 될 터이다. 거기에는 유교도 있고 묵자도 있음으로써다. 중요한 것은, 담헌이 오서독스한 유교에 안주하지 않고, 묵자의 주요한 어떤 사상 지향, 묵자의 주요한 어떤 사상 맥락을 '공관병수'함으로써 유교와는 사상적 액센트나 색채가 다른 새로운 사상의 풍모를 만들어 내고 있다는 사실일 것이다.

145『임하경륜』, 439면.

'현실'에 대한 고려가 중시된다. 청나라를 중국으로 승인하고 있음도 그런 태도의 소산이다. 이처럼 변법경장과 수시변통을 강조하고 있다는 점에서 두 책은 서로 통한다.

『임하경륜』은 당대 조선 사회를 향한 경세론이고, 『의산문답』은 비록 최종적으로는 화이론의 격파에 맞춰져 있지만 기저적基底的으로는 존재의 원리를 새롭게 정초하는 데 목적을 둔 세계관적인 기획의 성격을 띤다는 차이점이 있음에도 불구하고, 양자 모두 기본적으로 '약자'와 '주변'을 옹호하면서 평등에 대한 강한 지향성을 보인다는 점에서는 일치한다. 가령, 『임하경륜』에서 인민에 대한 균등한 토지 분배를 주장한 것이라든가, 문벌과 특권, 직職의 세습을 부정하고 재능과 자질에 따른 인재 등용을 주장한 것이 그런 사례에 해당한다 할 것이다. 『의산문답』에서 '균均'에 대한 강조는 책 전체에 일관되어 있다. 유교는 기본적으로 차등과 위계位階 위에 구축된 사상 체계다. 그러므로 차등애를 부정하고 평등애＝범애를 강조한 것은, 꼭 유교의 철폐라고까지는 말할 수 없다 할지라도, 유교를 벗어난 측면, 달리 말해 탈유교적 측면이 있는 것으로 보아야 할 것이다. 탈유교적 측면은, 장자와 묵자를 그저 수사학적으로 차용하고 있는 것이 아니라 사상의 심부深部에까지 깊이 끌어들이고 있음에서 단적으로 확인된다.

요컨대 담헌은 굳이 유교 안에서만 해결책을 찾으려는 태도를 버리고, 사상적으로 자유로운 모색을 꾀하면서 '평등'을 강조하는 사회사상을 정립해 간 것이라고 말할 수 있을 터이다.

제4장

홍대용의 사회사상과 북학론의 관련

1) '북학'이라는 용어

한국사상사에서 '북학'이라는 말이 문제적 용어로서 전면에 등장한 것은 박제가의 『북학의』北學議에 기인한다. 박제가는 이 책에서 왜 조선이 '북학'을 해야 하는지를 구체적으로 밝혔다. 박제가 스스로도 지적하고 있듯이,[1] '북학'이라는 말은 원래 『맹자』「등문공」 상편의 다음 구절에서 유래한다.

> 나(맹자를 이름—인용자)는 중화의 문화로 오랑캐를 변화시켰다는 말은 들었어도 중화가 오랑캐 때문에 변화되었다는 말은 듣지 못했다. 진량陳良은 초楚나라 출신이다. 주공과 공자의 도를 좋아하여 중국에 **북학**北學하였는데, 북방의 배우는 자 중에 진량에 앞서는 자는 없었다.[2]

1　"取孟子陳良之語, 命之曰北學議."(박제가, 『北學議』 自序)
2　『孟子』, 「滕文公」 上.

여기서 '북학'이라는 말은, '북쪽에 가서 배운다'는 뜻이다. '북쪽'이란 중국, 즉 중화를 가리킨다. 당시 남쪽의 초나라는 미개한 오랑캐로 간주되었다. 맹자는, 초나라 출신의 진량이라는 인물이 북쪽인 중국으로 와 중국 문명을 배운 것을 칭찬해 이런 말을 했다. 인용문 중 "중화의 문화로 오랑캐를 변화시켰다"의 원문은 '用夏變夷'이다. '夏'는 곧 '華'다. 그러므로 맹자의 이 말에는, 중국을 우등시하고 오랑캐를 야만시하는 중국중심주의, 즉 중화주의가 강하게 담지되어 있다고 할 것이다. 요컨대, '북학'이라는 용어의 기저基底에는 화이론적 시각과 가치판단이 자리하고 있음에 유의할 필요가 있다.

이렇게 본다면, '북학을 해야 한다는 데 대한 논의'쯤으로 번역됨직한 박제가의 『북학의』라는 책은 이미 그 책명부터가 화이론에의 포획을 보여준다고 할 것이다. 실제 이 책은 그 전체를 통해 화이론적 시각이 관철되고 있으며, '중국/조선'은 '우/열', '미/추', '깨끗함/더러움'의 관계로 파악된다. 몇 개의 예를 들어본다.

> (가) 지금 솜씨가 좋은 장인을 시켜 모방하여 만들게 하되 한 자한 치도 차이가 나지 않아 반드시 중국의 수레와 합치되도록 해야 할 것이다. (…)
>
> 그들(산골에 사는 조선 인민─인용자)의 가난한 형편이 이 지경인 것은 대체 무슨 까닭인가? 한마디로 수레가 없기 때문이다.[3]

---

3 「수레」(車), 『북학의』(안대회 역, 돌베개, 2003), 31면. 이하 본서에서 인용한 『북학의』의 면수는 특별히 그 출처를 밝히지 않은 경우 모두 이 책의 것이며, 필자가 간간이 역문의 표현을 조금 바꾼 데도 있다.

(나) 짐승을 다루는 방법이 궁해지자 나라가 마침내 부강하지 않게 되었다. 그 이유는 다른 데 있지 않다. 중국을 배우지 않은 탓이다.[4]

(다) 우리나라는 중국과 접경하고 있고 글자의 소리가 중국의 그것과 대략 같다. 그러므로 온 나라 사람이 본래 사용하는 말을 버린다고 해도 불가不可할 이치는 없다. 이렇게 본래 사용하는 말을 버린 다음에야 오랑캐라고 모욕적으로 불리는 신세를 면할 수가 있다. 그리고 수천 리 동국東國이 저절로 주周·한漢·당唐·송宋의 풍기가 있는 나라가 될 것이다. 이 어찌 크게 상쾌한 일이 아닌가?[5]

(라) 꽃에서 자란 벌레는 그 날개나 더듬이조차도 향기가 나지만 똥구덩이에서 자란 벌레는 구물구물거리며 더러운 것이 많은 법이다. 사물도 본래가 이러하거니와 사람이야 당연히 그러하다. 빛나고 화려한 여건에서 나서 성장한 사람은 먼지 구덩이의 누추한 처지에서 헤어나지 못한 자들과는 반드시 다른 점이 있다.[6]

(가)에서 보듯, 박제가는 중국은 수레를 사용하기 때문에 부유하고 조선은 수레를 사용하지 않기 때문에 가난하다고 말하고 있다. 그

---

4 「목축」(畜牧), 『북학의』, 79면.

5 「중국어」(漢語), 『북학의』, 107면.

6 「골동품과 서화」(古董書畵), 『북학의』, 129면.

래서 조선이 가난을 벗어나기 위해서는 수레 사용이 급선무라는 논지를 펴고 있다.[7] 이처럼 박제가에게는 중국이 모든 면에 있어 조선의 전범이다. 중국을 따라 배우기만 하면 조선의 문제는 다 해결된다고 보는 것이 그의 기본 관점이다. 따라서 박제가의 북학론은 그 핵심이 '중국 기술도입론'이다.

(나)에서는, 조선에서 목축이 시원찮고 그 결과 나라가 부강하게 되지 못한 원인이 중국을 배우지 않은 데 있다고 말하고 있다. 조선의 문제를 중국을 배우지 않은 탓으로 돌리는 것은 (가)와 똑같다.

(다)는 조선이 오랑캐 소리를 듣지 않고 중국 문명과 같아지기 위해서는 조선어를 버리고 아예 중국어를 써야 한다는 주장이다. 이를 통해, 박제가가 품었던 이상이 궁극적으로 조선을 중국과 동일화하는 것이었음을 알 수 있다. 이 점에서 북학의 이념적 기저는 중화주의이고, 그 실천 원리는 '중국 따라 배우기'임이 잘 드러난다.

(라)는 중국의 골동서화를 찬미하면서 한 말인데, "꽃에서 자란 벌레" "빛나고 화려한 여건에서 성장한 사람"은 중국인을, "똥구덩이에서 자란 벌레" "먼지 구덩이의 누추한 처지에서 헤어나지 못한 자들"은 조

---

7 박제가가 수레 사용의 중요성을 그토록 강조한 것은 유통의 활성화가 생산과 소비의 진작(振作)을 가져와 국가 경제를 발전시킨다고 믿었기 때문이다. 그렇긴 하나 그가 '지주/전호'의 토지 소유 관계에서 확인되는 조선의 경제적 기본 모순에 대한 일체의 고려 없이 유통 구조를 활성화하는 것으로 조선의 가난을 극복할 수 있다고 본 것은 지나치게 단순하고 피상적인 사고의 소치라 아니할 수 없다. 박제가는 조선의 가난이 수레를 사용하지 않은 데 기인한다고 했는데, 그가 말하는 '가난'은 과연 누구의 가난인가. 당시 조선의 모든 사람이 다 가난했던 것은 아니며, 부자도 있고 가난한 자도 있었다. 그렇다면 수레의 사용은 과연 영세농·빈농·무토농(無土農)·소상인과 같은 가난한 계층 사람들에게 도움이 될 것인가, 아니면 주로 양반 대지주나 부농이나 대상인(大商人)과 같은 부유한 계층 사람들의 이익에 복무할 것인가. 박제가에게서는 이런 문제에 대한 숙고가 발견되지 않는다. 그러므로 그에게서 조선의 '가난'은 다분히 '추상적'으로 이해되고 있다고 말할 수밖에 없다.

선인을 각각 암유暗喩한다. 사회진화론의 우승열패론優勝劣敗論을 상도想到케 한다. 박제가는 문명의 우열에 과도하게 집착한 나머지 '중국/조선'을 '미/추'로 갈라 놓는 사고법에 이르게 된 것으로 보인다.

당시 박제가는 '당벽'唐癖, 즉 '중국에의 지나친 경도'가 있다는 평을 듣고 있었는데, 위의 예들을 통해, 그가 왜 이런 평을 듣게 된 것인지 그 이유를 짐작할 수 있다. 박제가의 북학론은, 중국의 선진 기술도입을 통해 낙후된 조선을 발전시키고 조선 인민을 가난에서 벗어나게 하겠다는 절박한 심정에서 제기되었다는 점에서 그 현실적 의의가 없지 않다. 특히 그가 기기器機와 제도의 '표준화'를 주창한 점[8]은 산업의 발전과 관련해 뛰어난 혜안慧眼을 보인 것이라 평가할 만하다. 그의 해외 통상론 역시 자못 선구적인 주장이다. 이런 인정할 만한 점이 없는 것은 아니나, 박제가의 북학론은 다음 몇 가지 점에서 간과할 수 없는 문제점 또한 내포하고 있다.

첫째, 단순화가 심하고 종종 일면적 사고에 머물러 있다는 점. 조선의 어떤 문제를 언필칭 중국의 어떤 제도나 문물이나 풍속을 배우지 않은 탓으로 돌리는 데서 이런 경향이 발견된다. 이런 사고 경향은, 문제를 다면적으로 파악하거나 문제의 사회역사적 배경과 구조를 꿰뚫어 보는 것을 차단하게 만든다. 요컨대 박제가에게는 사회역사적 사고가 몹시 부족한 것으로 여겨진다.

둘째, 사회역사적 맥락에 대한 통찰의 결여는 사회적 지배 관계에 대한 인식의 결여로 이어진다는 점. 박제가가 '생산성'의 향상을 통한 '생산력'의 제고를 중시할 뿐 지주/전호佃戶 관계에 대해서는 어떤 고찰도 보여주지 않고 있음에서 이 점이 잘 확인된다. 다시 말해 그는 기

---

8 '표준'을 만들어 통일해야 한다고 주장한 점을 말한다. 가령 『북학의』, 102·122면 등 참조.

술도입을 통해 사회적 생산력을 향상시킬 것만 생각했지 지주/소농, 부농/빈농 간의 모순에 대해서는 사유하지 못했다. 이 점에서 박제가의 북학론은 일종의 '생산력주의'[9]에 기초해 있다고 할 만하다.

셋째, 박제가의 생산력 중시주의는 실제상 양반 지주층, 부농, 관료 집단, 부상대고富商大賈의 이익을 대변하는 것으로 귀착되지 않을까 생각된다는 점. 박제가는 해외 통상을 적극 주장하여, "만약 외국과 선박을 통하여 통상한다면 비단옷을 입고 죽지竹紙에다 글을 쓰는 정도는 넉넉하게 할 것이다"라고 했는데, 여기서도 기층 농민에 대한 고려는 찾아보기 어렵다. 요컨대 박제가는 기술도입, 유통 확대, 해외 통상을 거론하면서 그것이 조선에서 가난을 몰아내고 조선을 부강하게 만들 것이라고 주장하고 있기는 하나, 그것이 조선의 인민, 특히 기층 농민에게 어떤 결과를 초래할지에 대해서는 따져 보고 있지 않다. 당대 조선의 지주/전호 관계라든가 국가의 수취受取 제도, 즉 국가에 의한 민民의 수탈 방식 등에 대한 어떤 고려도 없이, 달리 말해 생산관계에 대한 어떤 심중한 고려도 없이, 북학을 통한 생산력의 향상만을 지고至高 지선至善의 가치로 내세우는 박제가의 주장은 정치경제학적 사고의 결여를 여실히 보여주는 것이라 할 만하다.

넷째, 박제가의 실용주의는 그러므로 '가치지향성'[10]이 부족하고 다분히 '상인적 이익'만이 추구되는 경향이 강하다는 점. 이 점에서 그가

---

9 이는 선진적인 기술의 도입을 통한 생산성의 향상을 무엇보다 강조한다.

10 이 말은, 생산력의 제고에 의한 부(富)의 증대가 사회적으로 어떻게 공평하게 분배될 수 있을지, 즉 지배층이나 부민(富民)만이 아니라 피지배층이나 빈핍(貧乏)한 처지의 사회적 약자들에게 그 결실이 어떻게 돌아가게 할지, 그리하여 그들의 삶의 질을 어떻게 향상시킬 수 있을 것인지에 대한 문제의식을 지칭한다. 따라서 '경제적 평등의식'이라고 바꿔 말해도 무방하다.

그토록 내세웠던 가난의 극복과 부의 성취는 다분히 맹목적이고, 추상적이다.

다섯째, 중국이라는 타자에 대한 극도의 찬미가 '자기비하'를 낳고 있다는 점. 박제가의 중국 존모尊慕는 중국을 이상화하는 데 이르고 있다. 그에 반비례하여 '조선적 자기의식', 다시 말해 조선인으로서의 주체적 의식은 극도로 위축되거나 소거되고 만다. 이는 지적 균형감각의 부족을 보여주는 것이라 할 만하다.

18세기 조선 사대부층은 청淸을 오랑캐로 간주함으로써, 중국은 이제 옛날의 중국이 아니다, 오랑캐로 화化한 중국에서 더 이상 배울 것은 없다며 중국을 야만시하고 깔보는 태도를 취하였다. 박제가는 조선 사대부층의 이런 허위적 인식을 배격하고, 현실주의적 자세로 청의 선진 문물을 배워야 할 것을 주장했던바, 적어도 이 점은 정당한 것이라 하지 않을 수 없다. 다만 원려遠慮 없이 단순화된 주장을 펼침으로써, 당대 조선의 내부 모순을 투철히 인식하기보다는, 다시 말해 '자기'에 대한 고통스런 내적 응시에 힘을 쏟기보다는, 그리하여 그런 내공內功 위에서 사회역사적 맥락을 십분 고려하며 나라와 인민을 이롭게 하는 방책을 안팎으로 모색해 나가기보다는, 손쉽게 '중국'이라는 외부에서 만병통치약을 취하려 한 점이 문제였다고 할 것이다. 박제가가 18세기 후반에 호명呼名해 낸 이 '북학'이라는 용어는 이후 조선 사상계의 한 주요한 키워드가 되기에 이른다. 하지만 앞에서 지적된 박제가의 북학 담론에 내포된 문제점들이 극복되지 않는 한 북학 담론은 '빛 좋은 개살구'가 되고 말 운명을 안고 있었다고 해야 하지 않을까.

2) '북학파'라는 용어

'북학파'라는 용어는 1930년 최남선이 처음 사용한 것으로 보인다. 최남선의 『조선역사강화』朝鮮歷史講話에 다음과 같은 말이 보인다.

> 자기에 대한 엄숙한 성찰省察이 진행進行함을 따라서 조선의 결함缺陷과 및 그 교구矯救의 책策을 생각하는 풍風이 일어나니, 그중에 두드러진 것은 조선을 구求하려 하면 먼저 경제적으로 손을 대야 할 것이요, 그리함에는 외국인外國人의 실제實際 생활상生活上 장처長處를 배우고, 특히 그 진보한 교통交通 무역貿易의 실제를 본뜨자 하던 일파一派니, 우선 북北으로 지나支那에서부터 배우자 한 점으로 이네의 주장을 북학론北學論이라고 부른다. 북학론자北學論者는 박지원朴趾源(燕巖), 홍대용洪大容(湛軒), 이덕무李德懋(雅亭), 박제가朴齊家(楚亭) 등 당시에 있어서 식견과 문학으로 다 일대一代의 준모俊髦들이요, 또 지나支那의 실지實地를 답험踏驗하여 우열優劣을 변증辨證한 것이므로, 불행不幸히 그 실현이 크지 못하였으나, 일대一代의 인심을 자극한 효과效果가 적지 아니하였다.
> 북학파北學派의 대표적 의견은 박연암朴燕巖의 『열하일기』熱河日記와 박초정朴楚亭의 『북학의』北學議에 실려 있다.[11]

---

11 최남선, 『朝鮮歷史講話』(『六堂崔南善全集』 1, 현암사, 1973), 52~53면. 원문에는 한자가 노출되어 있으나 인용하면서 한글로 바꾸고 한자를 병기하였다. 원래 '조선역사강화'는 1930년 동아일보에 연재된 글이다. 이 글은 이듬해에 '조선역사'라는 이름으로 동명사라는 출판사에서 책으로 간행되었으며, 해방 후인 1946년 2월 약간의 수정을 더하여 '신판 조선역사'라는 이름으로 재간행되었다. '북학파'라는 용어가 최남선의 이 글에서 비롯된다

여기서 보듯 최남선은 박지원, 홍대용, 이덕무, 박제가 네 사람을 '북학파'로 꼽고 있으며, 이들의 주장을 '북학론'이라고 규정하고 있다. 그리고 북학론을 보여주는 대표적 저술로서 『열하일기』와 『북학의』를 들고 있다. 최남선의 이 주장 이래 '북학파'와 '북학론'이라는 말이 우리 학계에서 학술적인 용어로 통용된 것으로 보인다. 학자에 따라 북학파의 범위를 좀더 넓게 잡기도 하는 등 그 외연에 대한 이해에서 다소 차이를 보이기도 했으나, 박지원·홍대용·박제가를 북학파의 핵심적 인물로 본다는 점에서는 예나 지금이나 똑같다.

앞서 지적했듯 '북학'이라는 용어에는 화이론적 시각, 중국중심적 시각이 강고하게 담겨 있다. 이 점에서 '북학파'라는 용어가 학술적으로 타당한지에 대해 의문이 제기될 수도 있다. 그렇기는 하나 박제가가 '북학'을 주창했고 박지원이 그에 공조하는 태도를 취한 것은 분명한 만큼 이 두 사람을 묶어서 '북학파'로 이해하는 것은 별 문제가 없어 보인다. 문제는 담헌을 그 울타리 속에 넣을 수 있을까 하는 점이다. 앞서 검토했듯 담헌은 동아시아의 전통적 화이론을 그 근저에서부터 완전히 부정해 버리는 논리를 구축하지 않았던가. 담헌은 비록 중국 여행기인 『연기』燕記에서 중국의 문물이 보여주는 심법心法의 정밀함에 대해, 그리고 그 제도와 규모의 엄밀함과 갖추어짐에 대해 눈여겨보거나 찬탄하는 기술을 하고 있기는 하나,[12] 그렇다고 해서 박제가나 박지원처럼 '북학'이라는 말을 쓰거나 북학을 제론提論하고 있지는 않다. 담헌은 시종 학자적 태도로 냉정하게, 그리고 균형잡힌 태도로,

---

는 사실은 허태용, 「'북학사상'을 연구하는 시각의 전개와 재검토」(『오늘의 동양사상』 14, 2006), 319면에서 처음 지적되었다.

12 「기용」(器用), 『연기』, 『국역 담헌서』 IV, 외집 권10, 328~343면 참조.

중국의 문물을 관찰하면서 그 취할 만한 점을 적시摘示하거나, 그 문제점을 거론하거나, 우리 것과 그 장단점을 비교하고 있을 따름이다. 몇몇 예를 들어 본다.

(가) (시사市肆는—인용자) 북경에서는 정양문正陽門 밖이 가장 번성하며, 봉성鳳城 같은 곳은 변방의 황벽荒僻한 곳이어서 물건들도 보잘것없지만 그래도 시장의 문루門樓는 단청丹靑이 되어 있었고, 심양瀋陽에는 모두 채색이 되어 있었다. 북경 같은 데는 창문이나 가게 문을 다 아로새겨 금은빛이 찬란하고, 간판과 문패들은 서로 다퉈 신기하게 만들었으며 의자와 탁자, 장막과 주렴 등을 극히 화사하게 만들었다. 대개 이렇게 하지 않으면 매매가 잘 안 되며 물건들도 잘 모여들지 않는 모양이다. 점포를 차릴 경우 바깥 설비만도 수천 수만 금이 넘게 드는 모양이다.
대개 번화한 길목이나 입구에는 주루酒樓들이 많이 차려져 서로 길을 끼고 마주 바라보고 있다. 모두 처마 밖으로 난간이 나오도록 꾸몄는데 매우 화려하였다. 하지만 비를 맞고 바람을 받게 되어 있어 한번 여름 장마를 치르고 나면 새로 만들어야 하게 되어 있다. 아무리 재력이 넉넉하다 하더라도 당장을 즐기기 위해 막대한 비용을 아끼지 않는 것은 이해할 수 없는 일이다.[13]

(나) 북경의 모든 시장에, 이따금 종이로 거마車馬나 사람 같은 것을 만들어 아이들의 장난감으로 팔고 있는데, 이것은 다 손을 대기만 하면 부서져 버린다. 한 푼어치도 안 될 것 같은데 그래도

---

13 「시사」(市肆), 『연기』, 『국역 담헌서』 IV, 외집 권10, 309~310면.

가게에서 팔리니 이는 일반 풍속이 허영과 사치를 숭상해서다.[14]

(다) 관문 밖에는 혹 흙집이 있는데, 위는 평평하게 벽처럼 발라 두었고 빛깔은 석회처럼 희다. 토질이 차지고 여물어 잘 갈라지지도 않고 물이 잘 새지도 않으니 가운데를 약간만 높게 하면 새는 것을 막을 수 있을 텐데, 그대로 평평하게 발라 두고 암기와마저 얹지를 않아 비가 조금만 와도 방바닥이 마른 데가 없게 되니 그 까닭을 알지 못하겠다.[15]

(라) 가마와 솥과 질독들은 우리나라 것과 같다. 다만 다른 것은, 독은 모양이 아래가 좁아서 조금만 건드려도 넘어지고 만다. 그리고 곡식을 되는 말은 크기가 우리나라 것의 배가 되는데, 이 것은 또 위의 주둥이 부분 넓이가 바닥의 배가 되어 곡식을 되는 데 속이기가 쉽다. 이 두 가지 그릇들이 잘못 만들어진 것에 대해서는 그 까닭을 알 수 없다.[16]

(마) 가정 집에서는 깨끗한 변소를 보기가 어렵다. 변기는 자기 甆器로 만들었는데 감추어 두고 다른 사람은 쓰지 못하게 한다. 남자 변기는 주둥이가 길고 여자 변기는 주둥이가 평평하여 사용하기 편하게 되어 있다. 그러나 다만 그런 제도를 빙자해 모양을 그렇게 만든 것은(남녀의 성기처럼 만든 것을 이름—인용자) 유치한

---

14 위의 글, 위의 책, 311면.
15 「옥택」(屋宅), 『연기』, 『국역 담헌서』 IV, 외집 권10, 321면.
16 「기용」(器用), 위의 책, 342면.

제4장 홍대용의 사회사상과 북학론의 관련   205

일이다.[17]

(바) 양각등羊角燈은, 쇠판과 쇠기둥은 같은데 둥근 통이 유리처럼 환하다. 대개 뿔을 고아서 아교를 만드는 모양인데, 그 방법은 듣지 못하였다. 정월 보름밤에 다는 등은 화초·새·짐승의 그림을 위에다 그리고 채색 융단으로 술(流蘇)을 다는데, 매우 화려하고 사치스러웠다.[18]

이들 예는 대체로 중국의 문물에 의문을 표시하거나 그 결함을 지적한 것이다. 혹은 중국의 문물이 사치와 낭비로 흐르고 있다고 보아 은근히 부정적인 시각을 드러낸 곳도 있다. 박제가의 『북학의』에서는 일체 발견할 수 없는 면모다. 박제가는 골동품과 서화를 파는 북경 유리창琉璃廠의 휘황찬란함에 찬탄해 마지않았다.[19] 하지만 담헌은 그곳에 잔뜩 쌓인 온갖 기기묘묘한 물화物貨들을 보고는 백성들의 살림살이에 도움이 되는 것은 하나도 없다고 말하고 있다. 다음이 그것이다.

이 길을 끼고 좌우로 있는 점포만도 수천 수백에 달하고 그 물건 만드는 데 소요된 비용도 몇 만의 거액인지 알 수 없는데, 기실 일반 백성들의 양생養生 송사送死에 꼭 없어서는 안 될 것은 하나도 없었다. 그저 모두가 이상한 재주에 음탕하고 사치스런 물건들로 사람의 뜻을 해치는 것뿐이다. 이상한 물건들이 날로 불

---

17 위의 글, 위의 책, 343면.
18 같은 책, 같은 곳.
19 「골동품과 서화」, 『북학의』, 128면 참조.

어나면서 선비들의 기풍이 점점 흐려져 가니, 중국이 발전하지 못하는 것도 다 그런 이유 때문인 것 같다. 슬픈 일이다.[20]

민民의 입장에 서서 사치를 배격하고 절검을 숭상하는 담헌의 이런 면모는 『임하경륜』이나 『의산문답』의 그것과 통한다. 『연기』에는 이외에도 사치를 비판하고 절검을 높이는 내용이 여러 군데에 보인다.

흥미롭게도 박제가는 유리창의 성대한 물화物貨에 대한 혹자의 다음과 같은 비판, 즉 "부유하다고 할 수는 있겠다. 그러나 백성들에게 아무 이익을 주지 못한다. 그러니 그 물건을 전부 불에 태운다 한들 무슨 상관이 있겠는가"라는 비판에 대해, 이 비판이 몰취미하다는 점을 들어 반비판하고 있다.[21] '혹자'가 설사 담헌을 가리키는 것은 아니라 할지라도, 적어도 담헌과 박제가 사이의 입장의 대치선對峙線이 이에서 명확히 확인된다 할 것이다.

문제는 담헌에게서 사치의 배격과 절검의 숭상이 그의 문명론적 전망 및 사회 발전 구상과 깊이 맞물려 있으며, 그래서 본질적인 사안이라는 점이다. 바로 이 문명론적 전망에 있어, 그리고 사회 발전의 구상에 있어 담헌과 박지원·박제가 양자 간에는 심중한 차이가 있으며, 이 때문에 이들이 그린 사회, 이들이 꿈꾼 세계가 자못 달라지게 되었다고 생각된다.

위에서 든 예를 통해 알 수 있듯, 담헌이 청의 문물을 읽는 태도는 단순히 '북학'의 관점이 아니다. 적어도, 흔히 북학론이라고 말하는 것과는 다른 모종의 태도가 작동하고 있다. 중국 문물에 대한 선망과 찬탄 일변도가 아니라, 혹은 중국 문물을 도입해야 한다는 어떤 강박감

---

20 「유리창」(琉璃廠), 『연기』, 『국역 담헌서』 IV, 외집 권9, 271~272면.
21 「골동품과 서화」, 『북학의』, 128면.

같은 것을 보여주는 것이 아니라, 비판적으로 취장사단取長捨短하고 있음에서 그 점이 잘 드러난다. 요컨대 청의 문물을 대함에 있어 담헌은 박제가·박지원과 그 시좌나 입장이 퍽 다르다. 그러므로 청의 문물에 대한 태도 하나만 갖고 말하더라도, 만일 담헌을 북학파에 포함시킬 경우 그의 문제의식이나 사상의 본질을 정당하게 포착하기는커녕 심하게 왜곡할 공산이 크다.[22]

한편, 종래 학계에서는 담헌, 박지원, 박제가, 이덕무 등을 묶는 용어로 '연암일파', '연암그룹', '연암학파'[23] 등의 용어를 사용해 왔다. 특히 필자를 포함한 한문학 연구자들이 이런 용어를 많이 써 왔다.[24] 실제로 담헌·박지원·박제가 등은 서로 친밀하게 교유하며 문학과 사상 방면에서 영향을 주고받았으므로 하나의 인맥으로 묶어서 이해해도 아무 문제가 없다고 생각된다. 문제는 이들 용어 모두가 연암 박지원이 '중심'이라는 생각을 그 저변에 깔고 있다는 점이다. 과연 박지원

---

22 백보를 물러나 보더라도, 담헌의 청 문물에 대한 태도와 박제가·박지원의 북학론 사이에 어떤 **질적 차이**가 있음은 분명하다. 북학론은 목적의식과 실천론이 명확해 아주 높은 자각적 의식 형태를 보여주는 데 반해 전자는 그렇지 못하기 때문이다. 이 점에서 담헌의 태도는 선배 학자들, 이를테면 노가재(老稼齋) 김창업(金昌業)이나 도곡(陶谷) 이의현(李宜顯)의 연행기(燕行記)에서 발견되는 청나라 문물에 대한 태도와 통하는 점이 없지 않다. 이들의 연행기에서도 청나라 문물에 대한 비판적인 시선과 함께 우호적인 시선이 보이기 때문이다(이의현보다 김창업에게서 우호적인 시선이 좀더 보인다는 차이가 있지만). 하지만 이들을 북학이나 북학론 속에 포섭시킬 수는 없는 일이다. 김창업,「산천 풍속 총록」(山川風俗總錄),『연행일기』(燕行日記),『국역 연행록선집』IV(민족문화추진회, 1976); 이의현,『경자연행잡지』(庚子燕行雜識)(하),『국역 연행록선집』V(민족문화추진회, 1976) 참조.
23 '연암학파'라는 용어는 이우성,「실학연구서설」,『실학연구입문』(일조각, 1973)에서 사용된 이래로 임형택,「연암의 경제사상과 이용후생론」,『연암 박지원 연구』(실시학사 실학연구총서 4; 성균관대 출판부, 2012)에 이르기까지 계속 사용되고 있다.
24 그러므로 이하의 서술은 필자의 기존 입장에 대한 자기비판이자 수정의 의미도 있다 할 것이다.

이 중심일까? 이는 혹 박지원이 그 문학적 명성 때문에 실제 이상으로 과대평가된 데 기인하는 것은 아닐까? 만일 문예창작의 면만 갖고 본다면 박지원을 중심에 두는 데 이론異論이 있기 어렵다. 하지만 학문 내지 사상의 측면에서 본다면 사정이 달라진다. 박지원은 담헌과 동렬에서 논의되기 어렵다. 학문 내지 사상을 기준으로 생각한다면 담헌이 이 그룹의 가장 문제적인 인물이다. 이런 점을 고려한다면 '연암일파'나 '연암그룹'이라는 용어는 문학사 연구에서는 적절할 수 있어도 사상사 연구에서는 그리 적절하지 않다. 또한 이 그룹이 학문적으로 내적 통일성을 담보하고 있는 것도 아닌데다 연암이 이 그룹의 학문적 리더도 아니었다는 점에서 '연암학파'라는 용어 역시 그리 적절하지 못한 듯하다. 따라서 필자는 그것을 대체하는 용어로 '담연湛燕그룹'이나 '담연일파'라는 용어를 사용할 것을 제안한다.[25] 이 용어는 담헌과 연암을

---

25 '담연그룹'이나 '담연일파'라는 용어는 담헌과 연암 간의, 그리고 이들과 결속되어 있던 인물들 간의 인간적 및 문학적·예술적·학술적·사상적 친밀성과 교제를 전제하는 말이다. 그렇기는 하나 이들 용어가 담헌과 연암의, 그리고 담헌과 이 일파에 속한 다른 인물들― 이를테면 박제가나 이희경(李喜經)과 같은―간의 학문적·사상적 동질성까지 담보하지는 않는다. 오히려 이 용어들은 이들 일파의 학문적·사상적 동질성 여부가 아니라, 그 인간적 결속과 취미와 현실적 자세를 중시한 결과다. 이 점에서 사상적·학문적으로는 느슨한 유대가 인정될 뿐이다. 따라서 담연그룹이나 담연일파라는 용어는 하나의 사상 유파나 학문 유파를 뜻하는 말은 아니다. 적어도 하나의 사상 유파나 학문 유파이기 위해서는 학문행위나 사상행위의 코어(core) 안에 기본적으로 동질적인 전제와 인식이 있지 않으면 안 된다. 담헌과 연암은 친분이 두터웠으므로 둘 사이에는 공유된 사상의 요소나 학지(學知)도 적지 않다. 이를테면 낙론적 사고라든가, 음양오행의 부정이라든가, 이기 철학의 사변적 행태에 대한 부정적인 인식이라든가, 실용과 실사(實事)에 대한 지향이라든가, 자연과학적 지식의 공유 같은 것이 그러하다. 필자가 보기에 이들 중 대부분은 담헌과 연암이 서로 합작해서 안출(案出)한 것이거나 연암의 사유가 담헌에게로 간 것이라기보다, 담헌의 사유나 공부가 연암에게로 간 것으로 판단된다. 다시 말해 담헌의 영향이 크다고 생각된다. 이런 점을 고려한다면 담헌을 그 안에 포섭하고 있는 '연암학파'라는 용어는 정당하지도 적절하지

병칭함으로써 학술과 문예를 아우르는 미덕이 있다.

3) '북학사상'이라는 용어

현재 학계에서는 '북학사상'이라는 용어가 널리 사용되고 있다.[26] 하지만 '북학' 뒤에 '사상'이라는 말을 붙이는 것이 과연 합당한지는 따져 볼 필요가 있다. '북학사상'은, '북학을 하자는 사상'을 뜻하는 말이든가, '북학과 관련된 제반 사상'을 가리켜 하는 말이든가, '북학에 내포된 사상을 지칭하는 말'이든가 할 터인데, 그 어느 쪽이든간에 '사상'이라는 말을 쓰는 건 좀 부적절하지 않나 생각된다. 적어도 학문적인

도 못하다. 더군다나 연암은, 엄격한 의미에서, 문인이요 경세가이지 '학자'나 '사상가'는 아니다. 그와 달리 담헌은 문인이라기보다 학자이자 사상가다. 연암을 학자나 사상가로 보아 온 기존의 관점에는 거품이 끼어 있다고 판단된다. '연암학파'라는 용어의 기저에는 이처럼 연암에 대한 과도한 평가가 자리하고 있다. 이는 아마도 문학가로서 연암의 높은 명성에 좌우된 탓이 아닌가 한다.

그런데 문제는 담헌과 연암이 상기한 공유점을 갖고 있음에도 불구하고 그 학문행위 내지 사상행위의 근간과 기저를 이루는 인식과 방법이 동질적이기는커녕 크게 다르다는 사실이다. 이에 대한 자세한 논의는 본서의 제5장과 6장으로 미룬다. 이런 점을 감안하면 두 사람을 하나의 학파로 묶어 이해하기는 어렵다. 만일 억지로 하나의 학파, 하나의 사상유파로 묶는다면 두 사람의 사상 모두를 왜곡할 위험이 커진다. 따라서 현명한 일이 못 된다고 판단된다. (이런 이유에서 필자가 『나는 골목길 부처다―이언진 평전』, 168면에서 제안한 바 있는 '담연학파湛燕學派'라는 용어는 스스로 폐기한다.) 그래서 이들을 담연그룹이나 담연일파로 명명하면서 한편으로는 '함께' 다른 한편으로는 '따로' 파악하는 태도가 요청된다.

26 이 용어가 들어간 논저 제목을 몇 개 예로 들면 다음과 같다. 유봉학, 「북학사상의 형성과 그 성격―담헌 홍대용과 연암 박지원을 중심으로」(『한국사론』 8, 1982); 유봉학, 『연암일파 북학사상 연구』; 김인규, 『북학사상의 철학적 기반과 근대적 성격』(다운샘, 2000); 김문용, 『홍대용의 실학과 18세기 북학사상』(예문서원, 2005).

견지에서 하나의 '사상'이라고 부르려면 '사상'이라는 말에 값하는 뭔가가 있지 않으면 안 된다. 이를테면 독창적 사유 구조라든가, 포괄적인 체계라든가, 견고한 이념적 연관 같은 것이 필요할 터이다. 박제가나 박지원이 주장한 북학에서 과연 이런 점이 인정될 수 있을까? 필자는 회의적이다. '사상'이라는 말은 역시 그에 합당한 내용과 실질을 갖는 대상에 한정해 사용하는 것이 좋지 않을까 생각한다.

한편, 유봉학 교수는 '북학론'과 '북학사상'의 개념을 구분하여,

> '북학사상'은 '북학'을 하였던 사람들의 학문 내용과 현실인식·지향성 등 사상 전반을 가리키는 것으로, 여기에는 '북학'을 하자는 주장 '북학론'으로부터 '북학'을 통해 이룩한 학문 내용의 변화와 현실인식의 변화 등이 중요한 부분으로 자리잡게 된다. 그러므로 '연암일파'의 '북학사상'을 청淸의 문물과 학술을 배운다고 하는 '북학론'만으로 한정해 보아서는 안 된다. '북학론'은 '연암일파' 사상의 한 전환 계기를 지칭할 뿐 그들 사상의 내용은 그에 국한되는 것이 아니었던 것이다.[27]

라고 하였다. 그리하여 북학사상에는, 단지 북학론만이 아니라, 북학론을 제기하게 된 전제 조건으로서 연암일파의 새로운 현실인식과 그를 뒷받침하는 새로운 철학적 입장·학문관·문학론 및 세계관의 추이, 정치의식과 경세론 등이 포함된다는 입장을 취하였다.[28]

유봉학 교수는 북학론의 사상적·학문적 배경을 중시하여 그것을

---

27 유봉학, 위의 책, 19면.
28 같은 책, 같은 곳.

본격적으로 검토하기 위한 요청에서 북학론보다 더 넓은 범주로서 '북학사상'을 상정하고 있긴 하나, 문제는 이렇게 규정된 '북학사상' 속에 북학 내지 북학론과 아무 관계도 없는 사상적·학문적 부면들이 쏟아져 들어오게 된다는 점이다. 따라서 그것은 엄정히 말해 **북학**사상, 즉 '북학의 사상'이 아닌 것이 되고 만다.

서상敍上의 점들을 두루 고려할 때 '북학사상'이라는 용어는 그 적절성이 의심스럽다고 하지 않을 수 없다. 그보다는 최남선이 처음 사용한 '북학론'이라는 용어가, 비록 '북학'이라는 단어가 갖는 문제점에도 불구하고, 북학에 대한 논의나 담론 일반을 가리키는 말로는 낫지 않나 생각된다.

4) 북학론 형성 과정에서 홍대용의 역할

종래 담헌은 북학론자의 한 사람으로 거론되어 왔으나, 여기에는 오해가 없지 않다. 담헌은 박제가나 박지원처럼 북학론을 제기한 적이 없다. 현재 그의 저서로 전하는 『연기』, 『임하경륜』, 『의산문답』 그 어디에도 북학에 대한 언급은 없다. 그렇다면 담헌은 왜 북학론자로 오해된 것일까?

여기에는 두 가지 사정이 관련되어 있다. 하나는, 그가 처음으로 청 왕조와 중원의 문물을 분리해 파악하지 않으면 안 된다는 논리를 명확히 정초定礎했다는 점이고,[29] 다른 하나는 그가 청을 중국으로 인

---

29 청 왕조와 중원 문물을 분리해 파악하는 시각의 단초는 멀리는 김창협(金昌協)의 글 「증황경지부연서」(贈黃敬之赴燕序, 『農巖集』 권22)에서 발견되고(안대회, 「조선 후기 燕

정하는 현실주의적 자세를 취했다는 점이다. 기왕의 숭명배청론, 대명의리론과 확연히 구별되는 담헌의 이런 면모는, 다소의 내적 편차는 없지 않지만, 크게 보아 북학론의 기저적 논리 내지 배경적 사고와 궤軌를 같이한다. 요컨대 담헌은 비록 그 스스로 북학을 제기하거나 북학론 쪽으로 나아간 것은 아니나, 북학론이 형성되는 데 논리와 시각상에서 큰 영향을 미쳤다고 말할 수 있다. 이와 관련해 담헌의 다음 말이 주목된다.

> 지금의 중국이 옛날의 중국이 아니고 그 사람들이 입고 있는 옷이 저 옛날 중국의 선왕先王들이 만든 옷이 아니라는 걸 난들 왜 모르겠습니까? 그렇기는 하나 그들이 살고 있는 땅이 어찌 요堯, 순舜, 우禹, 탕湯, 문文·무武, 주공周公, 공자가 밟던 땅이 아니겠습니까? 또 그들이 사귀는 선비가 어찌 제齊, 노魯, 연燕, 조趙, 오吳, 초楚, 민閩, 촉蜀의 넓은 견문과 멀리 노닌 경험을 지닌 선비가 아니겠습니까? 그리고 그들이 읽는 책이 어찌 삼대三代 이래 사해 만국에서 나온 온갖 서적이 아니겠습니까?[30]

行을 보는 세 가지 시선」, 『한국실학연구』 19, 2010, 106면 참조), 가까이는 유수원의 『우서』(迂書) 권1, 「논여제」(論麗制)의 '문벌'(門閥)조에서도 발견된다. 하지만 이들의 사유에는 말 그대로 '단초'만 나타날 뿐 담헌에서처럼 본격적인 의제설정이 되고 있지는 않다는 차이가 있다. 김창협의 글 해당 구절은 다음과 같다: "我東僻在一隅, 獨不改衣冠禮樂之舊, 遂儼然以小中華自居, 而視古赤縣神州堯舜三王之所治, 孔孟程朱之所敎之地與民, 槩以爲潼酪腥羶之聚, 而無復有文獻之可徵則過矣." 유수원의 글 해당 구절은 다음과 같다: "是以中國, 則聖賢之澤, 久而未斬, 積累之治, 遠而未艾, 雖嘗雜之以覇術功利, 亂之以黃老佛氏, 戎羯胡夷, 迭入而更主, 暴政汚俗, 沈染而糅雜, 然其爲治之大綱領、大根本、大制度、大習俗, 終有所汩亂不得, 磨滅不盡者."

30 「會友錄序」, 『燕巖集』 권1; 『연암산문정독』(박희병 외 역, 돌베개, 2007), 111면.

박지원이 쓴 「회우록서」會友錄序라는 글의 한 대목으로, 담헌의 말을 박지원이 듣고 기록한 것이다. 「회우록서」는 담헌이 엮은 책인 『회우록』에 써 준 서문이다. 담헌은 1765년 겨울에 중국을 방문하고 익년 귀국했는데, 『회우록』은 그가 북경에 체류할 때 사귄 중국인들과 주고받은 필담과 편지를 귀국 직후 정리해 엮은 것이다. 일명 '간정동 회우록'乾淨衕會友錄이라고도 하고, '간정필담'乾淨筆譚, 혹은 '간정동 필담'이라고도 한다. 박지원은 이 책을 읽은 소감 및 담헌과 주고받은 대화를 토대로 이 서문을 썼다. 그 쓴 시기는 1766년으로 추정된다.

상기 인용문에서 담헌은 청 왕조와 중원의 문물을 분리해 파악하는 관점을 보여준다. 그리하여 당시의 중국을 오랑캐의 나라로 멸시한 조선 지식인의 일반적인 중국관법中國觀法과는 다른 인식을 보여준다. 담헌의 이런 중국관법이 청 치하治下의 중화 문명에 유의하게 하고 그것을 존중하는 태도를 낳게 되리라는 점은 췌언을 요치 않는다. 그리고 그런 태도 속에는 '중국'을 배워야 한다는 생각이 잠복되어 있을 수도 있으며, 또 설사 꼭 그렇지는 않다 하더라도, 그런 태도에서 한 발짝만 더 내디딘다면 '중국을 배우자'라는 구호로 이행될 수 있는 게 아닌가 생각된다. 적어도 논리적인 견지에서 본다면 상기 인용문이 보여주는 '청 왕조/중원 문물' 분리의 관점과 '학중국學中國=북학'의 관점은 쉽게 연결될 수 있는 관계에 있다고 여겨진다. 그렇기는 하나 담헌 스스로는 '청 왕조/중원 문물' 분리의 관점을 제시했을 뿐 '학중국=북학'의 주장을 한 것은 아니라고 보인다. 상기 인용문에 이어지는 담헌의 다음 말이 그런 추정을 뒷받침한다.

제도는 비록 변했어도 도의道義는 바뀌지 않거늘, 이른바 옛날의 중국이 아니라고 한 그곳에 어찌 그 백성은 될지언정 그 신하는 되지 않겠다는 사람이 없다고 하겠습니까?

그렇다고 한다면 저들 세 선비가 나를 볼 때 중화와 오랑캐의 구별이라든가 의론議論이나 지체가 다른 데 대한 거리낌이 왜 없었겠습니까? 그럼에도 번거로운 법도를 깨뜨리고 자잘한 예절도 치워 버리고는 진정眞情을 드러내고 간담을 토로했으니 그 크고 너른 마음이 쩨쩨하게 명예나 권세나 이익의 길에서 아득바득하는 자들과 어찌 같다고 하겠습니까?[31]

여기서 보듯, 담헌은 훌륭한 한족漢族 선비들이 동이東夷의 선비인 자신을 격의 없이 대해 준 것, 그리하여 서로 깊은 우정을 나누게 된 것을 부각시키고 있다. 담헌의 말은 여기서 끝난다. 어세語勢의 흐름을 중시한다면, '청 왕조/중원 문물' 분리의 관점을 제기한 앞부분의 말은 기실 이 뒷부분의 말을 위한 포석이라고 볼 수 있다. 즉 이 뒷부분에 더 무게가 실려 있다고 생각된다. 이런 주지主旨에서라면 '중국을 배워야 한다'는 주장은 맥락에 안 맞는 것일 수 있고, 따라서 나오기 어렵다고 판단된다.[32]

흥미로운 점은 「회우록서」에서 확인되는 담헌의 사유가 10년쯤 후 성대중의 글에 인입引入되고 있음이 확인된다는 사실이다. 다음이 그것이다.

(가) 지금 중국이 비록 오랑캐의 수중에 들어 있지만 성현聖賢의

---

31 같은 책, 같은 곳.
32 이는 필자의 종전 견해를 수정한 것이다. 필자는 『연암을 읽는다』(돌베개, 2006), 147면에서, 이 자료를 담헌이 북학을 제기한 것으로 해석한 바 있다.

예악禮樂과 영웅의 공업功業, 충신과 열사烈士, 문장과 제도의 옛
자취는 그대로 남아 있다. 이번에 공公(신사운을 가리킴―인용자)이
사행使行 가서 산해山海의 웅장함과 들판의 광활함, 성곽의 웅대
함, 백성과 물산物産의 번성함을 둘러보고, 우리나라를 돌이켜
보아 그 삭약削弱함을 진작振作시키고 편소偏小함을 넓힐 것을 생
각한다면 뜻이 더욱 서게 될 것이다. 그리고 우禹임금의 자취를
밟아 연경燕京에 이르러 개연히 중국의 문물과 전인前人들의 사
업을 생각해 본다면 마음이 더욱 넓어질 것이다. 또한 삼대三代의
남겨진 서적들을 구입하고 백왕百王이 남기신 제도를 얻어, 돌아
와서 우리 조정에서 강론한다면 학문이 더욱 깊어질 것이다.[33]

(나) 무릇 천하의 예악禮樂을 모아 그것을 절충하는 것을 '대성'
大成이라고 한다. 만일 그것이 채용할 만한 것이라면 오랑캐에라
도 나아갈 것이다. (…) 하물며 저 중국 땅은 실로 삼대三代 예악
의 땅임에랴! 그러므로 기물器物의 유제遺制를 징험할 수 있고,
서적은 송나라와 명나라의 옛 것이며, 천문을 관측함은 탕약망
湯若望과 이마두利瑪竇가 남겨 놓은 것이다. 그 병제兵制와 형법刑
法, 토지와 성곽의 제도는 간편하고 굳세어 지키기 쉽다. 이 때
문에 청淸이 중국을 아우를 수 있었던 것이다. 저의 장점을 취해
우리의 단점을 보완한다면 자강自强의 술術로 삼더라도 무방할
것이다. 그러니 우리들이 널리 채용하고 신중하게 선택함에 있
을 따름이다.[34]

---

33 성대중,「送冬至書狀官申應敎序」,『靑城集』권5, 한국문집총간 제248책, 431면.
34 성대중,「送徐侍郞以副价之燕序」, 위의 책, 430면.

(가)는 서장관書狀官의 직책을 띠고 중국에 가는 신사운申思運에게 써 준 「동지冬至 서장관 신응교申應教에게 준 송서送序」(送冬至書狀官申應教序)라는 글의 한 대목이고, (나)는 부사副使의 직책을 띠고 중국에 가는 서호수徐浩修에게 써 준 「부사副使로서 연경에 가는 서시랑徐侍郎에게 준 송서」(送徐侍郎以副价之燕序)라는 글의 한 대목이다. 두 글 모두 1776년에 씌어진 것인데, 공통적으로 「회우록서」에서 확인되는 담헌의 사유를 따르고 있다. 그런데 주목되는 것은 담헌이 제시한 논리를 따르면서도 그에서 한 발짝 더 나아가 중국 문물의 '채용', 즉 '중국 배우기'를 설파하고 있다는 점이다. 뿐만 아니라 (나)에서 보듯, "만일 그것이 채용할 만한 것이라면 오랑캐에라도 나아갈 것"이라고 하여, 슬그머니 논리를 좀더 확장시키고 있음이 주목된다. 성대중은 1764년 통신사 서기書記의 직책으로 일본을 다녀온 바 있다. 그는 일본을 여행하면서 오랑캐로 멸시해 온 일본의 놀라운 발전상에 적지않은 충격을 받았으며, 그 결과 세계 인식이 크게 변모되었다. '오랑캐에라도' 운운은 그의 이런 일본 경험이 투사된 발언일 수 있다.

주목되는 점은, '중국을 배우자'는 성대중의 이 발언이 박제가의 『북학의』나 박지원의 「북학의서」의 주장보다 적어도 공식적으로는 앞선 것이라는 사실이다.[35] 박제가는 1778년 중국을 방문했으며 그 해 귀국해 『북학의』를 저술했다. 물론 박제가는 성대중과 달리 중국을 배우자는 주장을 '북학'이라는 말로써 슬로건화함으로써 더욱 강렬하고 전투적

---

35 성대중의 이 발언은 박지원이나 박제가의 영향일지 모른다. 성대중은 담헌과는 친교가 없었으나 박지원·박제가와는 친분이 있었다. 하지만 설사 그렇다손 치더라도 북학론 논리 구조의 최초의 공식적 제기가 성대중에 의해 이루어졌다는 점은 인정해야 할 사실이 아닌가 한다.

인 태도를 취하고 있다는 차이가 있기는 하나, 그럼에도 그 논리구조에 있어서는 기본적으로 성대중과 궤를 같이하고 있다. 그러므로 비록 '북학'이라는 말을 사용하지는 않았지만 담론 전개에 있어 '북학론'의 논리구조를 최초로 제기한 인물은 적어도 문헌상 확인되는 바로는 박제가가 아니라 성대중이라고 해야 할 것이다. 박제가는 성대중의 논의를 '북학'으로 개념화하면서 논의를 한층 구체화시키는 작업을 했다고 할 만하다.

한편, '북학'으로 개념화되는 과정에서 조선의 정체성 인식에 심중한 변모가 야기되었다는 점을 간과해서는 안 될 것이다. 즉 성대중의 경우 '중국 배우기'는 중화 문물의 유일한 보존자이자 계승자인 조선의 문화를 좀더 나은 쪽으로 보완하여 완성하기 위한 계기로서의 성격을 갖지만,[36] 박제가의 경우 '북학'은 어디까지나 지극히 낙후된 '조선=이夷'를 구제하기 위한 방도로서의 성격을 갖는다. 이 점에서 성대중이 조선중화주의와 일정하게 연결되어 있다면, 박제가는 조선중화주의를 부정하고 있다고 할 것이다.

『북학의』에서는 다음과 같은 논리구조가 발견된다.

청나라가 천하를 차지한 지가 백여 년이 흘렀다. 중국 백성의 자녀들이 태어나는 것, 재화財貨가 생산되는 것, 집을 짓는 법, 배와 수레를 만드는 법, 경작하는 법, 최씨·노씨·왕씨·사씨와 같은 사대부의 씨족은 여전히 그대로다. 그런데 저들까지도 깡그

---

36 "今則天下之物, 獨在我矣. (…) 盖天以華夏文明之瑞, 歸之於吾東, 聖賢積累之運, 畀之於吾君, 俾盡一王之治, 代有中華之統也. (…) 然我國制度, 多襲羅麗之故, 衣冠固餙矣, 而猶未純於華制, 文章固盛矣, 而猶未復於古道, (…) 禮儀或綜於細而略於大, (…) 夫集天下之禮樂而折衷之, 是之謂大成, 如其可采, 夷亦進之."(「送徐侍郎以副价之燕序」, 『靑城集』 권5, 한국문집총간 제248책, 429~430면)

리 오랑캐로 몰아세우고 그들의 법까지도 팽개친다면 그것은 크게 옳지 못한 일이다. 만약 백성들에게 이익을 가져다준다면 그 법이 비록 오랑캐에서 나온 것이라 하더라도 성인聖人은 그것을 취取할 것이다. 더구나 중국의 옛 땅에서 만든 법이 아닌가.[37]

성대중의 논리구조와 흡사함을 볼 수 있다. 그러므로, 담헌이 새로운 중국관법中國觀法을 정초하고, 성대중이 이를 토대로 한 새로운 담론을 제기했으며, 이 담론을 개념화·구체화한 것이 박제가라 할 것이다. 바로 이 점에서 담헌은 비록 '북학론'을 제기한 것은 아니나, 그 담론 형성에 일정한 역할을 했다고 말할 수 있을 터이다.

잘 알려져 있다시피 북학론의 전개에서 박제가와 박지원은 보조를 같이하였다. 다음은 박지원의 말이다.

(가) (우리나라는─인용자) 이른바 사민四民이라는 것도 겨우 명목만 남아 있고 이용후생利用厚生의 도구는 날이 갈수록 빈약해지고 있다. 이는 다름이 아니라 배우고 물을 줄을 몰라서 생긴 폐단이다. 만일 장차 배우고 묻기로 할진댄 중국을 놓아두고 어디로 가겠는가. 그렇지만 그들(우리나라 선비들─인용자)의 말을 들어 보면 "지금 중국을 차지하고 있는 주인은 오랑캐들이다" 하면서 배우기를 부끄러워하여, 중국의 옛 법마저도 다 함께 얕잡아 무시해 버린다. 저들이 진실로 변발을 하고 오랑캐 복장을 하고 있지만, 저들이 살고 있는 땅이 삼대三代 이래 한漢, 당唐, 송宋, 명明의 땅이 어찌 아니겠으며, 그 땅 안에 살고 있는 사람들은 삼대 이

37 「존주론」(尊周論), 『북학의』, 187~188면.

래 한, 당, 송, 명의 유민遺民이 아니겠는가. 진실로 법이 훌륭하고 제도가 아름다울진댄 장차 오랑캐에라도 나아가 배워야 하는 법이거늘, 하물며 그 규모의 광대함과 심법心法의 정미함과 제작制作의 굉원宏遠함과 문장의 찬란함이 아직도 삼대 이래 한, 당, 송, 명의 고유한 옛 법을 보존하고 있음에랴.[38]

(나) 우리나라 사대부로서 춘추존양春秋尊攘을 논하는 자들이 우뚝이 서로 이어져 백년을 하루같이 하니, 성대한 일이라 이를 만하다. 그러나 존주尊周는 본디 존주이고 이적夷狄은 본디 이적일 뿐이다. 중화의 성곽, 궁실, 인민은 실로 그대로 있으며, 정덕이용후생正德利用厚生의 도구도 실로 그대로 있다. 최씨·노씨·왕씨·사씨의 씨족도 실로 없어지지 않았고 주렴계·장횡거·정자·주자의 학문도 실로 사라지지 않았다. 삼대三代 이후의 성제聖帝·명왕明王과 한·당·송·명의 훌륭한 법과 아름다운 제도도 실로 바뀌지 않았다. 저 호로胡虜는 참으로 중국이 이롭고 오래 누릴 만하다는 것을 알아 마침내 빼앗아 웅거하여 본디 자기 것처럼 하고 있다. 천하를 다스리는 자는, 진실로 이민후국利民厚國이라면 비록 그 법이 혹 이적夷狄에게서 나왔다 할지라도 진실로 장차 그것을 취해 본받아야 할 터인데, 하물며 삼대 이후 성제·명왕과 한·당·송·명에 본디 있던 옛 제도임에랴. 성인聖人이 『춘추』를 지으신 건 실로 존화양이尊華攘夷를 위해서다. 하지만 이적이 중화를 어지럽힌 데 분개하여 중화의 높일 만한 것까지 배척

---

38 「北學議序」, 『燕巖集』 권6; 「북학의서」, 『연암집(하)』(신호열·김명호 역, 돌베개, 2007), 66면.

하셨다는 말은 듣지 못했다. 그러므로 지금의 사람이 진실로 양이攘夷를 하려면 중화의 유법遺法을 모조리 배워 먼저 우리 풍속의 미개한 점을 바꾸는 일이 급선무니, 경耕·잠蠶·도陶·야冶에서부터 공업과 상업에 이르기까지 배우지 않으면 안 된다.[39]

(가)는 『북학의』 서문의 한 대목이고, (나)는 『열하일기』에 실린 「일신수필」馹迅隨筆의 한 대목이다. 박제가와 여출일수如出一手임이 확인된다. 박지원의 말 속에도, 담헌과 성대중의 담론이 들어와 있다. 그리하여 박제가의 『북학의』에 실려 있는 「존주론」尊周論과 동일한 논리 구조를 보이고 있다.[40]

또한 주목해야 할 점은 박제가든 박지원이든 북학의 제론提論이 '이용후생'利用厚生에 대한 강조와 동시적으로 나타나고 있다는 사실이다.[41] '북학론'이 내용적으론 '이용후생론'임이 확인되는 것이다.

5) 북학론과 홍대용 사상의 동이同異

지금까지 '북학' '북학파' '북학사상' '북학론' 등의 용어에 대해 검토해 보았다. 이 작업은 담헌의 사상을 새롭게 규정하는 데 불가결한 것이다. 왜냐면 종래 담헌의 사상은 주로 이들 용어에 의해 규정되어

---

39 「馹迅隨筆」, 『열하일기』, 『연암집』 권12.
40 아마도 「일신수필」의 이 말은 박제가의 「존주론」을 부연한 것으로 보인다.
41 이용후생에 대한 박지원의 주장은 상기 인용문에 보이고, 박제가의 경우 『북학의』 자서(自序)의 다음 말에서 확인된다: "이용(利用)과 후생(厚生)은 한 가지라도 갖추어지지 않으면 위로 정덕(正德)을 해치는 폐단을 낳게 된다."

왔음으로써다. 하지만 필자는 담헌 사상이 이들 용어로 규정되어서는 안 된다는 생각을 갖고 있다. 담헌 사상을 정당하게 이해하고 그 본질을 포착하기 위해서는 북학파에서 담헌을 분리해 내는 작업이 필요하다.[42]

이 절에서는 지금까지의 논의를 토대로 담헌의 사유와 북학론의 동이同異를 개략적으로 정리해 보기로 한다.

담헌 사상 전개의 제2단계에서는 청 왕조와 중원의 문물이 분리되어 사유된다. 북학론은 담헌의 이런 사유 태도를 그 담론의 논리적 기초로 받아들였다. 이 점에서 담헌의 사유는 북학론에 논리적 근거를 제공한 면이 없지 않다. 뿐만 아니라 『연기』에서 확인되듯 담헌은 '실용'을 중시하는 차원에서 중국의 기용器用과 제도, 풍속을 주의 깊게 관찰하고 있고, 중국 인민의 살림살이를 세심하게 들여다보고 있으며, 서양의 과학기술에 학문적 관심을 기울이고 있다. 담헌의 이런 면모는 '이용후생'을 실질로 삼는 북학론과 그 지향에 있어서 일정하게 통하는 데가 없지 않다.

하지만 담헌의 사유와 북학론의 상통점은 대체로 이 정도에 불과하다. 그렇다면 담헌은 박지원·박제가와 같은 북학론자와 어떤 점에서 구별되는가?

첫째 화이론에서 구별된다. 박지원이나 박제가는 중화주의 내지 화이론에서 벗어나지 못했다. 북학론은 비록 청 문물의 발전을 인정하는 현실주의에서 출발하고 있기는 하나, 그리하여 청나라를 오랑캐로 무시 내지 멸시하는 태도를 벗어났기는 하나, 그럼에도 '화/이'의 인식 틀을 탈피한 것은 아니다. 북학론은 비록 당대 조선에 횡행하던 조선

---

42 필자는 종전에 담헌을 북학파로 보는 학계의 통설을 따랐다. 따라서 본서의 이런 입장
은 필자의 이전 견해를 스스로 비판하면서 수정하는 의미가 있다 할 것이다.

중화주의에 대한 반대에서 비롯된 것이기는 하나, 수천 년간 동아시아 질서를 규율해 온 화이론이라는 쉐마Schema 속에 있다는 점에서는 조선중화주의와 다르지 않다. 다만 조선중화주의가 허위적 자기의식을 강화하여 청＝이夷, 조선＝화華라는 도식을 구축했다면, 북학론은 조선은 어디까지나 이夷이며 중화는 따로 있다는 쪽으로 인식의 방향을 수정했을 뿐이다. 이 인식의 수정은 어찌 생각하면 전통적인 화이론으로의 복귀를 뜻하는 것일 수 있다. 특별한 가치론적 의미를 갖는 '북학'이라는 용어를 사용하고 나선 것에서 이런 함의를 읽어 낼 수 있다.

이와 달리 담헌은 화이론 자체를 부정하는 쪽으로 나아갔다. 이는 청을 오랑캐로 보는 관점의 부정일 뿐 아니라, 중국을 화華, 조선을 이夷로 보는 인식틀의 부정이기도 하다. 말하자면 담헌은 수천년 간 동아시아를 규율해 온 세계관적 패러다임에 해당한다 할 '화이론＝중국중심주의' 그 자체를 이론적으로 부숴 버리고 새로운 대안적 세계관을 구축하는 지적 기획企劃을 수행한 것이다. 이 점에서 담헌의 사상은, 북학의 이용후생적 지향성을 완전히 부정하고 있는 것은 아니라 할지라도(그렇다고 그에 완전한 공감을 표시하고 있는 것도 아니지만), 북학의 세계관적 인식틀 자체는 부정하고 있는 것이 된다. 이를 담헌이 북학의 내부에서 북학을 수정한 것으로 이해해서는 안 된다. 그것은 비록 담헌 사유의 어떤 계기가 북학론자에게 원용援用되기는 했어도, 담헌 스스로는 북학과는 다른 경로로 자신의 사유를 발전시켜 나간 결과인 것이다.

둘째, 문명과 물질적 가치를 보는 관점상에서 구별된다. 북학파는 기본적으로 문명, 특히 물질 문명의 우열을 인정했으며, 열등한 문명은 우등한 문명을 배워야 하고 그것을 통해 자기를 부강富强하게 만들어야 한다는 입장을 취하였다. 이러한 입장은 무엇보다도 기술과 생산력에 기초한 물질적 가치를 우선적으로 중시하는 태도를 그 바탕에 깔고 있다고 하지 않을 수 없다. 박제가나 박지원이, '검소함'이 미덕이 아니라고 보면서 물질적 풍요에 기초한 세련을 긍정한 것도 이와 관련이 있다.[43] 북학론자의 이런 태도가 조선의 가난을 극복하고자 하는 절박한 요청에서 연유한다는 점은 인정되나, 그렇다고 하여 문명을 보는 이들의 시각이 '물질'의 '효용'과 '편리'에 맞추어져 있다는 사실이 간과되어서는 안 될 것이다.

담헌 역시 물질에, 그리고 효용에, 관심을 안 가졌던 것은 아니나, 인간의 삶은, 그리고 인간의 삶에 의해 총체적으로 구현되는 문명은, 사치나 낭비가 아니라 절검節儉, 즉 절약과 검소함에 의해 그 건강성이 담보된다는 관점을 견지했다는 점에서 박제가 등과 구별된다. 담헌이 중화 문명의 쇠락과 호胡, 즉 북방 오랑캐의 흥기를 역사의 필연적인 방향으로 인식한 것도 문명을 보는 그의 이런 독특한 관법觀法에 기인한다. 요컨대, 담헌이 좀더 '원리적'으로, 그리고 좀더 생태주의적으로 문명과 세계를 전망하는 태도를 보여준다면, 북학론자는 좀더 공리적功利的으로 문명과 세계를 전망하고 있다는 점에서 차이가 있다. 이 차이는 담헌이 자연 세계, 즉 사물의 세계에까지 확장된 '겸애'의 시선을 지녔다는 데서 주로 기인한다고 생각된다.

셋째, 사상의 지향성에서 구별된다. 박지원과 박제가의 사상은 크게 보아 유가 사상에서 벗어나지 않는다. 박지원은 관념적인 성리학을 비판하며 그 말폐를 적극적으로 비판했으나 그렇다고 해서 꼭 성리

---

43 「북학의서」, 『연암집』 권6; 「시정」(市井), 『북학의』 참조. 특히 「시정」에서는, 소비와 생산의 관계를 비유적으로 표현하길, "汲則滿, 廢則竭"이라고 했다. 생산과 소비, 그리고 자원에 대한 지극히 낙관적인 견해를 읽을 수 있다.

학의 틀 바깥으로 나간 것은 아니다.[44] 특히 만년의 박지원은 정주학程
朱學에의 경사를 보여준다. 박지원이나 박제가는 북학론을 뒷받침하는
사상으로 『관자』管子에 주목하기도 했으나,[45] 그렇다고 해서 이들의 사
상이 유가를 벗어나 법가法家 쪽으로 나아간 것은 아니다.

　이와 달리 담헌은 자신의 학문 방법 내지 사상 구축 방법을 '공관
병수'公觀倂受로 설정한 데서 잘 드러나듯, 정주학程朱學, 나아가 유학
외부의 제 사상을 이단으로 배척하지 않고 자신의 사유 속에 적극적으
로 포섭하는 태도를 보이고 있다. 그리하여 전통적으로 유가가 그토록
배척해 마지않았던 양주楊朱와 묵적墨翟까지도 그 사상의 어떤 계기를
적극적으로 긍정하고 있다. 특히 묵자의 평등과 겸애의 사상을 공관병
수하여 이를 토대로 새로운 세계관과 사회적 원리를 창조해 내고 있음
은, 종래에는 간과되어 왔지만, 각별한 주목을 요한다. 그리하여 담헌

44　박지원의 주자학에 대한 태도는 김명호, 「연암 문학사상의 성격」(『한국한문학연구』 17,
1994) 참조.

45　박지원의 관자(管子)에 대한 관심은 『역주 과정록』(김윤조 역주, 태학사, 1997), 229면
의 "매양 관중(管仲)·상앙(商鞅)의 공리와 실용을 추구하는 학문이 진실로 취할 만한 것이
있다 말씀하셨다"라는 말 참조. 또 『연암집』 권16, 『과농소초』(課農小抄), 「제가총론」(諸家
總論)의 "管商足佐覇之才, 而其能明於本末輕重之辨如此, 是豈可以功利之說而忽之哉?"라
는 말도 참조. 박제가의 경우, 『북학의』 자서의 "管仲曰: 衣食足而知禮節"이라고 한 말, 그
리고 『북학의』의 「재부론」(財富論)에서, "배로 외국과 통상하였고/수레로 말과 노새를 편
하게 하였다/이 두 기구를 다시 사용하지 않는다면/관중(管仲)이나 안자(晏子)인들 방법
이 있겠나"(『북학의』, 174면)라고 한 말 참조. 한편, 박지원과 박제가의 『관자』에 대한 주목
이 꼭 특별한 것만은 아니다. 이들 외에도 조선 후기 실학자들 중에는 부국안민(富國安民)
의 방책을 도모하는 과정에 『관자』를 주목한 이들이 적지 않기 때문이다. 가령 이익, 유수
원, 정약용 등도 『관자』를 인거(引據)하고 있다. 담헌 역시 『관자』를 읽은 것으로 보인다.
『계방일기』 을미년(1775) 3월 29일자의 기록에서 그 점을 알 수 있다. 조선 후기 지식인
들의 『관자』 독서 양상에 대해서는 심경호, 「조선후기 지성사와 제자백가―특히 『관자』와
『노자』의 독법과 관련하여」(『한국실학연구』 13, 2007)가 참조된다.

은, 비록 그 출발은 유가였으나, 종내에는 유가라고만 못박기 어려운 독특한 사유 체계를 구성해 보이고 있다. 말하자면 담헌은 몇 개의 고개를 넘어 마침내, 적어도 사유에 있어서는, 당대 밖으로, 즉 체제 밖[46]으로 훌쩍 나가 버린 것이다.

북학론은, 비록 당대의 보수적 학자들로부터는 비난받았을 수 있으나, 그렇다고 해서 그 사유방식과 사유틀이 유가 밖으로 나가거나 체제 밖으로 나간 것이라고 보기는 어렵다. 그것은 어떤 면에서는 또 다른 방식으로 조선이라는 체제를 뒷받침하는 논리였을 수 있다. 진소본進疏本 『북학의』에 대해 군주인 정조正祖가 보인 태도라든가, 북학론의 19세기적 향방에서 그 점이 잘 드러난다.[47] 하지만 담헌 사상의 지향성은 체제와의 관계에 있어서나 그 혁신성에 있어서나 북학론의 그것과는 본질적 차이가 있다.

6) 소결

지금까지 한국 학계는 담헌이 북학파라는 사실에 어떤 회의도 품은 적이 없다. 그리하여 담헌의 사상은 줄곧 북학파의 프레임 속에서 조명되어 왔다. 담헌이 과연 북학파인가 아닌가 그 점을 곰곰이 따져

---

46 이 경우 '체제'란 단지 조선만이 아니라 넓게는 동아시아 세계도 해당된다. 담헌의 평등주의적 사고는 교육을 통한 지식의 인민적 확산 및 신분제도의 내파(內破)를 꾀하고 있을 뿐만 아니라, 동아시아 세계를 규율하던 화이론을 깨뜨려 버리고 있음으로써다.

47 이 점에서 관료학자인 홍양호(洪良浩)와 서유구(徐有榘)가 주목된다. 북학론은 이제 재야 지식인이나 소외된 학인만이 아니라 위정자들까지도 담론 형성에 참여하고 있음을 이들을 통해 알게 된다.

보는 것도 학문적으로 중요하고 필요한 일이지만, 그보다 더 중요한 것은 당시 조선 사상계의 지형地形 속에서, 그리고 더 나아가 당시 동아시아 사상계의 지형 속에서 담헌의 독특한 사상적 성취가 과연 무언지를 사려 깊게 따져 보는 일이 아닌가 생각된다. 그것은 동시에 북학파의 성취와 한계를 좀더 냉철하게 직시할 수 있게 하는 준거점을 제공해 준다는 점에서도 의미가 없지 않다. 말하자면 조선 후기 사상사를 읽는 우리의 눈을 좀더 복안화複眼化하고 심화深化하는 길이 되는 것이다.

담헌을 억지로 북학파 속에 구겨 넣어 버릴 경우 담헌 사상의 고유한 면모가 사상捨象되어 버린다는 점만이 문제는 아니다. 그것은, 과거를 통해 배우며 미래를 향해 다양한 사고의 유영遊泳을 시도해 나가야할 오늘의 우리에게도 별로 득 될 게 없는 일이라고 판단된다.

박지원과 박제가는 담헌 사유의 어떤 계기를 원용援用해 '북학'이라는 담론을 창안해 냈다. 이는 이들의 공이다. 하지만 담헌은 이들과의 교분交分에도 불구하고 북학과는 다른 문명론적 전망, 북학과는 다른 데 방점傍點이 찍히는 사회 개혁 방안, 북학과는 다른 사상적 전망을 모색하는 쪽으로 나아갔다. 요컨대 담헌은 박지원이나 박제가와는 다른 세계, 다른 사회를 꿈꾸었다고 생각된다. 양자는 모두 조선을 개혁하여 잘사는 나라, 훌륭한 나라를 만들고자 했으나 그 경로와 방법은 물론이려니와 인간과 자연의 관계 설정 자체가 크게 달랐던 것이다.

북학파가 청나라의 선진 기술 도입을 가장 중시했다면, 담헌은 **평등한** 사회로의 변혁을 가장 중시했다. 북학파에게는 이런 평등의 지향이 부족하거나 불철저한 편이다.[48] 담헌 사상의 핵심은, 국제 관계에

---

48 이 점은 본서 제5장 제3절 '평등의 문제'에서 자세히 검토된다.

있어서건 국내 관계에 있어서건, 바로 이 '평등'에 있다고 판단된다. 적어도 이 점에서만 본다면 담헌은 요즘으로 볼 때 급진 좌파쯤에 해당되고, 박지원·박제가는 중도 좌파쯤에 해당될 터이다(이 두 사람 간에도 또 얼마간의 차이가 있긴 하지만). 요컨대 사상적 스탠스가 다르다는 말이다.

제5장

조선 후기 사상사의 추이와 홍대용

1) 사상의 자유 추구

❶ 주지하다시피 조선 왕조는 주자학에 의해 규율되던 사회였다. 특히 조선 후기, 즉 17세기 이후에는 주자학이 '교조화'되면서 사상행위와 학문행위에 억압적인 작용을 하였다. 1623년 서인西人 세력이 이른바 인조반정을 일으켜 집권하면서부터 주자학은 더욱 더 유일하고 절대적인 진리 체계로서 신봉되어 갔다. 그것은 명청明淸 교체라는 동아시아 질서의 전환과도 맞물려 있었다. 그리하여 이 시기에 주자학은 서인이 주도한 대명의리론이나 조선중화주의론을 떠받치는 이념적·사상적 근거가 되었다.

인조반정과 명청 교체 이후 나타난 조선주자학의 이런 면모를 가장 '순수한' 형태로 보여주는 예가 우암尤庵 송시열宋時烈(1607~1689)이다. 그는 위대한 주자의 학문에는 단 하나도 오류가 없는바 후대의 학자들이 할 일은 그것을 학습하고 실천하는 일밖에 없다고 보았다. 그것은, 주자에 의해 학문이 최종적으로 완성되었으므로 더 이상 새로운 창조적인 학문행위는 불필요할 뿐 아니라 불가능하다는 선언에 다름아니었다. 서인(나중에는 노론)의 이념적 지도자였던 산림학자 송시열의 이 기괴하고 꽉 막힌 사고로 인해 조선의 학문행위와 사상행위는 심대한 타격을 받았다. 그리하여 주자의 오류를 수정하면서 좀더 유연한 태도로 학문행위를 수행하고자 했던 윤휴尹鑴(1617~1680)나 박세당朴世堂(1629~1703)은 노론 측으로부터 사설邪說, 즉 사악한 주장을 펼친 것으로 공격받았다. 이 점에서, 송시열에 의해 수행된 주자학의 절대화는 조선 학인學人의 자유롭고 창발적인 사상행위와 학문행위에 족쇄를 채우고 재갈을 물리는 결과를 초래하였다.

17세기는 이처럼 주자학이 더욱 강화되어 간 특징을 보이지만, 다른 한편으로는 일부 지식인들 사이에서 도가, 불교, 양명학 등 이른바 이단에 관심을 쏟으면서 사상의 지평을 넓혀 가고자 한 움직임도 없지 않았다.

예컨대 허균許筠(1569~1618) 같은 이는 젊은 시절 불교와 도가에 관심을 쏟았으며, 만년에는 양명학에 경도되었다. 허균은 삼척부사로 있을 때 불교를 숭배했다고 해서 파직되었는데, 그 무렵 쓴 시에, "밤에 불경 읽어/집착하는 마음은 없으나/(…)/내 운명 편안히 여기나니/서방 정토에 가고픈 꿈은 여전하다오" "예교禮教로 어찌 자유를 구속하리/부침浮沈을 오직 정에 맡길 뿐/그대들은 그대들의 법을 따르라/나는 내 삶을 살아가리니/(…)"[1]라는 술회가 보인다. 또한 허균은 공주목사를 지내다 파직당했는데, 이 무렵 당대의 유명한 신선자류神仙者流인 남궁두南宮斗와 접촉한 일이 있다. 허균은 당시 남궁두에게 들은 말을 토대로 「남궁선생전」이라는 소설을 쓴 바 있다.[2] 이 작품은 신선 수련

---

1 「聞罷官作」,『惺所覆瓿藁』권2, 詩部2;「내 삶을 살아가리니」,『나는 나의 법을 따르겠다─허균 선집』(정길수 편역, 돌베개, 2012), 64면.
2 박희병,『韓國漢文小說 校合句解』(제2판; 소명출판, 2007), 419면 참조.

의 단계와 방법을 아주 구체적으로 기술하고 있다. 허균은 다음 글에서 보듯 스스로의 입으로 자신이 도가와 불교에 심취했음을 밝히고 있다.

저는 세상과 들어맞지 않는 사람이라서 생사와 득실에 관한 모든 것을 마음에 담아 두기에 부족하다 여겼습니다. 차츰 노장老莊과 불교의 무리를 추종하며 이에 의탁해 세상으로부터 달아났는데, 세월이 오래 흐르다 보니 저도 모르게 깊이 젖어 들었습니다.[3]

허균은 1615년 명나라에 사신으로 갔는데, 동년 11월 이탁오의 묘가 있는 북경 통주通州에서 『분서』焚書를 처음 읽게 된다. 이 사행使行을 계기로 허균의 사상은 양명학으로 전회轉回한 것으로 보인다.[4]

한편, 17세기 전기에 활동한 장유張維(1587~1638)는 성리학에서 이탈해 양명학에 경도되었다. 그는 다음 말에서 보듯 학문행위의 다양성을 적극 옹호하였다.

중국의 학술은 다양하다. 유가儒家가 있는가 하면 불가佛家도 있고, 도가道家도 있다. 또 정자程子와 주자朱子의 학문을 배우는 사람이 있는가 하면, 육구연陸九淵의 학문을 배우는 사람도 있다. 학문의 길이 하나가 아닌 것이다. 그런데 우리나라에서는 유

---

3 「答崔汾陰書」, 『惺所覆瓿藁』 권10, 文部7;「최천건에게 보낸 편지 1」, 『나는 나의 법을 따르겠다―허균 선집』, 213면.

4 종래 학계에서는 허균이 젊은 시절부터 양명학, 특히 이탁오의 양명학에 영향을 받은 것으로 추정해 왔으나, 정길수, 「해설」, 『나는 나의 법을 따르겠다―허균 선집』, 292면에 따르면, 허균이 양명학 쪽으로 사상의 전회를 보이는 것은 최만년인 1615년 11월 이후다.

식한 사람이나 무식한 사람이나 책을 끼고 다니며 글을 읽는 사람들은 모두가 정자와 주자만을 칭송한다. 다른 학문을 하는 사람이 있다는 말은 들은 적이 없다. 혹시 우리나라 선비들의 풍습이 중국 선비들의 풍습보다 나아서 그런 것인가? 아니다. 중국에는 학자가 있지만 우리나라에는 학자가 없기 때문에 그런 것이다.[5]

　　장유의 상기 언술은 특정한 사상만을 절대적 진리로 간주하지 않고 진리의 복수성複數性을 인정하고 있다는 점에서 주목된다. 학문의 다양성에 대한 옹호는 진리가 꼭 하나이지만은 않고 여럿일 수 있다는 생각에서 비롯된다. 장유는 유자儒者였음에도 불구하고 불가나 도가를 이단으로 배척하기는커녕 학문의 영역에서 불가와 도가를 유가와 병치시키고 있다. 장유 진리인식의 남다른 면모다. 장유의 이런 인식은 학문의 자유 내지 사상의 자유에 대한 옹호를 담지하고 있다고 할 만하다. 이는 한국 근세 학술사상學術史上 초유의 일이다.

　　허균이나 장유는 17세기 전기에 활동한 인물들로서 아직 학계에 교조주의의 광풍狂風이 불기 전이라 그런 모색이 가능했을지도 모른다. 하지만 송시열에 의해 주자학의 절대화가 도모된 17세기 후기라고 해서 학문행위에서 자유의 영역을 확대해 간 학인들이 없었던 것은 아니다. 윤휴와 박세당은 어디까지나 주자학의 틀 속에서 주자의 오류를 수정하고자 한 것으로 보이므로 일단 논외로 한다 하더라도, 동시기 홍만종洪萬宗(1643~1725) 같은 학인은 유학이 아니라 도가에 의거해 사

---

5 『谿谷漫筆』 권1, 『谿谷集』; 「우리나라의 경직된 학풍」, 『개구리 울음소리─장유 선집』 (최지녀 편역, 돌베개, 2006), 200면.

상행위를 전개하였다는 점이 주목된다. 홍만종은 비록 도가에 경도되어 있었지만 그렇다고 하여 유가나 불가의 진리성을 인정하지 않은 것은 아니다. 그는 유·불·도는 모두 제각각 진리를 담지하고 있으며, 이 진리는 상호보완적인 성격을 갖는다고 보았다. 홍만종의 다음 말에서 그 점이 확인된다.

천하에 3교가 있으니 유가와 도가와 불가다. 인의仁義를 주로 하여 자기의 덕을 밝히고 남의 덕을 밝히며, 군신과 부자 등의 오륜을 다 밝히고, 만물이 그 직분에 편안하고 곤충과 초목이 모두 그 은택을 입어 명命이 다하면 죽음으로 돌아가 하늘에 따르는 것, 이는 유가의 성현聖賢의 도다.

청정淸淨을 주로 하여 수화水火로써 연형鍊形하고 도기導氣하여 몸의 껍데기를 버리고 정신을 고양해, 물외物外에 날아올라 항해沆瀣와 적하赤霞를 마시고 해와 달의 정기를 먹으며, 티끌세상 보기를 하루살이처럼 하고 고금古今을 조석朝夕과 같이 여겨 천백 겁劫이 지나도록 세상과 단절하는 것, 이는 노씨老氏의 도다.

적멸寂滅을 주로 하여 지혜를 어머니로 삼고 방편을 아버지로 삼으며 법열法悅을 처로 삼고 자비를 아들로 삼아 번뇌를 스스로 여의며, 집착도 없고 번뇌에 물듦도 없는지라 원통자재圓通自在하고 신변무애神變無碍하여 윤회의 길이 끊어지고 지옥이 영구히 소멸하여 몸이 허물어지더라도 더욱 밝고, 겁劫이 다하더라도 더욱 굳건한 것, 이는 불가의 도다.

3교는 각기 다르다. 선仙·불佛은 오로지 견성見性을 근본으로 삼고 유儒는 인륜을 중히 여기는데, 이는 마치 옷감과 곡식이 일상생활에 대단히 필요한 물건이라 단 하루라도 없어서는 안 되는

것과 같다.[6]

여기에서 보듯 유가, 도가, 불가를 배타적·대립적인 것이 아니라 상호보완적인 것으로 파악하고 있다. 이른바 '3교 회통會通'의 입장이다. 홍만종의 이런 관점은 장유의 생각을 잇는 것이라 할 만하다. 아닌 게 아니라 그는 상기 인용문 바로 뒤에 "중국의 학술은 다양하다. 유가儒家가 있는가 하면 불가佛家도 있고, 도가道家도 있다"로 시작되는 장유의 말을 인용한 다음 그에 대한 공감을 표시하고 있다.[7]

홍만종이 보여주는 이런 3교 회통의 관점은 18세기 중엽에 활동한 중인층 문인인 이언진李彦瑱에게서도 발견된다. 이언진은 유·불·도를 모두 긍정하였다. 그는 억압적이며 차별을 정당화하는 주자학에 반대하여 양명학, 특히 이탁오의 좌파 양명학에 경도되었으며, 불교와 도교를 통해 자신의 주체성을 정립하였다. 다음 시들이 참조된다.

> 호동衚衕에 가득한 사람들 그 모두 성현聖賢
> 배고파 고통에 시달리고 있어도.
> 양지良知와 양능良能을 지니고 있음을
> 맹자가 말했고 나 또한 말하네.
>
> ─『호동거실』衚衕居室 제19수[8]

---

6 『旬五志』下,『洪萬宗全集』上(태학사, 1980), 71〜72면.
7 "나는 장유의 이 말에 마음으로 묵계(默契)함이 있어 여기에 함께 기록해 두어 대유(大儒)와 군자의 상량(商量)을 기다린다"(위의 책, 73면)라고 했다.
8 번역은 박희병,『저항과 아만』(개정판: 돌베개, 2012), 87면의 것이다.

관冠은 유자儒者요 얼굴은 승려

성씨는 상청上淸의 노자老子와 같네.

그러니 한 가지로 이름할 수 없고

삼교三敎의 대제자大弟子라 해야 하겠지.

　　　　　　　　　　　　　—『호동거실』 제120수[9]

첫 번째 시는, 골목길에 사는 하층민들을 모두 성현이라고 말하고
있다. 인간의 사회적 평등에 대한 천명闡明이다. 두 번째 시는, 이언진
이 유·불·도 중 어느 하나를 존신尊信하고 나머지를 배척하는 것이 아
니라 셋 모두를 존신하고 있음을 밝히고 있다.

이언진이 당대의 주류 사상인 주자학에 반대하여 좌파 양명학에
심취한 것이나 불교와 도교를 신봉한 것은 몸소 사상의 자유를 추구
한 것으로 이해될 수 있다. 이 경우 사상의 자유는 차별에 반대하며 인
간의 평등함을 추구하기 위한 불가결한 조건이다. 이 점에서 이언진이
제론提論한 3교 회통은 장유나 홍만종과는 그 내적 지향과 전망을 달리
한다.

허균, 장유, 홍만종은 주자학 일변도의 조선 학계에서 이탈해 학문
내지 사상의 다원화를 긍정하는 길로 나아갔고, 이 점에서 사상의 자
유를 향한 도정에서 제각각 일정한 기여를 했다고 평가할 수 있지만,
그럼에도 그것은 모두 기본적으로 기존의 사회 체제를 그대로 인정하
면서 어디까지나 그 틀 속에서 학문행위와 사상행위의 유연성과 다양
성을 확대하려는 노력이었다고 할 수 있다. 그런데 이언진이 추구한 3
교 회통은 차별과 억압의 지배 질서, 그리고 그것의 근간을 이루는 신

9　번역은 위의 책, 306면의 것이다.

분제를 이념적으로 안받침하는 주자학에 대한 반대를 위한 것이라는 점에서 이들과 분명한 차이가 있다. 다시 말해, 이언진이 보여준 사상의 자유에 대한 추구는 기성의 체제를 부정하고 그것을 뛰어넘고자 하는 기도企圖와 불가분적으로 연결되어 있다.[10]

❷ 조선 후기 사상사의 추이에서 본다면 담헌에게서 확인되는 사상의 자유에 대한 추구는 허균, 장유, 홍만종, 이언진 등의 분투와 맥이 닿는다고 할 수 있을 터이다. 하지만 이들과 담헌 간에는 간과해서는 안 될 중요한 차이가 있다.

허균·장유·홍만종은 모두 사족士族 출신 학인이며, 이 점에서 담헌과 같다. 허균·장유·홍만종은 주자학을 유일한 진리로 인정하지 않고 양명학이나 도가나 불교 역시 진리를 담지하고 있다고 보았다. 말하자면 '진리의 복수성'을 승인한 것이다. 진리의 복수성을 승인하고 있음은 담헌 역시 마찬가지다. 하지만 담헌의 경우 진리의 영역이 이른바 유·불·선에 국한되지 않는다는 점에서 이들과 차이를 보인다. 담헌은 유·불·선은 물론이고 묵자墨子, 양주楊朱, 서학西學에도 각각 진리가 담지되어 있다고 보았다. 그러므로 담헌에 와서 진리의 영역이 한층 확장되었다고 말할 수 있다. 중요한 것은 이 진리 영역의 확대가 진리인식의 확대 내지 새로운 진리 구성을 낳는다는 사실이다. 담헌이 허균·장유·홍만종처럼 기성의 틀은 유지하면서 그 속에 새로운 사유를 보충하는 방식을 취하지 않고, 기성의 틀을 허물어 버리고 새로운 세계관, 새로운 프레임을 축조하는 방식을 취할 수 있었던 것은 이와

---

10 이 점에 대해서는 박희병, 『저항과 아만』(개정판), 34~35면, 41·91·297·309면 등 참조. 또 『나는 골목길 부처다—이언진 평전』(돌베개, 2010), 172~181면도 참조.

관련이 있다.

한편, 허균·장유·홍만종의 경우 사상의 자유에 대한 추구는 지배 사상의 유연화와 다원화를 획책한 것 이상의 의미를 갖지는 않는다. 따라서 이들의 경우 사상의 자유에 대한 추구가 조선 왕조의 작동 원리나 지배 시스템에 대한 근본적인 성찰이라든가 그와 연관되어 있는 신분제에 대한 비판적 고찰로 연결되지는 않는다. 이들은, 설사 불교에 경도되었든 도가에 경도되었든 양명학에 경도되었든 모두 유교의 기초 위에 구성된 사회 체제를 이의 없이 그대로 받아들이고 있다고 생각된다. 하지만 담헌은 다르다. 담헌의 경우 사상의 자유에 대한 추구는 존재·사회·세계의 평등에 대한 본격적 탐구로 이어진다. 다시 말해 담헌에게는 사상의 자유에 대한 추구와 존재의 평등에 대한 추구, 이 둘이 딱히 분리되지 않는다. 그리하여 사상의 자유에 대한 분투가 있었기에 존재의 평등에 대한 추구가 가능했고, 존재의 평등에 대한 문제의식이 있었기에 사상의 자유에 대한 적극적 옹호가 요청되었다고 여겨진다.

허균·장유·홍만종은 그렇다 치더라도 이언진은 그리 간단치 않다. 허균 등과 달리 이언진은 신분이 중인中人이다. 따라서 그는 상층인 사족의 이해를 대변하지 않고 중인과 서민을 대변하는 사유를 전개하였다. 이 점에서 이언진이 추구한 사상의 자유가 갖는 함의는 허균·장유·홍만종의 그것과 다를 수밖에 없다. 담헌과 이언진은 동시대인이다.[11] 흥미로운 것은, 이언진과 담헌은 비록 신분은 다르나 사유의 지향에 있어서 유사한 점이 많다는 사실이다.

---

11 담헌은 1731년생이고 이언진은 1740년생이다. 담헌의 몰년(歿年)은 1783년이고, 이언진의 몰년은 1766년이다.

이언진은 단지 주자학을 거부했을 뿐만이 아니고, 유교를 유일한 진리로 절대화하는 데 동의하지 않았다. 이언진은 유교 그 자체에 반대한 것은 물론 아니나 유교만을 절대적 진리로 강변하면서 다른 모든 사상을 이단으로 배척하는 태도에는 반대했던 것이다. 이언진은 유교만 진리성을 담지하는 것은 아니며, 다른 사상들, 특히 불교와 도교가 유교와 대등한 진리성을 담지하고 있다고 보았다. 말하자면 이언진은 불교와 도교의 진리성을 적극적으로 긍정함으로써 유교의 진리성을 제한하고 상대화해 버린 것이다. 유교의 독점적 지위를 무너뜨리면서 상대화하고자 한 이언진의 기도企圖는 신분제에 대한 그의 비전과 맞물려 있음에 유의할 필요가 있다. 유교는 상하의 분별, 위계의 엄격한 고수, 예禮를 통한 신분적 차등의 정당화를 그 핵심으로 한다. 주자학은 유교의 이런 성향을 더욱 강화시켰다. 따라서 신분제의 이념적 근거를 허물고자 한다면 적어도 유교의 독점적 지위를 부정하면서 그 진리성을 상대화할 필요가 있다. 이언진은 유교를 불교·도교와 함께 3교의 하나로 재정립함과 동시에 유교의 자리에 주자학 대신 양명학을 앉혔다. 이언진이 공감했던 양명학은 민중적 지향과 사상적 개방성이 강한 이탁오의 좌파 양명학이었다. 요컨대, 이언진에게서 확인되는 사상의 자유에 대한 추구는 지배 이데올로기를 거부함으로써 신분제를 철폐하고자 하는 계급투쟁적 지향이 도사리고 있다고 할 것이다.[12]

담헌은 지배계급의 일원이었던바, 그의 사유행위가 이언진처럼 첨예한 계급투쟁의 면모를 갖는 것은 아니다. 더구나 담헌은 중년 이전까지, 좀더 정확히 말한다면 중국에 다녀오기 이전까지는, 크게 보아

---

12 이언진의 사상 특질에 대한 이상의 서술은 박희병, 『나는 골목길 부처다―이언진 평전』, 177~182면 참조.

주자학의 틀을 벗어나지 못했다. 하지만 담헌은 중년 이후 주자학을 절대화하는 데서 탈피해 진리의 다원성을 긍정하면서 사상과 학문의 자유를 옹호하는 쪽으로 나아갔다. 그는 주자학만이 진리를 담지하고 있는 것이 아니라 장자, 양주, 묵적, 양명학, 불교 등에도 진리가 담지되어 있다고 보았다. 다음 말에서 그 점이 확인된다.

(가) 양씨楊氏의 위아爲我는 소부巢父·허유許由·장저長沮·걸닉桀溺의 유流이니, 그의 청고淸高하여 세속을 끊은 것은 넉넉히 완악한 것을 변화시켜 염치있게 할 만하였고, 묵씨墨氏의 겸애兼愛와 근검과 절용節用은 세상의 급박한 사정에 대비하여 위로는 시속時俗을 구제하고 아래로는 사사로움을 잊을 수 있게 하였으니, 또한 보통 사람들보다 월등히 현명합니다. 두 분의 도를 너무 지나치게 실천하면 혹 독행獨行(극단적 이기주의를 말함—인용자)하고 혹 노형勞形(몸을 수고롭게 함을 말함—인용자)하여 사람이 반드시 감내하지 못할 것이나, 천하를 변역變易할 걱정은 없다 하겠는데, 이를 금수로 여겨 배척하는 것은 혹 지나친 일이 아니겠습니까?

(나) 노씨(노자를 이름—인용자)의 조박糟粕이 한漢나라 문제文帝·경제景帝의 치세治世를 이루었고,[13] 선가禪家의 상승上乘이 왕양명과 육상산의 고원高遠함을 해롭게 하지 않았으니, 다스림이 문제·

---

13 한대(漢代) 초기에 문제와 경제가 황로술(黃老術)을 받아들여 간이(簡易)한 정치를 펴 백성을 편안하게 한 일을 가리킨다. '황로술'은 노자 사상에 신선 사상을 결합시킨 것이다. 그래서 '노씨의 조박(糟粕)'이라고 했다.

경제와 같으면 쇠란衰亂과 상거相距됨이 멀고, 고원함이 왕양명과 육상산 같으면 시속時俗과의 상거가 멀다 하겠거늘, 이단의 학문이 행해진다고 해서 세상에 해가 될 게 무엇이겠습니까.

(다) 강서江西의 돈오頓悟[14]와 영강永康의 사공事功[15]은 이단이기는 하나, 의리義理의 분변分辨을 밝힌 것은 세상을 맑게 할 만하고, 잃은 땅을 회복할 계책을 품은 것은 어지러움을 바로잡을 만한 것이었으니, 정학正學을 부르짖으며 인순고식因循姑息하면서 마침내 아무 실용實用이 없는 세유世儒들과 비교하면 익지 않은 오곡이 돌피만도 못한 것과 같다 하겠습니다.

(라) 지금 이단을 배척하는 자들은 미상불 그 유폐流弊를 말합니다. 하지만 천하사天下事에 어찌 유폐가 없겠습니까. (…) 그러므로 이단이 비록 여러 가지이나 징심구세澄心救世하여 수기치인修己治人으로 귀결됨은 똑같습니다. 나는 내가 좋아하는 바를 따르고 저들은 저들이 좋아하는 것을 따른다고 한들 무슨 상관이 있겠습니까. 같기가 어려운 것이 물物인데 그중에서도 마음이 더욱 그러합니다. 사람들은 저마다 자기가 좋아하고 숭상하는 것이 있거늘 누가 이를 통일할 수 있겠습니까. 그렇다고 한다면, 각기 그 좋아하는 것을 닦고 그 장점을 다하여, 사욕을 없애

---

14 '강서(江西)의 돈오'는 양명학의 일파인 강서학파(江西學派)를 가리킨다.
15 '영강(永康)의 사공(事功)'은 남송(南宋) 시대 절강성 영강 출신의 진량(陳亮)을 중심으로 하는 사공학파=영강학파(永康學派)를 가리킨다. 의리쌍행(義利雙行)과 왕패병용(王霸並用)을 주장하며 주희의 사변적인 성리학에 반대하였다.

고 풍속을 훌륭하게 함이 대동大同에 무슨 해가 되겠습니까.[16]

담헌이 46세 때인 1776년 손유의라는 중국인에게 보낸 편지의 한 구절이다. 필자가 편의상 번호를 붙여 구획해 놓았지만 원래는 쭉 이어진 글이다.

(가)에서 담헌은 자신이 양주와 묵적을 금수禽獸라고 배척하는 유가의 입장에 동의하지 않음을 분명히 밝히고 있다. 양주의 청고절속淸高絶俗, 묵적의 겸애와 근검절용에는 취할 만한 훌륭한 점이 있다고 본 것이다. 다만 그 사상을 너무 지나치게 실천할 경우 폐단이 있을 수 있다는 점에 대한 지적을 잊지 않고 있다. (나)에서는, 노자와 불교, 황로사상과 육왕학陸王學이 바른 정치와 세상의 교화에 도움이 된다고 말하고 있다. (다)에서는, 돈오頓悟를 강조한 양명학파와 의리쌍행義利雙行·왕패병용王霸並用을 내건 사공학파事功學派의 주장에 오히려 '실용'의 미덕이 담겨 있음을 지적하고 있다. (라)는 (가), (나), (다)의 주장에 대한 총괄이다. 먼저, 이단 배척에 대한 반대를 분명히 하고 있다. 이단의 학문도 징심구세澄心救世와 수기치인修己治人이라는 점에서는 그 귀결歸結이 똑같음을 인정해야 한다고 했다. 그리하여 사상 선택의 자유를 옹호하고 있다. 사람들은 저마다 자신이 좋아하는 학문을 하면 되지 꼭 특정 학문을 주장할 필요는 없다는 것이다. 그래서, 학문의 통일, 사상의 통일은 가능하지도 않고, 바람직하지도 않다고 했다. 다양한 학문, 다양한 사상이 서로 공존하면서 함께 세상에 기여할 수 있다고 본 것이다. 요컨대, 담헌은 사상 선택의 자유, 학문의 자유를 대단

16 「與孫蓉洲書」, 『杭傳尺牘』, 『湛軒書』 외집 권1 ; 「손용주에게 준 편지」, 『항전척독』, 『국역 담헌서』 II, 외집 권1, 135~136면.

히 자각적으로 천명하고 있다.

담헌은 비록 상기 인용문에서 '정학'과 '이단'이라는 종래 일반적으로 사용되어 온 용어를 구사하고 있기는 하나, 그것이 정학을 긍정·옹호하고 이단을 부정·배척하고자 해서가 아님은 자명하다. 거꾸로 담헌은 정학의 공소空疎함, 비실용성, 인순고식성因循姑息性을 지적하는 한편 정학의 입장에서 배척해 온 이단 학문들의 장점을 두루 거론함으로써 이단 학문에 학문적 시민권을 부여하고 있다. 그 결과 이단 학문들은 정당하게도 정학＝주자학과 공존·경합하는 관계로 격상된다.

이처럼 담헌은 비록 종래의 정학과 이단이라는 용어를 쓰고 있기는 하나 이 둘을 대립항으로 파악하고 있지 않으며, 대립을 해체시키면서 양자를 병치並置하는 쪽으로 나아갔다고 파악된다. 담헌의 이런 입장은 '공관병수'公觀併受라는 테제로 요약된다.

담헌은 성리학자 김원행金元行의 제자다. 따라서 그 학문적 연원이 성리학에 있음은 췌언이 필요치 않다. 하지만 그는 학문적 출발점에 자신을 고정시키지 않았으며, 아주 유연한 태도로 성리학 이외의 학문에 관심을 쏟아 자신의 사상을 계속 갱신해 나갔다. 만년의 담헌은, 비록 유학을 부정한 것은 아니며 유학에 여전히 크게 기대고 있음이 분명하지만, 그렇다고 해서 엄격한 의미에 있어 유자儒者라고 할 수는 없지 않은가 한다. 적어도 당대 조선의 기준으로 본다면 만년의 담헌은 '유자'라고 하기에는 그 사상의 내부에 이상하고 '불순'하며 유학과 상치되는 모멘트들이 너무 많다고 여겨진다. 이는 당연한 결과다. 담헌의 관심은 유학인가 유학이 아닌가를 따지면서 유학의 본령을 지키는 데 있었던 게 아니라, 여러 학문과 사상을 공관병수하면서 진리를 재축조再築造하고, 세계를 재구성하며, 인간과 공동체의 삶을 좀더 나은 방향으로 개선하는 데 있었음으로써다. 담헌이 학문과 사상의 자유를

옹호한 까닭이 이에 있다.[17]

사상 선택의 자유, 사상행위의 자유에 대한 담헌의 옹호는 그의 존재론과 표리 관계를 이룬다. '인물균'으로 집약되는 담헌의 존재론은, 특정 존재의 중심성을 부정하고 모든 존재의 평등을 긍정함을 그 골자로 한다. 거기서는 중심/주변, 우/열의 차등이 인정되지 않는다. 모든 존재는 위계적이 아닌 수평적인 상호관계 속에서 공존·공생하는 것으로 이해된다. 따라서 상호존중 및 주체의 겸손이 중요해진다. 담헌의 존재론에서 읽을 수 있는 이런 면모는 사상과 학문의 자유를 뒷받침한다고 판단되는 저 '공관병수'라는 그의 학문 방법론상의 테제에서도 비슷하게 확인된다. 즉, '공관병수'에서는 사상(혹은 학문)에 있어서 특정한 절대적 중심이 인정되지 않으며, 모든 사상은 공평무사하게 취급되고, 그 장점이 수용된다. 다시 말해, 이른바 '정학'(=주자학)을 중심으로 사유하면서 다른 사상들을 위계적으로 배치하거나 배척하는 태도를 취하지 않고, 기본적으로 모든 사상들에 각기 그것대로의 진리성이 담지되어 있다는 입장을 취한다. 담헌은 비록 모든 사상이 '평등'하다는 말을 한 적은 없지만, 조선 학계가 이단 사상을 대할 때 보여 온 기존의 위계적이고 불평등한 시각을 지양하고 있음은 분명하다. 그래서 만년의 저작 『의산문답』을 통해 비非유가, 혹은 탈脫유가적 입장에

---

17 이 점과 관련해 『의산문답』 서두의 다음 구절이 재음미될 필요가 있다: "'너의 이른바 현자(賢者)란 어떤 자이냐?' 허자가 말했다. '주공(周公)과 공자(孔子)의 업(業)을 높이고 정자(程子)와 주자(朱子)의 말을 익혀서 정학(正學)을 부지(扶持)하고 사설(邪說)을 물리치며, 인(仁)으로써 세상을 구제하고 명철함으로써 몸을 보전하는 자가 유문(儒門)에서 말하는 현자입니다.' 실옹이 고개를 치켜들고 웃으면서 말했다. '네가 학문의 미혹됨이 있음을 진실로 알겠다. (…)'" 담헌은, 유학이 '정학/이단'을 엄별하고 이단을 내침이 실은 빼기는 마음과 이기려는 마음에서 비롯되며, 인(仁)을 운위함은 실은 권력을 유지하려는 마음에서 비롯된다고 보고 있다. 요컨대 유학의 진리인식에 동의하고 있지 않은 것이다.

서 유가 사상의 여러 계기들을 조목조목 비판하거나 부정하는 일이 가능했던 것이다.

이렇게 본다면, '공관병수'라는 학문 연구 방법 내지 학문 연구의 태도로부터 '인물균'이라는 저 독특하고도 파격적인 존재론이 나올 수 있었고, '인물균'이 설파되고 있는『의산문답』은 '공관병수'의 구체적 실천이자 그 결실이라고 말할 수 있지 않을까 한다. 요컨대,『의산문답』에서 확인되는, 유가의 발상을 뛰어넘는 담헌 특유의 인식론과 존재론은 그가 추구하고 옹호한 사상행위의 자유, 학문행위의 자유와 불가분리적인 관계에 있다고 생각된다.

이쯤에서 다시 이언진과 담헌을 대면시켜 보기로 하자. 사상행위에 있어 이언진과 담헌이 보여주는 유사성으로 가장 주목되는 점은, 사상의 자유에 대한 추구와 존재의 평등에 대한 추구가 서로 연결되어 있다는 사실일 것이다. 다만 이언진의 경우 중인이라는 자신의 존재 여건상 신분 해방을 위한 '실존적' 절실함이 사유행위의 기저에 자리하고 있다고 한다면, 사대부 신분인 담헌의 경우 비록 계급적 요구에서 비롯되는 절실함은 없다 할지라도 국가와 사회의 장래를 책임져야 하는 지식인 내지 학자로서의 문제의식과 고민은 결코 가벼운 것이 아니었다고 생각된다.

한편, 이언진은 자신이 원래 병 때문에 불교에 경도되었다고 말한 바 있다.[18] 불교만이 아니라 그의 도가에의 경도 역시 신체적 병약함과 무관치 않다고 판단된다.[19] 하지만 담헌은 지병이 동기가 되어 다른 사

---

18 "病多仍奉佛."(「甲申六月二十八日, 試鷄毛筆, 書于昌原客舍, 斜陽明窓, 蟬聲滿樹」,『松穆館燼餘稿』)

19 신체적 병약함이 특정인의 사상행위에 영향을 미친 경우는 신흠과 홍만종에게서도 발

상들에 관심을 갖거나 관용적 태도를 보인 것은 아니다. 그는 당시 조선의 지배적 학문인 주자학이 드러내고 있는 허위와 공소성에 대한 깊은 회의와 절망감에서 다른 사상들에 관심을 가지며 대안을 모색해 나갔던 것이다. 이 과정에서 장자와 묵자, 양명학이 재조명되었다. 흥미롭게도 이언진 역시 묵자에 대한 긍정적 언급을 남기고 있다. 다음이 그것이다.

노자, 묵자, 형명가刑名家는 저마다 작가作家
가을꽃은 봄꽃만 못하지 않네.[20]

노자, 묵자, 형명가는 모두 제자백가의 하나다. 이언진은 이런 뭇 사상이 각각 그것대로의 진리성을 담지하고 있으며, 유교에 못지않음을 말하고 있다. 사상의 다양성, 진리의 복수성에 대한 긍정이자 옹호다.[21]
그렇긴 하나, 이언진이 자신의 사유 속에 묵자를 받아들인 흔적은 없다. 이와 달리 담헌은 묵자의 어떤 사상 계기들을 적극적으로 활용하여 자신의 사유를 구성해 나갔다는 점에서 큰 차이가 있다. 뿐만 아니라 이언진은 아직 서학을 자신의 사유 속에 포섭하고 있지 못하다는 점에서도 담헌과는 큰 차이를 보인다.
한편, 이언진의 사상행위는 시작행위詩作行爲라는 미적 특수성의 매개 위에서 이루어진 것이라는 데서 담헌의 그것과 현저한 차이가 있다. 이언진과 달리 담헌은 주로 산문을 통해 사상행위를 전개했다. 이

견된다. 신흠의 경우 「신흠의 학문과 사상」, 『한국의 생태사상』, 179면 참조.
20 "老墨刑名各作家, 秋榮未必讓春葩."(「各作家」, 『松穆館燼餘稿』)
21 박희병, 『나는 골목길 부처다―이언진 평전』, 179~180면 참조.

때문에 사상의 자유에 대한 추구 양상에 있어서건, 새로운 사상의 모색 정형情形에 있어서건, 담헌은 이언진과 비교가 되지 않을 정도로 구체적이고 논리적인 면모를 보여준다.

이언진은 좌파 양명학에 많은 영향을 받아 당대의 사회 체제에 저항하며 새로운 세계를 꿈꾸었으나, 대안적 세계관을 이론적으로 정초해 내지는 못했다. 사상의 자유 추구가 새로운 사상의 창조로까지 이어지지는 못한 것이다. 만년의 담헌은 양명학에도 진리가 담지되어 있다는 점을 적극적으로 인정했으며, 장자, 묵자, 서학의 어떤 계기와 학지學知를 자기대로 취사取捨하고 원용함으로써, 비록 이언진처럼 체제에 대한 저항의 파토스를 보여주고 있지는 않을지라도 이론적으로 새로운 인식론과 존재론, 새로운 세계관을 구축하면서 체제 변혁의 방향과 방법을 제시했다고 말할 수 있다. 이런 차이는 두 사람의 존재 여건의 상위에서만이 아니라, 한 사람은 시인이고 다른 한 사람은 학자라는 데에 기인하는 바가 적지 않다고 할 것이다.

❸ 잘 알려져 있다시피 조선 후기에는 국가 개혁의 청사진을 제시한 학자들이 상당수 있다. 대표적으로 유형원, 이익, 유수원柳壽垣 (1694~1755), 박지원, 박제가, 정약용, 최한기 등을 들 수 있다. 이들은 모두 실학자 아니면 실학자 계열의 학인으로 간주되어 온 인물들이다. 이들은 대체로 자기 시대 학문이 보이던 공리공론의 폐단을 배격하고 경세적·실용적 방향으로 학문행위를 전개하였다. 이 점에서 크게 보면 담헌의 학문행위와 통한다고 할 수 있다. 그렇기는 하나 이들 가운데 담헌처럼 사상의 자유를 적극적으로 추구하고 옹호한 인물은 없다.

유형원은 정주학程朱學의 테두리 내에서 학문행위를 전개하였다. 그의 주저 『반계수록』磻溪隨錄은 비록 애민적이고 개혁적인 지향으로 가득하지만, 정주학 이외의 사상이나 학문에 대한 관심은 발견되지 않는다. 그는 심각한 모순을 노정하고 있던 당대의 조선 사회를 대체할 새로운 유교 국가를 학문적으로 정교하게 설계하였다. 그는 자신이 수행한 작업의 이념적 근거를 『주례』周禮 등의 유교 경전과 성리학에서 구하였다. 그러므로, 그가 평생 그토록 공들여 설계한 새로운 사회는 어디까지나 유교 사회, 좀더 좁혀 말한다면 주자학적 유교 사회의 범주 속에 있는 것이었다. 다시 말해, 유교 사회의 프레임과 작동 원리와 이념을 넘어 어떤 새로운 사회의 원리와 가능성을 모색한 것은 아니었다. 그가 기존의 화이론을 답습한 것이라든가,[22] 비록 농민의 자제에 대해서는 학교 교육을 받게 해야 한다는 진취적인 입장을 취했지만 상인商人이나 공인工人의 자제는 학교 교육에서 배제시켜야 한다고 주장한 것[23]은 이 점과 무관하지 않다.

이익은 개방적이고 합리적인 학문 자세를 견지한 것으로 잘 알려져 있다. 그는 서학에 대해서만이 아니라 일본에 대해서도 학문적 관심을 보였다. 그렇긴 하지만 그 학문행위의 사상적 기초는 기본적으로 정주학이었다. 그는 정주학 이외의 다른 사상, 이를테면 불교나 양명학이나 도가나 묵자 같은 데서 어떤 것을 가져와 '자기류'自己流의 사상을 정립하고자 하는 의도나 노력은 보여주지 않았다. 이 점에서 그가 비록 사상적으로 유연한 입장을 취하기는 했을지라도 사상의 자유를 추구하면서 유교 사회의 경계 밖으로 나가고자 하는 지적 시도를 한

---

22 洪啓禧,「傳」,『國譯註解 磻溪隨錄(一)』(한장경 역주, 충남대, 1962), 15면; 吳光運,「行狀」, 같은 책, 23·24·25면 참조.

23 '學校事目',「敎選之制(上)」,『國譯註解 磻溪隨錄(二)』(한장경 역주, 충남대, 1962), 83면; '貢擧事目',「敎選之制(下)」, 같은 책, 110면 참조.

적은 없지 않은가 생각된다.

유수원은 준소峻少, 즉 강경파 소론에 속한 학자이며, 역모에 연루되어 처형되었다. 그는 『우서』迂書라는 책을 저술하여 국가 개혁의 방향과 방법을 자세히 밝혔다. 이 책은 『반계수록』의 지적 전통을 계승하고 있다고 여겨진다. 유수원은 이 책에서, 학문은 형식적 의론을 숭상해서는 안 되고 실용과 실제, 이용후생利用厚生에 도움이 되어야 한다는 점을 강조하고 있으며,[24] 국정 전반, 사회제도 전반에 대한 개혁안을 제시하고 있다. 그렇기는 하지만 그는, 정자와 주자를 정맥正脈으로 삼았던 데서 알 수 있듯[25] 그 학문행위의 이념적 기초를 정주학에 두고 있었다.[26] 그리하여 정학正學을 존숭하고, 불교·노자·장자·육왕학陸王學 등의 이단을 배격하는 입장을 취하고 있다.[27] 요컨대 사상적 자유의 문제에 관한 한 유수원은 그리 진취적 태도를 보여주고 있지 못하다 할 것이다.

박지원은 잘 알려져 있다시피 이기성명理氣性命을 둘러싼 공소한 논의에 매몰된 당대 주자학의 행태에 깊은 회의를 품고, 실용을 강조하는 경세론을 모색하였다.[28] 그리하여 북학을 주장하며 이용후생의 논의를 펼쳤다. 그는 비록 중년 이래 장자와 불교에 출입하기도 했으나,[29] 그것은 대체로 새로운 문학적 글쓰기와 관련된 방법적 차용의 성

---

24 『국역 우서』 II(민족문화추진회, 1982), 219면 참조.

25 위의 책, 212면 참조.

26 그는 과거 시험에서 사서(四書)의 해석은 주자의 집주(集註)를 위주로 함이 옳다는 의견을 밝힌 바 있다. 『국역 우서』 I(민족문화추진회, 1981), 123면 참조.

27 위의 책, 212~214면 참조.

28 이 점은 『한국의 생태사상』, 314·327면 참조.

29 박종채 저, 박희병 역, 『나의 아버지 박지원』(『過庭錄』의 국역. 돌베개, 1998), 186면 참조.

격을 갖는 것이 아닌가 여겨진다.[30] 『열하일기』에서 확인되듯, 박지원은 실제로는 불교에 대해 대단히 배타적·멸시적 태도를 취했다.[31] 박지원은 이단의 학문이나 사상 역시 진리를 담지하고 있다는 점을 승인한 적이 없으며, 이단과 정학의 경계를 허물려고 하거나 이단 배척에 대한 비판적 문제의식 같은 것을 보여준 바 없다. 박지원의 의식 내부에서는 기본적으로 유학과 이단의 경계 설정이 비교적 분명했던 게 아닌가 생각된다. 그는 비록 '현실 주자학'의 행태에 비판적인 입장을 취하기는 했으나, 그렇다고 주자학을 이탈해 새로운 사상의 체계를 이룩하는 데까지 나아간 것은 아니다. 이 점에서 유수원의 사상적 행로와 일정하게 통하는 점이 없지 않다. 유수원은 은근히 자신을 주자를 잘 배운 사람으로 규정하고 있는데,[32] 박지원의 사상행위 역시 크게 보아 '보주자'補朱子, 즉 '주자 보완하기'라는 각도에서 조명될 여지가 없지 않다고 생각된다.[33] 요컨대, 박지원은 비록 창의적이고 분방한 글쓰기를 수행했음에도 불구하고 근본적으로 사상의 자유에 대한 적극적 모

---

30 『한국의 생태사상』, 325면 참조.

31 『열하일기』 여러 곳에서 그 점이 확인되나, 특히 「찰십륜포」(札什倫布)나 「반선시말」(班禪始末)에서 현저하다. 라마교 승려에 대한 박지원의 경멸적 시선은 단지 라마교의 특수성에서만 비롯되는 것은 아니며 불교 일반에 대한 그의 태도와 관련이 있다고 여겨진다.

32 유수원은 "주자의 학문은 통달하지 않은 곳이 없고, 세상을 다스리는 지식도 더욱 정밀하고 심수(深邃)하였다"(『국역 우서』 II, 216면)라고 했으며, 실용이 없는 유자(儒者)들은 주자를 잘 배운 게 아니라고 했다(같은 책, 217면). 그러니까 유수원 자신은 주자를 잘 배운 사람이라는 말이다.

33 박지원은 비록 주자학에 내포된, 이기성명의 사변적인 측면은 취하지 않았지만, 그가 주자학의 경세적 및 윤리적·의리적(義理的)인 면까지 부정했다는 증거는 없다. 한편, 사환기(仕宦期) 이후의 박지원, 특히 만년의 박지원은 청장년 시절에 비해 사상이 보수화되어 갔다고 생각되는데, 이기성명에 대해 논하고 있는 「답임형오논원도서」(答任亨五論原道書, 『연암집』 권2 所收) 같은 데서 그런 변모의 일단을 엿볼 수 있다.

색이나 옹호는 꾀하지 않았다고 말할 수 있다.

박제가의 사상적 모색은 『북학의』에 집약되어 있다. 이 책 중에 보이는 이단에 대한 다음 언급이 특히 주목된다.

중국에는 실로 육陸·왕王의 학學이 있되 주자의 적전嫡傳은 그대로 있다. 우리나라 사람들이 정주학程朱學만을 말하며 나라 안에 이단이 없고 사대부들이 감히 강서江西·여요餘姚의 학[34]을 하지 못하는 게 어찌 도道가 통일되어서이겠는가. 과거科擧로 몰아넣고 풍기風氣로 구속하는 바람에 만일 그와 같이 하지 않는다면 몸이 용납되지 않고 그 자손이 보존되지 않기 때문이다. 그러니 중국의 광대함보다 도리어 못하다.[35]

박제가는, 중국에서는 육왕학과 주자학이 모두 인정되는 데 반해 조선에서는 정주학 하나만이 인정될 뿐 그 외의 학문은 모두 이단으로 간주된다고 말하고 있다. 그리고 그 이유를 조선의 특수한 사회 상황에서 찾고 있다. 조선에서 오로지 정주학만을 존숭함이 꼭 정주학에 절대적 진리가 담지되어 있기 때문이 아니라는 것이다. 그리하여, 편협한 조선의 학문 상황은 복수의 학문이 자유롭게 공존하는 중국보다 도리어 못하다는 결론을 내리고 있다.

박제가의 상기 인용문은 앞서 살핀 장유의 발언을 연상케 한다. 『북학의』에는 이 대목 말고는 주자학과 이단의 관계라든가 특정 학문

---

34 '강서의 학'은 앞서 말했듯 양명학의 일파인 강서학파를 말하고, '여요의 학'은 왕양명의 학문를 말한다. '여요'는 절강성의 지명으로, 왕양명의 고향이다.
35 「北學辨」, 『北學議』外編, 『貞蕤閣全集(下)』(여강출판사, 1986), 440면.

에 대한 직접적 언급이 발견되지 않는다. 그렇기는 하나, 『북학의』가 전체적으로 보아 도덕적 가치보다는 재리財利에, 인간 욕망의 억제보다는 인간 욕망의 긍정에 기초해 있다는 점을 고려한다면, 박제가는 정주학의 테두리 안에 있는 것이 아니라 그 바깥에서 사유행위를 전개한 것이라 말할 수 있을 터이다. 박제가는 제자백가 중 특히 『관자』管子에 유의했던 게 아닌가 생각된다.[36] 부국강병 내지 부국안민富國安民의 방책을 강조한 『관자』의 기본 지향이 『북학의』와 상통함으로써다.[37] 이 점에서 박제가의 사상은 남송대南宋代에 주자와 각을 세워 날카롭게 대립했던 진량陳亮의 사공학事功學에 가깝다.

하지만 박제가의 경우 학문의 자유 내지 사상의 자유에 대한 자각적이거나 명시적인 의식은 없었다고 생각된다. 그에게는 아직 진리인식의 문제나 진리성의 문제와 같은 이론적인 의제가 성찰적 탐구의 대상으로 떠오르지는 못했으며, 경험적·실제적 차원에서 '빈'貧의 극복을 통한 '부'富의 달성이 제1의적인 과제였기 때문이다.

정약용은 조선의 학문적 풍토와 분위기 때문에 주자를 전면적으로 비판·부정하지는 못하고, 한편으로 인정하면서 다른 한편으로는 극복해 가는 방식을 취했다고 보인다. 그는 서학, 청조淸朝 고증학, 일본의 고학古學에 개방적인 태도를 보였으며, 특히 강진 유배기에는 성리학

---

36 박제가는 『북학의』 자서에서 다음과 같이 관자에 대해 언급하고 있다: "관중(管仲)은, '의식(衣食)'이 풍족해진 다음에 예절을 차리는 법이다'라고 말했다."
37 이미 지적했듯, 조선 후기에는 『관자』에 주목한 사상가가 상당수 있다. 담헌과 박지원도 『관자』를 언급한 바 있다. 하지만 담헌은 『관자』에 유의하면서도 검소를 각별히 강조하는 등 박제가와는 다른 사상적 지향을 보여주며, 박지원은 '실용'을 중시하면서도 '의리'를 방기하지 않고 계속 중요한 화두로 관철해 나갔다는 점에서 박제가와 미묘한 차이를 보여준다.

을 이탈해 원시유학의 면모, 즉 유학 본연의 면모를 밝히는 데 혼신의
힘을 쏟았다.

이단 학문에 대한 다산의 생각은 「오학론」五學論의 세 번째 글에 표
명되어 있다. 다음이 그것이다.

> 한유·유종원·구양수·소식이 지은 이른바 서문序文·기문記文
> 등의 글은 모두가 화려하긴 해도 알맹이가 없고, 기이하긴 해도
> 올바르지 못하다. (…) 이야말로 우리 도道를 좀먹는 좀벌레인
> 것이다. 이 문장의 해독은 양주·묵적·노자·불교보다도 더 심
> 하다.[38]

상기 인용문에서 보듯, 정약용은 비록 이단 학문이 문학보다는 해
독이 적다고 말하고 있기는 하나 기본적으로 양주·묵적 등의 이단 학
문을 배격하는 입장을 취하고 있다. 문학이 유교를 해치는 좀벌레라는
발언에서 잘 드러나듯 정약용은 철저히 유교 위에 자신의 학문과 사상
을 구축한 인물이다. 다시 말해 그의 학적 작업은 그것이 비록 아무리
방대한 것이라 할지라도 모두 유교 내부의 것이며, 유교를 넘어 새로
운 세상이나 사회, 새로운 이념이나 사유를 모색하지는 못했다. 적어
도 이 점에서 정약용의 학문행위에서 사상의 자유나 학문의 자유를 위
한 고투를 읽기는 어렵다.

최한기는 "학문이란 본래 평화로운 일"[39]인데 승심勝心, 즉 남을 이

---

38 「五學論(三)」, 『詩文集』, 『與猶堂全書』 제1집 제11권; 「오학론(五學論) 3」, 『국역 다산
시문집』 5(민족문화추진회, 1983), 122면.
39 「學有治亂」, 『人政』 권12.

기려는 마음 때문에 붓끝으로 사람을 죽이는 일까지 자행되었다며,[40] 예학禮學이나 의리지학義理之學이나 명분지학名分之學으로 현상되는 조선주자학의 정치적 폐단을 상호 비방과 분열과 배척으로 파악하면서 이를 극복하기 위한 학문적·정치적 대안으로서 일통一統을 강조하는 기학氣學을 구축하였다. 최한기는 불교나 도가, 천주교 등의 이단은 비판하고 있지만 그럼에도 그것을 탄압하고 박해하는 행위에 대해서는 단호히 반대하고 있다. 그는 이단은 교화하도록 해야지 배척을 급하게 해서는 안 되며, 또 물리친다는 구실로 그 나쁜 점을 과장하여 죄를 얽어매서는 안 된다고 하였다.[41] 이는 특히 천주교 박해를 염두에 두고 한 말로 생각된다. 이처럼 최한기는 비록 담헌처럼 이단을 적극적으로 승인하면서 수용하는 태도를 취하지는 않았지만 그럼에도 그 박멸과 탄압에 대해서는 분명히 반대하였다.

하지만 최한기의 기학은 현실에 존재하는 여타 학문과의 공존이나 대화를 통해서가 아니라 자기 외의 것을 '비진리'非眞理로 간주함으로써 자기의 진리성을 구축한다. 다시 말해 기학은 진리의 범주적 절대성에 대한 확신이 대단히 강고한 편이다. 담헌이 진리의 복수성을 적극적으로 승인하면서 다원론적 학문관을 표방했다면, 최한기는 진리의 복수성을 부정하고 일원론적 학문관을 표방한 것이다.[42]

그러므로, 최한기는 비록 그 자신은 사상의 자유를 추구하는 과정에서 기존의 학문적 패러다임을 허물고 새로운 학문 체계인 기학을 수

---

40 위의 글, 위의 책.

41 「排異不可急」, 『人政』 권12; 「辦異端」·「教化邪說」, 같은 책, 권11; 「學問見害」, 같은 책, 권13 등 참조.

42 이상의 최한기에 대한 논의는 박희병, 『운화와 근대』(돌베개, 2003), 97·105·109면 참조.

립하는 데 이르렀다 할 수 있을지 모르지만, 정작 사상과 학문의 자유에 대한 옹호에 있어서는 그리 투철하거나 진취적인 태도를 보여주지 못하고 있다고 생각된다.

이상의 논의를 통해 알 수 있듯, 조선 후기의 여타 실학자들에게서는 학문과 사상의 자유에 대한 옹호가 그리 잘 발견되지 않는다. 이 점에서 담헌이 보여준 학문과 사상의 자유에 대한 적극적 옹호는 대단히 이례적인 것이며, 이 이례성은 그의 사유의 탈시대성을 말해 준다 할 만하다. 담헌이 여타의 실학자들과 달리 감히 유교의 테두리를 넘어 시대를 앞서 가며 새로운 사유의 모험을 감행할 수 있었던 것도 바로 이 사상과 학문의 자유에 대한 그의 적극적 옹호 때문에 가능했다고 할 수 있을 것이다.

2) 화이론

담헌의 '화이일'華夷一 테제가 중화주의(=중국중심주의)와 조선중화주의의 동시 부정임은 본서의 제3장에서 자세히 살핀 바 있다. 이 테제는 너무도 파천황적破天荒的이어서 담헌을 조선 후기 사상사에서 돌출적인 존재로 보이게 한다. 하지만 조선 후기 사상사를 검토해 보면 화이론을 극복하려는 노력이 담헌 이외에도 여러 학인들에 의해 이루어졌던 것을 알 수 있다. 따라서 담헌의 '화이일' 테제는 이런 노력들과의 연관 속에서 재파악될 필요가 있다. 이를 통해 담헌과 이들 학인들과의 동이점同異點이 무엇이며, 화이론의 극복 과정에서 담헌만이 보여준 독특한 성취가 무엇인지를 짚어 낼 수 있을 터이다.

한편, 화이론의 극복까지는 아니더라도 존명배청론尊明排淸論과 조선중화주의의 비현실성을 지적하며 대청 인식對淸認識 및 조선인으로서의 자기의식自己意識을 수정해 나간 학인들도 없지 않다. 이들 학인들의 사유 양상에 대한 검토 역시 담헌의 '화이일' 테제를 좀더 거시적인 시각에서 객관적으로 조명하는 데 도움이 되리라 본다.

(1) 조선 후기 화이론의 추이

❶ 이익은 잘 알려져 있다시피 서학에 관심이 많아 〈곤여지도〉坤輿地圖와 〈만국전도〉萬國全圖 등의 세계지도를 열람하는 한편,[43] 『천주실의』天主實義, 『직방외기』職方外紀, 『천문략』天問畧 등의 책을 읽고 그에 대한 독후감을 남기고 있다.[44] 이익은 「천주실의변」天主實義辨이라는 글에서, "천하의 큰 대륙이 다섯인데, 중앙에 아세아가 있고, 서쪽에 구라파가 있다. 지금의 중국은 아세아의 10분의 1이다"[45]라고 적고 있다. 또한 「발직방외기」跋職方外紀에서는 이렇게 적고 있다.

> 아세아는 실로 천하의 제일 큰 대륙이고, 인류가 처음 생겨난 곳이며, 성현이 걸출한 곳인데, 중국이 또한 그 정심正心에 있다. 그러므로 지관地官이 말하는 혈穴 자리와 비슷하다. (…) 그러니 중국이 세계의 정중正中임을 알 수 있다. 그렇다고 한다면 중국

---

43 한우근, 『성호 이익 연구』(서울대 출판부, 1980), 51면 참조.
44 「天主實義辨」, 『星湖續集』 권15, 『星湖全書』 2(여강출판사, 1984); 「跋天問畧」·「跋職方外紀」, 『星湖續集』 권17, 『星湖全書』 2.
45 「天主實義辨」, 『星湖續集』 권15, 『星湖全書』 2, 1260면.

선비들 중 바다 밖의 열방列邦에 비해 크게 빼어난 자가 있어야 마땅하거늘, 지금 서양 선비의 지업志業과 역량이 도리어 훨씬 빼어나니 그 부끄러움을 어찌할 건가.[46]

이들 기록을 통해 볼 때, 이익은 중국이 세계의 일부분에 불과하다는 사실을 확신하고 있다. 그럼에도 지리적으로 중국이 세계의 중심에 해당한다는 생각은 여전히 고수하고 있음을 알 수 있다. 이익은, 중심에 있는 땅은 지기地氣가 빼어나므로 지금 중국 선비들 가운데 빼어난 선비가 있어야 마땅한데도 오히려 중심이 아닌 땅인 서양의 선비들에게서 더 빼어난 면모가 발견됨을 개탄하고 있다. 이들 기록은 이익이 기존의 화이론적 사고에 균열을 보이면서도 아직 뚜렷한 대안적 사고는 형성하지 못했음을 보여준다.

『성호사설』의 「분야」分野라는 글에도 비슷한 생각이 피력되어 있다.

지금 '중국'이라는 것은 대지大地의 한 조각 땅에 불과하다. (…) 지금 중국은 인물이 처음 생겨난 곳이고 성현이 걸출한 지역이라 문명文明이 극성한 듯하다.[47]

역시, 중국=천하라는 관점은 탈피하고 있으면서도 문화적 화이론의 자장에서 벗어나 있지는 못함을 볼 수 있다. 하지만 이익은, 앞서 인용된 「발직방외기」에서 확인되듯, 서양 선비들의 학문과 역량이 중

---

46 「跋職方外紀」, 『星湖續集』 권17, 『星湖全書』 2, 1279~1280면.
47 「分野」, 『星湖僿說』 권2; 「분야」, 『국역 성호사설』 I(민족문화추진회, 1977), 138~139면.

국 선비들의 그것을 능가하는 것으로 생각하고 있다. 뿐만 아니라, 이익은 서양이 중국에 속하지 않으며, 정치적으로 상호 대등한 관계에 있음을 지적하고 있다.

> 서양은 중국에 속하지 않으니, 저마다 황왕皇王이 있어 역내域內를 다스린다. (…) (중국의 군신君臣들이 중국에 와 있는 선교사들을 일러—인용자) '배신陪臣 아무개'라고 말하는 것은 식견 있는 사람의 비웃음을 자아낼 일이다.[48]

심지어 이익은 안정복에게 보낸 편지에서,

> 나는 매양 '구주九州 안에는 다시 성인聖人이 태어나지 않을 것이다. 기대하는 바는 오직 구주 밖이다'라고 생각해 왔소. 근래 왜인倭人의 글을 얻었는데 비록 해박 통달한 것은 아니나 그래도 말이 적실的實했으니 이로부터 전진하면 종내에는 반드시 참된 앎과 실천에 이를 것이오.[49]

라고 말하고 있으며,

> 지금 장성長城 바깥은 그 광대함이 중국을 능가하니 그중에 어찌 '이적夷狄의 처지에 있으면 이적의 처지에서 도를 행한다'는 것

---

48 「跋天問略」, 『星湖續集』 권17, 『星湖全書』 2, 1277면.
49 「答安百順」, 『星湖全集』 권27, 한국문집총간 제198책, 539면.

을 성인聖人께서 말씀하신 대로 하는 이가 없겠소?[50]

라는 말을 덧붙이고 있다. '이적의 처지에 있으면 이적의 처지에서 도를 행한다'의 원문은 '素夷狄, 行夷狄'이다. 이는 원래 『중용』에 나오는 말인데, 군자는 본래 자신이 처한 어떤 상황에서도 도를 행한다는 뜻이다. 이익은 비록 이적이라 할지라도 얼마든지 훌륭한 문화를 이룩할 수 있다는 뜻으로 이 말을 사용했다고 생각된다. 이익이 말한 '구주 밖'이나 '장성 바깥'은 중국 바깥을 가리킨다. 그 속에는 비단 조선만이 아니라 일본 혹은 서양까지도 포함될 수 있을 터이다. 따라서 이익은 중국 바깥의 어떤 나라가 중국보다 더 문명적일 수도 있다는 사실을 승인함과 동시에 그런 가능성에 일말의 기대를 걸고 있다 할 것이다.

이처럼 이익은 "귀하천이"貴夏賤夷, 즉 '하夏＝중국을 귀하게 여기고 '이'夷를 천시하는 견해는 정당하지 않다고 보고 있다.[51] 그리하여 그는 중국 사서史書에 외이外夷라고 홀시함이 많은데 이는 가석한 일이라면서 기실 요遼나 금金이나 원元은 예악을 갖추지 않음이 없었다고 말하고 있다.[52]

이익은 청나라를 현실적으로 긍정했으며, 용이변하用夷變夏는 큰 운세와 관련되는바 불가피한 일이라 여기고 있다.[53] 그럼에도 청나라가 장구長久하지는 못하리라고 판단하고 있다.[54] 하지만 그는 조선이 강약의 세勢를 헤아리지 못해, 내수內修를 생각지 않고 양이攘夷를 주장

---

50 같은 글, 같은 곳.
51 "貴夏賤夷, 爲無義也."(「答安百順問目」, 『星湖全集』 권25, 한국문집총간 제198책, 511면)
52 「中國賴孝文」, 『星湖僿說』 권26; 「중국뢰효문」, 『국역 성호사설』 X, 286면.
53 "用夷變夏, 亦大運所驅."(「與安百順」, 『星湖全集』 권26, 한국문집총간 제198책, 533면)
54 위의 글, 위의 책, 532면 참조.

하는 것은 잘못된 일이라고 보고 있다.[55] 이처럼 이익은 극히 현실적이고 합리적인 태도를 취하고 있음이 특징적이다.

총괄해서 말한다면, 이익은 한편으로는 지리적 기준의 화이론을 완전히 탈피하지 못한 면모를 보여주기도 하나, 다른 한편으로는 그것을 해체하는 면모를 보여주기도 하며, 또한 문화적 기준의 화이론에 입각해 '화'와 '이'의 우열을 고정적·절대적으로가 아니라 역사적·상대적으로 파악하려는 태도를 보여준다. 그럼으로써 일정하게 중국중심주의를 극복하고 있으며, 화이론에 내적 균열을 야기하고 있다. 그렇긴 하나 이익은 '화/이'의 구분 자체를 부정하거나 기존의 화이론을 넘어선 새로운 논리 체계를 정초해 내지는 못하고 있다고 판단된다.

❷ 한남漢南 이복휴李福休(1729~1800)는 이익의 촌수가 먼 자질뻘 되는 인물이다. 문학사에서는 『해동악부』海東樂府의 작자로 이름이 조금 알려져 있지만, 사상사에서는 별로 알려진 인물이 아니다. 문집인 『한남집』漢南集 권10에 「융적론」戎狄論이라는 글이 실려 있는데, 화이華夷에 대해 논한 글이다.

이복휴는 이 글에서 이적夷狄의 중국 침략은 중국이 자초한 것이라고 주장하고 있다. 즉, 중국이 자신의 영토에 만족하지 못하고 이적의 땅을 침략하여 조공을 요구하매 이적은 그에 부응하기 위해 급급해 하던 중 급기야 계책을 내어 군사를 일으켜 변방을 침략하고 부녀와 재물을 노략질하게 됐으며, 차츰 이런 일에 익숙해져 버렸다는 것이다.

가령 명나라 신종神宗은 막대한 재정을 기울여 동서東西를 정벌했는데 20여 년이 채 못 돼 이적이 산해관山海關으로 밀고 들어왔다고 했

---

55 「華夷之辨」, 『星湖僿說』 권9; 「화이지변」, 『국역 성호사설』 IV, 129면.

다. 이는 모두 호승지덕好勝之德을 부려 반드시 이적을 복종시키려 한 탓으로 보았다. 그리하여, 내가 살육하고 해치니 저는 독과 유감을 품어 나를 곤하게 할 꾀를 내어 마침내 나를 이기게 되는 것이며, 저 또한 중국에 들어오면 자기를 중국이라 여긴다는 것이다. 이복휴는 이 모든 것이 중국의 자취自取라고 보았다. 이복휴의 이런 시각은, 종래 중국의 관점에서 보아 온 화이의 관계를 거꾸로 이적의 관점에서 이해하고자 한 것이라는 점에서 전복적이며 획기적이다.

이복휴는 계속해서 논하기를, 중국은 천상세외지국天上世外之國, 즉 천상에 있는 세상 밖의 나라가 아니거늘 자기를 천하에 자랑해서는 안 된다고 보았다. 그리고 중국이 이적을 봄이 이적이 중국을 봄과 뭐가 다르겠는가라고 묻고 있다. 일종의 상대주의적 관법이다. 한편, 이적으로서 의상衣裳을 갖추면 중국이라고 일러도 가可하며, 중국으로서 인의가 없으면 이적이라고 일러도 가하니, 무조건 이적/중국을 나누는 것은 화를 초래할 뿐이라고 했다.

또한, 중국이 빛나는 것은 뭇 나라가 높이고 받들기 때문인데 융적戎狄이 중원에 들어와 왕이 됐다고 해서 천하가 중국을 사모함을 폐하겠는가라며, 융적으로서 천하로부터 사모를 받는 것은 영광스런 일이라고 말하고 있다. 이복휴는 "마땅하도다! 한 번은 한족漢族이, 한 번은 이적이 중국을 다스려, 이와 같이 하여 그치지 않음이"[56]라는 말로 글을 끝맺고 있다.

이복휴의 이 글은 종래와는 달리 이적의 관점에서 사태를 봄으로써 획기적인 시각의 전환을 이룩하고 있음이 주목된다. 그리하여 그는

---

56 "宜乎! 一中原而一夷狄, 如是而不已也."(「戎狄論」, 『漢南集』 권10, 『近畿實學淵源諸賢集』 五, 성균관대 대동문화연구원, 2002, 218면)

청＝중국을 승인함은 물론이려니와, 왜 청을 정통正統 왕조로 승인해야 하는지에 대한 이론적 초석을 놓고 있다. 그의 주장은 거시적 견지에서 중국사를 '호한질주론'胡漢迭主論[57]에 입각해 파악한 것이라는 점에서 이채롭다.

총괄적으로 본다면, 이복휴는 문화적 화이론을 견지하는 한편 '화'와 '이'를 상대적으로 보는 관법을 취하고 있다. 그는 예악문물을 갖춘 '이'夷가 중원을 통치하는 것이 부당한 일이 아닐 뿐만 아니라, 한족과 이적이 돌아가며 중원을 통치함을 중국사의 원리로까지 파악하고 있다. 그리하여 비록 백 년이 지나더라도 자신은 이 주장을 반드시 '정안'定案으로 삼겠다고 힘주어 말하고 있다.[58] 이복휴는 문화와 관계 없이 화와 이는 대등하다거나, 화와 이는 서로 침략하지 말고 서로를 존중하며 평화롭게 살아가야 한다고 생각한 것은 아니며, 둘이 서로 엎치락뒤치락 각축하는 관계로 보고 있음이 특징적이다.

❸ 대릉大陵 홍낙순洪樂純(1723~1782)의 화이론도 주목된다. 홍낙순은 영조 33년(1757) 문과에 급제했으며, 벼슬하기 전 노론 청류淸流와 교류하며 이 집단과 정치적 입장을 함께한 인물이다. 홍낙순의 글「연경燕京에 가는 어떤 사람에게 준 송서送序」에 그의 화이론이 집약되어 있다. 이 글에 이런 말이 보인다.

57　필자의 명명으로, '호(胡)와 한족이 서로 갈마들며 중원의 주인이 된다는 이론'이라는 뜻이다.

58　"雖百歲之日至, 吾必以爲定案."(「戎狄論」,『漢南集』권10,『近畿實學淵源諸賢集』五, 218면)

부자父子 간에 인륜이 있고, 군신 간에 의리가 있으며, 예악의 제도가 있고, 형정刑政에 법도가 있는 것이 중국이다. 이적에게는 이것이 없다. 중국이 높은 것은 이 때문이며, 이적이 천한 것은 이 때문이다. (…) 그러므로 중국이 이적의 행실을 하면 이적으로 간주하고, 이적이 중국의 행실을 하면 중국으로 간주한다. 오호라! 중국이 이적이 된다면 이적이 중국이 됨을 어찌 막겠는가.[59]

일찍이 『춘추공양전』春秋公羊傳에서 정초된 '문화적 기준의 화이론'이다.[60] 홍낙순은 이 논리에 따라 중국사를 개관하고 있다. 그리하여, 송나라 휘종徽宗 시대는, 임금이 혼매昏昧하고 신하가 간사하여 성모聖母를 욕보이고 군자를 금고禁錮하는 등 천리天理가 끊어지고 인륜이 어지러웠던바, 그래서 여진족이 중원을 평정하여 어진 정치를 펴서 중국이 될 수 있었다고 했고, 남송南宋은 간신들이 정치를 농단해 그 이적됨이 더욱 심했으나 오랑캐 원元은 야율초재耶律楚材 같은 훌륭한 신하가 임금을 보좌하고 허형許衡 같은 학자가 유학을 펴서 마침내 중국이 될 수 있었다고 했으며, 명말明末의 천계天啓와 숭정崇禎 연간은 환관이 정치를 어지럽혔으니 이에 금나라가 중국이 될 수 있었다고 했다.

홍낙순은 종래의 화이론자들처럼 "양陽은 갈수록 미약해지고 음陰은 갈수록 성해진다"[61]라고 말하면서도 이적의 화禍는 중국이 자초

---

59 「送人之燕序」, 『大陵雜書』 권1(국립중앙도서관 소장).

60 日原利國, 『春秋公羊傳の研究』(創文社, 1976)의 제6장 '特異な夷狄論'; 越智重明, 「華夷思想と天下」(『久留米大學論叢』 제37권 제2호, 1988) 참조.

61 "陽愈微而陰愈盛."(「送人之燕序」, 『大陵雜書』 권1) '화/이'의 성쇠를 '음/양'에 비유해 말함은 전통적 화이론자들의 포뮬러(formula)에 해당한다.

한 것이라는 인식을 갖고 있었다. 즉, 중국이 실정을 해서 국내가 어지러워진 탓에 이적이 그 틈을 타서 침략하여 중원을 차지하게 되었다는 것이다. 홍낙순은 청을 '청노'淸奴라고 부르며 정서적 반감을 드러내고 있기는 하지만 그럼에도 청이 이적으로서 '중국'이 된 지 백여 년이라는 사실을 현실로서 받아들이고 있다. 그리하여 그는 "나는 이적이 중국이 된 것을 슬퍼하는 것이 아니라 중국이 이적이 된 것을 슬퍼한다"[62]라는 말로 글을 맺고 있다.

홍낙순의 논리에서 주목되는 것은, 문화적 기준의 화이론을 극단에까지 밀고 나가 금·원·청을 중국으로 간주하는 한편, 휘종 시대의 북송, 남도南渡 이래의 송, 천계·숭정 연간의 명을 모두 이적으로 간주하고 있다는 사실이다. 과격하면서도 이례적인 주장이라 할 만하다. 하지만 홍낙순이 '화/이'를 대립적으로 파악하는 사유 방식을 탈피한 것은 아니다.

❹ 성대중은 북학론의 형성 과정에 일정한 기여를 했다.[63] 성대중이 대명의리론을 견지했으며 전통적인 조선중화주의의 사유틀을 답습하고 있었음은 1776년에 쓴 「부사副使로서 연경에 가는 서시랑徐侍郎에게 준 송서送序」나, 1794년 전후에 쓴 것으로 추정되는 「명은기」明隱記, 1803년에 쓴 「화양동기」華陽洞記 등을 통해 확인된다. 성대중이 대명의리론을 견지했으나 그렇다고 해서 배청적排淸的 태도를 취한 것은 아니며 절충적·현실주의적 입장에 서 있었음은 다음의 글에 잘 드러난다.

---

62 "余是以不悲夷狄之爲中國, 而悲中國之爲夷狄也."(위의 글, 위의 책)
63 이 점은 본서의 제4장 제4절에서 언급된 바 있다.

요컨대 은혜는 잊어서는 안 되고, 원수는 잊어도 된다. 은혜는 반드시 갚아야 하고, 원수는 반드시 내버려 둬야 할 뿐이다. 은혜를 갚는 것은 복을 불러오는 길이고, 원수를 내버려 두는 것은 화禍를 멀리하는 길이니, 이해利害를 당장 분변할 수 있다.[64]

화이론에 대한 성대중의 솔직한 혹은 시론적試論的인 사고는 자신의 이런저런 생각이나 견문을 자유로운 필치로 적어 놓은 『청성잡기』靑城雜記에서 발견된다. 그러므로, 화이론에 대한 그의 새로운 생각을 살피기 위해서는 격식을 차리거나 공식적인 견해에 따르고 있는 문집의 글보다는 『청성잡기』의 일부 글에 주목할 필요가 있다. 한 예를 들어 본다.

(가) 같은 하늘 아래 살고 있지만 땅이 다르게 만들었고, 같은 땅에 살고 있지만 사람이 다르게 만들었으며, 같은 사람이지만 시대가 다르게 만들었다.
같은 하늘 아래 살고 있지만 땅이 다르게 만들었다는 건 무슨 뜻인가? **하늘 아래에 있기로는 중외中外가 균均하다.** 그렇지만 대인국이 있는가 하면 난쟁이 나라가 있고, 팔이 긴 사람들이 사는 나라가 있는가 하면 다리가 긴 사람들이 사는 나라가 있고, 가슴에 구멍이 뻥 뚫린 사람들이 사는 나라가 있는가 하면 여인들만 사는 나라가 있다. 모습이 다르고 언어가 다르며 먹고 입는 것과 습성이 달라 중국의 오행五行으로 다스릴 수 없고, 오성

64 『醒言』, 『靑城雜記』 권3; 『성언』(醒言), 『국역 청성잡기』, 212면.

五性[65]으로 바르게 할 수가 없음이 명백하다. 하늘이 어찌 다르게 만들었겠는가. 땅 기운이 갈라놓았을 뿐이다.

같은 땅에 살고 있지만 사람이 다르게 만들었다는 건 무슨 뜻인가? 땅은 만물을 생성할 뿐이다. 일월이 비치고 서리와 이슬이 내려 초목과 곤충이 모두 땅에서 생육되나니, 하물며 사람이겠는가. '이'夷니 '화'華니 하는 것은 사람이 다르게 만든 것이지 땅이 어찌 차별한 것이겠는가. (…)[66]

'대인국, 난쟁이 나라' 운운한 말은 멀리는 『산해경』山海經에, 가까이는 일본의 『왜한삼재도회』倭漢三才圖會에 나오는 말이다. 성대중은 이들 책을 모두 열독閱讀했음이 확인된다. 성대중이 이런 말을 한 것은, 이 지구상에 중국 외에도 온갖 나라가 있음을 말하기 위해서다. 즉, 지리적 세계인식의 확대를 반영한 발언인 것이다.[67]

---

65 인(仁)·의(義)·예(禮)·지(智)·신(信)을 말한다.

66 『醒言』, 『靑城雜記』 권3; 『성언』, 『국역 청성잡기』, 183~184면. 필자가 번역문을 조금 고쳤다.

67 성대중이 화이(華夷) 문제에 남다른 관심을 갖게 된 데에는 일본에서의 체험이 작용하고 있을지 모른다. 잘 알려져 있다시피 그는 계미(癸未) 통신사행의 일원으로 1763년 일본에 가 익년 귀국하였다. 당시 그는 원중거와 함께 서기(書記)의 직책을 맡았다. 주목되는 것은 그가 나가토노쿠니(長門國: 지금의 야마구치 현山口縣 서쪽 일대)의 아카마가세키(赤間關: 지금의 시모노세키下關)에서 소라이 학파에 속한 다키 카쿠다이(瀧鶴臺)라는 인물이 제기한, 화이 차별이 부당하다는 신랄한 비판을 접했다는 사실이다. 일본 동경도립중앙도서관에 소장된 『장문계갑문사』(長門癸甲問槎)라는 필담집에서 이 점이 확인된다. 특히 이 책 권1에 수록된 '품'(稟: '여쭙다'는 뜻으로 카쿠다이가 남옥·원중거·성대중 등 우리 측 문사들에게 보낸 질문서에 해당한다)에 중화주의 및 화이론에 대한 자세한 통박이 보인다. 하지만 카쿠다이의 화이론 비판은 『청성잡기』의 입론과 그 논리구조가 다르며, '하늘'이 특별히 강조되지는 않는다. 그러므로, 후자가 전자의 영향을 직접 받았다고 보기는 어렵다. 그렇기는 하나 화이 문제에 대한 성대중의 성찰이 카쿠다이와의 만남으로 촉발되

이 글을 통해 알 수 있듯, 성대중은 지구상 여러 나라의 언어, 습속, 복식이 다른 것은 하늘의 뜻이 아니며 지역별 풍토가 달라서 그럴 뿐이라고 보고 있다. 이런 관점에 따르면, 중국의 예악은 하늘의 뜻이 담긴 '보편성'으로 간주될 수 없고, 단지 하나의 '특수성'일 뿐인 것으로 된다. 특수성을 갖고 있다는 점은 중국 외의 여러 나라도 마찬가지다. 이 점에서 중국과 중국 외의 뭇 나라는 같다. 여기서 더 나아가 성대중은 '화/이'의 구별이 하늘이나 땅이 만든 것이 아니라 사람이 만든 인위적인 것임을 설파하고 있다. 요컨대, '화'와 '이'의 구분은 어디까지나 작위적인 것이지 하늘이나 땅이 만든 차별이 아니라는 것이다. 흥미로운 것은 이덕무가 이 글의 끝에다, "이전에는 이런 논리가 없었다. 얼마나 넓고 크며, 얼마나 정미精微한가! 오직 서양인들이 이런 논리를 폈지만, 오히려 이처럼 공평하지는 못했다"[68]라는 평어評語를 붙이고 있다는 사실이다. 박학으로 유명했던 이덕무에게도 이 글의 내용이 아주 새롭고 혁신적인 것으로 비쳤음을 알 수 있다.

성대중은 다음 글에서도 '화/이'의 구분은 결코 하늘의 뜻이 아니며 인위적인 것에 불과함을 지적하고 있다.

> **(나) 화이의 구분은 인위적인 것이며, 하늘은 화이를 똑같이 자식으로 여긴다.** 오랑캐가 중국을 어지럽힌다는 지적은 요임금 때부터 시작되어 춘추시대에는 전적으로 양이攘夷를 법으로 삼았다. 그래서 오나라의 계찰季札도 '화'華에 끼어 주지 않았

었을 수는 있다고 본다.『장문계갑문사』의 내용에 대해서는 박희병 외,『통신사의 필담』(서울대 출판부 간행 예정) 참조.
68 『성언』,『국역 청성잡기』, 184면.

다. 하지만 기수氣數의 변함은 성인聖人도 어찌할 수 없는 일이니, 오랑캐로 간주된 초나라·오나라·월나라가 돌아가며 중국의 맹주가 되었고, 오랑캐로 간주된 진秦나라가 천하를 합병했으며, 오호五胡가 중국을 어지럽혔다. 송나라와 명나라 이후로는 마침내 중국 전역이 오랑캐에 복속되었으니, 오랑캐가 본디 강하긴 하지만 중국이 참으로 오랑캐의 보복을 초래한 면이 있다.[69]

성대중이 '화이의 구분이 인위적임'을 자꾸 강조하고 있는 것은 '화/이'가 선천적이거나 자연적인 것이 아님을 지적하고자 해서다. 이런 논리를 밀고 나가면 결국, 화와 이의 구분이란 중국이 작위적으로 만든 것이며, 공자를 포함한 중국 고대의 성인聖人이 여기에 관여한 것으로 인식할 수밖에 없게 된다. 이는 기실 '내외'內外에 대한 유교의 관점을 벗어나는 것이 된다. 유교는 본질적으로 중화주의, 즉 중국중심주의에 기반해 있기 때문이다. 성대중은 비록 이 점을 문면文面에 명확히 하고 있지는 않으나, 자기 주장의 귀결처歸結處를 몰랐을 리 없다고 판단된다.

그런데 상기 인용문의 맨 끝 구절에 보이는 '오랑캐의 보복' 운운은 무슨 말일까? 이를 이해하기 위해서는 다음 글을 볼 필요가 있다.

(다) 중국이 이적을 대해 온 방법을 본다면 필경 이적에게 보복을 받음이 당연하다. 이적은 비록 우리와 같은 부류는 아니라 할지라도 또한 사람이다. **하늘의 입장에서 본다면 '화'와 '이'에**

69 위의 책, 232면.

어찌 구분이 있겠는가. 성인聖人이 함께 양육하고자 하지 않은 것이 아니지만 다만 땅이 멀어 미처 베풀지 못한 것이다. 주周나라는 그래도 명분과 의리로 이적을 배척했지만, 양한兩漢은 전적으로 무력을 가하여 오랑캐로 대하고 금수로 보아 기필코 섬멸한 후에라야 그만두려 하였다. 그러니 이적 역시 중국을 원수로 보고 대대로 이를 갈면서 꼭 한번 보복하고자 했는데, 중국이 스스로를 닦음은 도리어 이적보다 못했다. 하늘이 중국을 싫어한 지 오래니 어찌 이적의 보복이 없겠는가.[70]

이 글에서 성대중은 '이적은 우리와 같은 부류는 아니다'라고 말하고 있는데, '우리'란 중국이나 그에 버금가는 나라인 조선을 가리킨다고 생각된다. 이 구절만 갖고 본다면 성대중이 이적과 중화에 어떤 차등도 없다고 본 것은 아니라 할 것이다. 그렇기는 하나 이어지는 구절에서, 하늘의 입장에서 보면 화와 이에 아무 차별도 없다고 말함으로써 중화와 이적을 차별하는 관점을 거부하고 있다.

이 글의 요점은, 중국에 대한 오랑캐의 보복은 중국이 자초했다는 것이다. 즉, 중국이 오랑캐를 무시하고 무력을 행사한 결과라는 것이다. 앞서 살핀 이복휴의 논리와 통한다고 하겠다.

이덕무는 이 글에도 다음과 같은 평어를 붙여 놓고 있다: "천고의 명쾌한 논리이니, 진실로 구유拘儒가 아니다." "이 글은 뒤에 나오는 「같은 하늘 아래 살고 있지만 땅이 다르게 만들었다」 「『춘추』는 양이攘夷에 엄하다」라는 글과 함께 얼마나 상쾌하며 얼마나 명백한가. 이같은

---

70 위의 책, 179면.

웅대한 의론은 옛날에도 드물다."[71]

이덕무의 평어 중「같은 하늘 아래 살고 있지만 땅이 다르게 만들었다」라는 글은 인용문 (가)를 가리킨다. 그리고「『춘추』는 양이攘夷에 엄하다」라는 글은 인용문 (다)와 취지가 비슷한 글이다. 이덕무의 평어 중에 보이는 '구유拘儒'라는 단어는 '옛것을 고집하며 융통성이 없는 유생'을 뜻한다.

그러므로 이 평어를 통해, 성대중의 화이론이 기성의 고루한 관점을 벗어난 퍽 새로운 것이며, 이덕무가 이 견해에 크게 공감하고 있었음을 알 수 있다.

앞의 인용문 (가) 중 진한 글씨로 표시한 "하늘 아래에 있기로는 중외中外가 균均하다"의 원문은 "天之所包, 中外均爾"이다. 또 인용문 (나) 중 진한 글씨로 표시한 "화이의 구분은 인위적인 것이며, 하늘은 화이를 똑같이 자식으로 여긴다"의 원문은 "夫華夷之別, 人也. 天則等是子也"이다. 인용문 (다) 중 진한 글씨로 표시한 "하늘의 입장에서 본다면 '화'와 '이'에 어찌 구분이 있겠는가"의 원문은 "天之視之, 華夷豈有別哉"이다.

이들 구절은 그 취지가 『의산문답』에 보이는 "天之所生, 地之所養, 凡有血氣, 均是人也" "自天視之, 豈有內外之分哉" "華夷一也" 등의 구절과 흡사하다. '천天'의 입장에서 봄으로써 중외지분中外之分과 화이지별華夷之別을 지양하여 '균均＝'일一'에 이르고 있다는 점에서 양자의 논리구조는 본질상 동일하다.

성대중과 담헌의 화이론에서 발견되는 이 논리구조의 상동성相同性은 단순한 우연일까? 필자는 그렇게 생각지 않는다. 성대중은 비록

---

71 위의 책, 179~180면.

담헌과 친분은 없었지만, 담헌을 몹시 존경해 마지않았다.[72] 게다가 성대중의 지기들 중에는 담헌과 자별한 관계를 맺고 있는 인물들이 여럿 있었다. 특히 이덕무는 두 사람 모두와 절친한 사이였다.[73] 이런 점을 염두에 둔다면 성대중은 자신이 아는 담헌 주변의 어떤 인물을 통해 『의산문답』을 차람借覽했던 게 아닐까 추정된다. 아마도 그것은 담헌 사후死後의 어떤 시점이 아니었을까.[74] 공교로운 일이지만 성대중은 일찍이 담헌이 처음 제기했던 '청 왕조/중원 문물 분리론'의 논리구조를 수용하여 북학적 사유의 단초를 마련한 적이 있다.[75]

❺ 이덕무는 박지원과 깊이 교유하였다. 그래서 통설에서는 이덕무를 북학파의 일원으로 간주한다. 하지만 이덕무에게서는 박지원·박제가와 달리 북학의 논리나 지향이 그리 발견되지 않는다. 따라서 북학파의 일원이라고 말하기는 어렵다. 이와 나란히 가는 현상이라고 판단되지만, 이덕무의 화이론은 박지원이나 박제가, 특히 박제가와는 조금 다른 면모를 보여준다.

---

72 위의 책, 391면 참조.
73 두 사람 모두와 친분이 있는 사람으로 주목되는 또 다른 인물은 원중거다. 그는 이덕무와 인척간이었다.
74 화이론에 대한 성대중의 '독특한' 관점이 제시되어 있는 『청성잡기』에 수록된 『성언』은 1791년에 초고가 완성되었으며, 그 후 1801년까지 추보(追補)된 것으로 추정된다. 『성언』의 초고가 1791년에 완성되었음은 이덕무의 『아정유고』 4(『靑莊館全書』 권12 所收)에 수록된, 1791년에 쓴 시 「비서(秘書) 성사집(成士執)이 시를 보내어 화답을 요청하므로 그 운에 차(次)하다」(成秘書士執寄詩要和, 仍次其韻)의 자주(自註)에 "士執著『揣言』、『質言』、『醒言』各一篇, 要余評批"라고 말하고 있음에서 확인된다. '사집'은 성대중의 자(字)다. 『성언』의 저작 시기에 대해서는 『국역 청성잡기』의 권두에 실린 박소동 교수의 「해제」 참조. 참고로 말해, 담헌의 몰년은 1783년이다.
75 본서의 제4장 제4절을 참조할 것.

인간은 누구든 일생을 통해 생각의 변화가 있게 마련이다. 또한 같은 시기의 생각이라 할지라도 상황에 따라 이랬다 저랬다 하는 모순을 드러낼 수 있다. 그것은 아직 자기대로의 정견定見을 갖지 못한 탓일 수 있다. 이덕무의 경우도 마찬가지다. 그는 어떤 때는 소중화의식을 드러내기도 하고, 어떤 때는 대명의리론을 견지하고 있기도 하다. 여기서 이런 면모까지 자세히 거론할 여유는 없다. 그러니 다만 그가 최만년最晩年에 드러낸 화이론에 대한 사유의 한 면모만을 보기로 한다.

중국을 폄훼한들 어찌 훼손되겠으며
중국을 찬미한들 어찌 높아지리.
동국 사람 안목이 콩만 하지만
중국은 본시 중국이라네.

조선 또한 스스로를 훌륭하다 여기니
중국이라고 어찌 다 좋을까.
비록 도시와 시골의 차이는 있어도
모름지기 모두를 평등하게 보길.
(…)[76]

이덕무가 죽기 2년 전인 1791년에 쓴 「연경에 가는 박감료朴憨寮와 이장암李莊菴에게 준 시」 13수 연작의 제9수와 제10수에 해당한다. '박감료'는 박종선朴宗善을, '이장암'은 이건영李建永을 가리킨다.

이덕무는 이 시에서 중국에 대한 멸시와 중국에 대한 과도한 찬

---

76 「奉贈朴憨寮·李莊菴之燕」, 『靑莊館全書』 권12, 한국문집총간 제257책, 213면.

미, 이 둘을 모두 배격하고 있다. '중국에 대한 멸시'는, 중국이 오랑캐인 여진족에게 점거되어 비린내 나는 나라가 되었으므로 거기서 아무 것도 배울 게 없다고 멸시하던 배청주의자排淸主義者들을 염두에 둔 게 아닌가 생각된다. '중국에 대한 과도한 찬미'는, 조선의 모든 문제와 폐단의 원인을 전적으로 중국을 배우지 않은 데서 찾으면서 줄창 중국을 배워야 한다고 주장한 박제가와 같은 인물을 염두에 둔 게 아닌가 생각된다. 이덕무는 극단적으로 대립하는 이 두 가지 태도를 동시부정하면서, 조선에 대한 자기비하로 연결될 수 있는 '중국 진선주의盡善主義'와 중국에 대한 비현실적이며 부당한 폄훼를 모두 경계하고 있다.

요컨대, 이덕무는 폄훼하는 마음과 찬미하는 마음을 넘어서서 있는 그대로의 중국을 볼 것과 비록 변방의 작고 가난한 나라이긴 하나 조선이 갖고 있는 미덕과 장점을 무시해서는 안 된다는 것을 말하고 있다 하겠다. 인용된 시 맨 끝 구절의 "모름지기 모두를 평등하게 보길"이라는 말에는 그런 뜻이 함축되어 있다고 판단된다. '평등의 눈길'은 중국에 한정되어서도 조선에 한정되어서도 안 되며, 두 나라 모두를 보는 데 관철되어야 한다는 것이다. 뛰어난 균형감각을 엿볼 수 있으며, 만년의 이덕무가 도달한 '자기의식'의 수준을 가늠케 한다.

흥미로운 점은, 이덕무가 이 시를 짓기 얼마 전에 성대중의 『성언』을 읽었다는 사실이다. 『성언』에 실린 성대중의 화이론에 대한 견해에 이덕무가 전폭적인 공감을 표시했음은 앞서 살핀 대로다. 이렇게 본다면, 이 시에 피력된 화이를 평등하게 보아야 한다는 이덕무의 생각은 혹 성대중의 영향일지도 모른다.

방금 전, 이 시가 중국 진선주의를 비판하고 있으며, 그것이 박제가 류의 인물을 염두에 두고 한 발언임을 지적했거니와, 이덕무는 다음에서 보듯 박제가의 지나친 당벽唐癖, 즉 중국에 대한 흠모벽欽慕癖을 마뜩찮게 여기고 있었다.

> 형(박제가를 가리킴 — 인용자)의 성질이 남달리 괴벽하고 우리 예의의
> 나라에서 생장했으면서도 도리어 우리와 다른 천리나 먼 중국의
> 풍속을 사모하는 것이 늘 한스럽게 생각되었소. (…) 세속에서
> 말하는 소위 당벽唐癖, 당학唐學, 당한唐漢, 당괴唐魁의 명목이 모
> 두 형의 몸에 집중되었소.[77]

박제가에게 보낸 편지의 한 대목인데, 박제가가 중국에 지나치게
경도되어 있음에 대해 유감을 표시하고 있음을 볼 수 있다. 또한, 이
편지를 통해 박제가가 당시 당괴唐魁, 즉 중국을 혹애酷愛하는 무리의
우두머리로 지목되고 있었음을 알 수 있다.

이 편지를 통해 짐작되는 바이지만, 이덕무는 박제가의 '북학' 주
장이 지닌 편면성片面性을 어느 정도 꿰뚫어 보고 있었던 것으로 보인
다. 따라서, 앞에 인용된 이덕무의 시에 보이는 중국 진선주의에 대한
비판은 '북학'의 편향성에 대한 경계와 무관하지 않다고 판단된다.

총괄적으로 말한다면, 적어도 만년의 이덕무는 조선적 주체성을
적극적으로 긍정하면서도 중국이라는 타자 역시 평등한 눈으로 바라
보려는 입장을 지니고 있었다고 여겨진다. 이덕무는 모화주의와 조선
중화주의라는 두 극단 사이에서 묘한 균형을 취하고 있었다고 생각된
다. 그렇기는 하나, 이덕무의 이런 태도가 '화/이'에 대한 기존의 사고
틀을 원리적으로 혁신하는 것인지에 대해서는 단언하기 어렵다.

---

77 「박재선(朴在先)에게 보낸 편지」, 간본(刊本) 『아정유고』(雅亭遺稿) 권7, 『국역 청장관전
서』 IV(민족문화추진회, 1979), 209면. '재선'(在先)은 박제가의 자(字)다.

❻ 홍양호洪良浩(1724~1802)는 소론에 속하며, 고위 관료를 지낸 인물이다. 그는 젊은 시절부터 이용후생에 관심이 많았다. 30세 때인 1753년 호남의 향시鄕試를 주관하는 관리가 되었을 때 '거제'車制를 과제科題로 내어 조선의 실정에 맞게 수레 제도를 활용하는 방안을 물은 데서 그 점이 확인된다.[78]

홍양호는 1782년 동지부사冬至副使로 연경에 다녀왔으며, 이때의 견문을 토대로 익년인 1783년 여섯 조목의 소疏를 올렸다.[79] 이 여섯 조목 중에는 '중국의 수레 제도를 배우자'는 주장과 '중국의 벽돌 제조법을 배우자'는 주장, '중국에서 나귀와 양을 들여와 키우자'는 주장이 포함되어 있다. 박제가의 『북학의』가 1778년에, 박지원의 「북학의서序」가 1781년에 씌어졌으며, 「북학의서」를 쓸 때 이미 『열하일기』의 초고가 완성되어 있었음[80]을 고려한다면, 홍양호의 북학론은 적어도 사상사의 견지에서는 그리 새로운 것은 아니다. 하지만 홍양호는 당시 대사헌의 직책에 있으면서 이 소를 올렸으므로, 북학론이 고위 관료에 의해 국가 정책으로서 제안되었다는 의의는 있다.

북학론의 개진에서 알 수 있듯 홍양호는 개명한 관료로서 개혁적인 입장을 취한 점은 분명하나, 화이론에 있어서는 그다지 진취적인 태도를 보여주고 있지 못하다. 다음 자료가 화이론에 대한 그의 생각

---

78 진재교, 『耳溪 洪良浩 문학 연구』(성균관대 대동문화연구원, 1999), 100면 참조. 한편 홍양호의 북학론에 대해서는 김문식, 「홍양호의 북학론」(『문헌과 해석』 24, 2003)이 참조된다.

79 「以大司憲陳六條疏」, 『耳溪集』 권21, 『耳溪洪良浩全書』 上(민족문화사, 1982).

80 이 점은 「북학의서」의 "이제 이 책(『북학의』를 가리킴―인용자)을 한번 펴 보니 내가 쓴 『열하일기』와 조금도 어긋남이 없어 마치 한 사람이 쓴 것 같았다"(『연암산문정독』 2, 돌베개, 2009, 198면)라는 말을 통해 알 수 있다.

을 잘 드러내 보여준다.

　　우리나라는 중국의 변방이니, 나라가 작고 땅이 치우쳐 겨우 하나의 큰 고을에 견줄 만하지만 그래도 예의를 지키고 문교文敎를 숭상하여 중국인들이 이 때문에 존중한다. 지금 천하에 관상冠裳과 읍양揖讓의 예의를 갖추고 있는 곳은 오직 우리나라뿐이다. 그래서 우리나라 사람들 또한 스스로 기뻐하며, 마침내 중국을 경시하는 마음을 갖게 되었다. 왕년에 나는 연경에 다녀왔다. 중국 땅에 들어가 변화한 풍속과 의복의 괴이함을 보자 나도 모르게 참담하여 서글펐으며 비감한 마음이 들었다. 그러나 서서히 중국의 거대한 규모와 엄밀한 법도 및 이용후생의 도구들을 살펴보니 아직 선왕先王의 유제遺制가 남아 있었다. 나는 비로소 대국大國을 경시해서는 안 됨을 알게 되었다. (…) 나는 연경에 가는 이교리李校理를 전송하며 이렇게 말한다: "그대는 이번 걸음에 주례周禮가 우리나라에만 있음을 볼 수 있으리라. 무릇 주周나라 사람의 예禮 가운데 태자를 미리 세우는 일보다 큰 것이 없으니, 이는 나라의 근본을 중시해서다. (…) 우리는 지금 이것을 실천하고 있지만 저 중국(청나라를 이름—인용자)은 이러한 예를 실행한 적이 없다.[81] (…) 중국인들은 그대가 온 것을 보고 반드시 '아름답구나, 동국이 고례古禮를 행함이!'라고 말할 것이다. 또 '훌륭하구나, 동국의 사람들이 나라의 근본을 중시함이!'라고 말할 것이다. (…) 앞서 내가 중국이 우리를 존중한다고 한 말이 여기서 더욱 증명될 것이며, 우리가 중국을 경시한 것이 지나친

81　당시 청나라에서 태자를 세우지 않은 일을 가리켜 한 말이다.

것이 아니라 할 것이다. (…)"[82]

이 글에서는 두 가지가 확인된다. 하나는 조선중화주의이고, 다른 하나는 '청 왕조/중원 문물 분리론'이다. '청 왕조/중원 문물 분리론'은 지금 중국을 차지하고 있는 청나라와 중화의 유제遺制를 분리해 파악하자는 논리다. 이 논리는 이미 언급했듯,[83] 담헌이 처음 제기하였다.

이렇게 본다면 홍양호의 기본 입장은, 청을 '중화'로 인정하지는 않되, 청에서 확인되는 중화의 훌륭한 유제는 배워야 한다는 것으로 요약될 수 있다. 비록 현실 권력으로서의 중화는 사라졌지만 제도와 기용器用으로서의 중화는 중국 땅에 의연히 관철되고 있다고 본 것이다. 이 점에서 홍양호의 북학론은 중화주의를(혹은 화이론을) 수정하거나 허물기는커녕 철저한 중화주의의 고수 위에서 전개되고 있다 할 것이다.

❼ 박지원이 춘추대의春秋大義를 주장한 조선의 고루한 숭명배청론자들을 비판했으며, 그와는 다른 노선인 북학론으로 나아갔음은 잘 알려져 있는 사실이다. 박지원이 우물 안 개구리의 같잖은 식견으로 춘추대의를 부르짖는 조선의 학인들을 풍자하거나 은근히 조롱했음은 『열하일기』「관내정사」關內程史 7월 27일자에 보이는 '고사리' 요리와 관련된 서사敍事라든가, 동서同書「일신수필」馹迅隨筆 서두의 이른바 '중국제일장관론'中國第一壯觀論에 보이는 조선의 상사上士와 중사中士에 대한 언급에서 잘 확인된다. 하지만 오해해서는 안 될 것은 박지원이 '춘

---

82 「送李校理赴燕序」, 『耳溪集』 권11, 『耳溪洪良浩全書』 上, 218~219면.
83 본서의 제4장 제4절을 참조할 것.

추대의 자체'를 부정한 것은 아니라는 사실이다. 박지원은 단지 조선에서 벌어지고 있는 춘추대의의 현실적 작폐作弊를 심각하게 문제삼았을 뿐이다. 박지원의 다음 말이 그 점을 잘 드러내 보여준다.

> 우리나라 속담에 사물의 물정에 어두운 사람을 두고 '몽롱춘추' 朦朧春秋라고 하거니와, 우리나라 사람들은 춘추대의에 관해서 말하기를 좋아하지만 실제는 흐리멍덩하게 알고 있음이 이와 같은 게 많다.[84]

두기杜機 최성대崔成大가 「이화암노승가」梨花菴老僧歌에서 오삼계吳三桂와 전겸익錢謙益을 긍정적으로 읊은 걸 비평한 말이다. 박지원은, 오삼계는 비록 의로운 행동을 칭탁했지만 이미 참람한 짓을 했고, 전겸익은 책을 저술하는 데 뜻을 두었다고 하지만 이미 큰 절개가 허물어진 인물이니, 비록 후인들의 폄하를 교묘하게 피해 보려고 한들 누가 믿어 줄 것인가라고 말하고 있다.[85] 박지원의 전겸익에 대한 혹평이나 절의를 지킨 조선의 인물 김상헌에 대한 남다른 존모尊慕[86]는 그가 내심 춘추대의를 중시했음을 보여준다.

그렇다면 박지원이 조선 학인들이 부르짖은 춘추대의를 그토록 비

---

84 「피서록」(避暑錄), 『열하일기』 3(김혈조 역, 돌베개, 2009), 91면.

85 같은 책, 같은 곳.

86 「동란섭필」(銅蘭涉筆), 『열하일기』 3, 414면 참조. 특히 다음 말이 주목된다: "나는 청음(淸陰: 김상헌의 호―인용자)이라는 두 글자를 들을 때마다 미상불 머리카락이 곤두서고 맥박이 벌떡벌떡 뛰지 않은 적이 없었고, 남모르게 목구멍에 말이 맴돌면서도 감히 입 밖으로 발설하지 못해, 마치 왕곡정(王鵠汀: 박지원과 필담을 나눈 중국인)이 가슴이 꽉 막혀서 한숨을 자주 쉬는 증상과 같게 되었다. 아, 어찌하란 말인가! 어찌하란 말인가!"

판하고 야유한 것은 무엇 때문일까? 청나라의 실체도 통 알지 못하면서 오활하게 허세만 부리는 암매暗昧한 조선 사대부의 병폐를 심각하게 인식했기 때문일 터이다. 요컨대, 박지원은 세상 돌아가는 것과 현실을 정확하고 냉철하게 직시하는 위에서 대명의리의 염念을 품더라도 품어야지 귀와 눈을 닫아걸고 자기가 최고라고 뻐기는 것은 우스꽝스런 짓이라고 생각했음에 틀림없다. 이 점에서 박지원은 당대 조선 학인들이 일반적으로 갖고 있던 '소아적'小兒的 자기의식에서 탈피한 면모를 보여준다고 할 만하다.

이렇게 본다면, 『열하일기』에서 박지원이 어떤 때는 춘추의리를 비꼬고, 어떤 때는 춘추의리를 긍정하면서 그에 대한 강고한 이념적·정서적 내면화를 보여주기도 하는 이중성이 모순 없이 설명될 수 있다. 박지원은 평생을 통해 대명의리론大明義理論을 내려놓은 적이 없다고 생각된다.[87] 이 점에서 그는, 비록 좀 이상한 표현으로 비칠지 모르지만, '개명한 대명의리론자' 혹은 개방적·진취적 대명의리론자라 이를 만하다.

바로 여기서 청에 대한 박지원의, 보기에 따라서는 모순적이거나 분열적이거나 이중적으로 이해될 수 있는 독특한 관점이 비롯된다. 박지원이 고루한 존주尊周 대의론자들과 구별되는 것은 그가 청淸의 실력을 인정하고 청이 천명天命을 받은 왕조임을 승인한 점에 있다.[88] 하지

---

87 이 점은 일찍이 홍기문, 「박연암의 예술과 사상」(조선일보, 1937. 7. 27~8. 1 사이에 연재되었으며, 金貞煥 편, 『現代文化讀本』, 文榮堂, 1948에 전재轉載되었고, 『現代文化讀本』에 수록된 글이 『한국한문학연구』 11, 1988에 재수록되었음)에서 지적된 바 있다. 또한 김명호, 『열하일기 연구』(창작과비평사, 1990), 126~127면에서도 지적되었다.
88 박지원이 청이 천명을 받은 왕조임을 승인하고 있음은 「호질 후지」(虎叱後識), 「관내정사」(關內程史), 『열하일기』 1(김혈조 역, 돌베개, 2009), 403면 참조.

만 그렇다고 해서 박지원이 청을 '화'華로 승인한 것은 아니었다.[89] 『열하일기』 전편에서 청은 단 한 번도 '화'로 간주된 일이 없다. 청은 현실적으로 중원의 주인 노릇을 하고 있고, 한족漢族의 왕조인 한漢나라 당唐나라를 능가하는 안정과 번영을 구가하고 있음이 인정되지만,[90] 그렇다고 '화'로 간주되지는 않는다. 그 이유는 뭔가. 청이 중화의 의관 제도(그것은 중화의 중요한 지표다)를 따르지 않고, 만주족의 고유한 습속을 따르고 있음으로써다.[91]

---

89 이현식, 「『열하일기』의 제일장관, 청나라 중화론과 청나라 문화 수용론」(『동방학지』 144, 2008); 「『열하일기』의 「皇城記」, 청 왕조 정통론」(『국어국문학』 152, 2009); 「「도강록」, 『열하일기』를 위한 위장」(『동방학지』 152, 2010)에서는, 『열하일기』에서 청을 정통 왕조로 인정하고 있으며 중화문명을 계승한 왕조로 간주하고 있음을 들어 박지원이 청을 '중화'로 승인하고 있다는 논리를 폈다. 하지만 여기에는 오해가 있는 듯하다. 청을 정통 왕조로 인정하거나 중화문명을 계승한 왕조로 간주했다고 해서 그것이 곧 청을 중화로 승인한 것이라고 하는 논리는 성립되지 않는다. 박지원은 '용하변이'(用夏變夷)의 기대를 품지 않은 것은 아니라고 보이지만, 그럼에도 '청=중화'라고 인식한 적은 없다고 생각된다. "尊周自尊周, 夷狄自夷狄"이라는 명제도 그런 맥락에서 이해되어야 옳을 것이다. 이 점에서 박지원이 견지한 화이론의 견고함이 거듭 확인된다. 사실을 중시한 현실주의자로서의 면모를 갖고 있음에도 불구하고 화이론을 의연히 관철시키고 있었던 것이다. 바로 이것이 박지원의 '본래면목'(本來面目)이라고 판단된다.

한편, 김창협·김창흡 형제는 소동파와 주자의 정통론(正統論)에 기대어, 정통의 여부는 의리에 있는 것이 아니라 중원 전체를 통일했는가의 여부에 있을 뿐이라는 입장을 천명한 바 있다. 김창협, 「雜識」(外篇) 第133則, 『農巖集』 권34, 한국문집총간 제162책, 394면; 김창흡, 「漫錄」, 『三淵集』 권36, 한국문집총간 제166책, 181면 참조. 박지원이 청 왕조를 정통으로 승인한 것은 멀리는 노론의 선배 학자인 김창협·김창흡의 이런 입장을 계승한 것으로 보인다.

90 「호질 후지」, 「관내정사」, 『열하일기』 1, 402~403면.

91 『열하일기』에 수록된 「호질 후지」에 보면 다음과 같은 말이 보인다: "사람이 처한 바에서 보면 화하(華夏)와 이적(夷狄)은 참으로 구분이 있지만, 하늘이 명한 바에서 보면 은(殷)나라의 관(冠)인 우(冔)와 주(周)나라의 관인 면(冕)도 저마다 시속(時俗)의 제도를 따른 것이니, 어찌 꼭 청인(淸人)의 홍모(紅帽)만을 괴이쩍게 여기겠는가." 혹 이 말이 『의

뿐만 아니라, 박지원은 청을 조선의 상국上國으로 인정할 수 없음을 분명히 하고 있다. 다음 글에서 그 점을 확인할 수 있다.

명나라는 지난날 우리나라가 조공을 바치던 상국上國이다. 상국이 속방屬邦에 하사하는 물건은 비록 실오라기나 터럭같이 미미한 것이라도 마치 하늘에서 내린 물건처럼 여겨 영광이 온 나라에 진동하고 경사가 만대萬代에 끼칠 것이다. 그리고 황제가 내리는 문서는 비록 몇 줄 되지 않는 서찰이라 하더라도 구름이나 은하수처럼 높이 여기고, 뇌성벽력이 치듯 깜짝 놀라야 하며, 가뭄에 내리는 단비처럼 감동스럽게 여겨야 할 것이다.

어째서인가? 상국이기 때문이다. 왜 상국인가? 중화이기 때문

산문답』의 논리와 통한다고 보기도 하나, 지나친 견해가 아닌가 한다. 인용문에서 "사람이 처한 바에서 보면 화하와 이적은 참으로 구분이 있지만"이라고 했는데, 여기서 '사람'이란 실질상 한족(漢族)을 말하며 이적은 배제된다. 담헌이라면 당연히 이렇게 말했을 터이다: '화하의 입장에서 보면 화하가 귀하고 이적이 천하나, 이적의 입장에서 보면 이적이 귀하고 화하가 천하다.' 요컨대, 박지원의 "사람이 처한 바에서 보면 화하(華夏)와 이적(夷狄)은 참으로 구분이 있지만"이라는 말은, 한족 입장에서의 화하와 이적의 구분인 것이다. 한편 "하늘이 명한 바에서 보면 은나라의 관인 우(冔)와 주나라의 관인 면(冕)도 저마다 시속(時俗)의 제도를 따른 것이니, 어찌 꼭 청인(淸人)의 홍모(紅帽)만을 괴이쩍게 여기겠는가"라는 말은, 청이 천명을 받았음을 인정하고 한 말이긴 하나, 그렇다고 해서 꼭 청의 의관 제도를 긍정한 말은 아니다. 그 점은 '후지'의 이어지는 말에서 쉽게 확인된다. 박지원이 청이 천명을 받았음을 인정한 것은, 기실 인정하기 싫지만 인정할 수밖에 없어 인정한 것으로 여겨진다. 「호질 후지」에서 느껴지는 비틀린 어투와 착종된 의식은 이 점과 무관하지 않다고 여겨진다. 즉 그것은 '현실/명분', '사실/가치(이념)'의 사이에 자신을 위치시킨 데 기인한다. 박지원이, 청이 중원의 주인이 된 것은 비록 인중(人衆)을 얻은 것은 아니나 천명이 있어서라고 생각했던 것으로 보이는 반면, 담헌은 청이 중국의 주인이 된 것이 "인사(人事)의 감응이요, 천시(天時)의 필연"(人事之感召, 天時之必然.—『의산문답』의 말)이라고 보았다. 양인의 시각 차이를 확인할 수 있다.

이다. 우리의 선왕과 열조列朝가 그로부터 명命을 받았기 때문이다. (…) 속방의 부인과 아이들이 상국을 말할 때 '하늘'을 일컬으며 높이기를 400년을 하루같이 한 것은 명나라에서 받은 은혜를 잊을 수 없었기 때문이다. 옛날 임진년에 왜놈들이 우리의 강토를 유린했을 때 우리 신종神宗 황제께서 천하의 군사를 동쪽으로 보내 우리를 구원하셨다. (…)

지금 청나라는 명나라의 옛 땅을 점거해 사해四海를 하나같이 신하로 여긴다. 그래서 우리나라에 혜택을 준 것이 또한 여러 세대다. (…) 그런데도 우리는 이를 혜택이라 생각할 뿐 은혜라고는 생각지 않으며, 이를 근심으로 여기고 영광으로 여기지 않음은 어째서인가? 상국이 아니기 때문이다. 내가 지금 황제가 있는 처소를 '행재'行在라고 칭하며 거기서 일어난 일을 기록하면서도 정작 그 나라를 '상국'이라고 말하지 않는 것은 어째서인가? 중화가 아니기 때문이다. 우리가 힘이 부족해 청에 굴복했으니 청은 대국大國이다. 대국이 능히 힘으로 우리를 굴복시킬 수는 있다. 하지만 우리에게 처음에 명命을 내린 천자는 아니다.[92]

이 인용문을 통해 박지원의 몇 가지 주요한 정치적 입장을 확인할 수 있다. 첫째, 명은 조선의 상국上國이나 청은 그렇지 않다는 것. 둘째, 명이 상국인 것은 '화'이기 때문이며, 청이 상국이 아닌 것은 '화'가 아니기 때문이라는 것. 셋째, 조선을 명의 '속방'屬邦으로 간주하고 있다는 것. 넷째, 이른바 명의 '재조지은'再造之恩을 중시하고 있다는 것.

박지원에게서 '화'란 한족 왕조를, 상고 이래 한족에 의해 이룩된

---

92 「행재잡록서」(行在雜錄序), 『열하일기』 2(김혈조 역, 돌베개, 2009), 258면.

유구한 문명을 의미한다. 하지만 한족의 왕조인 명은 이미 오래 전에 사라졌다. 따라서 그에게서 '화'는 하나의 이념태理念態다.[93] 이처럼 '화'

93 이런 견지에서 보면 김명호, 『열하일기 연구』, 125면의 "(박지원이 『열하일기』에서—인용자) 중화 문명의 계승 면에서 볼 때 청이 '화'요, '화'로 자부하는 조선은 '이'에 불과함을 폭로하고 있다"라는 주장은 재고를 요한다. 박지원에게는 문화적 기준의 화이론만 있었던 게 아니라, 인종적·지리적 기준의 화이론도 완전히 청산되지 않은 채 잔존해 있었던 것으로 생각된다. 또한 박지원은 '중국'이라는 단어를 두 가지 함의로 사용하고 있음에 유의해야 한다. 하나는 화이 관념이 배제된 공간적 개념으로서이고, 다른 하나는 화이 관념이 개입된 가치적 개념으로서이다. 후자의 경우 '중화'라는 말과 의미상 같다. 문제는 전자의 경우다. 이를 편의상 '중국 a'라고 하자. 박지원에게는 '중국 a'와 중화(中華, 혹은 華夏), 이 두 단어가 개념적으로 구분되어 사유되지 않았나 여겨진다. '중국 a'가 가치중립적·사실적 개념에 가깝다면, '중화'는 가치적·이념적 개념에 해당한다. 그러므로, '중국 a'라는 말은 '중원'(中原) '중주'(中州) '중토'(中土) 등의 말로 대체될 수 있으나, '중화'라는 말은 꼭 그렇지는 않다. 박지원이 청 왕조를 천명을 받은 정통 왕조로 인정한 것은, 청의 군주를 '중국 a'의 군주로 인정했음을 의미한다. 하지만 '중국 a'의 군주로 인정한 것이 곧 '중화'의 군주로 인정한 것이라고 말할 수는 없다. 적어도 박지원에게는 그렇다. 박지원은 청이 '중국 a'의 주인이 된 것은 분명하지만, 그리고 청이 점거하고 있는 중원(中原)은 중화의 문물이 온존하고 있는 공간인 것은 틀림없지만, 그럼에도 청은 '중화'는 아니며 어디까지나 '이'(夷)라고 보고 있음으로써다. 바로 이 지점이 박지원 대청관(對淸觀)의 미묘한 지점으로서, 사람들에게 종종 오해를 불러일으키는 곳이다. 각별히 유의하지 않으면 안 될 점은, 박지원은 청이 '중화'라고 명시적으로 말한 적이 단 한 번도 없는 반면, 청이 중국의 주인인 것은 맞지만 '중화'는 아니라는 말은 거듭 명시적으로 했다는 사실이다.
박지원이 사용한 '中國' '中土' '中原' '中州' '中華'라는 말의 용례는 『열하일기』「행재잡록서」(行在雜錄序)의 "皇明吾上國也. (…) 何爲上國? 曰中華也" "(淸―인용자)非中華也, 我力屈而服, 彼則大國也, 大國能以力而屈之, 非吾所初受命之天子也" "何則彼(청을 지칭―인용자)寄居中國百有餘年, 未嘗不視中土爲逆旅也"; 『열하일기』「도강록서」(渡江錄序)의 "皇明中華也, 吾初受命之上國也" "淸人入主中國" "雖力不足以攘除戎狄, 肅淸中原, 以光復先王之舊, 然皆能尊崇禎, 以存中國也"; 『열하일기』「호질 후지」(虎叱 後識)의 "華夏夷狄誠有分焉" "明之王澤已渴矣, 中州之士, 自循其髮於百年之久, 而寤寐摽撥, 輒思明室者, 何也? 所以不忍忘中國也" "今取篇中有'虎叱'二字爲目, 以竢中州之淸焉"; 『열하일기』「심세편」(審勢編)의 "燕巖氏曰, 遊中國者有五妄" "中州之紅帽蹄袖, 非獨漢人恥之" "中州之人士, 康熙以前, 皆皇明之遺黎也" "及淸人入主中國, 陰察學術宗主之所在" "此其意, 徒審中國之

를 이념태로서 상정하면서 그것을 의식과 정신 속에서 지속시키고 있다는 점에서 박지원은 전통적 화이론의 자장 속에 있다고 할 것이다.

한편, 박지원은 기존의 조선중화주의에 동의하지 않고, 조선은 '이'夷이며 경제적으로 퍽 낙후되어 있다는 현실인식을 갖고 있었다. 그래서 선진적인 청의 문물을 배워야 한다고 생각했던바, 이것이 곧 북학론이다. 박지원은 청 문물을 대체로 '중화 문명'의 유제遺制로 파악하고 있었다. 따라서 비록 박지원의 북학론은 '이민후국'利民厚國[94]을 위한 것이라는 점에서 경세적經世的 의의가 인정되기는 하나, 그 기저에 전통적 중화주의 내지 화이론이 굳건하게 자리하고 있음을 간과해서는 안 된다.[95]

大勢而先據之, 鉗天下之口而莫敢號我以夷狄也"使後之遊**中國**者, 如逢肆然駁朱子, 知其 爲非常之士" 등 참조.

한편 이현식, 「「도강록서」, 『열하일기』를 위한 위장」에서는, 「도강록서」가 박지원의 진심을 토로한 글이 아니며, 위장에 불과하다고 했다. 그 점을 뒷받침하는 가장 "분명하고도 강력한"(같은 논문, 188면) 증거로 박지원이 이재성에게 보낸 편지 중의 '곽외공양'(鄩外公羊)이라는 말을 거론했다. 하지만 이는 이 편지의 맥락을 잘못 이해한 것이라 생각된다. 박지원이 '피리춘추'(皮裏春秋)의 짝으로 '곽외공양'을 언급한 것은, "『열하일기』가 춘추대의를 따르는 『공양전』처럼 보이도록 꾸며낸 것"(같은 논문, 189면)임을 말하기 위함이 아니요, 그 반대로 중원의 상황 때문에 군이 『공양전』의 어투를 빌려 『열하일기』 서술의 범례를 글의 맨 첫머리에 밝히지 않을 수 없음을 슬피 여겨 한 말로 보아야 할 것이다. 따라서 「도강록서」는 위장을 위해 붙인 거짓 글이 아니며, 박지원이 압록강을 건너 중국 땅으로 들어갈 무렵의 자기의식의 일단을 표출한 글로 보아야 옳을 것이다.

94 이 말은 『열하일기』의 「일신수필」 중 "爲天下者, 苟利於民而厚於國, 雖其法之或出於夷狄, 固將取而則之, 而況三代以降聖明王漢唐宋明固有之故常哉!"(『燕巖集』, 경인문화사, 1974, 172면)의 밑줄 친 구절에서 따온 말이다. 박지원은 만년의 저작인 『과농소초』에서는 '유민익국'(裕民益國)이라는 말을 쓰고 있다. 「諸家總論」, 『課農小抄』, 『燕巖集』 권16(경인문화사, 1974), 22면 참조.

95 이 점은 일찍이 민두기, 「『열하일기』의 一硏究」(『역사학보』 20, 1963), 90~91면, 114면에서 지적된 바 있다.

박지원이 조선은 '화'가 아니며 '이'라고 언명했을 때 그것은 단지 부강한 청의 존재를 어쨌든 인정해야 한다는 것, 번성한 청 문물을 배워야 한다는 것을 말하기 위해서만은 아니며, 동시에 이념태로서의 '화'를 내세우고 있다 할 것이다. 여기서 개명한 대명의리론자, 진보적 중화주의자로서의 박지원의 면모[96]가 재확인되는 것이며, 그의 대명의리론과 북학론이 적어도 자신의 논리구조, 자신의 사유구조 내부에서는 모순 없이 일관성을 갖는다고 말할 수 있게 된다.[97]

박지원의 '조선은 이夷다'라는 언명은 단선적으로 파악될 경우 오해의 소지가 없지 않다. 이 테제 속에는 몇 가지 층위의 가치판단이 작동되거나 잠복되어 있다고 보인다. 그 하나는 방금 말한 대로 이념태로서의 '화'와 '조선＝이'를 마주세움이고, 다른 하나는 중화의 유제를 담지하고 있는 이적의 왕조 청과 조선을 마주세움이며, 마지막 하나는 조선은 '화'가 아닌 '이'이기는 하나 좌임左袵·홍모紅帽·변발辮髮의 오랑캐 풍속을 따르는 청과는 다르다는 의식이다. 첫 번째와 두 번째의 것이 조선의 낙후된 현실에 대한 반성을 낳는다면, 세 번째의 것은 조선 문화에 대한 긍지를 낳는다. 박지원이 보여주는 소중화의식[98]은 주

---

96 박지원의 이런 면모는 '자강'(自强)을 중시한 데서 아주 잘 드러난다. 이 점에서 그는 '자강적 대명의리론자'나 '자강적 중화주의자'라고 불러도 무방할 터이다.

97 이런 견지에서 생각하면, 박지원의 사유 속에 일정하게 남아 있는 '북벌론'(北伐論)이 북학론과 맺고 있는 관계가 잘 이해될 수 있다. 북학론과 북벌론의 관계에 대해서는 학계에 두 가지 이해 방식이 제기되어 있다. 하나는 양자가 대립된다는 것, 즉 북학론을 북벌론의 부정으로 보는 것이고, 다른 하나는 북학론을 북벌론의 비판적 계승으로 보는 것이다 (김명호,『열하일기 연구』, 125·132면 참조). 그런데 만일 담헌의 입장에 선다면, 북학론을 주장하면서도 다른 한편 정서적으로 북벌론을 완전히 버리지는 못하고 있는 박지원의 **태도는 북벌론의 불철저한 극복**으로 파악될 수 있을 터이다. 담헌이 반전주의의 표명을 통해 북벌론을 명시적으로 부정했음은 본서의 132면에서 언급된 바 있다.

98 이에 대해서는 「태학유관록」(太學留館錄), 『열하일기』 2, 17면; 「망양록」(忘羊錄), 『열

로 이 세 번째의 것과 관련된다. 그리하여, 비록 '이'에 불과하지만 청과는 달리 '화'의 의관 제도를 따르고 있음에 대한 강한 자부심이 피력된다. 박지원은 고루하고 자고자대自高自大에 매몰된, 그리하여 정상적인 현실인식을 상실한 조선중화주의와는 결별했지만 소중화주의는 의연히 답습하고 있었던 것이다. 『열하일기』의 도처에서 발견되는 그의 모화주의慕華主義[99]는 바로 이 소중화주의와 짝을 이루는 것이며, 그가 견지했던 중화주의와 화이론의 한 현상 형태現象形態라 할 것이다.

❽ 청나라의 기술 도입을 통해 생산성을 제고提高함으로써 조선의 가난을 극복하고자 했다는 점에서 박제가와 박지원은 완전히 합치한다. 그러나 박제가는 양반 유식층遊食層을 상인商人으로 전환시켜야 한다고 주장함으로써[100] 부분적으로나마 조선 신분제의 핵심적인 문제를 건드렸다는 점에서 신분제의 기본 구조에 대해 별 이의가 없었던 것으로 보이는 박지원과는 구별된다.[101] 국내 문제에 대한 양인의 이런 인식의 차이는 대청對淸 인식의 차이와 무관하지 않다고 생각된다.

박제가의 화이관華夷觀은 그의 다음 말에서 잘 드러난다.

하일기』 2, 363면 등 참조.

99 이동환, 「연암 사상의 한계에 대하여」(『대동한문학』 23, 2005)에서는 박지원을 '골수 모화주의자'로 보았다.

100 「병오년 정월에 올린 소회(所懷)」, 『북학의』, 202~203면 참조. '병오년'은 1786년에 해당한다.

101 박지원은 시노비(寺奴婢)=공노비의 혁파라든가 서얼의 허통(許通) 등을 주장한 데서 알 수 있듯 신분제의 모순을 일정하게 개선해야 한다는 생각을 갖고 있었다. 그러나 사(士)의 세습과 특권적 지위, 사(士)/서(庶)의 관계 등으로 특징지어지는 조선 후기 신분제의 기본 구조의 변경을 꾀하려고 한 것은 아니다. 이 점은 본서 제5장 제3절에서 자세히 논의된다.

나는 어릴 적부터 고운孤雲 최치원과 중봉重峯 조헌趙憲의 사람 됨을 사모하여 비록 뒷시대에 살고 있지만 그분들이 탄 말의 마부가 되어 모시고 싶다는 간절한 소망을 가졌었다.

고운은 당나라에 유학하여 진사가 된 뒤 고국에 돌아와서는 신라의 풍속을 혁신하여 중국의 수준으로 진보시킬 방안을 생각하였다. (…)

중봉은 질정관質正官의 신분으로 연경에 들어갔다. 조선에 돌아와 임금님께 올린 「동환봉사」東還封事는 진실되고 간절한 마음으로 중국을 통해 우리의 문제를 깨닫고 중국의 좋은 점을 보고 그와 같이 되고자 한 것이니 용하변이用夏變夷(중화의 문명으로 오랑캐를 바꿈—인용자)의 고심苦心 아닌 것이 없다. 천 몇백 년 사이 압록강 동쪽의 우리나라 인물 중, 변변치 못한 삼한의 땅을 한번 바꾸어 중국에 이르게 하고자 한 사람은 이 두 분밖에 없다.[102]

『북학의』 자서自序의 한 구절이다. 이에서 보듯, 박제가는 중국, 즉 중화를 문명의 전범으로 간주하고, 오랑캐인 우리나라는 무조건 그 전범을 따라 배워야 옳다는 입장을 견지하고 있다. 박제가는 그 연장선상에서 '북학'을 제기한다. 이를 통해 박제가가 '화/이'를 '우/열' '중심/주변' '상/하'의 관계로 파악하고 있음이 확인된다. 전통적 화이론의 프레임을 견지하고 있는 것이다.

박제가는 박지원과 마찬가지로 조선중화주의는 거부했으나 소중화주의나 모화주의는 탈피하지 못했다. 하지만 박지원과 달리 대명의리론에 대한 경사傾斜는 보여주고 있지 않다. 박제가는 비록 「존주론」尊周論과

---

102 박제가, 『북학의』 자서, 『북학의』, 16~17면.

같은 글에서 명나라의 재조지은再造之恩, 청나라가 되놈의 나라라는 것, 북학은 곧 북벌北伐의 길이라는 것 등을 운위하고 있으나,[103] 기실 북학의 정당성을 주장하기 위한 '레토릭'이 아닌가 여겨진다. 박제가처럼 현실적이고 영리하며 물정에 밝은 인물이 북벌을 가당키나 한 것으로 봤겠는가.

박제가에게는 청나라인가 명나라인가 하는 문제는 본질적으로 중요한 일이 아니었다고 판단된다. 그는 의리보다는 실용과 공리功利를 우선시하는 인물이었다. 그에게는 중원에 현실적으로 존재하며 번영을 뽐내던 청의 선진 문물을 조선에 시급히 받아들이는 것보다 중요한 일은 없었다. 이 지점에서 박제가는 의리나 가치의 문제를 결코 방기하지 않고 끝까지 함께 문제삼으려고 한 박지원[104]과 분기分岐되며, 훨씬 가벼운 몸으로 조선의 개혁을 주장할 수 있었다.

❾ 정약용은 1799년에 쓴 「연경에 사신으로 가는 한교리韓校理에게 준 송서送序」(送韓校理使燕序)[105]에서, '중국'中國의 '중'中을 지리적인 개념으로 보는 데 반대하였다. 자기가 서 있는 그곳이 바로 '중'이 되니, 이리 보면 어딜 가든 '중국'이 아닌 데가 없다고 했다. 그리하여, 중국과 우리나라를 차등지어 중국을 중심, 우리나라를 주변으로 간주하는 관점이 그릇됨을 지적하고 있다.

이어서 정약용은 '중국'이란 요순우탕堯舜禹湯의 정치와 공맹孔孟의 학문이 있는 곳을 이르는데, 우리나라는 이미 '성인지치'聖人之治와 '성인

---

103 『북학의』, 189면 참조.

104 이에 대한 박지원의 판단은 대개 보수적인 방향으로 귀착되며, 사대부 기득권의 고수로 이어지는 듯하다.

105 「送韓校理使燕序」, 『與猶堂全書』 제1집 제13권; 「연경에 사신으로 가는 한교리에게 준 송서」, 『국역 다산시문집』 6(민족문화추진회, 1984), 69~70면.

지학'聖人之學을 옮겨 와 갖고 있으니 지금 청에서 우리가 취할 것은 농법 農法의 편리와 문사예술文詞藝術의 박아博雅일 뿐이며, 이夷의 예속禮俗은 인심人心을 어지럽히니 볼 것이 없다고 했다. 이 언명을 통해 정약용이 청을 '이'夷로 간주했다는 것, 문화적으로 볼 때 조선이 중화에 다름아니 라고 보고 있었다는 것, 북학적 사유를 지니고 있었다는 것[106] 등을 추찰 推察할 수 있다. 정약용이 지리적·종족적 화이관을 부정하고 문화적 기 준의 화이관을 따르고 있음은 조선중화주의의 영향으로 보인다. 그리하 여 조선의 정치와 학문에 대한 자부심을 피력하고 있다. 그렇기는 하나 청에게서 배울 점이 있다고 본 것은 북학파의 영향이라고 생각된다.

정약용이 문화적 화이론을 견지했음은 「탁발위론」拓跋魏論에서도 확인된다. 이 글에서 정약용은,

> 성인聖人의 법은, 중국이 이적의 행실을 하면 이적으로 간주하 고, 이적이 중국의 행실을 하면 중국으로 간주한다. 중국과 이적 은 그 도道와 정치에 있지 강역疆域에 있지 않다.[107]

라고 말하고 있다. 그리하여 사가史家들이 탁발씨拓跋氏의 위魏나라를 중

---

106 정약용이 북학적 사유를 갖고 있었음은 유배 가기 전에 쓴 글인 「기예론(1)」(技藝論 一, 『詩文集』, 『與猶堂全書』 제1집 제11권 所收)에서도 확인된다. 또한 훗날 강진 유배지 에서 쓴 『경세유표』(經世遺表)에서는 '이용감'(利用監)의 신설을 주장하면서 북학을 제도 적·체계적으로 수행할 것을 기획하고 있음을 볼 수 있다. 이는 조선조에 제기된 북학에 대 한 가장 구체적인 정책 방안이라 평가할 수 있을 것이다. 「邦禮艸本序」, 『詩文集』, 『與猶 堂全書』 제1집 제12권; 「利用監」, 冬官工曹, 『經世遺表』 권2, 『與猶堂全書』 제5집 제2권; 「典圜司」, 冬官工曹, 『經世遺表』 권2, 같은 책; 「燔甆監」, 冬官工曹, 『經世遺表』 권2, 같은 책; 「修城司」, 冬官工曹, 『經世遺表』 권3, 『與猶堂全書』 제5집 제3권 등 참조.
107 「拓跋魏論」, 『與猶堂全書』 제1집 제12권, 『與猶堂全書』 1(경인문화사, 1982), 243면.

국으로 인정하지 않고 빈척擯斥함을 비판하고 있다. 정약용의 이런 입장은 '귀하천이'貴夏賤夷를 비판한 이익의 관점을 계승한 것이라고 생각된다.

한편 정약용은 「동호론」東胡論에서, 동방의 오랑캐들이 세운 나라인 탁발위拓跋魏, 거란, 금金, 청의 문화적 우수성을 거론한 다음, 그에 덧붙여 조선에 대해 다음과 같이 언급하고 있다.

> 조선은 정동正東의 땅에 처해 있다. 그러므로 그 풍속이 예禮를 좋아하고 무武를 천시하며, 차라리 약할지언정 포악하지 않으니, 군자의 나라라 할 것이다. 아아, 중국에 태어날 수 없다면 동이東夷에 태어날 일이다.[108]

이에서 보듯, 조선에 대한 강한 긍지를 드러내고 있다. 정약용은 동방의 이적들이 모두 인후仁厚하고 원근愿謹하여 족히 칭할 만하다고 하면서도 북쪽이나 서쪽의 오랑캐들, 이를테면 흉노나 돌궐이나 몽고나 서강西羌은 기질이 크게 달라 살육을 좋아하고 잔폭殘暴하며 사박詐薄하다고 평하고 있다.[109] 정약용의 이런 평가 역시 '중화 문화'의 수용 여부가 기준이 되고 있다는 점에서 문화적 화이론의 관철 과정이라 말할 수 있을 터이다. 이렇게 본다면 그가, "우리 동방은 산을 등지고 있고 바다에 둘러싸여 있어 지리적으로 험하여 군건하며, 용하변이用夏變夷를 통해 문물이 찬란한 아름다움을 이루었으니 '소중화'의 칭호가 진실로 마땅하다고 하겠다"[110]라고 한 것은, 단순히 입에 발린 말은 아니라 할 것이다.

---

108 「東胡論」, 『與猶堂全書』 제1집 제12권, 위의 책, 243면.
109 같은 책, 같은 곳.
110 「地理策」, 『與猶堂全書』 제1집 제8권, 『與猶堂全書』 1, 152면.

자국에 대한 정약용의 자존 의식은 1804년에 쓴 다음 시에서 인상적으로 발로發露되고 있다.

조선이 꼭 변두리도 아니고
중국이 꼭 가운데도 아니지.
동그란 지구에는
본래 동東도 서西도 없다네.[111]

「근심을 풀며」(遣憂)라는 연작시의 한 수다. 중국중심주의가 부정되고 있음을 본다.

총괄해서 말한다면, 정약용은 '화'와 '이'는 지리나 종족에 의해서가 아니라 문화에 의해 구분된다고 보았다. 그 결과 종래의 중국중심주의를 벗어나 조선적 자기의식을 한층 강화할 수 있었다. 하지만 문제는, 정약용이 견지한 문화적 화이론에서 화이의 판단 기준인 '문화'는 어디까지나 '중화 문화'라는 사실에 있다. 적어도 이 점에서 그의 문화적 화이론, 그리고 그것을 토대로 가능했던 조선적 자기의식의 강화는 전래傳來의 화이론의 프레임 자체를 부정하거나 극복함으로써 획득된 것이 아니라 어디까지나 화이론의 프레임 내에서 구축된 논리임을 부정하기 어렵다.

(2) 비교 논의

앞에서, 아홉 사람의 화이론을 검토해 보았다. 이제 이들의 화이론

---

111 「遣憂十二章」 제1수, 『詩文集』, 『與猶堂全書』 제1집 제5권, 위의 책, 80면.

과 담헌의 화이론을 비교해 보기로 한다.

이들 9인 중 홍낙순, 홍양호, 정약용의 경우 문화적 화이론의 입장이 강고하다. 홍낙순은 문화적 화이론을 극단에까지 밀고 나가 금金과 청을 '화'로 간주하고, 휘종 시대의 북송과 남도 이래의 송, 천계·숭정 연간의 명을 이적으로 간주하고 있다. 정약용의 경우 문화적 화이론을 통해 전래의 중국중심주의에서 탈피하고, 조선의 주체성을 긍정하는 쪽으로 나아갔다. 그러나 문화적 화이론의 논리구조는 궁극적으로 중화 문명을 '화/이'의 판단 기준으로 삼는다는 점에서 '화/이' 자체를 부정하는 것이 아님은 물론, '화이론'의 틀 자체를 부정하는 것도 아니다. 이 점에서 '화/이'의 구분을 무화無化시키면서 화이론 그 자체를 허물어 버린 담헌의 논리구조와는 차이가 있다.

한편 이익은 지리적 기준의 화이론을 탈피해 가는 면모를 보여주나 아직 그것을 완전히 극복하지는 못했다. 지리적 화이론은 정약용에 의해 완전히 극복된다. 박지원은 지리적·종족적 기준의 화이론에서 벗어나지 못했다. 박제가 역시 지리적 기준의 화이론에서 자유롭지 못했다. 이와 달리 담헌은 지구에 정계正界가 따로 없다고 보아 '내/외' '중심/주변'의 구분을 원천적으로 부정함으로써 지리적 기준의 화이론을 부숴 버렸다. 또한 담헌은 화와 이의 종족적 우열을 부정하고 양자를 똑같은 인간으로 봄으로써 종족적 기준의 화이론의 입지 자체를 허물어 버렸다.

이덕무는 중국과 조선을 평등한 눈으로 봄으로써 중국 진선주의를 비판하고 조선의 주체성을 긍정했던바, 종래의 화이론에서 벗어난 면모가 인정된다. 그러나 시에 보이는 함축적·단편적斷片的 진술이기에 과연 화이론의 틀을 원리적으로 극복한 것인지에 대해서는 의문이 남는다. 화이론에 대한 원리적 부정에 이르기 위해서는 더 많은 숙고와 사유의 매개 과정이 필요하다고 여겨지기 때문이다.

9인 중 가장 흥미로운 인물은 이복휴와 성대중이다. 이복휴는 한족漢族의 관점이 아니라 이적夷狄의 관점에서 사태를 봄으로써 획기적인 시각 전환을 이룩했다. 그리하여 호한질주론胡漢迭主論이라는 전인미발前人未發의 창견創見을 제시했다. 담헌은 한족이 점점 문약文弱해져 간 반면 호胡는 검소함과 무武를 숭상했기에 중원을 차지할 수 있었다고 보았기는 하나, 이런 생각을 '호한질주胡漢迭主'의 논리로까지 발전시키지는 못했다. 이 점에서 이복휴의 관점은 썩 대담하고 창의적이라 평가할 만하다.

이복휴가 이런 논리를 구상할 수 있었던 것은 그가 담헌보다 '호'의 입장을 좀더 적극적으로 대변했기 때문으로 보인다. 담헌은 '화'와 '이'(즉 호) 양자를 평등하게 보면서 일방一方이 타방他方을 공격하거나 침략하는 것은 정당한 일이 아니라고 했다. 즉 침략주의를 부정하고 평화를 옹호한 것이다. 담헌 사상에서 '평등'과 '평화'라는 두 가치가 이처럼 내적으로 상호 견결하게 결합되어 있음은 각별한 주목을 요한다. 이와 달리 이복휴는 '호'의 입장에 섬으로써 '호'의 중국 침략을 정당화할 수 있었다. 이 점이 이복휴와 담헌의 주요한 차이다. 한편, 이복휴는 '화'와 '이'를 상대적으로 보는 관법을 보여주고 있기는 하나, 담헌처럼 **문화와는 관계없이** '화'와 '이'가 평등하다고 생각한 것은 아니다. "이적으로서 의상衣裳을 갖추면 중국이라고 일러도 가하며, 중국으로서 인의가 없으면 이적이라고 일러도 가하다"라는 말에서 그 점이 확인된다. 즉, 이복휴의 경우 문화적 기준의 화이론이 완전히 부정되고 있지는 않다.

성대중은 '화'와 '이'의 구별은 인간의 작위일 뿐 하늘의 뜻이 아니라고 했다. '화/이'의 대립항이 선천적·자연적인 것이 아님을 분명히 한 것이다. 이처럼 성대중은 '화'와 '이'에 대한 대립적·차등적 파악 방식에서 탈피했다는 점에서 담헌과 동궤同軌다. 성대중의 이런 견해가 피력되어 있는 『청성잡기』의 『성언』은 1790년대에서 1800년대 초 사이에 저술된 것으로 추정된다. 따라서 성대중의 견해는 담헌보다 10여 년 혹은 20년쯤 뒤에 제기된 것이라 말할 수 있을 터이다.

화이華夷에 대한 성대중의 견해에는 기본적으로 담헌의 사유와 논리가 묻어 들어와 있다고 판단되지만, 디테일에 있어서는 좀 다른 부분도 없지 않다. 가령, 성대중은 "이적은 우리와 같은 부류는 아니라 할지라도 또한 사람이다"[112]라고 했는데, 이는 담헌이 '이'와 '화'는 똑같은 인간이다, '이'와 '화'에는 아무 차등이 없으며 똑같다라고 생각한 것과는 조금 다르다. 성대중은 화이와 관련해 자신이 제기한 강령綱領을 생각의 세부에 있어서까지 일관되게 관철하고 있지는 못한 면이 있음을 알 수 있다. 또한 성대중은, 성인聖人이 이적을 '화'와 함께 양육하고자 하지 않은 것이 아니지만 다만 땅이 멀어 미처 베풀지 못한 것이라고 했는데,[113] 이런 생각은 화이를 엄별한 책인 『춘추』를 어디까지나 주나라의 역사서라면서 공자까지도 공간적·시간적으로 상대화시키고 있는 담헌의 사고와는 상당한 차이가 있다 할 것이다.

뿐만 아니라 성대중은, 담헌이 아주 조직적이고 체계적이며 원리적으로 논의를 전개하고 있는 것과는 달리, 산만하고 비체계적이며 원리적이지는 못한 차이를 보여준다.

서상叙上의 논의를 통해 알 수 있듯, 조선 후기에는 화이론을 수정하거나 재해석하려는 시도가 여러 학인들에 의해 다채롭게 제기되었다. 특히 주목되는 것은, 중국중심주의를 회의 내지 부정하고, '이적'의 문화적 역량과 존재감을 긍정하고 있다는 사실이다. 그 결과 조선에 대한 자부심, 조선인으로서의 자기의식의 강화가 이루어졌다. 그중에

---

112 『성언』, 『국역 청성잡기』 권3, 179면. 원문은 다음과 같다: "夷狄縱非我類, 然亦人也."
113 같은 책, 같은 곳.

는 홍양호처럼 조선중화주의의 틀 속에서 사유행위를 전개한 사람도 없지 않지만 그 대부분은 조선중화주의의 기본 도식을 벗어나 중국, 청, 이적, 조선, 그 각각에 대한 인식 및 그들의 상호관계에 대한 인식을 재조정해 가고 있었다. 그러나 박지원이나 정약용에게서 확인되듯, 조선중화주의의 도식에서 벗어났다고 해서 조선중화주의의 어떤 계기가 완전히 부정되고 있는 것은 아니며, 자국 문화에 대한 자존감과 긍지라는 계기는 일정하게 계승되고 있다고 보인다.

화이론에 대한 담헌의 사유행위는 조선 후기 학인들의 이런 다채로운 모색과 관련하여 이해되고 음미될 필요가 있다. 담헌의 사유행위는 한편으로는 그 자신의 경험과 고투의 산물이지만, 다른 한편으로는 전 시대로부터 자신의 시대를 거쳐 후대로 이어지는 사상사적 과제와 연관되어 있음으로써다.

담헌 이외 대다수 논자들의 주장과 담헌의 주장 사이에는 일정하게 서로 통하는 점이 있다고 생각된다. 지리적·종족적 기준의 화이론에 대한 부정, 중국중심주의의 부정, 이적夷狄의 긍정 등이 그것이다. 그러나 담헌 이외의 논자들과 담헌 사이에는 무시해서는 안 될 중요한 변별점들 또한 존재한다. 우선적으로 지적되어야 할 점은, 담헌 이외 논자들의 경우 성대중을 제외하고는 중국중심주의를 부정했든 이적을 긍정했든 그와 상관없이 '화'와 '이'의 대립적 파악, '화'와 '이'의 구분 자체는 철폐하지 않고 있다는 사실이다. 다만 '이'도 중화의 문화를 잘 구현해 예악과 문물을 갖추면 '화'가 될 수 있고, 중국도 정치를 잘하지 못하면 '이'가 될 수 있다는 논리로써 '화'와 '이'의 경계를 고정적·자연적인 것이 아니라 가변적·역사적인 것으로 파악하고 있음이 주목된다. 이른바 문화적 기준의 화이론이다.

문화적 기준의 화이론은 '이'도 '화'가 될 수 있고 '화'도 '이'가 될 수 있음을 인정함으로써 '이'와 '화'를 상대화·유동화하며, 그 결과 '이'의 문화적 역량을 정당하게 긍정하고 자기의식을 강화한다는 장점이 있다. 이처럼 문화적 화이론은 문명을 향한 개개 국가(혹은 공동체)의 주체적 노력을 중시한다는 점에서 자연적으로 틀지어져 있는 지리적 기준의 화이론이나 종족적 기준의 화이론보다 진일보한 면모를 갖는다. 그렇긴 하나 문화적 화이론 역시 '화이론'의 틀을 벗어난 것은 아니다. '화'와 '이'는 구분되며, 그 기준은 어디까지나 '중화 문명의 담지' 여부에 있기 때문이다. 이처럼 문화적 화이론은 중화주의에 기초해 있다. 이 점에서 문화적 화이론을 근거로 한 '이'夷의 자기의식의 강화나 주체의 정립은 모순과 한계를 갖게 마련이다.

성대중을 제외한 논자들은, 비록 이복휴나 홍낙순처럼 꽤 창의적이거나 파격적인 생각을 제시한 인물도 없지는 않으나 그럼에도 아무도 문화적 화이론을 깨부수지는 못했으며, 모두가 그 테두리 안에 머물고 있다 할 것이다. 바로 이 점, 즉 인식론적으로나 이론적으로 문화적 화이론의 벽壁을 돌파하지 못한 것이 이들의 결정적 한계가 아닌가 생각된다. 그 결과, 전통적 화이론에 내적 균열을 야기하는 사유의 진전을 더러 이룩하지 않은 것은 아니나, '화/이'의 구분 자체를 부정하면서 화이론의 프레임 자체를 깨뜨려 버리는 데까지는 나아가지 못했다. 이 때문에 습속이나 의관 제도나 문화와 관련해 중화주의의 기제機制는 의연히 전범典範이자 규준規準으로 작동할 수밖에 없었다.

이와 달리 담헌은 지리적·종족적·문화적 화이론 일체를 부정해 버렸다. 그러므로, 담헌의 사유 체계 내에서는 습속이나 의관 제도나 문화는 '화'와 '이'를 가르는 기준이 되지 못한다. 즉 담헌에 의하면 '화'와 '이'는 어떤 기준에 의해서도 차등화되지 않는다. '화'와 '이'는 근본적으로 평등하며, 한쪽이 주체이고 다른 쪽이 타자他者인 그런 관계가 아니라 상호주체적인 관계다. 이것은 '화'와 '이' 구분의 무화無化이자 화이론의 완전한 탈주술화에 다름아니다. 이는 '범애'의 관점을 견지했기에 가능한 일이다. 이로써 '화이'를 대립적·우열적으로 파악하는 사유 방식, 화이론의 프레임 자체가 부정되고, 세계를 보는 새로운 관점, 개별 국가를 보는 새로운 시각이 인식론적·존재론적으로 비로소 정초될 수 있었다. 그것은, 동아시아 세계를 그토록 오랫동안 규율해 온 화이론의 붕괴와 새로운 세계관, 새로운 이론의 탄생을 의미하는 것이었다.

3) 평등의 문제

이미 언급한 바 있지만 담헌의 후기 사상은 '평등'에 대한 지향이 강하다. 『의산문답』에는 전체적으로 '평등의 존재론'이 관철되고 있으며, 『임하경륜』에는 토지제도, 신분제도, 교육제도에 대한 논의에 평등의 문제의식이 담지되어 있다.

자국自國의 사회제도와 관련한 담헌의 평등 구상은 조선 후기 사상사의 맥락 속에서 볼 때 어떻게 평가될 수 있으며, 어떤 의의가 있는 것일까? 조선 후기의 학인들 중 담헌처럼 국내 문제와 관련해 평등의 사유를 펼쳐 보인 사람으로는 누가 있는가? 이들과 담헌의 사유 간에는 어떤 동이점同異點이 있는가? 또 이들과 비교해 볼 때 담헌의 평등 지향성에는 어떤 한계 혹은 어떤 그만의 성취가 인정되는가? 이 절에서는 이런 물음들에 대한 답을 찾아 보기로 한다.

(1) 평등의 문제를 고민한 조선 후기의 학인들

❶ 반계 유형원은 국가 체제 전반에 대한 개혁을 구상한 인물이다. 그의 저서『반계수록』첫머리에 이런 말이 보인다.

> 부세賦稅와 군역軍役이 절도節度가 없고, 빈부貧富가 균均하지 못하며, 토지의 겸병과 모리謀利로 양인良人이 삶의 터전을 잃고, 호구戶口는 탈루脫漏되기 쉬우며, 송사訟事가 번다하고, 귀천貴賤의 분별이 없으며, 분수分數가 밝지 못하다.[114]

당대 조선에 대한 진단이다. 이 말에서 짐작되듯 유형원은 농민의 항산恒産을 도모하기 위해 토지제도와 부세제도賦稅制度 및 군역軍役을 변혁하고자 하였다.[115] 그 개혁안의 대강을 정리하면 다음과 같다.

첫째 유형원은 토지제도로서 '공전제'公田制를 제안하였다. 그는 이념적으로는 주대의 정전제井田制를 긍정했지만 현실적인 난점 때문에 당대의 조선에서 그것을 실시할 수는 없다고 보았다.[116] 그래서 대안으

---

114 '分田定稅節目',「田制(上)」,『磻溪隨錄』권1;『國譯註解 磻溪隨錄(一)』, 38면.
115 유형원에 대한 연구로는 다음 논저가 참조된다. 천관우,「반계 유형원 연구」(『역사학보』 2·3, 1952); 정구복,「반계 유형원의 사회개혁사상」(『역사학보』 45, 1970); 이우성,「초기 실학과 성리학과의 관계―반계 유형원의 경우」(『동방학지』 58, 1988); 김용섭,『조선후기농업사연구(II)』(증보판: 지식산업사, 2007)의 제IV편 '농업론의 동향' 중「조선후기 토지개혁론의 추이」; 김선경,「유형원의 이상국가 기획론」(『한국사연구』 125, 2004); 김재섭,「반계 유형원의 교육개혁사상」(『한국교육사학』 제24권 제1호, 2002); 제임스 B. 팔레 저, 김범 옮김,『유교적 경세론과 조선의 제도들―유형원과 조선 후기』(산처럼, 2008); 김태영,「반계 유형원의 변법론적 실학풍」(『한국실학연구』 18, 2009); 이헌창,「반계 유형원의 경제사상에 관한 연구」(『조선시대사학보』 10, 1999).
116 '分田定稅節目',「田制(上)」,『磻溪隨錄』권1;『國譯註解 磻溪隨錄(一)』, 39~41면.

로 제시된 것이 공전제다. 그가 제안한 공전제는 한마디로 말해 '토지 국유제'다. 사적私的 토지 소유를 철폐하고, 국가의 기획과 통제하에 모든 인민에게 일정한 토지를 분급分給하는 것이 그 골자다.

유형원의 공전제는 토지의 분급에 있어 신분과 직역職役 별로 차등을 두고 있어, 농민의 경우 1부夫당 1경頃이 분급되나, 관리나 사류士類의 경우 적게는 2경頃, 많게는 12경頃까지 분급된다.[117] 관리는 토지 분급과 별도로 지위에 따라 녹봉을 받는다. 한편, 공상인工商人은, 서울 및 토지가 부족한 협향狹鄕에 사는 자를 제외한 나머지 사람들에게 농민이 받는 토지의 반이 분급된다.[118] 요컨대 유형원이 구상한 공전제는 기본적으로 상하의 신분에 따라, 그리고 지위와 직역에 따라 차등적으로 토지가 분급되는 제도다.

둘째, 군역은 토지를 분급받은 농민 넷 가운데 한 명이 진다.[119] 사士 이상의 지배층은 군역이 면제된다. 백성은 토지에서 나온 소출所出의 10분의 1을 세금으로 내며, 토지에 관련된 다른 일체의 세금은 없다.

셋째, 과거제의 폐지와 공거제貢擧制의 실시를 주장하였다. 유형원은 과거제가 어질고 유능한 인재를 선발한다는 원래의 취지를 상실했으며, 문벌의 자제를 선발할 뿐이라고 보았다. 그래서 덕이 있고 실력이 있는 자를 천거薦擧를 통해 선발하는 공거제를 실시해야 한다고 했다.

유형원의 공거제는 그가 구상한 교육제도와 긴밀히 연결되어 있

---

117 1경(頃)은 곧 100무(畝)이며, 수전(水田)으로는 40마지기에 해당한다. "사(士)가 처음으로 학교에 입학하는 자는 2경을 받고, 외사(外舍)를 거쳐서 내사(內舍)에 들어간 자는 4경을 받고, 관리의 현직(現職)이 9품 이상으로부터 7품에 이르기까지는 6경이요, 차례차례로 더하여 정2품에 이르면 12경이요 (…)"(위의 책, 46면).

118 '分田定稅節目', 「田制(上)」, 『磻溪隨錄』 권1; 『國譯註解 磻溪隨錄(一)』, 112면.

119 위의 책, 46면.

다. 그 대체大體를 말하면 다음과 같다. 서울과 지방 공히 4단계의 학제
學制를 둔다. 즉, 서울은 방상坊庠→사학四學→중학中學→태학太學이
고, 지방은 향상鄉庠→읍학邑學→영학營學→태학이다.[120] '방상'은 방
坊에 설치된 학교, '향상'은 향당鄕黨에 설치된 학교인데, 모두 초급 학
교에 해당한다. '읍학'은 주현州縣에, '영학'은 각 도道의 감영에 설치된
다. 태학이 고등교육을 담당한다면, 사학·중학, 읍학·영학은 중등교
육을 담당한다. 각 교육 단계의 학생들 중 우수한 자는 추천에 따라 상
급 학교로 진학한다. 그리하여 최종적으로 태학에서 교육받은 학생들
중 현량賢良한 자 35인을 조정에 천거하여 진사로 삼는다. 진사는 진사
원進士院이라는 곳에 들어가 1년간 더 공부한 뒤 그 재능에 따라 비로
소 벼슬에 임명된다.

그런데 4단계의 학제 중 초급학교에 해당하는 '방상'과 '향상'을 제
외하고는 모두가 철저히 관에 의해 운영된다. 하지만 방상과 향상은,
비록 관의 협조가 운위되고 있기는 하나 기본적으로 향당의 자율적 노
력에 의해서 운영된다. 그리하여 이들 학교의 교원에게는 다른 상급
학교의 교관과 달리 벼슬이 주어지지 않는다.[121] 또한 향상과 방상은
상급의 학교 제도가 정착되면 점차 설치되어야 할 것으로 보고 있다.[122]
이에서 알 수 있듯, 유형원은 일단 방상과 향상에서 이루어지는 기초
교육은 국가의 직접적인 관할 밖에 두었다.

---

120 김재섭, 「반계 유형원의 교육개혁사상」(『한국교육사학』 제24권 제1호, 2002), 167면
참조.

121 '鄕約', 「教選之制(上)」, 『磻溪隨錄』 권9; 『國譯註解 磻溪隨錄(二)』, 96~100면.

122 위의 책, 95면. "學敎旣興, 漸設庠序. 京中諸坊設坊庠 (…), 州縣各鄕卽今之面設鄕庠."
(「教選之制(上)」, 『磻溪隨錄』 권9, 明文堂, 1982, 178면) 또한 이 구절을 통해 '향'이 곧 당
시의 '면'을 가리킴을 알 수 있다.

방상과 향상은 원칙적으로 양반의 자제와 일반 백성의 자제가 다함께 교육받을 수 있는 곳으로 구상되고 있다. 그러나 읍학은 향상의 수재秀才를 뽑아서 들이게 되므로[123] 여기서부터는 사士와 민民의 구별이 생긴다고 했다.[124] 사학 혹은 읍학의 입학과 관련해서는 다음 언급이 참조된다.

> 대부大夫와 사士의 자제로서 수학하기를 원하는 15세가 된 자 및 백성 중의 준수俊秀한 사람으로서 나이 15세 이상인 자는 모두 입학을 허락한다. 서울은 사학의 교관이, 지방은 수령교관守令敎官이 그 지원한 자를 고사考査한 뒤에 입학시켜 가르친다.[125]

단 공상인工商人과 시정인市井人의 자제, 무당과 잡류雜流의 자제, 공사公私의 천인賤人은 배제된다.[126] 상인, 공인工人, 노비에게 입학 자격이 없다고 한다면 위 인용문에서 말한 '백성'이란 양인층 농민에 한정된다 할 것이다. 학교에 입학한 자는 사류士類로 간주되어 군역이 면제된다.

유형원은 귀천의 명분名分을 인정하였다. 하지만 귀천은 문벌의 유무에서가 아니라 어진가 어질지 못한가에서 결정된다고 보았다.[127] 인간에 대한 평가의 기준을 문벌이 아니라 능력에서 구한 셈이다. 하지만 그렇다고 해서 유형원이 사대부 자제와 농민의 자제를 완전히 평등

---

123 서울의 사학도 마찬가지일 터이다.

124 '學校事目', 「敎選之制(上)」, 『磻溪隨錄』 권9; 『國譯註解 磻溪隨錄(二)』, 83면.

125 '貢擧事目', 「敎選之制(下)」, 『磻溪隨錄』 권10; 『國譯註解 磻溪隨錄(二)』, 109면.

126 "工商市井之子, 巫覡雜類之子, 及公私賤口, 不許入."(위의 책, 108면)

127 '貢擧事目', 「敎選之制(下)」, 『磻溪隨錄』 권10; 『國譯註解 磻溪隨錄(二)』, 113면.

한 눈으로 본 것은 아니며, 또한 양자에게 기회의 평등이 주어져야 한다고 생각한 것도 아니다. 다음의 예문이 이 점을 이해하는 데 도움을 준다.

(가) 혹자는 말한다.

"그렇다면 대대로 귀족인 자도 만일 재주와 덕이 없다면 서민이 되어야 하는가?"

나는 말한다.

"옛말에 공경公卿의 아들도 서민이 된다고 하지 않았나. 귀천을 대대로 물리지 아니함이 옛날의 도다. 다만 선왕先王께서 귀족으로서 백성에게 공덕을 끼친 자를 고려해 특별히 그 후손에게 '음'蔭의 은전恩典을 두니 이는 지극히 충후忠厚한 일이다. '음'이 있는 자는 법률상 마땅히 사류士類에 들어야 할 것이나, 법률상 해당되지 않는 자는 논할 게 없다."[128]

(나) 혹자는 말한다.

"그와 같이 하면 귀천이 무상無常하여 천한 자가 귀한 자를 능멸함이 없겠는가?"

나는 말한다.

"(…) 비록 이와 같이 하더라도 사류士類가 되는 자는 대개 세족世族(대대로 국록을 받는 가문—인용자)의 자제요, 백성에서 발신發身해 사류가 되는 자는 기껏해야 열에 한둘일 것이다. 어째서인가. 사람이 타고난 기품의 청탁淸濁은 대저 기류氣類에 매인 것이오, 게

128 같은 책, 같은 곳.

다가 의식주의 영향을 받아 세족의 집안과 백성의 집은 현절하게 다를 수밖에 없다. 세족의 자제는 그 가계家系의 빛남을 의뢰하고 아랫 계급으로 떨어질 근심이 없으므로 늘 편안히 지내며 공부를 하지 않아 명의名義가 서는 것이 적으니, 이는 곧 제도가 그렇게 만든 것이다. 만일 오직 선한 사람을 거용擧用해 재주 없는 이는 저절로 버려지게 하여, 비록 이전에는 영귀榮貴했다 하더라도 뒤에 진흙 속에 빠지게 될 수 있다고 한다면 총명한 성품을 타고나 부형父兄의 가르침을 익힌 자(세족의 자제를 가리킴―인용자)가 어찌 힘쓰지 않겠는가. 그렇게 되면 중간 정도 자질의 사람도 모두 훌륭한 인재가 될 터이니, 비록 덕행으로써 사람을 뽑더라도 사족을 버리고 어디에 가서 인재를 찾겠는가. 덕행으로써만 사람을 뽑는다 할지라도 세족의 집에 인재가 많을 것은 자연의 형세다. (…)"[129]

(가)에서는, 한편으로는 사대부의 자제가 서민이 될 수도 있음을 인정하고 있지만 다른 한편으로는 세족世族의 자제가 '음'蔭의 특권을 누리는 일을 긍정하고 있다. '음'蔭은 후손이 부조父祖나 조상의 공덕으로 작위를 얻거나 벼슬을 하는 것을 이르는 말이다. 유형원은 세족의 자제는 비록 재주와 덕이 없더라도 '음'의 특권을 인정받아 사족의 신분을 유지함이 옳다고 본 것이다. 유형원은 문벌의 신분 세습을 비판하면서도, '음'을 인정함으로써 문벌의 특권을 긍정하는 자가당착을 보이고 있다 할 것이다. 그의 불철저한 면모라 하지 않을 수 없다.

(나)에서는, 지금의 과거제도를 폐지하고 공거제를 실시한다 하

---

[129] 위의 책, 116~117면.

더라도 세족에게는 크게 불리할 것이 없으며, 농민의 자제는 기껏해야 열에 한둘 정도 사류가 될 수 있을 것으로 전망하고 있다. 비록 사대부 계급의 기득권을 다소 양보했다고는 하겠으나 그럼에도 사대부의 이해관계가 주요하게 대변되고 있음을 보게 된다.

이로써 보면, 유형원은 학교 제도의 개혁을 수반하는 공거제를 통해 농민의 자제 중 일부 우수한 자를 사류에 새로 편입시킴으로써 조선왕조 신분제의 경직성을 다소 완화시키고자 했던 것으로 생각된다.[130] 이 제도는 또한 기존 사족의 자제 중 일부를 지배층에서 탈락시켜 농민이 되게 하는 방안을 강구하고 있으나, 특권층인 세족은 예외로 함으로써 그 실효성을 의심스럽게 하고 있다.[131]

넷째, 궁극적으로 공사公私 노비를 없애야 한다고 생각했지만, 대부大夫와 사士의 입장을 고려할 때 지금 당장은 어렵고 고공제雇工制, 즉 농업 노동자를 고용하는 제도가 장차 정착되면 없앨 수 있으리라고 보았다. 또한 그 없앤다는 것도 노비 자체를 아예 없애 버리는 것이 아니라 중국처럼 노비 일대一代에 한해 노비 노릇을 하는 데 그치고 그 신분이 세습되지 않게 함이라고 했다.[132]

총괄적으로 본다면, 유형원은 공전제의 도입을 통해 소농경제 체

---

130 이 점에서, 유형원이 '세습형 사회'에서 '성취형 사회'로의 변혁을 꾀했다는 정구복, 「반계 유형원의 사회개혁사상」(『역사학보』 45, 1970)의 지적은 좀 지나친 것이 아닌가 생각된다.

131 학교에 입학한 자 중 제대로 공부하지 않아 학적(學籍)이 삭제된 사람은 군역에 종사해야 하지만('貢擧事目」, 「敎選之制(下)」, 『磻溪隨錄』 권10; 『國譯註解 磻溪隨錄(二)』, 120면), 음(蔭)이 있는 자는 학적에서 삭제되더라도 군역을 지지는 않게 한(같은 책, 129면)데서도 세족에 대한 배려가 엿보인다 하겠다.

132 '奴隷」, 「續篇(下)」, 『磻溪隨錄』 권26; 『國譯註解 磻溪隨錄(四)』(한장경 역주, 충남대, 1962), 438면.

제를 안정시킴으로써 빈부 차를 줄이고 국가 재정을 튼실하게 하는 한편, 과거제를 공거제로 바꿈으로써 문벌의 자제가 세습적으로 대부가 되는 것을 제한하고 일부 농민층의 자제가 사류로 편입되는 길을 열어 주어 경직된 신분제에 유연성을 부여하고자 했다고 말할 수 있다. 유형원은 신분제 자체를 부정한 것은 아니니, 귀천의 명분이 흐려져서는 안 되는 것으로 보고 있었다. 그는 농민의 경제적·사회적 처지를 향상시키고자 했으나 그럼에도 자신이 속한 계급인 양반 사대부의 기득권은 가능한 한 보호하고자 했던바, 이 점이 그의 한계라 할 수 있을 것이다.

❷ 하곡霞谷 정제두鄭齊斗(1649~1736)는 소론계少論系 양명학자다. 그의 사회개혁론은 『하곡집』霞谷集 권22에 수록된 「차록」箚錄에서 살필 수 있다. 그 내용은 다음과 같다.[133]

첫째, 토지제도는 한전제限田制를 시행해 1호戶당 토지 소유의 상한을 3결結로 제한해야 한다고 했다.

둘째, 전작농佃作農이 지주에게 바치는 지대地代를 소출의 절반에서 소출의 10분의 1로 줄여야 한다고 했다.

셋째, '소양반'消兩班,[134] 즉 '양반을 없애야 한다'고 했다. 그러나 정제두가 말한 '소양반'은 양반 신분 자체를 없애자는 것이 아니라, 양반 신분의 세습을 없애자는 주장이다. 특히 '공사'空士, 즉 아무 직책 없이 놀고먹는 사족士族은 농민이 되게 함이 옳다는 것이 그의 생각이

---

133 정제두의 토지론과 경세론에 대해서는 다음 논저가 참조된다. 김용섭, 『조선후기농업사연구(II)』(증보판)의 제IV편 '농업론의 동향' 중 「조선후기 토지개혁론의 추이」; 박경안, 「하곡 정제두의 경세론」(『學林』 10, 1988).
134 「箚錄」, 『霞谷全集』 下(여강출판사, 1988), 권22, 349면.

다.[135] 그러므로 사족은 기본적으로 관직을 가진 양반, 즉 유관양반有官
兩班으로 한정된다. 이럴 경우 양반 지배층은 지금보다 훨씬 소수화되
고, 양인良人의 농민층이 한층 확대되는 결과가 초래된다. 사족은 비록
단대單代에 그치고 그 신분이 세습되지 않으나, 우대된다. 정제두는 '소
양반'과 '소붕당'消朋黨을 연결해서 논하고 있다. 양반 신분의 세습이 철
폐되면 당론黨論이 힘을 쓰지 못할 것으로 보고 있는 것이다.[136]

넷째, '소노비'消奴婢, 즉 '노비를 없애야 한다'고 했다. 공사천公私
賤, 즉 공사公私의 노비는 모두 혁파 대상이다. 그러나 정제두가 말한
'소노비'는 노비 자체를 완전히 없애야 한다는 것은 아니고, 노비 신
분의 세습을 없애자는 주장이다. 관에서는, 죄를 지은 자나 자매자自
賣者를 계속 노비로 사역시키는 것이 허용된다. 또한 나라에서는 조정
의 사대부들 중 노비가 없는 이들에게 그 직위의 고하에 따라 1명에서
9명까지 노비를 지급해야 한다고 했다. 정제두는 사족은 대개 노비를
거느릴 것으로 예상하고 있다.[137] 물론 이 경우도 노비의 신분은 세습
되지 않으며 본인 일신一身에 한한다.

다섯째, 상고商賈를 "묵이억지"墨以抑之[138]해야 한다고 했다. 상업에
대해서는 억압적인 태도를 취하고 있는 셈이다.

여섯째, 과거제도를 폐지하고, 인재는 추천에 의해 조용調用해야
한다고 했다. 다만 재예才藝와 술업術業은 시험을 보아 취재取才한다.[139]

---

135 "士族無所業無奴婢, 則爲農."(위의 책, 338면)

136 "聞兩班少, 則黨論伏."(위의 책, 349면)

137 "士族無所業無奴婢, 則爲農"(위의 책, 338면)이라는 말을 뒤집어서 생각하면 적어도
사족에게는 노비가 있을 것으로 예상하고 있었음을 알 수 있다.

138 위의 책, 338면.

139 위의 책, 343면.

과거제를 폐지하는 대신 향숙鄕塾·주교州校·국학國學에 사장師長을 두어 인재를 기른다. 태수는 주교州校의 인재를 국학으로 올려 보낼 수도 있고, 자신의 막객幕客으로 삼을 수도 있고, 조정에 천거할 수도 있다.[140] 도백道伯이나 조정의 장관長官 역시 인재를 추천하거나 발탁해 쓸 수 있다.[141]

일곱째, 상소 등을 통해 정부에 의견을 개진함은 귀천과 대소를 가리지 말고 모두 허용해야 한다고 했다.

여덟째, 나라에서, 홀로 된 노인, 고아, 병자, 빈궁자 등에게 의식衣食을 지급해 돌봐야 하며, 이장里長이 그 대상자를 자세히 조사해 명단을 만들되 수시로 명단을 고쳐 작성해야 한다고 했다.[142] 일종의 사회 복지적 관심이라 할 만하다.

「차록」에 보이는 인재 등용 방식은 공거제貢擧制에 해당한다 하겠는데, 구체적인 제도적 고려가 좀 부족한 게 아닌가 생각된다. 또한 "무귀천적서지분"無貴賤適庶之分[143]을 말하고 있기는 하나 양민의 자제와 사족의 자제가 완전히 동등한 대접을 받는지, 이에 대한 구체적 언급은 보이지 않는다. 다만, "비록 농민이라 할지라도 또한 가르치기를 마지 않되 단지 상급 학교로 올리지는 않는다"[144]라고 한 점으로 미루

---

140 "太守擇之, 或留之州校, 或上之國學." "各牧守自辟治下之士, 如晋唐俗, 以爲幕客, 可大用也. 逐薦之朝, 逐永爲門士."(같은 책, 같은 곳)

141 "育才道備, 而各薦達."(「箚錄」, 『霞谷全集』下, 권22, 343면); "長官得以僚佐辟."(위의 책, 341면)

142 위의 책, 339면.

143 위의 책, 338면.

144 "雖農民亦敎之不已, 只不升遷耳."(위의 책, 343면)

어볼 때 적어도 농민은 향숙에서는 가르치되 주교州校 이상에는 입학하지 못하도록 구상되었던 게 아닌가 생각된다. 아마도 상인과 공인, 천인은 향숙에서도 배제되었을 터이다. 그렇다고 한다면 비록 원칙적으로는 귀천의 구분이 없음을 강조하고 있을지라도 실제적으로는 교육과 인재 등용의 과정에서 귀천의 구분이 완전히 불식된 것은 아니라 할 것이다.

그러므로, 정제두는 신분제의 철폐를 생각한 것은 아니며, 단지 문벌과 과거제를 통해 이루어지는 사족의 세습을 없애는 한편 노비의 세습도 없앰으로써 양인良人의 수를 대폭 확충하고, 그 대신 사족과 농민 간에는 일정한 계급적 이동이 가능하게 하여 신분제의 경직성을 완화코자 한 것이 아닌가 한다.

총괄해서 말한다면, 정제두는 비록 신분제를 부정한 것은 아니나, 그 사유의 내부에 경제적·사회적·정치적 평등을 향한 의미 있는 진전이 없지 않다고 생각된다.

❸ 성호 이익은 한전제限田制를 주장하였다. 그의 한전제는 좀 독특하다. 즉, 토지 소유의 상한선은 설정하지 않고 하한선만 설정한 점이 그러하다. 1호당 토지 소유의 하한선은 1경頃이다. 이 1경의 토지는 '영업전'永業田으로 명명되고 있는바, 모든 인민의 항산恒産을 위한 기본적 토지 소유로서의 의미를 갖는다.[145]

1경 미만의 토지 소유자는 자신의 땅을 팔 수 없다. 하지만 땅을 늘리는 건 얼마든지 허용된다. 1경 이상의 토지 소유자는 영업전을 제

145 이익이 구상한 한전제의 내용과 성격은 김용섭, 앞의 책, 제IV편 '농업론의 동향' 중의 「조선후기 토지개혁론의 추이」에서 자세히 검토되었다.

외한 땅은 얼마든지 팔 수 있으며, 또 땅을 늘리고 싶으면 얼마든지 땅을 늘릴 수 있다. 하지만 남의 영업전만큼은 매입해서는 안 된다. 그럴 경우 관의 처벌을 받게 된다. 이익은 이런 제도를 시행하면 시간이 지남에 따라 점차 토지 소유의 균등화均等化가 이루어지리라고 보았다.[146]

이익이 구상한 한전제는 균전제均田制의 취지에서 본다면 좀 불철저해 보인다. 그러나 이익이 지주나 대토지 소유자의 이해를 대변해 이런 구상을 한 것은 아니다. 그는 어디까지나 소농小農의 이해를 대변하고 있다고 생각된다. 다만 현실의 벽을 십분 고려해 실천 가능한 방안으로서 이런 타협안을 모색한 것으로 여겨진다.[147] 이 점에서 그의 냉철한 현실주의자로서의 면모가 드러난다 할 것이다.

이익은 벌열閥閱을 심각한 사회문제로 인식하였다. '벌열'은 귀문貴門 세족世族을 이르는 말이다. 이익의 다음 말이 참조된다.

(가) 벌열을 숭상하는 폐단이 지금처럼 심한 적은 없었다.[148]

(나) 벌열을 숭상하면 다만 재능과 덕행 있는 사람이 폐굴廢詘될 뿐만 아니라, 지위에 있는 자가 교만하고 사치하고 방탕하고 안

---

146 「均田論」, 『星湖集』 권30, 『星湖全書』 1 (여강출판사, 1984), 583~584면; 「均田制」, 『星湖續集』 권15, 『星湖全書』 2; 「均田論」, 『藿憂錄』, 『星湖全書』 7 (여강출판사, 1984); 「均田」, 『星湖僿說』 권7; 「限民名田」, 『星湖僿說』 권3 등 참조.

147 이 점은 「균전론」 (均田論, 『星湖集』 권30, 『星湖全書』 1 所收) 서두의 "張子(張載를 가리킴—인용자)曰: '妓法(정전제를 가리킴—인용자)之行, 悅者衆.' 是則恐不然. 悅者百而不悅者一, 一之力足以鉗百之口, 如何得行也?"라는 말에서, 또 「논전제」 (論田制, 『星湖續集』 권15, 『星湖全書』 2 所收) 서두의 "王政不歸於授田, 皆苟也. 夫孰不知, 然卒莫之行者, 爲富人之田不可遽奪也"라는 말에서 잘 드러난다.

148 「尙閥」, 『星湖僿說』 권8; 「상벌」, 『국역 성호사설』 III (민족문화추진회, 1977), 210면.

일하지 않음이 없어서 한갓 좋은 음식과 아름다운 의복만을 일삼아 백성이 폐해를 입게 된다.[149]

(다) 후세 조정의 귀족들은 모두 교만하고 게으르고 안일한 부유층에서만 나오기 때문에 (…) 여름철에 땀 흘리면서 농사 짓는 괴로움도 알지 못한다. 그러니 사람의 행동과 세상의 풍속이 어찌 무너지지 않을 수 있겠는가. 나는 늘 이렇게 된 것은 모두 사과詞科(문예 중심의 과거 시험)와 벌열 때문이라고 생각한다.[150]

이에서 보듯 이익은 사대부 문벌 세족을 정점으로 하여 구축된 당대의 차별적 신분제도가 정상적인 국가 운영을 어렵게 만들고 있다고 보고 있다. 이익은 이처럼 벌열의 국가로 화化해 버린 조선을 기氣가 울결鬱結된 사회, 즉 기가 꽉 막힌 나라로 간주하고 있다.

(라) 지금 세상의 울결한 일을 대강 손꼽아 본다면 그 습속은 인재를 천대하여 어진이는 반드시 물러가게 되었고, 그 풍습은 문벌을 숭상해 서얼과 중인中人에 대한 차별이 있어 이들은 백세百世 후에까지도 청환淸宦에 참여하지 못한다. 또 서북西北 3도道 사람을 써 주지 않은 지 벌써 사백여 년이 되었으며, 노비법으로 노비의 자손에게 차별을 두어 인간으로 취급하지 않았으니, 성중城中의 울결한 기운이 10분의 9를 차지하고 있다.[151]

---

149 「상벌」, 『국역 성호사설』 III, 212면.

150 「孝悌力田」, 『星湖僿說』 권23; 「효제역전」, 『국역 성호사설』 IX, 140면.

151 「決鬱」, 『星湖僿說』 권16; 「결울」, 『국역 성호사설』 VI, 227면.

이익은 인재 등용 방식의 문제와 신분제의 문제가 서로 밀접히 연관되어 있다고 보고, 이 두 제도의 개선에 논의를 집중하고 있다.

자료 (다)에서 언급되고 있듯 이익은 소수 벌열층에 부와 권력이 집중되는 폐단이 생긴 한 주요한 이유를 현행의 과거제도에서 찾고 있다. 그래서 지금의 제도를 고쳐 과거科舉가 실제적으로 인재 등용의 기능을 하게 하는 방략을 제시하고 있다. 이른바 '5년 대비제大比制'가 그것이다.[152] 요컨대 이익은 과거제의 문제점을 인정하면서도 그것을 철폐하는 쪽이 아니라 고쳐서 운용하는 쪽을 택하고 있다 할 것이다.

과거제 개편과 관련한 이익의 구상에서 주목되는 점은 다음의 세 가지다. 즉, 그 하나는 응거자應擧者의 신분에 제한을 두지 말아야 한다고 본 점이다. 이익은 종래 시권試券에 부父·조祖·증조·외조의 성명과 관직명을 적게 하던 규정을 없애어 조부와 부의 성명만을 기재하고 그 관직은 적지 않도록 규정을 바꾸어야 한다고 했다.[153] 이런 주장에는 응거자의 귀천을 따져서는 안 된다는 생각이 전제되어 있다. 이익은 노비들에게도 소과小科와 문무과文武科의 응시를 허락하여 만일 그들 중 합격하는 자가 있으면 관에서 속량贖良시켜 주어야 한다고 주장했다.[154]

다른 하나는, 한대漢代에 시행된 역전과力田科[155]의 취지를 살려 농민들 가운데 어진이를 선발해야 한다고 본 점이다. 이익은 이들이, 농

---

152 그 자세한 내용은 「공거사의」(貢擧私議, 『星湖集』 권30, 『星湖全書』 1 所收)에 보인다. 이에 대한 검토로는 한우근, 『성호 이익 연구』(서울대 출판부, 1980)의 제2장 제3절 '성호의 과거제론'; 원재린, 「성호 이익의 '造命'論과 신분제 개혁방안」(『역사와 실학』 29, 2006)이 참조된다.

153 「鷹拔畎畝」, 『星湖僿說』 권10; 「천발견묘」, 『국역 성호사설』 IV, 163~164면.

154 「論奴婢」, 『星湖集』 권30, 『星湖全書』 1.

155 역농자(力農者) 중 재능과 식견이 있는 자를 특별히 뽑아 하급 관리로 임용하던 제도다. 그들 중 성과가 뛰어난 자는 승진시켜 중용하였다.

사나 민정民情에 대해 아무것도 몰라 마치 어린아이 같고 어리석기 그
지없는 벌열 집안 출신의 벼슬아치들과 달리 실제 농사를 지어 본 자
들이므로 백성의 고통과 요구를 잘 알아 백성을 위한 정치를 펼 수 있
으리라 보았다.[156]

마지막 하나는, 인재 선발에서의 지역적 차별을 없애기 위해 과거科
擧에 지역할당제를 도입해야 한다고 한 점이다.[157] 이익은 과거의 시행
에서 신분적 차별만이 아니라 지역적 차별까지도 없애고자 한 셈이다.

이익은 이처럼 과거제의 혁신을 도모하고 있지만 그렇다고 해서
전적으로 그것에만 기대고 있지는 않다. 그는 과거제가 갖는 한계를
보완하기 위해서는 공거제貢擧制를 겸행兼行할 필요가 있다고 보고 있
다. 이 점에서 그의 입장은, 그 스스로 말하고 있듯, '과천합일'科薦合
一[158]로 요약될 수 있다.

공거貢擧는 여러 방식이 구상되고 있다. 향거이선鄕擧里選이 도모되
는가 하면,[159] 공사貢士 제도가 거론되기도 하고,[160] 군읍벽소郡邑辟召가
운위되기도 한다.[161] 이는 모두 벌열층＝특권층의 권력 독점을 막고,[162]

156 「薦拔畎畝」, 『星湖僿說』 권10; 「천발견묘」, 『국역 성호사설』 IV, 164면 참조. 또 「효
제역전」(孝悌力田, 『星湖僿說』 권23; 『국역 성호사설』 IX, 140면) 중의 "그와 같은 인재들
이 초야에서 하나하나 진출한다면 제각기 쌓은 덕이 있고 또 농사 짓는 일이 힘들다는 것
도 잘 알고 있으니 세교(世敎)에 보탬이 어찌 적을 것인가"라는 말도 참조.

157 「育才」, 『藿憂錄』, 『星湖全書』 7, 335~336면.

158 「科薦合一」, 『星湖僿說』 권7; 「과천합일」, 『국역 성호사설』 III, 9면.

159 「貢擧私議」, 『藿憂錄』, 『星湖全書』 7.

160 「論貢士」, 『星湖集』 권30, 『星湖全書』 1.

161 「郡邑辟召」, 『星湖僿說』 권10; 「군읍벽소」, 『국역 성호사설』 IV, 172면. '군읍벽소'는
군읍(郡邑)의 인재를 발탁해 쓰는 것을 이른다.

162 가령, "공보(公輔: 공경公卿을 말함—인용자)의 책임을 맡는 자를 반드시 시골에서
뽑아 쓴다면 가난한 백성들의 질고(疾苦)를 자세히 알아서 모든 백성을 불쌍히 여기고 잘

전국의 인재가 유루遺漏됨이 없도록 하기 위함이다.

지금까지 살펴본 인재 등용 방식에 대한 이익의 개혁안은 신분제에 대한 그의 개혁 구상과 맞물려 있음에 유의해야 한다. 앞에 인용한 자료 (라)에서 알 수 있듯, 이익은 서얼과 중인에 대한 신분적 차별,[163] 서북 3도민에 대한 지역적 차별, 노비에 대한 차별[164]에 반대하였다. 이런 신분적·지역적 차별이 부귀의 독점과 세습을 낳았으며, 이것이 국가와 민民의 피폐疲弊를 초래하고 있다는 것이 이익의 판단이었다. 그러므로 이를 해소하기 위해 특권층＝벌열 중심의 신분제에 손을 대지 않을 수 없었다.

먼저 이익은 다음에서 보듯 '사농합일'士農合一, 즉 '사士와 농農은 하나'라는 관점을 취하고 있다.[165]

만약에 사士와 농農을 하나로 합하여 법으로써 지도하고 교화시켜 마치 **고기가 물에 헤엄치고 새가 숲으로 돌아가는** 것처럼 한 다음, 그중에 지식이 있는 자를 초야에서 뽑아 올려 자천自薦하기를 기다리지 않게 한다면, 백성들이 장차 농업에 종사함을 자

살게 하려는 마음이, 저 고기 먹고 비단옷 입고 자라난 자들과는 다를 것이다"(「郡邑辟召」, 『星湖僿說』 권10; 「군읍벽소」, 『국역 성호사설』 Ⅳ, 173면)라는 말에서 그런 의도를 엿볼 수 있다.

163 서얼의 신분 차별에 대한 반대는 「서얼방한」(庶孼防限, 『星湖僿說』 권8 所收)이라는 글에서도 확인된다.

164 이익이 노비에 대한 신분적 차별에 반대한 것은 비단 인도적인 견지에서만이 아니라 그것이 '국빈병약'(國貧兵弱)의 원인이 된다는 점에서이기도 했다(「論奴婢」, 『星湖集』 권30, 『星湖全書』 1 참조). 노비가 '국빈병약'의 원인이 되는 것은, 노비는 부세(賦稅)를 내지 않고, 공노비의 경우 군역(軍役)도 지지 않기 때문이다.

165 이는 이익만의 생각은 아니며 다른 실학자들의 사유 속에서도 드물지 않게 발견된다.

기 본업으로 생각하여, 눈으로 보고 손으로 익혀 각자가 그 업業에 안정될 것이다.[166]

인용문 중 "고기가 물에 헤엄치고 새가 숲으로 돌아가는"의 원문은 "魚之游水, 鳥之歸林"이다. 고기와 새는 '사'士를, 물과 숲은 '농'農을 가리킨다. 이는 '농'은 '사'의 근원이며, '사'는 '농'에서 나옴을 말하기 위한 비유다. 앞에서 언급된 역전과力田科나 군읍벽소郡邑辟召, 향거이선鄕擧里選 등은 기실 이런 '사농합일'을 전제로 하고 있는 것으로 판단된다.

'사농합일'의 강조는 농민 중의 우수한 자를 관료로 기용함으로써 소수 벌열층에 권력과 부가 독점되는 현상을 막아 국정國政을 정상화한다는 의미만이 아니라, 양반 유식층遊食層으로 하여금 귀농歸農하여 생업에 종사할 수 있도록 길을 열어 준다는 의미를 갖는다.

이익은 인간의 재능에 귀천의 차등은 없으며, 세상에 날 때부터 귀한 자는 없다고 보았다.[167] 신분제에 대한 그의 개혁 구상은 이런 인간관에 확고히 기초해 있다고 보인다. 그렇기는 하나 분명한 것은, 이익의 의도가 신분제 자체의 틀을 허물어 버리는 데 있었던 것이 아니라, 가능한 한 현재의 신분제를 수정·보완하여 그에 유연성을 부여하려는 데 있었다는 점이다. 이익이 벌열의 폐단을 비판하고는 있지만, 그리고 비록 사농일치를 주장하고는 있지만, 양반의 신분적 우월함을 부정하고 있다고는 생각되지 않는다. 이익은 노비제와 관련해서도 비록 그 비인도성과 모순을 말하고 있기는 하나 그 전면적 철폐를 주장하고

---

166 「六蠹」, 『星湖僿說』 권12: 「육두」, 『국역 성호사설』 V, 18~19면.
167 "才器之生, 貴賤無別."(「論用人」, 『星湖集』 권30, 『星湖全書』 1, 579면); "天下無生而貴者."(「選擧私議」, 같은 책, 575면)

있지는 않다. "백 명이 넘는 노비를 소유한 자는 먼저 그 주인으로 하여금 스스로 만수滿數(일정한 한도를 말함—인용자)를 지점指點케 한 다음 그 나머지 노비는 스스로 속량贖良하게 해야 한다"[168]라는 주장에서 그 점이 확인된다.

한편, 이익은 간관諫官 제도의 개선을 제론提論하였다. 그는 간관이 설치됨에 따라 언로言路가 오히려 좁아졌다고 보고 있다. 하지만 간관의 혁파를 주장하고 있지는 않다. 간관 제도는 개선해서 유지하되 초야의 측루지사側陋之士의 말이 더 올라오게 해야 한다고 했다.[169]

서상敍上의 논의를 통해 알 수 있듯, 이익은 현실의 래디컬한 변혁을 전망하기보다는, 그 스스로 말했듯, 제도의 '경장'更張[170]을 모색했다는 점이 잘 드러난다. 주목되는 점은, 그러한 모색이 양반 기득권의 유지나 고수가 아니라 그 양보를 통한 것이었다는 사실이다.

❹ 농암聾菴 유수원柳壽垣(1694~1755)은 당색이 소론小論인 학자다. 『우서』迂書라는 책에 그의 경세론이 자세히 개진되어 있다.

유수원은 토지제도에 대한 개혁안은 제시하고 있지 않다.[171] 그는,

지금의 전답은 모두 사대부에게 귀속되어 있으니 백성에게 전답이 있겠는가. 겸병이 이미 극極에 달해 만약 바로잡지 않는다면

---

168 「論奴婢」, 『星湖集』 권30, 『星湖全書』 1, 593면.
169 「論諫官」, 위의 책, 581~582면. 이에 대한 연구로는 한우근, 『성호 이익 연구』의 제2장 제5절 제2항의 '臺諫制度의 개선—言路의 開張'이 참조된다.
170 「論更張」, 『星湖集』 권30, 『星湖全書』 1, 594~595면.
171 김용섭 교수는 유수원이 한전론(限田論)을 제기한 것으로 보고 있지만(『조선후기농업사연구(II)』, 증보판; 438~439면), 그렇게 보는 데는 무리가 있다고 생각한다.

민民은 견디지 못할 것이다.[172]

라고 말하고 있는바, 토지 문제의 심각성을 모르고 있었다고는 생각되지 않는다. 다만 토지의 재분배를 통해 지주제의 혁파와 소농 경제의 재건을 모색한 대다수 실학자들과는 다른 방향에서 국가 개혁의 방안을 찾았기에 토지 문제는 건드리지 않았다고 여겨진다.

유수원은 조선이 '국허민빈'國虛民貧한 원인을 '사민불분'四民不分 혹은 '사민실직'四民失職에서 찾고 있다.[173] '사민불분'은 사·농·공·상의 직분이 제대로 나눠져 있지 않음을 말하고, '사민실직'은 사민이 그 본래의 직분을 수행하지 못하고 있음을 말한다. 그는 사민불분, 사민실직이 초래된 가장 큰 이유가 문벌의 숭상에 있다고 보았다. 문벌, 즉 양반 신분을 숭상하다 보니 농·공·상을 천시하는 풍토가 만들어졌으며, 그 결과 양반은 생업에 종사하는 것을 부끄럽게 여겨 유식층遊食層이 되어 버렸고, 그에 따라 민산民産이 피폐하게 되었다는 것이다.

기실 사민불분, 사민실직의 핵심은 '신분제의 문제'라 할 수 있겠는데, 유수원은 정당하게도 이 문제를 정면에서 본격적으로 다루고 있다. 그가 내세우는 건 '사민일치'四民一致다.[174] 이 말은, '사민은 하나다'라는 뜻이다. 왜 사민은 하나인가? 다음 말에서 그 답을 발견할 수 있다.

사농공상은 똑같이 사민이다. 만일 사민의 자제들로 하여금 일

---

172 '전제'(田制), 「고려(高麗)의 제도를 논함」, 『국역 우서』 I, 28면.

173 "未有如我國民産之榻然特甚者也. 此其故何哉? 此源實出於四民不分, 故不能務其業而然也."(「總論四民」, 『迂書』 권1); "士農工商, 各有其法, 今無其法, 故民失其職, 失職故民貧, 民貧故國虛."(「論魚鹽征稅」, 『迂書』 권8)

174 "渠安知四民一致, 不可廢一而爲國也哉?"('門閥」, 「論麗制」, 『迂書』 권1)

양一樣으로 행세行世하게 한다면 고하高下도 없고 피차彼此도 없게 될 것이다.[175]

유수원은 사도 농공상도 모두 세습이 되어서는 안 된다고 보고 있다. 자신은 사士이더라도 그 자손은 농이나 공이나 상이 될 수도 있고, 자신은 농이나 공이나 상이더라도 그 자손은 사가 될 수도 있다는 것이다. 사는 관리와 국립학교에 입학한 학생을 지칭하며, 사민 중 으뜸이다.[176] 국립학교에는 공경이나 농공상의 자제를 가리지 않고 시험을 보아 우수한 자를 입학시킨다.[177] 사의 자제가 자질과 능력이 부족해 국립학교에 입학하지 못하거나 설사 입학했을지라도 공부에 성취가 없으면 학교를 떠나 스스로 농공상 가운데서 생업을 택해야 한다. 이처럼 사농공상 중 무엇이 될 것인지는 국가에서 정해 주는 것이 아니라 오직 본인 소관이다.[178] 요컨대 사민 중 무엇을 택할 것인가는 스스로에 달린 문제지 강제에 의한 것이 아니라는 말이다.

사민의 으뜸인 사에게는 특권이 주어져, 요역徭役이 면제되며, 정세丁稅(인두세)도 징수되지 않는다.[179] 사 다음으로는 농이 존숭되고, 공·상은 말업末業으로 간주된다. 공·상이 비록 말업으로 간주되기는 하나 그렇다고 해서 천시되지는 않는다.[180] 오히려 유수원은 국부國富의 증

---

175 「문벌의 폐단을 논함」(論門閥之弊), 『국역 우서』 I, 권2, 91면 참조.
176 "士者, 四民之首."(「論學校選補之制」, 『迂書』 권2)
177 「학교 학생을 뽑고 보충하는 제도를 논의함」(論學校選補之制), 『국역 우서』 I, 권2, 107면 참조.
178 위의 글, 위의 책, 116면 참조.
179 위의 글, 위의 책, 109·111면 참조.
180 "공·상은 참으로 말업이라 하겠으나 원래부터 바르지 않고 비루한 일은 아니다. (…) 무엇이 천하고 무엇이 더러워서 여기에 종사해서는 안 된다는 것인가."('노비', 「고려의 제

진을 위해 적극적인 상업진흥론을 펼치고 있다.[181]

이처럼 유수원의 사민일치론은 사와 농공상의 신분적 벽을 없애고, 사민을 그 직분에 따라 분업적으로 재편하는 것을 골자로 하고 있다. '양반/양인'의 신분제가 해체되고, 개인의 능력과 자질에 따라 그 직업이 선택되도록 구상되고 있다는 점에서 그것은 사회적 평등의 지수指數를 한층 높이는 기획이라 할 만하다. 그렇긴 하지만 사민일치론을 '사민평등론'[182]으로 보는 데는 무리가 따른다. 사농공상의 네 직분 간에 가치의 우열이 있고, 사에는 특권이 주어지기 때문이다. 그리하여 사민일치가 주장된다고 해서 사=치자治者, 농공상=피치자라는 사회적 상하관계가 철폐되는 것은 아니다. 다만 앞의 인용문에서 확인되듯, 사민의 신분이 세습되지 않아 그 자제들이 '일양행세'一樣行世할 수 있다는 점에서는 사회적 '평등'(그것은 일종의 기회의 평등에 해당한다)이 도모되고 있다고 말할 수 있을 터이다.

하지만 유수원의 신분제 개혁 구상은 어디까지나 사와 양인에 국한되는 것이며, 천민=노비에는 해당되지 않는다. 즉 노비는 유수원의 고려 '바깥'에 있다. 다음 자료는 노비에 대한 유수원의 인식을 보여준다.

　　(가) 사족은 비록 살아갈 계책이 없어서 시정市井에 섞여 있을망

도를 논함」, 『국역 우서』 I, 권1, 45면)

181　유수원의 상업진흥론의 내용은 백승철, 「농암 유수원의 상업관과 상업진흥론」, (『동방학지』 140, 2007)에 잘 정리되어 있다.

182　'사민평등'이라는 말은 한영우, 「유수원의 신분개혁사상」(『한국사연구』 8, 1972)에서 처음 사용되었고, 한영우, 『꿈과 반역의 실학자 유수원』(지식산업사, 2007)에서 거듭 사용되었다. 또 김인규, 「유수원의 직분주의 신분제 개혁론」(『동방학』 16, 한서대 동양고전연구소, 2009)에서도 사민일치는 '평등주의'로 이해되고 있다. 하지만 유수원 본인은 '사민평등'이라는 말을 한 적이 없다.

정 공천公賤이나 사천私賤의 무리와는 등분等分이 절엄截嚴하니 어찌 같은 부류로 여기며 함부로 대할 수 있겠는가.[183]

(나) 중국에서는 무릇 노예라든가 관리에 속한 천인들은 본래부터 과거에 응시하는 것을 허락하지 않았고, 양인과 천인이 혼인하면 죄를 주고 헤어지게 하였으며, 천인은 노비를 부릴 수 없게 되어 있으니, 양인과 천인의 구분이 지극히 엄하다고 할 수 있다.[184]

(가)는 사족이 비록 곤궁하게 지낸다 할지라도 노비와는 신분이 판이하니 함부로 대해서는 안 된다는 말이고, (나)는 양인과 노비가 신분적으로 엄별되는 중국의 사정을 언급하고 있다. 유수원은 늘 중국을 배우고자 했다. 그러므로 비록 (나)가 중국에 대한 언급이기는 하나 노비에 대한 유수원의 인식을 보여주는 것으로 봐도 좋을 것이다.

이처럼 노비까지 넣어서 생각해 본다면 신분제에 대한 유수원의 입장은 '양천제'良賤制를 지지하는 것이었다고 말할 수 있을 것이다.[185] 즉 사민四民의 신분 이동을 자유롭게 하되 '사민四民/천인'의 신분 차별은 견지하는 것이 그의 입장이었던 것이다. 노비에 대한 그의 이런 태

---

183 「사대부(士大夫)와 서인(庶人)의 명분에 대하여 논의함」(論士庶名分), 『국역 우서』 II, 권9, 167면.

184 같은 책, 같은 곳.

185 이 점은 한영우, 앞의 책, 94면 참조. 한편 조성을, 「실학의 사회·경제사상―신분제도 개혁을 중심으로」(『대동문화연구』 37, 2000), 100면에서는 유수원이 노비제도와 그 세습을 반대했음이 명확하다고 봤지만 동의하기 어렵다. 유수원은 비록 인도적인 입장에서 노비에 대한 가혹한 처사에 반대하고 노비의 종량(從良)을 긍정했으나, 그렇다고 해서 노비제도나 노비의 세습을 철폐해야 한다고 주장하지는 않았다.

도는 토지 소유 관계의 모순을 덮어 두고자 한 그의 태도와 일정하게 연결되는 것으로 판단된다. 대토지 소유자—고위 관료든, 부농이든, 부상富商이든—의 존재를 인정하는 한 노비제도의 존속과 노비에 대한 엄격한 신분적 차별이 필요하기 때문이다.

다음으로, 유수원의 교육관에 대해 살펴보기로 한다.

유수원이 "유년기의 보편적인 초등교육을 역설"[186]했다고 보는 견해가 있다. 이 견해는 다음 자료에 근거한다.

(가) 이제 중국의 경우를 살펴보면, 중국에서는 백성의 아들이 나이 4~5세가 되면 곧 숙사塾師에게 나아가 가르침을 받게 하고, 좀 장성하면 반드시 유교의 경전을 가지고 본학本學(소속 군현의 학교—인용자)에서 시재試才하는 까닭에 글을 쓸 줄 알게만 되면 항상 뜻을 같이하는 사士의 자제와 더불어 책을 읽고 재주를 닦기만 할 뿐이므로 다른 기예를 익힐 만한 틈이 없으니, 우리나라 아이들이 한가로이 시간을 보내는 것과는 같지 않다. 그리고 이와 같이 착실히 배워도 그 자질이 우둔하여 끝내 가망이 없다고 판단되면 뒤에 반드시 공부를 포기하고 농·공·상의 세 가지 일에 종사한다. 대개 15세 이전에 벌써 자기가 나아갈 바를 결정한다.[187]

(나) 예로부터 사람을 교육하는 법도가 3대三代 때처럼 갖추어진 적이 없으나 그 법도는 다음과 같은 데 지나지 않았다. 즉, 뭇

---

186 백승철, 앞의 논문, 207면. 또 김인규, 앞의 논문, 301면에서도 비슷한 견해가 발견된다.
187 '노비', 「고려의 제도를 논함」, 『국역 우서』 I, 권1, 45~46면.

백성의 아들은 8세가 되면 소학小學에 들어가 글쓰기와 셈하기를 배우고, 15세가 되면 대학에 들어가 예禮와 악樂을 배우는데 이 중 뛰어난 사람은 상서庠序(지방의 관립 학교—인용자)로 옮겨 가고, 상서에서 뛰어난 사람은 국학國學(제후의 도성에 설치된 학교—인용자)으로 옮겨 가며, 국학에서 뛰어난 사람은 제후가 천자에게 추천하여 태학에서 배우게 하면서 조사造士라고 일컬었다. (…) 이러한 다음에 벼슬을 주었다.[188]

이들 자료는 모두 중국의 일을 말한 것이다. 특히 (나)는 중국 고대의 제도에 대한 언급이다. 유수원은 조선이 중국의 이런 교육 제도를 참작해야 할 것으로 생각했던 것으로 보인다. 그렇기는 하나 그는 유형원처럼 관립 학교에의 입학 연령을 딱히 15세로 못 박고 있지는 않으며, 그 전단계에 향당鄕黨에서 이루어지는 교육이 어떠해야 할 것인지에 대해서도 자세히 말한 바 없다. 이로 미루어볼 때 그는 초등교육을 국가의 관할 밖에 두었음이 분명하다.[189]

끝으로, 부상富商에 대한 유수원의 입장을 살펴보기로 한다. 선행 연구에서 잘 밝혀진 바와 같이,[190] 유수원은 국부國富의 증대를 위해 세수원稅收源을 최대한 확충하는 것이 필요하다고 여겼고, 그런 구상의 일환으로 부상, 즉 대자본가를 국가가 지원·육성해야 할 것으로 보았

---

188 「상판(商販)의 사리와 액세(額稅)의 규제를 논의함」(論商販事理額稅規制), 『국역 우서』 II, 권8, 145면.
189 유수원의 학교 교육에 대한 생각은 「論學校」·「論學校選補之制」, 『迂書』 권2 참조.
190 한영우, 앞의 논문; 강만길, 「조선후기 상업의 문제점」(『한국사연구』 6, 1971); 이헌창, 「유수원과 박제가의 상업진흥론」(『한국실학연구』 4, 2002); 백승철, 앞의 논문 등이 참조된다.

다. 그는 난전亂廛 상인뿐만이 아니라 가가假家(길가의 무허가 가게)와 소매상인, 행상行商과 보부상이 모두 상업에 큰 해를 끼치는바 엄금해야 한다고 했다.[191] 그 이유는 이들이 세금을 포탈한다는 것, 그리고 이들이 날로 번성함으로써 대점大店, 즉 큰 점포의 매매가 잘 되지 않기 때문이라는 것이다. 유수원은 이들 소상인을 대상大商이 경영하는 상점의 일꾼으로 부리도록 해야 한다고 보고 있다. 그는,

> 작은 것이 큰 것에 통합되고, 가난한 사람이 부자에게 사역使役되는 것이 사리에 맞는 일인데, 우리나라의 상업은 제 모양을 이루지 못하여 부자가 가난한 사람을 사역할 줄을 모르고 있다. 그리하여 가난한 사람이 스스로 매매를 행하고 있으니, 부자의 이익이 넓지 못하고, 가난한 사람은 늘 본전을 잃게 되는 것이다.[192]

라고 말하고 있다. 인용문의 끝에, 가난한 사람이 잃게 될 본전에 대한 걱정을 수사적修辭的으로 덧붙여 놓고 있기는 하나, 유수원의 본심이 대상인大商人의 이익을 옹호하는 데 있음은 이론의 여지가 없다. 그런데 그는 대상인의 이익을 옹호해야 하는 이유의 하나로 자원의 효율적 활용을 들고 있는바,[193] 경제적 합리성을 관철하기 위해 사회적 평등을 희생시키고 있다 할 것이다.

유수원이 대자본의 이익을 대변하고 있음은, 그의 합과상업론合夥

---

191 「상판의 사리와 액세의 규제를 논의함」, 『국역 우서』II, 권8, 128면.
192 위의 글, 위의 책, 130면.
193 위의 글, 위의 책, 130·132면.

商業論에서 더욱 극명히 드러난다. '합과상업론'은 자본 집중 방안인데, 그 속에는 (a)대상인이 고리대적 투자를 통해 군소상인을 지배하는 형태, (b)경영의 주도권이 대상인에게 있고 군소상인은 그 예하隸下에 드는 형태, (c)대상인이 영세상인층 내지 소생산자층을 고용하여 직접 상품을 제작·판매하는 형태, 이 셋이 포함되어 있다.[194]

---

194 강만길,『조선후기 상업자본의 발달』(고려대 출판부, 1973), 36면; 백승철, 앞의 논문, 212면 참조. 유수원의 합과상업론은 크게 보아 명청대(明淸代)의 중국 경제를 참조하여 만든 이론이라고 판단된다. 이 점에서 그것은 비록 선진적인 주장이기는 하나, 조선의 실정, 조선의 경제적 발전 단계에 대한 적실하면서도 구체적인 고려를 결하고 있다는 문제점이 없지 않다는 지적을 면하기 어렵다.
『우서』에 보이는 유수원의 개혁 구상은 대체로 명청대의 중국을 모델로 삼고 있다. 비록 필요에 따라 『주례』(周禮)를 언급하면서 3대(三代)의 제도를 원용하기도 하고, 제자백가 중 부국강병(富國强兵)의 사상을 펼친 『관자』(管子)에서 논거를 구하기도 하지만, 그가 국가 개혁의 모델로 삼은 대상은 명청대 중국임이 분명하다. 주지하다시피 명청대의 중국은 상공업이 대단히 발달하고, 신분 세습이 없어 사·농·공·상 간의 이동이 비교적 자유로웠다. 특히 강남을 중심으로 상인이 수공업에 투자하거나, 자본력을 이용해 소생산자를 지배하는 형태가 출현한 것으로 알려져 있다. 傅衣凌,「明淸時代江南市鎭經濟的分析」,『明淸資本主義萌芽硏究論集』(상해: 인민출판사, 1981), 300면; 許滌新·吳承明,『中國資本主義的萌芽』(中國資本主義發達史 第一卷; 북경: 인민출판사, 1985), 109·153면 참조.
'합과상업론'에 대한 학계의 평가는 대체로 '근대주의적' 시각에서 이루어졌다고 보인다. 강만길 교수는 이 이론이 "소상인, 소상품 생산자층의 존재에 대해서는 가혹하리만큼 부정적인 태도를 보이고 있"음을 지적하면서도 당시 "조선 사회가 전통적 생산양식을 무너뜨리고 **자본제적 생산양식으로 지향**해 가려던 시기였으므로 그 전제 조건으로서의 상업자본의 형성이 불가피하였"다고 보았으며(「조선후기 상업의 문제점」, 73면. 강조 표시는 인용자가 한 것임. 이하도 마찬가지), 이헌창 교수는 합과상업론을 포함한 유수원의 경제사상 전반에 대해 "18세기 이전에서 가장 적극적인 상업진흥론을 제시함으로써 **근대경제에 순응**할 수 있는 경제사상을 제시하였다"(「유수원과 박제가의 상업진흥론」, 73면)라고 평가하면서도, "농경사회를 넘어선 **산업사회**를 전망할 수는 없었다"(같은 논문, 77면)는 점에 일말의 아쉬움을 표하고 있다. 한편 한영우 교수는 합과상업론에 대해, "강자와 약자의 제휴와 상부상조의 원리를 제시하고 있"는 것으로서 "**시장경제의 경쟁 원리**를 인정하면서 강자와 약자가 다 함께 사는 길을 찾자는 것"(『꿈과 반역의 실학자 유수원』, 209면)이라고 평가했다. 주지하다시 총괄해서 말한다면, 유수원은 사士/양인良人의 신분간 벽을 허물고, 사士가 농업만이 아니라 상공업에도 종사하도록 하는 방안을 제시함으로써, 그리고 사민四民의 직분이 세습되는 것이 아니라 각 개인의 재능과 자질에 따라 직분이 선택되게 하는 방안을 제시함으로써, 사회적 평등을 향한 큰 진전을 꾀하고 있다. 하지만 사민일치가 곧 사민평등은 아니라는 점에서, 그리고 그의 사유 속에서 노비제는 의연히 견지되고 있다는 점에서, 그의 신분제 개혁 구상에 한계가 없지는 않다. 뿐만 아니라, 그는 국부國富의 증대와 경제적 효율성을 중시한 나머지 사회적 빈자와 약자에 대한 정당한 배려 대신 부상富商을 옹호하는 입장을 취하였다. 그의 이런 입장은 소민小民을 충실히 대변했던 성호 이익의 입장과 사뭇 대조된다 하겠다. 그것은 아마도 '공리'功利를 제1의적인 것으로 간주하는가, '인도'人道를 제1의적인 것으로 간주하는가에서 초래된 차이일 터이다. 이익의 사유에서 가난한 자, 힘없는 자에 대한 박애적·인도주의적 지향이 짙게 느껴지는 데 반해, 유수원의 사유에서는 그런 것이 별로 느껴지지 않고 재리財利와 부강富强에 대한 관심이 넘쳐흐름은 이 때문일 것이다.

　　❺ 박지원은 충청도의 면천沔川 군수로 재직할 때, 정조正祖가 내린 '농서農書를 구하는 윤음綸音'[195]에 부응하여 『과농소초』課農小抄라는 책을 찬진撰進하였다. 1799년, 박지원의 나이 63세 때 일이다. 이 책의

피 '근대주의'는 '근대'를 기준으로 과거의 역사나 사상(事象)을 일직선적으로 배열하는 특징을 갖는다. 또한 그것은 '서구적 근대'를 세계사의 보편적 기준으로 설정하면서 그에 맞춰 자국의 과거 역사 현상을 재단하는 특징을 보인다. 이 점에 대해서는 박희병, 『문화와 근대』, 18~25면 참조.
195 흔히 '勸農政求農書綸音'이라고 한다.

맨 뒤에 「한민명전의」限民名田議가 첨부되어 있는데, 이를 통해 박지원의 토지개혁론을 살필 수 있다.[196]

'한민명전'은 한대漢代에 동중서董仲舒가 처음 썼던 말이다. 박지원은 부호富豪의 토지 겸병으로 인해 소민이 몰락하는 현실의 타개책을 한전제에서 찾았다. 「한민명전의」에서 주목되는 점은, 토지 분배를 신분에 따라 차등적으로 해야 한다는 견해가 제기되어 있다는 사실이다. 즉 일반 서민보다 사족士族이 토지를 더 소유하도록 해야 한다고 보고 있다.[197]

박지원은 신분제와 관련해서는, 「삼종질 종악宗岳이 우의정에 제수된 것을 축하하며 인하여 시노寺奴[198]에 대해 논한 편지」(賀三從姪宗岳拜相, 因論寺奴書)[199]에서 보듯 공노비의 혁파를 제언提言하고 있다. 하지만 정작 사노비私奴婢에 대해서는 아무런 언급이 없다. 또한, 박지원은 「의청소통소」擬請疏通疏라는 글에서 서얼의 허통許通을 주장한 바 있다. 이처럼 부분적으로 신분제의 문제점을 개선하려는 노력을 보여주고 있기는 하나, 그렇다고 해서 기존의 신분제를 허물고 새로운 틀을 짜려고 시도한 것은 아니다. 박지원은 신분제에 관한 한 신분의 차등과 세습이라

---

196 박지원 스스로 말하고 있듯 『과농소초』는 원래 박지원이 연암협(燕巖峽)에 거주할 때 농서(農書)를 초록(抄錄)해 둔 것이 밑바탕이 되었다(「進課農小抄文」, 『課農小抄』 卷首, 『燕巖集』 권16). 하지만 「한민명전의」는 면천군을 사례로 들어 한전론(限田論)을 전개하고 있는바, 목민관을 지낸 박지원 만년의 지론이라 생각된다. 박지원과 동시대인인 노론의 김종수(金鍾秀) 또한 '한민명전법'(限民名田法)의 시행이 필요하다는 생각을 한때 갖고 있었다. 「春宮侍講日記」, 『夢梧集』 권3, 한국문집총간 제245책, 506면 참조.

197 이는 남당(南塘) 한원진(韓元震)이 한전론을 주장하되 토지 소유의 상한선을 신분에 따라 다르게 설정한 것을 떠올리게 한다(서민은 5결, 양반은 10결). 이에 대해서는 김용섭, 『조선후기농업사연구(II)』(증보판), 434면 참조.

198 '시노'(寺奴)는 '시노비'(寺奴婢), 즉 예빈시(禮賓寺) 등 중앙의 각 '시'(寺)에 소속된 노비를 말하는데, 공노비(公奴婢)를 가리키는 말로도 쓴다.

199 『연암집』 권2에 실려 있다.

는 기존 제도의 틀을 대체로 따르는 입장이었던 것으로 보인다.

한편, 박지원은 '사'士의 직분과 책무에 대한 자각이 썩 높았던 것으로 알려져 있다.[200] 박지원의 생각에 의하면 '사'는 기본적으로 '독서인'이며,[201] 농·공·상을 지도하고 그 이용후생利用厚生에 책임을 지는

---

200 이우성, 「18세기 서울의 도시적 양상」(『향토서울』 17, 1963);「연암집 해제」(작성 시기는 1966년. 『燕巖集』, 경인문화사, 1974 所收) 참조. 지금까지의 연구는 박지원이 드러내고 있는 강렬한 '사의식'(士意識)의 의의만을 거듭 주목했을 뿐, 그 속에 내재된 한계는 아무도 지적하지 않았다. 최근의 논문인 김용태, 「실학과 사의식」, 『연암 박지원 연구』(실시학사 실학연구총서 4; 성균관대 출판부, 2012)에서 그 점을 확인할 수 있다.

201 박지원의 이런 생각은 「원사」(原士, 『燕巖集』 권10 所收)라는 글에 잘 집약되어 있다. 한편, 「원사」의 첫머리에 "(a)夫士下列農工, (b)上友王公"이라는 말이 보이는데, (a)를 '사는 농공과 같은 부류다', 혹은 '사와 농공은 평등하다'라는 취지로 해석해서는 안 되지 않을까 생각한다. 적어도 '아래'〔下〕라고 말한 것으로 보아 '사'의 위치를 '농공'보다 위에 두고 있음이 분명하다. 다만 사민(四民)의 견지에서 본다면 사는 어디까지나 사민의 하나이므로, '列'이라는 표현을 썼을 터이다. '列'은 '죽 늘어서다' '차례로 늘어서다' '나란히 하다' 등의 뜻을 갖는다. 그러나 여기서 이 글자가 '사'와 '농공'이 서로 '평등'하거나 '똑같은 부류'임을 말하는 것은 아니라고 봐야 하지 않을까. 사는 사민의 하나라는 것, 그리고 사민 중의 농(農)은 사와 합치된다는 것이 고대 중국의 신분제에 대한 조선 후기 실학자들의 일반적인 해석이긴 하나, 그렇다고 해서, 농이 곧 사라는 논법이나 사가 곧 농이라는 논법, 즉 농=사나 사=농이 곧바로 성립되는 것은 아니다. 다만 농 가운데서 사가 나올 수 있고, 사도 형편에 따라 농에 종사할 수 있다는 의미일 뿐이다. 그럼에도 사민은 그 직분에 따라 사와 농과 공과 상으로 나뉘며, 사는 농공상과 달리 치자계급(治者階級)에 속한다. (b)에서 보듯 사(농공이 아니다!)가 위로 '友王公'할 수 있음은 이 때문이다. 박지원은 '왕공' 역시 사에서 나오는 것으로 보고 있다.

「원사」에서는, '사'가 국가와 사회의 가장 중추적이고 핵심적이며 근간적인 존재라며 막대한 의미 부여를 하고 있음에도 불구하고, '사'와 관련하여 당대에 사회경제적으로 심각하게 제기되고 있던 문제들을 일체 회피하고 있음이 특징적이다. 이를테면, 국가 경제와 민생을 파탄나게 한 주요한 원인의 하나가 된 사의 무위도식(無爲徒食)의 문제에 어떻게 대처할 것인가, 사를 생업에 종사하게 해야 하는가 말아야 하는가, 만일 하게 한다면 농업에만 종사하게 해야 하는가 아니면 상업 등에도 종사하게 해야 하는가, 그리고 농이나 공이나 상도 글을 읽고 공부를 해서 그 능력을 인정받으면 사가 될 수 있는가 아닌가, 또 사만 벼슬할 수 있는가 아니면 농공상 중에서 능력을 인정받은 자는 과거를 통해서건 천거를 통

존재다. 따라서 농·공·상이 제대로 된 삶을 영위하는가 못하는가는 사士에 달린 문제다. 여기서 사의 자각이 요청되며, 사가 힘써야 할 학

해서건 벼슬할 수 있는가, 사는 세습되는가 아니면 그 신분이 본인 단대(單代)에 그치는가, 이런 문제들에 대한 논의를 비켜 가고 있다. 그 대신 과도한 '문학적 수사'로써 사의 역할과 직분을 미화하고 있을 따름이다. 박지원은 「원사」에서 사가 독서하는 것은 "학문을 강론하고 도를 논하기 위해서"(講學論道)라고 했으며, 도의 본령을 '효제충신'(孝悌忠信)과 '예악형정'(禮樂刑政)에서 구했다. '예악형정'을 강조하고 있음에서 그의 실학적 지향이 확인되며, 이 점에서 그의 '사론'(士論)은 적어도 실학적 담론에 속한다고 말할 수 있을 터이다. 문제는 박지원의 이 사론이 퍽 공소하며, 사와 관련한 전대의, 그리고 당대의 여타 실학자들의 담론 수준과 비교할 때, 유감스런 일이 아닐 수 없지만, 수준 미달이라는 점이다. 「원사」에는 노론 청류(老論淸流)의 정치적·사회적 입장이 짙게 반영되어 있다고 판단되는데, 이 점에서 이 글은 포의(布衣)의 처지였던 연암협(燕巖峽) 시절 박지원의 존재 여건과 무관하지 않다고 여겨진다. 추정에 불과하지만 연암협 시절 혹 자제(子弟)에게 보이기 위해 혹은 자신이 가르치던 학도들에게 보이기 위해 작성한 글이 아닌가 하는 의심이 없지 않다.

한편, 박지원은 「答蒼厓(六)」(『燕巖集』 권5 所收)라는 편지글에서 "自天子而達於庶人, 皆士也"라고 한 바 있다. 이에 대해 신용하 교수는 박지원이 "원칙적으로 인간의 평등과 모든 사민(四民)의 '사'(士)로의 개편에 의한 양반신분제의 폐지를 궁극적 이상으로 삼았"(신용하, 『조선후기 실학파의 사회사상 연구』, 지식산업사, 1997, 352면)다고 해석했으며, 김용태 교수는 박지원이 "모든 신분을 사(士)로 파악하는 평등주의적 사상"을 비록 원론적으로나마 수립한 것으로 보았다(김용태, 「실학과 사의식」, 341면). 하지만 이 구절이 이렇게 해석될 수 있을지는 의문이다. 이 편지의 전후 문맥을 보면 원래 박지원은 '사'를 한갓 궁유(窮儒)로 치부하는 세간의 통념에 이의를 제기하면서 '사'가 '생인지본'(生人之本)임을 강조하기 위해 이런 말을 했다. 즉 사는 일국지인(一國之人)의 근간으로서, 천자도 바탕은 사라는 것, 따라서 이런 사의 의의를 정당하게 인식해야 한다는 메시지를 담고 있다 하겠다. 비록 표현상 문학적 과장 내지 분식(粉飾)이 없지 않다고 보이지만, '사'의 본래적 의의가 극도로 강조되고 있다는 점에서는 「원사」와 취지를 같이한다고 할 만하다. 하지만 박지원이 이 편지에서 이런 말을 한 것은, '인간은 평등하다'거나 '인간은 평등해야 한다'는 주장을 하기 위한 것은 아니다. 다시 말해, 당대 조선의 신분제를 회의하거나 부정하는 발언이 아닌 것이다. 따라서 이 구절을 박지원의 평등주의적 시각의 표출로 본 종래의 해석은 문맥을 충분히 고려하지 않은 확대해석이라고 하지 않을 수 없다. 사에 관한, 그리고 신분제 문제에 관한 박지원의 입장은 삼십대 초반 「양반전」 서문에서 사를 '천작'(天爵)으로 규정한 이래 중년의 「허생전」, 만년의 『과농소초』에 이르기까지 일관된 것이었다고 여겨진다.

문으로서 실학(『과농소초』에서는 곧 농학)의 중요성이 대두된다. 이런 입장은 『과농소초』의 「제가총론」諸家總論에 뚜렷하게 표명되어 있다.

하지만 박지원에게서 확인되는 이런 '사'에 대한 과도한 존중감과 그 책무의 자각은 다른 한편으로는 신분제에 대한 그의 보수적 입장과 맞닿아 있는 것으로 판단된다. 농·공·상에 대한 사의 지도적 위치가 강조되면 될수록 신분제에 있어서의 사의 엘리트적·특권적 위치는 그만큼 온존된다. 한전제를 주장하면서도 토지 소유에 있어 민民과 사士의 차등을 인정한 것은 이 점과 관련이 없지 않다고 생각된다.

신분제에 대한 박지원의 생래적 감수성은 「허생전」에서도 확인된다. 다음은 '사＝독서인'인 허생이 조선 최고의 부자인 변씨에게 한 말이다.

재물 때문에 얼굴이 훤해지는 것은 그대들에게나 해당하는 일이지, 만금이 어찌 도道를 살찌게 하겠소?[202]

허생의 이 말 속에는, 사는 상인과 달리(그리고 농민이나 공인과도 달리) 도를 추구하고 도를 문제삼는 존재라는 것, 그 점에서 그들과는 다르다는 인식이 내포되어 있다.

❻ 박제가는 주목되는 여러 국가 개혁 방안을 내놓았음에도 불구하고 토지 소유 문제에 대해서는 언급하지 않았다. 이 점에서 그는 당대 조선의 주요한 기본 모순을 피해 갔거나 그에 대한 인식을 결하고 있었다는 지적을 면하기 어렵다. 그의 '북학론＝중국 기술 도입론'과 해외통상

---

202 「玉匣夜話」, 『熱河日記』, 『燕巖集』 권14.

론을 위시한 상업진흥론은 이처럼 조선의 근본 문제를 도외시한 채(혹은 좀더 온건하게 표현한다면 '매개'하지 않은 채) 제론提論되고 있다는 점에서 심각한 한계를 안고 있다고 생각된다.

그렇기는 하나 그는 신분제에 관해서는 박지원보다 훨씬 진전된 인식을 보여준다. 다음은 박제가가 국왕 정조의 분부에 따라 1786년 병오년에 올린 「병오소회」丙午所懷의 한 대목이다.

저 놀고먹는 자들은 나라의 큰 좀벌레입니다. 놀고먹는 자가 날이 갈수록 불어나는 이유는 사족士族이 날로 번성하는 데 있습니다. 이 무리들이 나라에 온통 깔려 있는지라 한정된 벼슬 자리를 갖고서는 그들에게 모두 벼슬을 내릴 수 없습니다. 그들을 처리하는 방법이 반드시 따로 마련되어야 할 것입니다. 그런 뒤에야 허튼 말을 해대는 무리가 사라지고 국법이 행해질 것입니다. 신臣은 수륙水陸에서 장사하고 무역하는 일을 모두 사족에게 허락하여 입적入籍(상인으로 입적함을 말함―인용자)할 것을 청합니다. 밑천을 마련하여 빌려 주기도 하고, 점포를 설치하여 거주하게 하고, 그중 훌륭한 자는 높은 벼슬에 발탁함으로써 그들을 권장해야 할 것입니다. 그들로 하여금 날마다 이익을 추구하게 하여 점차로 놀고먹는 추세를 줄여야 할 것입니다. 생업生業을 즐거워하는 마음을 열어 주되, 그들이 가진 호강豪強한 권한은 없애야 할 것입니다. 이는 현재의 사태를 바꾸는 데 일조할 것입니다.[203]

유식층인 사족의 문제를 심각한 사회문제로 인식하면서 사족이 상

---

203 『북학의』, 202~203면.

업에 종사하도록 국가가 장려하고 지원해야 할 것을 말하고 있다. 더구나 그렇게 상업에 종사하게 된 자 가운데 뛰어난 자는 높은 벼슬에 발탁해야 할 것을 제언提言하고 있다. 사족을 농업이 아니라 상업에 종사하게 해야 한다고 주장한 데서 상업을 특히 중시한 박제가의 면모가 잘 드러난다 하겠다. 한대漢代의 역전과 역전力田科를 참작하여 역농자力農者 가운데 자질이 훌륭한 자를 관리로 발탁해야 할 것이라는 방안은 여러 실학자들이 제안한 바 있지만 이른바 '말업'에 종사하는 상인 가운데 뛰어난 자를 높은 벼슬에 발탁해야 한다는 주장은 박제가 말고는 달리 제기한 사람이 없지 않은가 한다.[204]

박제가가 1799년에 쓴 글인 「『북학의』를 바치며 쓴 소疏」(應旨進北學議疏)에서도 유생儒生을 도태시켜야 한다는 주장을 펼치고 있다.

농업을 장려하고자 하신다면 반드시 먼저 농업에 해가 되는 것을 먼저 제거하고 그다음에 다른 조치를 논의할 수 있을 것입니다. 첫 번째로 유생을 도태시키는 일입니다. 현재의 상황으로 따져 보면 식년시式年試가 실시되는 해에 대과大科와 소과小科의 시험장에 나오는 자가 거의 10만 명을 넘습니다. 하지만 단지 이 10만 명에 한정되는 게 아닙니다. 이 무리의 부자형제들은 비록 과거 시험에는 응하지 않았다 할지라도 역시 모두 농업에 종사하고 있지 않기 때문입니다. 그들은 농업에 종사하지 않는 것에만 그

---

204 유수원은 사족의 자제라 하더라도 그 능력과 자질에 따라 농·공이 되기도 하고 상인이 되기도 해야 마땅하다고 했다(「상판의 사리와 액세의 규제를 논의함」, 『국역 우서』 II, 권8, 146면). 하지만 박제가처럼 놀고먹는 사족을 주로 상인으로 전환시켜야 한다고 말하지는 않았다. 또한 박제가처럼 상인이 된 사족 중 유능한 자를 발탁해 벼슬에 임명해야 한다고 주장하지도 않았다.

치는 것이 아니라 모두 농민들을 머슴으로 부리고 있습니다. 똑같은 백성이지만 부림을 받는 자와 부리는 자 사이에는 강자와 약자의 형세가 형성됩니다. (…) 그러니 이 무리들이 어찌 단지 농사에 해가 된다고만 하겠습니까. 실상은 농사를 가장 심하게 도적질하는 자들이라고 할 수 있습니다. 이 무리들이 나라 인구의 과반수를 차지한 지가 현재 백 년입니다.[205]

하지만 「『북학의』를 바치며 쓴 소」에는 유생=사족을 도태시켜야 한다는 주장만 보일 뿐 그들을 어디에 종사하게 해야 할지에 대한 논의는 보이지 않는다. 박제가는 아마도 13년 전에 올린 「병오소회」의 생각을 견지하고 있었던 게 아닐까 추정된다.

박제가는 문벌을 따져 인재를 기용하는 당대의 과거제도를 신랄하게 비판하였다. 그는 한 가지 기예라도 능한 사람이 있다면 그가 비록 천한 사람이라 할지라도 차별하지 말고 천거하여 조정에서 벼슬하게 해야 한다고 했다.[206] '한 가지 기예라도 능한 사람'은 농·공·상의 서민을 가리킬 터이다. 박제가는 비록 과거제도 자체를 부정하지는 않았지만 과거 시험과 별도로 천거를 통해 '하방독서지사'遐方讀書之士(지방의 독서하는 선비)나 '하류괴기지재'下流瑰奇之才(하층민 중의 뛰어난 재주를 지닌 자)를 적극적으로 기용해야 한다고 주장했다. 또한 박제가는 서얼 차별의 부당함에 대해서도 지적하였다.[207]

이처럼 박제가는 비록 신분제 자체를 부정하지는 않았으나, 문벌

---

205 「『북학의』를 바치며 쓴 소(疏)」, 『북학의』, 215~216면.
206 「과거론(2)」, 위의 책, 161면.
207 「병오소회」, 위의 책, 203~204면.

이 갖는 특권을 약화시키고, 사족을 도태시키며, 상공인을 비롯한 재능 있는 서민을 조정에 기용함으로써 신분제의 모순을 완화할 것을 기대하고 있었다. 그는 이러한 개혁의 모델을 자신이 견문한 중국에서 구하고 있었다.[208]

유식층인 사족을 상업에 종사케 해야 한다는 박제가의 생각은 앞 시대 유수원의 생각을 계승하고 있다고 판단된다. 중국을 모델로 삼아 조선의 국가 개혁을 구상하고 있다는 점, 재용財用의 증대와 이용후생利用厚生을 강조하고 있다는 점, 상업 진흥을 통한 부국화富國化를 꾀하고 있다는 점, 조선중화주의를 비판[209]하고 있다는 점 등은 양인兩人의 공통된 점이다. 다만 유수원 단계에서는 아직 '북학'이라는 단어가 슬로건화化되지는 않았고, 박제가가 처음으로 그것을 역사적 '의제'議題로 설정하면서 치고 나온 것이기는 하나, 양인의 사유에는 닮은 점이 퍽 많다.[210] 중국을 모델로 삼고 있다는 점에서 유수원은 사상적으로 박제가의 아버지뻘쯤 된다고 말할 수 있을지 모른다. 또한 유수원의 『우서』가 본격적 '연구'에 해당한다면, 박제가의 『북학의』는 다분히 '프로파간다'[211]의 면모를 갖고 있다고 여겨진다.

---

208 「장사」(商賈), 위의 책, 97면.

209 조선중화주의에 대한 유수원의 비판은 「규제를 변통하는 이해(利害)에 대하여 논의함」(論變通規制利害), 『국역 우서』 II, 권10, 211·215면 참조.

210 다만 두 사람이 공히 중국을 조선이 배워야 할 모델로 생각하고 있으면서도 유수원이 언어·의복·음식 등은 토풍(土風)에 따르는 것이 옳고 꼭 중국을 본받을 필요가 없으며 사·농·공·상과 예·악·병(兵)·형(刑)·선거(選擧)·관제(官制)·세렴(稅斂)·공부(貢賦) 등은 중국을 배워야 한다는 입장을 취한 반면(위의 책, 210면), 박제가는 조선이 모든 부면에서 중국을 배워야 한다—심지어는 언어까지도 조선어를 버리고 중국어를 쓰는 게 좋다(「중국어」, 『북학의』, 107면)—는 입장을 취했다는 차이가 있다. 요컨대 중국에의 경사 정도가 박제가가 한층 심하다고 말할 수 있다.

211 '프로파간다'라는 말을 꼭 나쁘게만 볼 것은 아니다. 엄밀한 의미에서, '연구'가 체계

❼ 다산 정약용은 38세 때인 1799년「전론」田論이라는 글을 써서 '여전제'閭田制라는 특이한 토지제도를 제론提論한 바 있다. 하지만 강진 유배 시절인 1817년(56세 때)에는 『경세유표』經世遺表를 통해 정전론 井田論을 제기하였다. 정약용 사유의 전개 과정 속에서 볼 때 만년의 정전론이 그의 정론定論이라고 생각된다. 하지만 사회적 평등에 대한 모색에서 여전론閭田論은 퍽 의미 있는 진전을 보여준다고 판단되므로 일별一瞥이 필요하다.

여전론에서는 일종의 협동농장제가 구상되고 있다. 그 내용에 대해서는 기존의 연구에서 자세히 밝혀졌으므로[212] 재론하지 않기로 하고, 여기서는 다만 그 속에 담지된 평등의식만을 검토하고자 한다.

「전론」은 모두 일곱 편인데 그 첫 번째 글에 왜 이런 개혁안이 필요한지가 언급되고 있다.

> 하늘이 이 백성을 내어 그들을 위해 먼저 전지田地를 두어서 먹고 살게 하고, 또 그들을 위해 군주를 세우고 목민관을 세워서 군주와 목민관으로 하여금 백성의 부모가 되게 하여, **균산均産을 이룩해** 다 함께 살도록 하였다. 그렇건만 군주와 목민관이 된 자가 그 여러 자식들이 서로 치고 빼앗아 남의 것을 강탈해 제 것으로 만들곤 하는 것을 팔짱을 낀 채 물끄러미 보면서 이를 금

성, 근본에 대한 탐구, 냉철함 등을 요구한다면, '프로파간다'는 실천에의 의지, 날렵함, 넘치는 확신을 요구한다. 적어도 이런 기준에서 본다면 박제가의 글쓰기는 연구 쪽보다는 프로파간다 쪽에 더 가깝다는 게 필자의 소견이다.

212 정약용의 여전론에 대한 연구로는 다음이 참조된다. 신용하,「다산 정약용의 여전제 토지개혁사상」(『규장각』 7, 1983); 김용섭, 『조선후기농업사연구(II)』(증보판)의 제IV편 '농업론의 동향' 중「조선후기 토지개혁론의 추이」.

지시키지 않아 강한 자는 더 차지하고 약한 자는 떠밀려서 땅에 넘어져 죽도록 한다면, 그 군주와 목민관이 된 자는 과연 군주와 목민관 노릇을 잘한 것인가?[213]

호강豪强한 자가 빈한貧寒한 자의 토지를 겸병하는 현실을 비판하면서 이를 바로잡아야 함을 말하고 있다. 인용문 중 "균산均産을 이룩해"[214]라는 말에서 잘 드러나듯, 민民의 빈부貧富를 균均하게[215] 하고자 함이 정약용 토지개혁론의 출발점을 이룬다. 즉 평등에 대한 관심이 그 기저에 자리하고 있다고 말할 수 있다.

여전론에서는 지주제地主制가 철폐되고 농자득전農者得田의 원칙 위에서 농민이 집단적으로 농사를 지어 각자 그 일한 만큼 생산물을 분배받게 되어 있다. 따라서 농사를 짓지 않은 사람은 곡식을 분배받지 못한다. 그렇다면 원래 농사일에 종사하지 않는 저 사족士族은 어떻게 되는가? 정약용은 이렇게 말하고 있다.

대저 사士는 어떤 사람인가. 어찌하여 아무 일도 않으면서 남의 토지를 빼앗아 차지하고 남의 힘으로 먹고 사는가. 대저 유식遊食하는 사士가 있기 때문에 지리地利가 다 개척되지 못하니, 놀고서는 곡식을 얻을 수 없음을 알게 된다면 또한 장차 그 소업所業을 바꾸어 농사를 짓게 될 것이다. (…)[216]

---

213 「田論(一)」, 『詩文集』, 『여유당전서』 제1집 제11권; 「전론(田論) 1」, 『국역 다산시문집』 5(민족문화추진회, 1983), 81면.

214 원문은 "均制其産"(『與猶堂全書』 1, 경인문화사, 1982, 223면)이다.

215 "民之富貧均."(「田論(四)」, 『詩文集』, 『여유당전서』, 제1집 제11권, 『與猶堂全書』 1, 224면)

216 「田論(五)」, 『詩文集』, 『여유당전서』, 제1집 제11권; 「전론 5」, 『국역 다산시문집』 5,

사는 소업所業을 바꾸어 농사를 지어야만 곡식을 분배받을 수 있다. 그렇다면 사 중에 혹 농사일을 할 수 없는 사람이 있다면 어찌하는가? 공工이나 상商에 종사하면 된다고 보고 있다. 또 부민富民의 자제子弟를 가르치는 것으로 자생資生할 수도 있고, 농학農學의 연구를 통해 농업생산력의 향상에 기여하는 길도 있다고 했다. 특히 농학 연구를 통해 농업에 기여하는 일은 농업 노동에 종사하는 것보다 그 공이 훨씬 크니 많은 곡식을 분배해 줘야 마땅하다고 보고 있다.[217] 말하자면 정신노동의 의의를 십분 인정하고 있는 셈이다.

주목되는 것은, 정약용이 유식 사족遊食士族의 해결 방안으로서 신분의 전이轉移를 주장하고 있다는 점이다. 즉, 사가 그 본래의 신분을 버리고 농이나 공이나 상 신분으로 전환할 필요가 있음을 주장하고 있다. 하지만 사에 대한 신분 전환의 요구가 곧 사의 존재 부정을 의미하는 것은 아니라고 여겨진다. 정약용은 유식층으로서의 사는 소거消去되어야 한다고 보고 있지만 정당한 정신노동에 종사하는 사의 존재는 적극적으로 인정하고 있기 때문이다.[218] 이를 통해, 여전론에서 사의 신분 자체가 부정되고 있는 것은 아님을 알 수 있다.

또한 정약용은 「전론 7」의 다음 말, 즉,

이제 토지 겸병을 없앴는데 그와 함께 벼슬아치의 녹봉까지 박

85면.

217 위의 글, 위의 책, 85~86면 참조.

218 뿐만 아니라, 정약용은 사(士)가 아침에는 나가 일을 하고 밤에는 돌아와 독서하는 쪽으로 방향을 전환할 수 있다고도 보고 있는바(위의 글, 위의 책, 86면), 이는 '신사업농'(身士業農), 즉 사 신분으로서 농업에 종사하는 경우에 해당한다고 볼 수 있을 터이다. 다시 말해, 사 신분이 포기되고 있지 않은 경우라고 말할 수 있다.

하게 준다면 나라에는 관리가 되려는 사람이 없을 것이다. 그들로 하여금 위로는 부모를 섬길 수 있고 아래로는 처자를 기를 수 있으며, 또 족당族黨을 구휼하고 빈객을 접대하고 **노복을 양육하고** 집을 높게 짓고 의복과 말[馬]을 화려하게 갖출 수 있도록 한 다음에야 조정에서 벼슬하기를 원하는 사람이 있을 것이다.[219]

에서 보듯, 적어도 대부大夫의 노비 소유를 부정하지 않았다. 다시 말해 노비제 자체를 부정하지 않았다.

정약용은, 「전론」에서는 정전제를 시행할 수 없는 제도라고 보았으나,[220] 만년에는 정전제를 옹호하였다. 『경세유표』의 「전제田制 1」「전제 2」「전제 3」「전제 4」[221]에서 그 작업을 수행했다.

정약용은 정전제란 모든 백성에게 전지田地를 나눠 주는 것이 아니라 농민에게만 나눠 주는 것으로 해석하였다. 즉 '농자득전'農者得田으로 보았다. '농자득전'은 여전제에서도 핵심 원칙이 되고 있거니와, 현실적 맥락에서 그것은 지주제 반대의 의미를 갖는다. 이 점은 『경세유표』의 다음 말에서도 확인된다.

가령 농사 짓지 않는 백성이 한 명이라도 전지田地를 가졌다면 벌써 옛 법이 아니거늘 전지를 균등하게 해서 장차 무엇하겠는가. 비록 크게 균등하게 되었다 하더라도 농사 짓지 않는 자는

---

219 「田論(六)」,『詩文集』,『여유당전서』, 제1집 제11권 ; 「전론 6」,『국역 다산시문집』 5, 87면.

220 「전론 2」, 위의 책, 81면.

221 「전제(田制) 1」「전제 2」「전제 3」은『경세유표』 권5에, 「전제 4」는 같은 책 권6에 실려 있다.

앉아서 10분의 5를 거두어들이고 직접 농사 짓는 자는 그대로 10분의 6(지주에게 바치는 소작료 10분의 5와 국가에 바치는 세금 10분의 1을 합친 숫자다—인용자)을 바치게 되니 선왕先王의 법이 진실로 이와 같았겠는가.[222]

균전제를 비판하면서 한 말인데, 정전제의 기본 강령이 되고 있는 농자득전의 원칙에 지주제 반대의 입장이 담겨 있다는 사실이 잘 드러난다.

정전제는 이처럼 농자득전 위에서 구상되고 있지만 그렇다고 하여 모든 농민이(보다 정확하게 말하면 모든 '농호'農戶가) '공평하게' 전지를 분급받는 것도 아니요, 또 모든 농민이 '다' 전지를 분급받는 것도 아니다. 일정 정도 이상의 노동력을 갖춘 농호에만 그 노동력에 상응하게 상등, 중등, 하등의 전지가 분급되며, "사람 수가 다섯이 못 되고 장정도 반수가 못 되는 집은 하등의 전지조차 분급되지 않는다."[223] 요컨대 전지 분급의 기준은 노동력에 있다. 그리하여 '힘이 센 자', 즉 농업 노동을 잘 수행할 수 있는 자에게 전지가 분급된다. 정약용은 이 점을 다음과 같이 간요하게 정리해 말하고 있다.

정전법은 먼저 전지의 총수總數를 계산하여 힘이 굳센 자를 엄선하여 무畝를 헤아려서 전지를 주는데, 전지가 다하면 그것으로 그치고 다른 생각을 하지 않는다. 이것이 요순과 삼왕三王(우

222 「田制(五)」, 地官修制, 『經世遺表』 권6; 「전제 5」, 『국역 경세유표』(민족문화추진회, 1977) II, 116면.
223 「전제 4」, 위의 책, 90면.

·탕·문무를 이름—인용자)의 법이다.[224]

인용문 중 "전지가 다하면 그것으로 그치고 다른 생각을 하지 않는
다"라는 말은, 힘이 센 자에게 전지를 분급하는 원칙을 관철하고 그 외
의 사정은 일체 고려하지 않아야 한다는 뜻이다. 그 외의 사정이란 무
엇을 말하는가. 다음 두 자료가 참조된다.

(가) 전지를 분급하는 법은 중점이 치전治田에 있지 제산制産(균
산均産을 이름—인용자)에 있지 않거늘 누가 식구를 헤아려 전지를
분급한다(計口分田)고 하는가. 부대의 항오行伍와 같이 편성하고
굳센 병졸을 선발하듯 하여 그 인원의 많고 적음과 그 힘의 강하
고 약함을 헤아려서 강한 자는 상등 전지를 얻고 약한 자는 하등
전지를 얻었는데, 누가 식구를 헤아려서 전지를 분급한다고 하
는가. (…) 그러니 정전의 뜻이 치전에 있는 것이지 제산에 있지
않음이 분명하지 않은가. 지금 부자들이 전지를 소작인에게 갈
라 줄 때 반드시 장정壯丁이 많고 소도 있는 자를 택해서 기름진
땅을 주고, 쇠약하여 힘이 없는 자에게는 버려진 땅을 주니, 선
왕先王이 백성을 택해서 전지를 준 것과 무엇이 다르겠는가.[225]

(나) 선왕이 농사 지을 자의 힘을 요량해서 전지를 분급한 것은
재능을 요량해서 관직을 제수하는 것과 같다. 부모·처자와 봉
양할 식구가 많더라도 진실로 재능이 없다면 관직을 제수할 수

---

224 위의 글, 위의 책, 91면.
225 위의 글, 위의 책, 90면.

없으며, 부모·처자와 봉양할 식구가 비록 많더라도 진실로 굳센 힘이 없다면 전지를 분급할 수 없다. (…) 양육할 식솔이 많고 적음은 선왕의 고려 대상이 아니었다. 적당한 사람을 얻어서 전지를 맡겨, 그가 힘을 다해서 농사하면 곡식 소출이 많아질 것이다.[226]

자료 (가), (나)를 통해 볼 때 '그 외의 사정'이란 특정 민호民戶의 곤궁함의 여부라는 것을 알 수 있다. 이런 사항은 전지 분급에서 일체 고려되어서는 안 된다는 것이다.

이처럼 정약용은 정전제에서 '치전' 즉 농업생산성의 향상을 중시했으며, '제산' 즉 농민의 빈부 격차의 해소와 그 살림살이의 균등화는 배제하고 있다.[227] 정약용의 이런 입장은 어떤 정치적 및 사회사상적 함의를 갖는가? 우선, 너무 생산력 위주로 사고하고 있다는 점이 지적될 수 있다. 노동생산성과 효율성을 제1의적으로 고려하다 보니 약자, 혹은 약민弱民의 입장을 정당하게 배려하지 못했으며, 보기에 따라서는 냉혹하게 '힘의 논리'를 따르고 있다는 지적이 있을 수 있다. 정약용은 인민적 입장에 충실하기보다는(표현을 조금 완화한다면, 인민적 입장을 충분히 고려하기보다는) 군주, 혹은 군국君國(군주와 국가)의 입장에서 사태를 보고 있다고 판단된다.[228] 이 점은 그가, "선왕은 힘 있는

226 위의 글, 위의 책, 91면.

227 정약용이 제론한 정전제가 '치전'에 목적이 있지 '제산'에 있지 않음은 박찬승, 「정약용의 정전제론 고찰」(『역사학보』 110, 1986), 122면에서 이미 지적된 바 있다. 하지만 그 사회사상적 함의에 대해서는 따지지 않았다.

228 이 점은 정약용이 젊은 시절에 쓴 「원정」(原政, 『詩文集』, 『여유당전서』 제1집 제10권 所收)에서 정치의 요체로서 '균오민'(均吾民)을 강조했던 것과 큰 차이가 난다. 또한 1790년

남자를 엄선하여 왕전王田을 농사짓게 하고 왕의 군졸을 만들었다"[229] 라고 말함으로써 정전제와 병제兵制를 통일시키고 있음에서, 그리고 "요우堯禹(요임금과 우임금—인용자)가 전지를 구획해서 정전을 만든 것은 균산均産을 위해서가 아니라 나라의 조부租賦를 바르게 하기 위한 것이었다"[230]라고 말한 데서 드러나듯, 수세收稅 즉 수취收取가 정전제 시행의 주된 목적임을 분명히 하고 있음에서 잘 알 수 있다.

정약용은, 궁극적으로는 정전제를 시행해야 마땅하지만 당장 그것을 시행하기는 어려운 실정이므로, "전지를 다 계산하여 우선 9분의 1을 받아서 공전公田으로 만드는 것도 옛 법의 반은 된다"라고 생각했으며, 「정전의」井田議[231]라는 글을 통해 그 구체적 방략을 제시하고 있다. 비록 완전한 정전제는 아니지만 일정 정도 정전제의 취지를 살린 토지제도를 과도적으로 모색한 것이랄 수 있다. 「정전의」에 제시된 전제田制에 대한 검토까지 여기서 할 겨를은 없지만 그래도 몇 가지 주목되는 점을 짚고 넘어간다면, 첫째 「정전의」의 단계에서는 지주전호제가 인정되고 있다는 사실이고, 둘째 지주가 소작인을 정할 때 장정壯丁이 3인 이상 되는 집을 엄선해 100무畝의 전지를 우선적으로 주도록 구상되고

에 쓴 「농책」(農策)이라는 글에서도, "백성의 근본을 확립하는 것은 오직 균전(均田)이란 두 글자에 달렸다"면서 "制其多寡"와 "平其富貧"의 중요성을 강조하고 있는바(『詩文集』, 『여유당전서』 제1집 제9권, 『與猶堂全書』 1, 178면; 『국역 다산시문집』 4, 127면), 정약용은 유배 이전에는 그 만년의 입장과 달리 민(民)의 '균산'을 제1의적인 것으로 생각했음을 알 수 있다.

229 "嚴選有力之男, 使治王田, 以作王卒."(「田制(四)」, 『經世遺表』 권6, 『여유당전서』 제5집 제6권, 『與猶堂全書』 5, 109면)

230 "堯禹之所以畫田爲井者, 非爲均民之産業, 乃爲正國之租賦."(「田制(五)」, 『經世遺表』 권6, 위의 책, 112면)

231 『경세유표』 권7·8의 「전제 9」, 「전제 10」, 「전제 11」, 「전제 12」가 곧 '정전의'(井田議)에 해당한다.

있다는 사실이며, 셋째 국가가 경작권耕作權을 통제하고 있다는 사실이다.[232]

이처럼 「정전의」에서도 생산력 위주의 사고가 의연히 관철되고 있음이 확인된다. 그리하여 지주제는 건드리지 않으면서 농업생산력의 제고와 부세제도賦稅制度의 개혁을 통해 국가 재정의 튼실화를 꾀하고자 한 것이 「정전의」의 가장 주요한 목표라고 말할 수 있다.[233] 그러므로 「정전의」의 논의 수준에서는 **생산관계의 모순**에 대한 고려는 훨씬 더 후퇴하고 생산력의 증진을 통한 수취의 안정적 증대가 제1의적으로 도모되고 있는 셈이다.[234]

이상의 논의를 통해 알 수 있듯, 정약용이 만년에 제론한 정전제는 그가 젊은 시절 제기한 여전제에 비해 인민적 입장 내지 사회경제적 평등의 입장이 한층 후퇴하고 그 대신 군주 내지 국가의 입장이 한층 강화되고 있다고 생각된다. 비록 정약용은 정전제의 시행을 통해 "곡식 소출이 많아지면 백성의 먹을 것이 풍족해지고, 백성이 풍족하면 피폐한 자, 병자, 쇠약한 자, 어린이, 공인工人, 상인 (…) 등도 모두 그 중에서 먹을 것을 얻게 된다"[235]라고 말하고 있긴 하나, 이것이 가능하기 위해서는, 다시 말해 잔민殘民, 즉 사회적 약자의 보호를 위해서는 사회복지제도의 실시가 요청된다고 생각되는데 정약용은 이 점에 대

---

232 「정전의」의 토지개혁안에 대한 연구는 김용섭, 『조선후기농업사연구(II)』(증보판)의 제IV편 '농업론의 방향' 중 「조선후기 토지개혁론의 추이」; 박찬승, 앞의 논문이 참조된다.
233 물론 부세제도의 개혁은 지주나 소작인에게 가해지는 중간 수탈의 부담을 줄여 준다는 의의가 없지 않지만, 그럼에도 이는 수취(收取) 체제의 개혁을 통한 국가 재정의 안정화라는 측면과 비교한다면 어디까지나 부차적인 것에 불과하다고 해야 할 것이다.
234 조성을, 「정약용의 토지제도 개혁론」(『한국사상사학』 10, 1998), 115면에서도 「정전의」의 개혁론이 조세 개혁적 성격이 크다고 했다.
235 「전제 4」, 『국역 경세유표』 II, 91면.

해서는 별다른 서술을 하고 있지 않다. 만일 정약용이 구상한 대로 정전제가 실현된다면 그의 말과는 달리 실제로는, 토지 분급에서 배제된 농민을 위시한 사회적 약자들은 결국 도태되어 고공雇工(농업 노동자)이 되거나 빈민으로 유락流落할 수밖에 없을 것이고, 농업 부문의 빈부 모순은 해소되기 어려울 터이다.[236]

정약용의 입장이 만년에 들어 이처럼 보수적으로 변한 이유는 무얼까? 필자는 크게 다음과 같은 세 가지 점을 생각해 보게 된다. 첫째, 그가 유배기에 고경古經, 즉 유교 경전 연구에 매진한 결과 중국 고대의 제도를 이상으로 간주하면서 그것을 실현하고자 하는 욕구가 지나치게 강했다는 점이다.[237] 그 결과 고대에 '구니'拘泥되어, 이른바 '요순 3대 시절' '선왕'先王 '성인聖人의 법도'가 주술화呪術化되는 경향이 없지 않은 것으로 보인다. 이 점은 정약용의 사상을 미래를 향해 활달하고 열려 있게 만들기보다 종종 제약하고 있다고 판단된다. 둘째, 정약

---

236 김용섭 교수는 정약용의 정전제 개혁론을 평가하기를, "농민 경제의 균산화(均産化)는 말하자면 정전제를 통해 균부(均賦)가 성취되는 가운데서 자연적으로 이루어지도록 되어 있는 것"(「18, 9세기 농업실정과 새로운 농업경영론」, 『한국근대농업사연구』, 117면)이라고 했는데, 지나치게 낙관적인 견해가 아닌가 한다.

237 정약용이 고경(古經) 연구에 매진한 것, 그리고 고경에 최고의 진리성을 부여하면서 그 '권위'에 기댄 것은, 천주교 문제로 유배된 그의 처지와 무관하지 않다고 할 것이다. 대부분의 정약용 연구자들은 정약용이 수행한 유교 경전 연구의 세밀함과 호한함, 그리고 그 독창성에 감탄하고 있을 뿐, 유교 경전 연구의 몰두가 초래한 문제점은 통 직시하고 있지 않다. 흔히 정약용은 유배됨으로써 오히려 학문 연구에 매진할 기회를 얻을 수 있었다는 말들을 하지만, 다른 측면에서 본다면 유배는 그를 고경에 집착하게 만들고 고경의 세계 속에서 현재를 보고 미래를 전망하게 만든 제약을 낳았다고 할 수 있을 터이다. 이 점, 그의 학문적 불행이자 조선 학술사 및 사상사의 불행이라 할 만하다. 이를 통해, 자신이 속한 체제를 넘어 인간과 세계에 대한 새로운 관점을 수립하면서 새로운 진리 인식을 모색하는 데 '사상의 자유'가 얼마나 중요한 것인지를 새삼 깨닫게 된다.

용이 유배 가 있던 시기인 19세기 전반의 조선의 사회경제적 상황이 퍽 좋지 않았다는 점, 특히 전정田政의 문란이 이루 말할 수 없었다는 점이다. 이런 상황이 그로 하여금 균산均産보다는 부세 제도를 바로잡는 데 방점이 찍히는 토지개혁안을 구상하게 했을 수 있지 않을까. 셋째, 그가 서울을 떠나 변경인 강진에 유배되어 있었다는 사실이다. 비록 그는 강진에서 누구보다 깊이 경전을 파고들며 죽어라 공부했지만 오히려 그런 만큼 급변하고 있던 세계의 새로운 동향에는 한발짝 비켜서 있었지 않나 생각되며, 따라서 그와 관련된 감수성이 계발되기 어려웠다고 판단된다.

신분제도에 대한 정약용의 생각에서도 비슷한 면이 발견되니, 젊은 시절과 달리 만년에 오면 보수적인 색조가 짙어지는 것으로 여겨진다.[238] 이하, 신분제도에 대한 그의 생각을 검토해 보기로 한다.

젊은 시절, 즉 천주교 문제로 유배되기 전 정약용의 신분제에 대한 입장은 「통색의」通塞議라는 글에 잘 드러나 있다. 이 글에서 정약용은, 나라 인재의 8, 9할이 버려지고 있는 현실을 개탄하면서, 소민小民, 중인中人, 서관西關과 북관北關 사람, 해서·개성·강화 사람, 관동과 호남 사람의 절반, 서얼, 북인과 남인의 당파에 속한 사람, 정치적 사건에 연루된 자 등을 버림받은 자로 꼽고 있으며, 버림받지 않은 자는 벌열閥閱 수십 집안에 불과하다고 말하고 있다. 요컨대 그는 인재 등용에서 귀천과 지역의 차별을 두어서는 안 된다고 생각했던 것이다.

그리하여 그는 제일 바람직한 것은, "동·서·남·북에 구애됨이 없

---

238 김태영 교수는, 정약용이 전반적이며 획기적인 국가 체제 개혁론을 제기했지만, 그 가운데서 가장 미진한 부분이 신분제에 관한 것이라고 했다. 김태영, 『실학의 국가 개혁론』(서울대 출판부, 1998), 129면 참조.

게 하고 먼 곳과 가까운 곳, 귀함과 천함을 가리지 않아 중국의 제도와 같이 하는 것"[239]이라고 보고 있다. 하지만 이 방안은 말해도 시행이 되기 어렵고, 또 시행이 된다 하더라도 혼란이 있을 것이라며, 무재이능과茂才異能科의 설치를 제안하고 있다. '무재이능과'는 10년만에 한 번씩 설치되며, 서북인, 중인, 서얼, 천한 백성 중 경학經學에 밝고 행실을 닦으며 문학과 정사政事가 특별히 뛰어난 자 100명을 천거하여 서울에서 시험을 보여 10명을 뽑아서 조정에서 벼슬을 하게 함이 그 골자다. 무재이능과에 합격한 인재들은 벌열 출신과 차별을 두지 말아 그 자손들로 하여금 영원토록 청명淸明한 집안이 되게 해야 하며, 이렇게 하면 버려진 인재를 진작시킬 수 있을 것으로 보고 있다.

이처럼 「통색의」에서는 '차별'에 반대하는 정약용의 예민한 감수성이 느껴진다. 하지만 거기서 제시된 방안은 신분제에 대한 근본적 개혁과는 거리가 멀며, 극히 제한된 범위 안에서 사대부 기득권의 일정한 양보가 이루어지고 있다 할 것이다. 또한 주목해야 할 것은, 사대부 신분이 세습되는 데 대한 그 어떤 의문도 제기되고 있지 않다는 사실이다.

「고염무의 「생원론」에 붙인 발문」(跋顧亭林生員論)이라는 글에도 젊은 시절 정약용의 신분제에 대한 관점이 드러나 있다. 이 글에서는 「통색의」와 달리 양반 세습의 문제점이 거론되고 있다. 이 글은 다소 모호해 읽기에 따라서는 양반을 부정하는 것처럼 보이기도 한다. 하지만 그리 읽음은 오독이 아닐까 생각된다. 이 글의 구성은 다음과 같다.

---

239 「通塞議」, 『詩文集』, 『여유당전서』 제1집 제9권; 「통색의」, 『국역 다산시문집』 4(민족문화추진회, 1982), 161면.

① 나는 온 나라가 다 양반이 될까 걱정한다.

② 그러나 나의 소망은 따로 있으니, 온 나라가 양반이 되는 것이다. 그러면 온 나라에 양반이 따로 없게 되니까.

③ 하지만 관자管子는, "온 나라 사람을 다 존귀하게 할 수는 없다. 다 존귀하게 되면 일은 이루어지지도 않고 나라만 불리하게 된다"라고 말했다.[240]

이 글의 ②만 똑 떼어 놓고 본다면 정약용이 양반 신분을 부정한 것처럼 보인다. ②는 양반 신분의 폐단에 대한 걱정에서 한 말이다. 하지만 이것은 정약용이 잠시 그런 공상을 해 본 것이라고는 할지언정 그의 정론定論이라고 하기는 어렵다. ①과 ③을 고려해야 함으로써다. 특히 ③은 ②의 생각을 부정하면서(혹은 수정하면서) ②가 꼭 바람직한 것은 아니라는 메시지를 담고 있다.[241] 이렇게 본다면 이 글은 신분제의 문제를 고민하고 있는 모습을 보여주고는 있으나 신분제 자체를 부정하고 있는 것은 아니다.

한편, 정약용은 1790년에 쓴 「농책」農策이라는 글에서 이렇게 말하고 있다.

---

240 「跋顧亭林生員論」, 『詩文集』, 『여유당전서』 제1집 제14권; 「고염무의 「생원론」에 붙인 발문」, 『국역 다산시문집』 6, 180~181면.

241 정약용은 『목민심서』(牧民心書) 권7 '호전 6조'(戶典六條)의 「호적」(戶籍)에서도 "장차 온 나라의 백성이 모두 유학(幼學)이 될 것이니 명분이 없어지고 어지러워짐이 이보다 심할 수가 없다. 관자(管子)가 말하기를, '귀인이 많으면 그 나라가 가난하게 된다'고 하였는데, 우리나라를 두고 이른 말이다"(다산연구회 역주, 『역주 목민심서』 III, 창작과비평사, 1981, 98면)라며, 관자를 인용하고 있다. 또 『경세유표』 권13의 「호적법」(戶籍法)에서도, "온 나라가 다 귀해지고 나면 천한 사람이 어디 있겠는가? 이것이 지금의 큰 걱정이다"(『국역 경세유표』 III, 민족문화추진회, 1977, 274면)라고 말했다.

우리나라의 사대부들은 태어나자마자 생원이 되고, 포대기에 싸여 있으면서 경상卿相이 됩니다. 의관을 갖춘 양반들은 글 읽고 글씨나 쓰는데도 양역良役에 동원되지 않음은 물론 신포身布를 징수하지도 않습니다. 게다가 질서를 무시하고 위세를 휘둘러 백성들에게 해독을 끼치니, 이들은 모두 놀고먹는 사람들로 농사를 해치는 무리들입니다. 이제는 점차적으로 억제하여 그 한계를 정하는 것이 옳습니다. 경술經術을 시험하기도 하고 혹 문예를 시험하기도 하여 합격하지 못하는 자는 모두 군대에 보충시키는 법령을 시행한다면, 그 추세가 업業을 전환하여 농사를 짓지 않을 수 없을 것입니다. 신臣의 이른바 놀고먹는 것을 금하여 인력을 넉넉하게 해야 한다는 것은 이를 말합니다.[242]

이에서 보듯, 국가가 유식지사遊食之士에게 강제력을 행사해 과거에 합격한 자 말고는 소업所業을 바꾸어 농민이 되도록 유도해야 한다고 말하고 있다. 앞서 살펴본 바 있듯 「전론」에서 사士의 농민으로의 신분 전환을 주장한 것과 같은 맥락이다.

이상의 논의를 통해 알 수 있듯 정약용은 젊은 시절 신분에 대한 차별의 완화를 주장함과 동시에 유식遊食 사족을 그대로 두지 말고 농農, 혹은 공工·상商의 일에 종사하게 해야 한다고 주장하였다. 사士가 농이나 공·상의 일에 종사함은 실질상 신분의 전환을 의미한다. 하지만 정약용은 '사→농공상'으로의 신분 전환, 즉 신분의 아래로의 전환은 말하고 있으면서도 '농공상→사'로의 신분 전환, 즉 신분의 위로의 전환은 구상하고 있지 않다. 이 점과 관련해 주목해야 할 것은, 「농책」에

---

242 「農策」,『詩文集』,『여유당전서』 제1집 제9권; 「농책」,『국역 다산시문집』 4, 126면.

서든「전론」에서든 정약용이 사족 신분 자체를 부정한 것은 아니며, 또 신분제 자체의 폐기를 주장한 것도 아니라는 사실이다.[243] 신분제는 의연히 인정하되 단지 그 존재 방식 및 운영 방식과 관련해 한층 유연한 입장을 취했을 뿐이라고 생각된다.[244]

신분제에 대한 정약용 만년의 입장은『경세유표』권13의「교민지법」教民之法에 잘 드러나 있다. 정약용은 여기서『주례』周禮를 준신準信하여, 농민을 비롯한 천한 백성에게는 도예道藝(도道와 예藝)를 가르칠 수 없다고 했다. 해당 대목을 보이면 다음과 같다.

> 대개 선왕의 법은 사·농·공·상을 네 부류로 분간했으니, 사는 사와 더불어 살고 농은 농과 더불어 살며 온갖 공인工人은 작업장에 있고 장사들은 저자에 앉아 있어, 서로 섞이지 않았다. 그러므로 공·경·대부·원사元士·서사庶士·부사府史·서도胥徒 등

---

243 정약용은 「신포의」(身布議,『詩文集』,『여유당전서』제1집 제9권 所收)에서, 군포(軍布)를 없애는 것이 좋지만 만일 그렇게 하지 못한다면 벼슬아치나 과거에 급제한 자 등을 제외한 공경대부의 자제나 귀척(貴戚)의 자손에게도 징수해야 한다고 했다. 즉 양인에게만 징수하던 군포를 사족에게도 똑같이 징수해야 한다고 말했다. 이는 양반의 핵심적 특권 하나를 폐지해야 한다는 주장으로서 그 의의가 적지 않다. 그렇긴 하지만 정약용의 이러한 주장을 사족의 철폐나 신분제의 폐지로 해석할 수는 없다.

244 조성을,「정약용의 신분제개혁론」(『동방학지』51, 1986)에서는「전론」에서 양반층이 부정되고 있다고 보았으며, 정약용이 후기에 "평등적 인간관을 확립"했다고 주장하였다. 또한 신용하,「다산 정약용의 신분관」(한우근 외,『다산사상의 종합적 연구』, 1982)에서도 정약용이「전론」에서 "신분제도의 완전 폐지를 이상적 상태로 전제"했다고 보았다. 필자는 이런 견해에 동의하지 않는다.「전론」에서 논의되고 있는 여전제는 어디까지나 농촌을 대상으로 한 것이며, 도성(都城)은 고려되고 있지 않다는 점을 간과해서는 안 될 줄 안다. 여전제의 내용만 보고서 정약용이 도성에 거주하는 사대부들의 신분적 특권까지 부정했다고 말하기는 어렵다. 정약용은, 비록 만년의 견해이긴 하지만, 사족은 도성에서 살게 하는 것이 선왕(先王)의 옛 법이라고 보았다.

은 모두 사의 부류로서 왕성王城 안에 살았다. 온갖 공인과 장사들도 또한 왕성 안에 살면서 영업하였다. 오직 농부는 왕성 밖에 살면서 전지田地에 농사를 지었는데 농부에게 덕행과 도예를 기대할 수는 없으므로 6수遂('수'는 근기近畿 지방을 이름—인용자) 이하는 가르치는 법이 없었다. (…)

위에 있는 자(사를 말한다—인용자)가 오직 효도, 우애, 화목으로 인도해서 거느릴 뿐이고, 상庠·서序의 학교에는 전야田野의 농민이 섞여 있지 못하도록 하고, 오직 역농力農을 그 본업으로 삼아 항산恒産을 두어 간사한 마음이 일어나지 않게 했는데, 이것이 선왕의 지극한 다스림이었다. 후세에는 이 법이 크게 무너져서 사와 농이 섞여서 사니 교화가 점점 쇠퇴해지고 백성의 업業이 일정하지 않게 되었다.[245]

사는 치자治者 신분이라는 것, 사·농·공·상은 그 업業을 달리할 뿐만 아니라 그 거주 공간과 위계位階를 달리한다는 것, 농은 농사 짓는 일만 하면 되고 교육이 필요없다는 것 등이 언급되고 있다. 유배기의 정약용은 고경古經을 대단히 중시했던바, 『경세유표』가 『주례』의 체제와 제도를 본뜨고 있음은 이미 잘 알려져 있는 사실이다. 그러므로 인용문에서 확인되는 『주례』에 대한 정약용의 이해 방식은 그가 당시 신분제에 대해 어떤 입장을 갖고 있었는지를 아는 데 긴요하다고 생각된다.

---

245 「교민지법」(教民之法), 『국역 경세유표』 III, 296면. 『목민심서』 권7의 '예전 6조'(禮典六條) 「교민」(教民)에도 비슷한 생각이 피력되어 있다. 다산연구회 역주, 『역주 목민심서』 IV, 10면 참조.

물론 정약용은, 시대가 다르니 "옛것에만 구니拘泥될 수 없으며"[246] 옛 제도를 "지금에 갑자기 회복할 수는 없음"[247]을 감안해, 군현郡縣에까지 모두 가르침을 베풀어야 하며, 귀족=사족만이 아니라 천족賤族=백성에서도 선사選士를 해야 한다며 변통을 보이고 있다.

'선사選士'는 과거科擧의 첫 관문이다.[248] 선사로 뽑히는 것은 거자擧子(과거 응시 자격자)가 됨을 의미하는데, 거자만이 과거에 응시할 수 있기 때문이다. 서울과 근기 지방의 경우, 선사는 자신의 집에서 학도學徒 2명을 가르치고, 족사族師(100집의 우두머리)는 매월 초하루에 자신의 집에서 선사 3, 4인을 가르치며, 방로坊老(방坊의 우두머리. 방은 900집)는 계절이 바뀌는 첫달 초하루에 자신의 집에서 선사 30인을 가르친다. 지방 군현의 경우, 1방坊마다 교장敎長 3명을 두며, 교장 1인마다 학도 40인을 가르친다. 이처럼 『경세유표』의 체계에서 교육제도와 과거제도는 밀접히 연관된다.

그런데 주목되는 것은 다음에서 보듯 선사選士할 때 귀족을 많이 뽑고 천족을 적게 뽑음이 마땅하다고 보고 있다는 점이다.

가르침에 사람을 가리지 않는 것이 비록 왕자王者의 큰 법이긴 하나 인재가 일어남은 매양 귀족 중에 있었다. 지금 선사選士하는 법이 귀족을 많이 뽑고 천족은 적게 뽑는데, 공리公理에 그렇

---

246 "不可以泥古也."(「敎民之法」, 『經世遺表』 권13, 『여유당전서』 제5집 제13권, 『與猶堂全書』 5, 252면)

247 "今不可卒復."(「敎民之法」, 『經世遺表』 권13, 위의 책, 253면)

248 과거제도에 대해서는 『경세유표』 권15의 「과거지규」(科擧之規)와 「선과거지규」(選科擧之規)에 서술되어 있다.

게 하지 않을 수 없다.[249]

정약용은 빈한한 선비에 대하여도, 그들이 옷이 없고 먹을 것도 없어서 아침에 저녁일을 걱정할 겨를이 없으므로 그 학문과 예업藝業도 또한 거칠어 전일專一치 못하니 선사에 뽑히지 못함을 깊이 염려할 것이 없다고 보았다. 「허생전」의 주인공 허생이 들으면 발끈할 발언이다. 요컨대 만년의 정약용은 귀족에 대한 신뢰와 그에 대한 우대를 분명히 하고 있다 할 것이다.[250]

『목민심서』는 『경세유표』와 짝을 이루는 책이다. 이 책 권7 '예전 6조'禮典六條의 「변등」辨等에 정약용의 신분관이 좀더 명확하게 천명되어 있다. 그는, 근세 이후로 귀족이 쇠잔하게 되자 호리豪吏와 호맹豪氓이 기세를 부려서 법도를 벗어나 사치스러움을 일삼고, 아래가 위를 능멸하고 위는 시들게 되어 등급이 없게 되었다면서, '변등'辨等 즉 등위等位를 분변하는 것이 "오늘날의 급무"[251]임을 강조하고 있다.

그래서 먼저 "족族에는 귀천貴賤이 있으니 마땅히 그 등급을 구별해야 한다"고 하면서,

벼슬을 해서 군자가 되는 사람은 그 지위가 존귀하며, 생업에 종사해 소인이 되는 사람은 그 지위가 비천하니, 두 등급이 있을 뿐이다. 그러나 군자의 자손이 그 도를 지키며 학문을 쌓고 예를

---

249 「교민지법」, 『국역 경세유표』 III, 298면.
250 『경세유표』 권15에 실린 「선과거지규」 중의 '치선지액'(治選之額)에서 볼 수 있듯, 정약용은 음직(蔭職)과 관련해서도 서울의 벌열 자제들을 옹호하고 있다.
251 「변등」(辨等), 『역주 목민심서』 IV, 76면.

지키면, 비록 벼슬은 하지 않더라도 오히려 귀족이거늘, 저 하민 下民·노예의 아들이나 손자들이 감히 이들을 공경하게 대하지 아니하니, 이것이 첫 번째로 분별해야 할 일이다.[252]

라고 말하고 있으며, 목민관들이 애민愛民한다는 명목으로 소민小民을 두호하기만 해서는 풍속이 무너지니 그리 해서는 안 된다는 것, 귀족을 예禮로 대하며 옹호해 줘야 한다는 것을 지적하고 있다.[253]

한편, 정약용은 영조英祖 연간에 노비종모법奴婢從母法과 종부법從父法 둘 중에 종부법을 폐지하고 종모법만 따르게 한 시책施策을 비판하면서 이렇게 말하고 있다.

(가) 영조 7년(1731, 신해년) 이후로 무릇 사노私奴의 양인良人 신분의 처가 낳은 자식은 모두 양인 신분이 되었다. 이 이후로 상층은 약해지고 하층은 강해져서 기강이 무너지고 백성들의 뜻이 흩어져 지배할 수 없게 되었다. 임진왜란 때 남쪽에서 의병을 일으킨 집은 모두 가동家僮 수백 명으로 대오를 편성할 수 있었으나 홍경래의 난 때에는 고가故家와 명족名族이 서로 일을 논의했지만 한 집에서 한 사람의 노비도 얻어 내기가 어려웠다. 이 한 가지 사실로도 대세가 온통 변한 것을 알 수 있다. 국가가 의지하는 바는 사족士族인데, 그 사족이 권세를 잃은 것이 이와 같다. 혹시 국가에 급한 일이 생겨 소민들이 무리지어 난을 일으킨다면 누가 이를 능히 막을 것인가. 이로 보건대 노비의 법은 좋게 변한 것이

252 같은 책, 같은 곳.
253 「변등」, 『역주 목민심서』 IV, 77면.

아니다.[254]

(나) 대저 소민小民은 어리석어서 군신의 의리도 사우師友의 가르침도 없으므로, 귀족과 지체 높은 가문에서 그들에게 기강을 세워 주지 않으면 한 사람도 난민亂民이 아닌 자가 없을 것이다. 신해辛亥(노비종모법이 시행된 영조 7년을 가리킴―인용자) 이후 한결같이 귀족은 날로 시들어 가고 천민은 날로 횡포해져서 상하의 질서가 문란하여 교령敎令이 행해지지 않으니 한번 변란이 일어나면 흙더미가 무너지고 기왓장이 부스러지는 형세를 능히 막지 못할 것이다. (…) 그러므로 내가 노비법을 복구하지 않으면 어지러움으로 망하는 것을 구할 수 없다고 하는 것이다.[255]

영조 신해년에 노비종부법을 없애고 종모법만 따르게 한 것은 기실 양민의 수를 늘려 국가 재정에 보탬이 되게 하기 위해서였다. 하지만 정약용은 사족의 입장에서 이 정책을 비판하고 있다. 이 두 자료에서 다음의 몇 가지 점이 확인된다. 첫째, 정약용은 노비제의 개선이나 폐지가 아니라 그 유지 내지 강화를 주장하고 있다. 둘째, 노비 세습에 대해 어떤 의심도 품고 있지 않다. 셋째, 홍경래의 난 이후 신분 질서의 대세가 크게 변한 것으로 간주하면서 사족으로서 일종의 위기의식을 느끼고 있다.

이렇게 본다면 정약용이 만년에 사족의 입장을 보다 강하게 대변하면서 신분제에 관한 한 보수적 입장을 취하게 된 데에는 홍경래의

---

254 위의 글, 위의 책, 85~86면.
255 위의 글, 위의 책, 88면.

난이 한 계기가 된 게 아닌가 생각된다.

물론, 정약용은 젊은 시절에도 노비제의 폐지나 개선을 주장한 적은 없다. 또한 신분제의 철폐를 주장한 적도 없다. 그렇기는 하나 그는 적어도 젊은 시절에는, 신분제적 모순의 완화와 사족의 일부 특권의 폐지를 진지하게 숙고한 바 있으며, 유식遊食 사족의 신분 전환 방안을 검토해 보기도 하였다. 하지만 만년의 저작들인『경세유표』와『목민심서』에서는 유식 사족에 대한 별다른 언급이 발견되지 않는다. 그 대신 하민下民과 사족의 경계를 좀더 분명히 하면서 후자를 적극적으로 옹호하는 쪽으로의 입장 변화를 보여준다.

(2) 비교 논의

앞에서, 조선 후기의 학인들 중 사회적 평등의 문제에 대해 나름대로 고민한 일곱 사람의 견해를 검토해 보았다. 이들의 견해 중에는 담헌의 견해와 통하는 것이 있는가 하면, 다른 것도 있었다. 한편, 담헌의 견해와 비슷한 견해라 할지라도 평등에 대한 문제의식의 철저성에 있어서 상이相異가 발견되기도 했다. 뿐만 아니라 7인의 견해를 검토하는 과정에서, 담헌의 사유에서 부족하거나 결락된 부분이 무엇인지 알 수 있었으며, 또 담헌이 아주 간단히 언급하든가 혹은 말하지 않은 것들이 그 자신의 사유 맥락 속에서 어떻게 메워질 수 있을 것인지도 시사받을 수 있었다. 이런 점을 염두에 두면서 이제 이들과 담헌의 견해를 서로 비교해 보기로 한다. 이 작업은 조선 후기의 사상사적 지형 속에서 담헌의 사상—그 사상적 특점은 물론이고 장점과 한계까지도—을 객관적으로 파악하게 해 줄 것이다.

7인 중 유형원·정제두·이익·박지원·정약용 5인은 전제田制 개혁을 주장했고, 유수원·박제가 2인은 주장하지 않았다. 전제 개혁은 기본적으로 토지 소유 관계의 모순을 시정하려는 성격을 갖기에 궁극적으로 농업 문제 그 자체에만 한정되지 않으며 경제 체제, 더 나아가 정치 체제 전반의 문제와 연관된다. 그러므로, 토지개혁론의 제기 여부는 당대의 근본 모순에 대해 자기대로 발본적拔本的 사고를 했는가의 여부와 직결된다. 이런 점에서 유수원과 박제가는 적어도 사회적 평등이라는 의제와 관련하여서는 사상적으로 심각한 한계를 안고 있다고 하지 않을 수 없다.

전제 개혁을 주장한 5인 중, 유형원은 공전제公田制를, 정제두·이익·박지원은 한전제限田制를, 정약용은 여전제閭田制와 정전제井田制를 제기하였다. 이 중 공전제, 여전제, 정전제는 토지국유화를 전제로 하고 있으며, 한전제는 토지의 사적 소유를 전제로 하고 있다.

공전제는 비록 인민의 균산均産, 즉 토지의 평등한 분배를 그 일차적 목적으로 삼고 있긴 하나, 신분에 따라 분급되는 토지가 다르다. 즉 신분에 따른 차등적 토지 분배를 내세우고 있다. 그래서 사족층은 농민보다 많은 토지를 받게 된다. 여전제는 일정 집단의 농민이 토지를 공동으로 소유하고 공동으로 경작하는 제도다. 여전제에서는 경자득전耕者得田의 원칙에 따라 농사 짓는 사람에게만 토지가 분급된다. 그러므로 농민의 항산恒産이 담보된다. 이와 달리 정전제에서는, 비록 여기서도 경자득전의 원칙이 관철되고는 있음에도, 균산이 아니라 부세賦稅가 제일차적인 목표로 설정되고 있어, 농민의 경제적 평등에 대한 관심은 후퇴하고 있다.

한전제의 경우, 정제두는 1호戶당 3결結을 토지 소유의 상한선으로 삼은 데 반해, 이익은 1호당 1결을 토지 소유의 하한선으로 삼았으며, 박지원은 정확하게 토지 소유의 한계를 밝히지는 않았지만 사족과 농민의 토지 소유에 차등을 두고 있다. 그러므로, 정제두와 이익이 기본적으로 인민적 입장에 충실하다면, 박지원은 양반 사대부의 입장을 좀더 배려하고 있다는 차이를 보여준다.

담헌은 균전제均田制를 주장한바, 각 호戸당 2결의 토지를 분급해야 한다고 했다. 담헌의 토지개혁론은 토지국유화를 전제로 하고 있다고 판단된다. "분전제산分田制産의 법이 없이 그 나라를 다스리는 자는 모두 구차할 뿐이다"[256]라고 말한 데서 알 수 있듯, 그는 균산의 문제를 정치의 근본 과제로 간주하였다. 그의 토지개혁론은 기본적으로 소민의 경제적 평등을 염두에 두고 있는 것으로 생각된다. 이 점에서 그의 입장은 유형원이나 박지원에 비해 보다 인민적이며, 적어도 그 '원리적 정신'에 있어서는 정제두나 이익에 비해, 그리고 정전제를 주장한 정약용에 비해 훨씬 더 강하게 평등을 추구하고 있다고 보인다.

문제는 담헌이 균전제에 대해 극히 간단히 기술하고 있을 뿐, 그 세부에 대해 말하고 있지 않다는 점이다. 유형원이나 정약용의 토지개혁론이 보여주는 세밀함과 비교할 때 담헌의 그것은 너무도 추솔해 보인다. 이 점이 담헌 토지개혁론의 한계다. 어쩌면 그는 절목節目을 자세히 서술하는 데 관심을 두기보다는 개혁의 원리적 방향 내지 강령을 제시하는 데 관심을 둔 것일지도 모른다.

다음으로, 신분제에 대한 입장을 비교해 보기로 한다. 먼저, 사족을 어떻게 인식했는가부터 보자.

유형원과 이익은 문벌 세족의 특권이 야기하는 문제를 심각하게 거론하기는 했지만 그럼에도 사족 신분의 세습을 철폐해야 한다는 주

---

256 『임하경륜』, 438~439면.

장을 하지는 않았다. 물론, 이익은 사농합일士農合一을 주장하여 사士와 농민 간의 신분적 이동을 정당화함으로써 당시의 신분제에 유연성을 부여하고자 했지만, 그렇다고 해서 사족 신분의 세습 자체에 반대를 표명한 것은 아니었다. 정제두는 사족은 기본적으로 관직을 가진 양반에 한정되고 그 신분이 세습되어서는 안 된다고 했으며, 관직이 없는 사족, 즉 놀고먹는 사족은 농민이 되어야 한다고 했다. 유수원은 사士를 관리나 국립학교 학생을 총칭하는 말로 규정하고 있으며, 그 신분이 세습되지 않는다고 했다. 사를 협소하게 한정짓고, 그 신분 세습을 부정한 점에서 정제두와 유수원은 입장이 통한다. 박지원·박제가·정약용은 사의 신분 세습을 부정하지 않은 점에서는 서로 같다. 다만, 박지원은 사의 직분과 책무를 표나게 강조하기는 했으나 벌열층=문벌 세족의 문제나 유식 양반의 문제에 대해서는 거론하지 않았으며, 박제가는 놀고먹는 사족을 상인으로 전환시켜야 한다는 인식을 갖고 있었고, 정약용은 젊은 시절에는 놀고먹는 사족을 농민으로 전환시켜야 한다는 인식을 보여주지만 만년에는 사족과 민民의 신분적 분한分限을 강조하였다.

그러므로, 사족의 신분적 세습의 부정이라는 면에서 정제두, 유수원, 담헌은 서로 입장이 같다고 말할 수 있다. 다만, 정제두는 관직이 없는 사족은 농민이 되어야 한다고 생각했고, 유수원은 사의 자제는 그 개인의 자질과 능력에 따라 사가 될 수도 있고 농農이나 공工이나 상商이 될 수도 있다고 보았는데, 담헌의 입장은 이 중 유수원의 견해와 통한다. 즉, 사士라는 직분職分의, 나아가 농·공·상이라는 직분의 세습을 부정하고 당자當者의 능력과 자질에 따라 직업이 택해져야 한다고 본 점에서 양인은 완전히 일치한다. 이는 조선 후기에 제기된 신분제에 관한 주장 중 가장 래디컬하고 선진적인 것이라 할 만하다.

담헌은 비록 『임하경륜』에서 문벌 세족이 야기한 사회적·정치적 폐단에 대하여 일언반구도 하고 있지 않지만, 기성의 신분제를 해체하고자 하는 그의 입장이 기실 문벌 세족의 세습적 특권에 대한 반대와 사족/양민의 선천적 차별에 대한 반대에서 기인함은 말할 나위도 없다.

노비에 대해서는 어떻게 인식했던가? 유형원은 공사公私 노비가 중국처럼 본인 1대一代에 한해 노비 노릇을 하고 신분이 세습되지 않게 하는 것이 옳다고 봤지만, 사대부의 입장을 고려할 때 지금 당장은 그렇게 하기 어렵다고 했다. 정제두는 유형원의 견해를 계승해, 공사 노비 모두 그 1대에 한해 노비 노릇을 하게 하고 세습을 시켜서는 안 된다고 했다. 하지만 노비 신분의 세습은 반대했으나 노비제 자체의 폐지를 주장한 것은 아니다. 이익은 노비제의 모순과 비인도성을 인식하고는 있었지만 그 철폐를 주장하지는 않았다. 유수원의 신분제 개혁 구상은 어디까지나 사와 양인에 국한되는 것이며, 노비는 해당되지 않는다. 즉 그의 사고 속에서 노비제는 의연히 관철된다. 박지원은 시대적 요청에 따라 시노비寺奴婢의 혁파를 주장했다. 하지만 사노비私奴婢에 대해서는 언급하지 않은 점으로 보아 노비제의 전면적 폐지를 생각한 것이라고 말하기는 어렵다. 박제가는 노비제에 관해 특별한 의견을 개진한 적이 없었던 것으로 보아 별 문제의식이 없었던 게 아닌가 생각된다. 정약용은 젊은 시절에도 노비제에 대해서는 별다른 이의를 제기하지 않았지만, 만년에는 사족의 입장을 대변해 노비제를 견지해야 함을 표명하였다.

담헌의 『임하경륜』에는 노비제에 대한 특별한 언급이 보이지 않아 그가 이 문제를 어떻게 생각했는지 단언하기는 어렵다. 하지만 담헌의 다음 말을 통해 이 문제에 대한 약간의 추론을 감행할 수 있다.

재능과 학식이 있다면 비록 농부나 상인의 자식이 의정부議政府의 벼슬을 하더라도 참람僭濫할 것이 없고, 재능과 학식이 없다면 비록 공경公卿의 자식이 **하인이 된다 하더라도** 한탄할 것이 없다.[257]

비록 가정문이지만 공경의 자제가 하인이 되는 경우를 상정하고 있다. 그리고 이는 농부나 상인의 자제가 의정부의 벼슬을 하는 경우와 대비되고 있다. '의정부의 벼슬'이란 영의정이나 좌·우의정, 좌·우찬성, 좌·우참찬 등을 가리킨다. 모두 정2품 이상의 고관 대신이다. 담헌은 농부나 상인의 자제라도 그 능력만 된다면 직급의 제한 없이 최고위직까지도 오를 수 있음을 강조하고 있다. 그리고 그 대척점에, 공경의 자제라 할지라도 재주와 학식이 없으면 남의 하인이 되는 경우를 상정하고 있다. 요컨대 자질과 능력에 따라 고관이 되거나 하인이 되거나 하는 것이지 혈통이나 출신은 하등 중요하지 않다는 말이다.

주목해야 할 것은, "농부나 상인의 자식이 의정부의 벼슬을 하더라도 참람할 것이 없"다는 말이 단순한 수사가 아니듯, "비록 공경의 **자식이 하인이 된다 하더라도** 한탄할 것이 없"다는 말 역시 단지 수사로만 보이지 않는다는 사실이다. 만일 이런 추정이 타당하다면, 담헌은 이론상 공경의 자제가 하인이 될 수도 있음을 인정한 것이라 보아야 할 것이다. 여기서 두 가지 사실이 확인된다. 하나는, 담헌이 노비의 존재를 부정하고 있지 않다는 사실이고, 다른 하나는 노비의 세습이 부정되고 있다는 사실이다. 노비의 세습이 부정되고 있음은, 공경의 자제가 노비가 될 수 있다는 사실로부터 도출된다. 담헌이 공경가家의 후손이 영구히 노비가 되어야 한다고 생각했을 것으로 판단되지는 않는다. 담헌은 공경의 자제가 비록 재주와 학식이 없어 노비가 될 수

---

257 위의 책, 434면.

밖에 없다 할지라도 만일 그의 자제(즉 공경의 손자)가 다행히 재주와 학식이 있다면 다시 사가 될 수 있을 것이고, 학식이 부족하더라도 농민이 될 수는 있을 것이며, 특별히 이재理財에 밝으면 상인이 될 수 있고, 손재간이 있다면 공인工人이 될 수 있을 것이라고 생각했을 터이다.[258] 상기 인용문은 비록 문면에 이런 말은 없지만 이런 뜻을 보충하여 읽을 수 있지 않을까 생각한다.

필자의 이 추론이 옳다면 담헌은 비록 노비제 자체를 부정한 데까지는 이르지 못했다 할지라도 노비의 세습을 부정했으며, 노비의 자제도 사나 양민의 자제와 다름없이 어떤 차별도 없이 그 능력에 따라 직을 택하는 그런 사회 시스템을 구상했다고 말할 수 있다. 이렇게 본다면, 노비 문제에 관한 한 담헌과 정제두는 입장이 통한다. 하지만 정제두는 사/양천良賤의 자제들에게 어떤 차별도 없이 평등한 기회를 부여해야 한다고 생각지는 않았다는 점에서 기회의 완전한 평등을 주장한 담헌과는 차이가 있다. 한편, 유수원은 사/양인良人의 자제들에게 어떤 차별도 없이 평등한 기회를 부여해야 한다고 생각한바 이 점에서는 담헌과 통하지만, 천인=노비는 거기에 포함되지 않으며 엄격히 차별하는 것이 마땅하다고 생각했다는 점에서는 담헌과 차이가 있다. 이렇게 본다면 신분제 개혁의 정도에 있어 담헌은 사상적으로 정제두나 유수원보다 좀더 왼쪽에 위치한다고 말할 수 있을 것이다. 달리 말해, 적어도 신분제에 관한 한 담헌의 사유가 그 어떤 조선 후기 학인의 사유보다 평등 지향성이 높다고 말할 수 있다.

---

258 『林下經綸』, 『湛軒書』, 內集 권4, 한국문집총간 제248책, 85면의 "面中之敎, 其志高而才多者, 升之於上而用於朝, 其質鈍而庸鄙者, 歸之於下而用於野, 其巧思而敏手者, 歸之於工, 其通利而好貨者, 歸之於賈, 問其好謀而有勇者, 歸之於武"라는 말 참조.

사회적 평등에 대한 관심 정도는 신분제에 대한 인식 태도에서만이 아니라 인재 등용과 교육 문제에 대한 견해를 통해서도 확인된다.

유형원은 과거제 대신 공거제貢擧制를 실시해야 한다고 주장했다. 이 경우 공거제는 그가 구상한 교육제도와 긴밀한 연관을 맺고 있다. 그는 초등교육→중등교육→대학교육으로 요약되는 단계별 교육을 거론하고 있는데, 이 중 초등교육은 중등교육이나 대학교육과 달리 관의 주도가 아니라 향당鄕黨의 자율적 노력에 의해 이루어진다. 일단 초등교육은 국가의 직접적 관할 밖에 둔 것이다. 초등교육에서는 사의 자제와 일반 백성의 자제가 다 함께 교육받지만, 중등교육부터는 공인工人과 상인의 자제, 시정인市井人의 자제, 공사公私 노비의 자제는 배제된다. 따라서 국립학교 입학은 사와 농민의 자제에게만 허용되는 셈이다. 그렇다고 해서 유형원이 사와 농민의 자제들에게 교육과 인재 등용의 기회가 균등하게 주어져야 한다고 생각한 것도 아니다. 그는 사족의 자제에게 더 많은 기회가 주어져야 마땅하며 농민의 자제에게는 제한된 수준에서 기회가 주어지는 것으로 충분하다고 보았다. 기회의 평등이 아니라 기회의 차별이 전제되고 있다 하겠다. 그가 세족世族에게 '음'蔭의 특권을 인정해야 한다고 본 것도 이와 관련된다.

정제두 역시 과거제도를 반대하고 공거제를 주장하였다. 그는 향숙鄕塾 · 주교州校 · 국학의 3단계 교육제도를 구상한바, 이 점은 유형원과 비슷하다. 그는 농민의 자제는 향숙에서만 가르치고 주교 이상에는 입학하지 못하게 해야 한다고 했다. 농민은 그나마 사정이 나은 편이다. 상인 · 공인 · 천인의 자제는 향숙에서도 배제된 것으로 보이기 때문이다.

이익은 과거제가 비록 문제가 많지만 고쳐서 쓰도록 하고, 공거제를 겸행兼行해야 한다는 생각을 갖고 있었다. 그는 과거 응시자의 귀천을 따지지 말자는 제안을 했으며, 심지어 노비들도 소과小科나 문·무과에 응시할 수 있게 해야 한다고 했다. 또한 농민들 중 뛰어난 자를 관리로 임용해야 한다고 했으며, 서얼과 중인에 대한 차별, 서북 3도민에 대한 지역적 차별에 반대하였다.

유수원은 과거제와 공거제와 음서제蔭敍制, 이 셋이 모두 필요하다고 보았다. 그는 국가에 의해 운영되는 국립학교에는 공경公卿이나 농·공·상의 자제를 가리지 말고 모두 시험을 보여 입학시켜야 한다고 했다. 기회의 평등을 주장한 것이다. 사의 자제라 할지라도 실력이 부족해 국립학교에 입학하지 못했거나 또 설사 입학했다 하더라도 공부에 성취가 없어 탈락한 자는 농·공·상 가운데서 생업을 택해야 한다고 했다. 다만, 천민은 교육에서 배제되었다.

박지원은 인재 등용 방식이나 학교제도에 관해 별다른 언급이 없지만, 서얼에 대해서는 허통許通을 주장하였다. 박제가는 당대의 과거제를 신랄하게 비판하면서 문벌이 아니라 능력을 보고 인재를 등용해야 하며, 비록 천한 사람이라 할지라도 한 가지 기예가 있으면 차별하지 말고 천거하여 벼슬하게 해야 한다고 했지만, 과거제의 폐지를 주장하지는 않았다. 그는 또한 서얼 차별의 부당성에 대해서도 지적하였다.

정약용은 젊은 시절과 만년의 입장에 상당한 차이가 있다. 젊은 시절, 그는 소민, 중인, 서북관西北關을 비롯한 소외된 지역의 사람, 서얼 등에 대한 사회적 차별에 반대했으며, 이들 중 뛰어난 자를 기용해야 한다고 했다. 하지만 만년에는 '귀족=사족'과 '천족賤族=양민'의 등위等位를 엄정하게 구분해야 하며, 인재 등용의 첫 단계라 할 선사選士의 과정에서도 귀족을 많이 뽑고 천족을 적게 뽑는 것이 마땅한 이치라고 했다. 음직蔭職과 관련해서도 서울의 세족 집안 자제들을 적극 옹호하였다. 그는 농민 가운데 유능한 자를 하급 관리로 기용해야 할 것이라는 주장을 펼친[259] 점에서는 성호 이익과 통하나, 노비에게 발신發身의 기회를 주어야 한다고 생각하지는 않았다는 점에서는 이익과 다르다.

유형원, 정제두는 과거제를 폐지하고 공거제를 실시해야 한다고 주장한 점에서 담헌과 통한다. 또한 이 두 사람은 공거제를 학교제도와 긴밀히 묶어 사유했는데, 이 점 역시 담헌과 통한다. 하지만 유형원이 초등교육은 사와 일반 백성의 자제가 다 함께 받되 중등교육은 사와 농민의 자제만이(단 농민의 자제는 사의 자제와 달리 제한된 범위 내에서) 받을 수 있으며 상인·공인·시정인·노비의 자제는 배제되어야 한다고 생각했고, 정제두가 초등교육은 사와 농민의 자제가 함께 받되(상인·공인·천인의 자제는 배제된다) 중등교육부터는 사의 자제만이 받게 해야 한다고 생각했던 데 반해, 담헌은 8세 이상의 아동은 모두 면面에 설립된 학교에서 교육을 받게 하고, 이 중 우수한 자는 선발하여 상급의 중등학교로 보내며, 중등학교의 학생 중 우수한 자는 선발하여 태학에 입학시켜야 한다고 생각한 점에서 차이가 있다. 담헌은, 비록 자세한 언급은 하고 있지 않지만, 면面에서의 교육 대상에 사의 자제와 농·공·상의 자제는 물론이고 노비의 자제까지도 포함되어야 한다고 생각하지 않았을까 추정된다. 왜냐면 앞에서 언급했듯 담헌은 노비의 신분 세습을 부정하는 입장이었던 만큼 노비의 자제는 사농공상의 그 어느 것으로도 될 수 있는 길이 열려 있었음으로써다. 그러므로 재주와 학식이 없어 불행하게도 노비가 된 공경의 자제는, 적어도 그의 자식만큼은 면의 학교에서 열심히 공부해 능력을 인정받아 다시 사가 될 수도 있을 터이다.

---

259 「勸農」, '戶典六條', 『牧民心書』 권7, 『여유당전서』 제5집 제22권, 『與猶堂全書』 5, 447면 참조.

담헌이 구상한 교육 체계 내에서 면 소재의 초등학교는 향당鄕黨에 의해 자율적으로 운영되는 것이 아니라 국가가 설치한 국립학교라는 점에서 유형원이 구상한 초등학교와는 성격을 달리한다. 한편, 정제두는 초등교육 기관으로 향숙鄕塾을 거론하고 있지만, 그 설립과 운영의 주체가 불분명하다. 아마도 유형원의 경우와 마찬가지로 향당에서 자율적으로 운영되는 것으로 구상되지 않았을까 짐작된다. 당시 조선의 향촌에는 그런 종류의 향숙들이 적잖이 있었다. 유형원이나 정제두의 구상에는 이런 현실이 반영되어 있는 것으로 생각된다. 이렇게 본다면, 담헌이 이들과 달리 국가에 의해 운영되는 초등학교를 구상한 것은, 신분적 차별의 철폐를 전제로 아동에 대한 의무교육을 강력하게 실시하기 위한 방책이라 여겨진다.[260] 담헌이 기회의 평등을 얼마나 철저히 추구했는지가 잘 드러나는 지점이다. 앞에서 지적했듯 유수원은 사농공상의 신분 세습을 부정했다는 점에서는 담헌과 통하지만, 노비의 자제를 학교 교육의 대상에서 배제시켰다는 점에서는 담헌과 다르다. 정약용 역시 노비의 자제는 교육의 대상에서 배제했을 뿐 아니라, 양민보다 사족에게 더 많은 기회를 주어야 마땅하다고 생각한 점에서 기회의 평등이 아니라 기회의 차등을 정당화했다는 지적을 면하기 어렵다. 이처럼 평등의 추구에 관한 한 담헌은 그 어떤 조선 후기 학인보다 철저한 문제의식을 지녔다고 말할 수 있다. 이는 그의 사상이 여타의 학인들과 달리 차등애가 아니라 '범애'에 기초해 있었던 것과 깊은 관련이 있다.

그런데 문제는, 누구를 학교에서 교육하고 누구를 학교 교육에서

---

260 이런 점에서 담헌은 유형원의 교육론과 평등에 대한 지향을 비판적으로 계승하면서 더욱 발전시키고 있다고 할 만하다.

배제하는가 하는 것이 단순한 교육의 차원에 그치는 것이 아니라 인재 등용 및 사회적 직분職分의 선택과 직결된다는 점에 있다. 담헌의 구상에서 학교 교육의 기회 균등은 사농공상이라는 사회적 직분 선택의 기회 균등과 맞닿아 있음이 주목된다. 7인의 학인 가운데서는, 비록 담헌만큼은 아니라 할지라도 유수원과 이익이 이런 기회의 균등을 중시하는 입장을 견지한 것으로 보인다. 다만, 이익은 인재 등용에 있어서의 기회 균등을 강조하면서도 그것을 학교 교육과 연결해 사유하지는 못했다.[261]

담헌이 『임하경륜』에서 음직蔭職에 대해 일체 언급하지 않은 것도 단순한 우연은 아니다. 그는 사의 세습을 부정했으므로, 세족의 특권인 음직을 허용하지 않음이 자연스런 귀결이다. 그러니 인재 등용 방식에서 음서蔭敍는 배제하고, 개인의 능력과 자질만을 관리 기용의 기준으로 삼았다. 이 점에서, 음직을 적극 허용한 유형원이나 정약용과의 차이가 음미될 필요가 있다.

7인의 학인 중에는 서얼에 대한 차별에 반대한 이들이 적지 않다. 하지만 『임하경륜』에는 서얼에 대한 언급이 전연 보이지 않는다. 담헌이 서얼에 대한 차별을 인정해서일까? 담헌의 사상 체계 전반을 고려할 때 그렇게는 생각되지 않는다. 담헌은 노비까지 포함하여 신분의 세습을 전면 부정했으므로 서얼의 자제 역시 그 출신과는 상관없이 평등한 교육의 기회와 발신發身의 기회를 가질 것은 당연하다. 그것은 담

---

261 이 점에서 담헌은 성호 이익의 애민적·평등적 지향을 더욱 전면적으로 발전시켰다고 할 만하다. 흔히 이익의 실학을 정약용이 계승·발전시켰다고 말하지만, '평등의 문제의식'이라는 측면에서 본다면 정약용(특히 만년의 정약용)은 이익보다 후퇴한 감이 없지 않다. 오히려 이익의 그런 문제의식을 계승하되 그것을 더욱 과감하게 확대·발전시킨 인물은 담헌이라고 해야 할 것이다.

헌의 사유 맥락의 논리적 귀결이다.

7인의 학인들은 그 정도의 차이는 있으나 거개 사회적 차별에 대한 반대와 다소간의 평등의 감수성을 보여주고 있다. 특히, 이익이 지역적 차별에 반대하여 인재 등용에서 지역할당제를 거론한 것이라든가, 정제두가 국가가 나서서 독거노인, 고아, 병자, 빈궁한 자 등 사회적 약자를 보살펴야 한다고 한 것은 아주 돋보이는 주장으로서, 담헌이 미처 사유하지 못했던 영역이다. 또한 학인들 중에는 사유의 치밀성이라든가 세밀함에 있어 담헌을 훨씬 능가하는 이도 없지 않다. 유형원, 이익, 유수원, 정약용 같은 학자가 그러하다.[262] 그렇기는 하나, 담헌만큼 사회적 차별과 신분 세습의 특권에 반대하면서 평등의 문제를 철저하게 숙고한 사람은 달리 없다. 또한 '원리적'으로, 그리고 '근본적'으로 체제의 변혁을 시도하면서 기존의 패러다임을 깨고 새로운 사회의 틀을 구축하고자 한 사람으로 담헌을 능가하는 이는 발견하기 어렵다. 그러므로, 담헌이 **적어도 이 점에서** 조선 후기 사상사의 최고봉에 있다는 평가를 내리는 데 인색할 필요는 없다고 생각한다.

---

262 일찍이 정인보는 "此(담헌—인용자)視茶山, 猶遜其閎而精"(「湛軒書目錄序」, 『薝園文錄』(上), 『薝園 鄭寅普全集』 5, 389~390면)이라고 하여, 굉대(閎大)함과 정세(精細)함이라는 면에서 담헌은 다산만 못하다고 본 바 있다.

제6장

비평적 전망

여기서는 앞에서의 서술을 바탕으로 담헌 사회사상의 성격, 특질, 의의, 한계를 좀더 포괄적으로 점검하면서 거시적인 각도에서 논의의 일반화를 꾀해 보기로 한다. 덧붙여, 담헌의 사회사상이 현재적으로 어떤 의미를 갖는지에 대해서도 반추해 보고 싶다.

　조선 후기 학인 가운데 신분의 세습을 부정한 사람은 유수원과 담헌, 단 두 사람밖에 없다. 다만 유수원의 경우 노비는 예외였지만, 담헌은 노비도 예외로 두지 않았다. 여기서 이런 물음을 하나 묻지 않으면 안 된다: 그렇다면 담헌은 사족의 특권을 인정하지 않은 것인가?

　그가 사족 **자제의** 특권을 인정하지 않은 점은 분명하다. 사족의 자제건 농민, 공인, 상인, 노비의 자제건 사회적으로 동일한 출발선 위에 선다고 보았음으로써. 이처럼 혈통과 신분이 아니라 개인의 능력과 자질을 중시했다는 점은 근대적 인간관에 접근해 있는 것으로 보인다. 하지만 담헌이 **현재 사족인 자**[1]에게까지 사회적 특권을 인정하지 않았다고 보기는 어렵다. 담헌은 비록 이 점에 대해 명시적인 언급은 하고

1　유수원과 마찬가지로 담헌 역시 벼슬아치(=대부)와 중등 및 고등 국립학교의 학생을 합쳐서 사족으로 파악하지 않았을까 생각된다.

있지 않으나, "뜻이 높고 재주가 많은 자는 위로 올려 조정에서 쓰도록 하고, 자질이 둔하고 용렬한 자는 아래로 돌려 야野에서 쓰도록 한다"[2]라고 말하고 있음으로 보아, 사족과 비非사족 간에 가치의 우열을 두고 있음이 분명하다. 즉 사족은 우등한 인간이고 비사족은 우등하지 않은 인간이라는 인식이 작동하고 있는 것으로 여겨진다. 이런 인식은 필경 어떤 식으로든 사족에 대한 사회적 특권을 인정하는 결과를 낳을 터이다. 가령, 군역軍役을 지게 하지 않는다든가 비사족보다 사회적 등위等位가 우월하다는 점을 인정한다든가 하는 것이 그런 것일 터이다. 요컨대 담헌의 사유 내에서 사족은 사회적 특권이 인정되는 치자治者 계급이고, 비사족은 사회적 특권이 인정되지 않는 피치자被治者 계급으로 상정되고 있는 것으로 봄이 옳을 것이다.

이렇게 본다면, 담헌은 신분의 세습을 부정했다는 점에서는 신분제를 부정한 것이 되지만, 사족과 비사족의 사회적 등위를 구분했으며, 지금 사족인 자에게 주어지는 사회적 특권의 철폐까지 구상한 것은 아니라는 점에서는 신분제의 완전한 부정에 이른 것은 아니라고 말할 수 있다. 담헌의 사유 내에서 사농공상은 누구도 놀고먹지 않고 일을 하게 되어 있다는 점에서 직분職分 내지 사회적으로 분업화된 직업으로서의 의미를 갖지만, 그럼에도 사士의 특권이 부정되고 있는 것은 아니라는 점에서 신분제적 연관이 완전히 청산된 것은 아니라고 봐야하지 않을까 한다.

다른 학인들은 담헌과 달리 학교 교육에서든 관리 등용에서든 대체로 다소간 사족 자제를 편드는 면모를 보여준다. 담헌은 이런 면모를 일체 보여주지 않으며, 일관되게 개인의 능력과 자질에 따라 직분

---

2 『임하경륜』, 433면.

이 결정되어야 한다는 입장을 취하고 있다. 이처럼 특권의 세습을 철저히 부정한 채 기회의 평등을 강조하고 있다는 점에서 그는, 비록 신분제의 완전한 철폐까지는 아니라 하더라도, 신분제를 그 중심에서부터 해체하고 있다고 할 것이다. 이 지점에서 신분제에 관한 담헌의 개혁 구상이 갖는 의의와 한계를 읽을 수 있다.

담헌은 사상의 자유에 대한 옹호에서건, 화이론에 대한 부정에서건, 평등에 대한 문제의식에서건, 조선 후기 사상사에서 최고의 의식 형태를 보여준다. 비단 조선 후기 사상사에서만이 아니라 근세 동아시아 사상사의 지형 속에서 보더라도 그만한 높이의 의식에 도달한 사상가는 유례를 찾기 어렵다. 사상가로서 담헌의 남다른 점은 어떤 권위에 기대지 않은 채 자유롭고 활달하게 사유행위를 전개해 나간 데 있다. 그리하여, 주자학에서 출발했지만 주자학을 탈피하고, 고경古經을 참조하기는 하되 고경에 구애되지는 않으며, 중국을 경험하면서 무언가를 배우되 거기에 압도되지는 않고, 서학西學을 공부하되 무조건 그것을 묵수하면서 진리로 간주하지는 않으며, 장자와 묵자의 생각을 원용하기는 하되 그에 갇히지는 않으면서, 씩씩하고 주체적으로 자신의 사상을 정립해 나간 점이 돋보인다. 담헌의 사상가로서의 기백과 창의성은 바로 여기서 유래할 터이다. 그는 어떤 기존의 틀 속에 자신을 구속하지 않고 늘 그것을 부수면서 새로운 인식의 틀을 만들어 나간 것으로 보인다. 그의 이런 사유행위과 학문행위는, 고경古經을 재해석하고 이를 현실에 적용하는 데 후반의 생을 다 바쳤던 정약용의 그것과 좋은 대조가 된다. 정약용은, 비록 그의 학문적 헌신에 대해서야 크나큰 경의를 품지 않을 수 없지만, 그가 특정 권위에 지나치게 기댐으로써 고경이 이상화하고 있는 중국 고대의 봉건사회에서 벗어나 활달한 상상력으로 인간과 세계에 대한 새로운 상像을 창조적으로 모색하지 못한 면이 있음을 인정하지 않을 수 없다. 적어도 구舊질서와

구舊세계를 벗어나 새로운 세계에 대한 패러다임을 정초했는가의 여부에 있어 양인은 의미심장한 차이를 보여준다 할 것이다. 정약용은 비록 구체적인 현실 문제와 관련해 구체적인 개혁 방안을 제시한 미덕이 있기는 하나, 사회사상에 있어 획기적인 새로운 이론, 새로운 틀을 제시하지는 못했다. 이와 달리 담헌은 비록 구체적인 현실 문제와 관련해 세밀한 개혁의 청사진을 제시하지는 못했지만, 이론적으로 그 누구도 감행하지 않은 사고를 함으로써 전연 새로운 패러다임을 정초해 냈다. 여기서 담헌 사유행위의 의의와 한계를 읽을 수 있다.

담헌이 균전제를 통해 인민의 균산均産, 즉 경제적 평등을 기하려고 했음은 이미 지적한 바 있다. 이와 함께 그는, 비록 극히 초보적인 것으로 보이기는 하지만, 인민의 정치 참여에 대해서도 언급하고 있다. 즉, 간관제諫官制의 혁파를 주장하면서 직업 관료만이 간언諫言을 할 것이 아니라, 저 전야田野의 농민도 그 맡은 일과 관련해 할 말이 있으면 반드시 아뢰도록 해야 한다고 한 것이 그것이다.[3] '농민' 하나를 지칭했지만, 실은 농공상을 포함한 민民 전체를 가리킨다고 보아 좋을 것이다. 그렇다고 한다면 담헌은 민民의 언로言路를 열어 줌으로써 그들에게 최소한의 참정권을 허용해야 한다고 생각한 것이 아닐까. 조선 후기 학인 중에는 정제두가 이 비슷한 생각을 개진한 바 있다.[4] 이익은 비록 간관제를 개혁하여(철폐해야 한다고 주장하지는 않았다) 언로를 확대해야 할 것이라는 주장을 펼치기는 했으나, 농민을 위시한 민民에게까지 언로를 개방해야 한다고는 하지 않았다.[5]

---

3 위의 책, 431면.
4 본서의 308면 참조.
5 이익, 「論諫官」, 『星湖集』 권30, 『星湖全書』 1.

'북학론', 특히 북학파의 북학론은 기본적으로 그 내핵에 중화와 조선의 관계를 우열(나아가 상하)의 관계로 파악하는 인식론적·문명론적 전제를 담지한다. 그것은 특히 박제가의 담론에서 잘 드러나듯 사대주의 내지 모화주의를 그 기저에 깔고 있다는 점에서, 비록 현실 인식이나 경세론으로서의 적잖은 의의에도 불구하고 이론적으로는 취약점이 없지 않으며, 이는 장차 극복되어야 할 과제였다. 종래 담헌은 언필칭 북학파의 일원으로 거론되었다. 하지만 본서의 논의를 통해 알 수 있듯, 담헌의 사상은 북학론으로 잘 설명되지도 않거니와 북학론이라는 담론틀 속에 온전히 담아지지 않는다. 오히려 담헌의 사상은 여러 부면에서 북학론과 상충되며, 또한 북학론의 어떤 계기를 지양止揚하는 면모를 지닌다. 무엇보다도 담헌은 중국과 조선의 관계를 인식론적으로든 문명론적으로든 우열과 상하의 관계로 보지 않았으며, 상호 대등한 관계로 보았다. 즉, 조선은 중국에 종속된 주체나 그 하위 주체가 아니라 중국과 상호 평등한 주체로 간주되었다. 그러므로 담헌의 경우 중국을 배우는 것, 청淸의 문물을 수용하는 것은 우열이나 상하의 관계에서가 아니라 주체적으로 대등한 관계에서 상대방의 장점과 미덕을 배우고 수용하는 행위가 된다. 바로 이 점이 북학론자들이 보여주는 청 문물 수용론의 인식론적 전제와 다른 점이다.

뿐만 아니라, 북학을 주창한 박지원·박제가가 기술技術의 이용을 통한 생산력의 증대에 관심을 집중했으며 신분제라든가 빈부 모순의 해소와 같은 의제, 즉 사회적 관계와 관련된 의제에 대해서는 큰 관심을 쏟지 않은 데 반해, 담헌은 비록 기술의 문제나 생산력의 문제를 도외시했다고 생각되지는 않지만 그보다는 훨씬 더 사회적 관계나 생산관계의 문제에 관심을 쏟고 있다는 차이를 보인다. 이 차이로부터, 구舊 질서와 제도에 다소의 수정을 가하되 기본적으로는 그 틀을 유지한 채 국부國富의 증진을 도모함을 목표로 삼는가, 아니면 구질서와 제도를 뒤엎고 그것을 대신하는 새로운 틀을 구성함으로써 제고提高된 사회적 평등의 기초 위에서 실현되는 전全사회적인 노동을 목표로 삼는가 하는 가치 지향상上의 중대한 상위相違가 초래된다. 전자가 평등보다는 효율과 공리功利를 더 중시한다면, 후자는, 비록 어디까지나 상대적인 지적이지만, 효율과 공리보다 평등을 더 의미 있는 것으로 간주한다.[6] 또한 전자가 생산과 소비의 확대에 큰 가치를 부여하면서(그래서 검소함이 꼭 미덕은 아니라고 여긴다) 그것을 통해 부국강병에 이를 수 있다고 보는 반면, 후자는 만민개로萬民皆勞, 즉 전 사회적으로 실현되는 노동을 통한 사회적 재부財富의 확대와 그것을 통한 부국강병에 관심을 기울이면서도 문명의 궁극적 가치를 소비의 미덕 쪽이 아니라 검소함에 두고 있다는 점에서 큰 차이를 보인다.

이처럼 양자 간에는, ①앙시엥 레짐에 대해 개량주의적인 자세를 취하는가 변혁주의적인 자세를 취하는가, ②사회적 차별과 빈부 모순

---

6 묵자가 혈연적 종법(宗法)과 차등적 신분에 기초하는 유교적 규범을 부정하고 개인의 능력과 자질을 중시하는 위에서 새로운 사회의 모델을 제시한 것은 사회적 생산력의 제고(提高)와 무관하지 않다. 이 점에서 그가 주장한 겸애는 공리와 연관되어 있다. 이와 비슷하게 담헌이 사회적·경제적 평등을 중시한 것이라든가, 가문이나 신분이 아니라 개인의 능력에 따라 사민(四民)의 업(業)이 결정되어야 한다고 생각한 것은, 보기에 따라서는 사회적 생산력을 높이기 위한 것, 다시 말해 공리에 대한 고려가 작동하고 있는 것으로 간주될 수 있다. 그렇다고 한다면, 북학파와 담헌은 단지 **공리 추구의 방법상** 차이가 있었던 것으로 해석될 수도 있을 터이다. 담헌 스스로도 진량(陳亮)의 학문에 대해 언급한 바 있는 데서 확인되듯(「어떤 사람에게 준 편지」, 『국역 담헌서』 I, 내집 권3, 358면), 담헌에게는 사공(事功)=공리에 대한 배려가 있었다. 이 점은 의문의 여지가 없다. 다만, 『의산문답』에 표명된 그의 존재론에서 알 수 있듯, 그는 단순히 공리를 제1의적인 것으로 주장한 것은 아니며, 존재의 '평등'이 공리에 앞서 자연법적 요청 내지 도덕적 당위로서 중시되고 있음을 보게 된다. 바로 이 점이 우리가 놓쳐서는 안 될 담헌과 북학파의 중대한 차이인 것이다.

의 용인 위에서 생산력의 증대를 도모하는가 아니면 사회적 차별의 철폐와 토지 재분배를 통한 균산均産의 실현 위에서 사회적 부를 확대해 가고자 하는가, ③풍요 속에서 마음껏 소비하는 인간의 삶이 문명적으로 높고 가치 있다고 인식하는가 아니면 사회적 재부는 노동의 가치와 검소함의 미덕 위에서 향유되어야 한다고 인식하는가와 관련된 사회사상과 문명론적 전망상上의 심중한 차이가 발견된다.

담헌은 북학파인 박지원·박제가와 친분이 두터웠다. 또 담헌에 의해 제기된 '청 왕조/중원 문물 분리론'이 북학론 논리구조의 토대가 된 것은 분명하다. 하지만 이 점이 담헌과 박지원·박제가를 하나의 사상 유파로 묶는 근거가 될 수는 없다. 문제는 양자가 펼친 사상의 성격이다. 과연 양자의 사상이 하나의 유파로 묶일 정도의 동질성을 갖는가? 담헌이 과연 북학론에 전제前提된 화이론과 북학론에 담지된 사회사상을 공유하고 있는가? 이 점이 문제의 핵심이다. 필자는 그리 보는 데 부정적이다. 그래서 담헌의 사회사상은 북학론의 발전 과정도 아니요, 북학론의 또 다른 면모도 아니며, 북학론의 다양성을 보여주는 것도 아니라고 생각한다. 그렇다면 어찌 생각해야 하는가.

담헌의 사회사상은 그냥 '담헌의 사회사상'으로 호칭됨이 옳지 않을까. 그의 사상은 너무도 독특하고, 래디컬하며, 원리적이고, 발본적拔本的이어서 도저히 어떤 사상 유파 속에 포섭시킬 수 없다고 생각된다. 그러므로 담헌의 사상은, '북학사상'이니 '북학파의 선구적 사상'이니 하면서 어떤 범주 속에 가두려 할 것이 아니라, 그냥 '담헌 사상'이라고 말하지 않으면 안 된다. 북학파나 북학론과 연관시키려고 하면 할수록 담헌 사상의 독특하고 창의적인 면모는 우리 시야에서 멀리 사라지게 된다. 그러니 통념과 편견을 버리고 있는 그대로 다시 보지 않으면 안 된다. 그래야 담헌의 진면목이 눈에 들어오게 된다.

조선 후기의 학인 중 신분 세습을 전면적으로 부정한 사람이 담헌과 유수원, 단 두 사람임은 방금 전에 말한 바 있다. 유수원은 『우서』라는 책을 통해 조선 사회에 대한 방대하고도 전면적인 개혁 구상을 펼쳐 보인 바 있다. 한편, 정약용은 실학의 집대성자로서, 조선 왕조에 대한 전반적인 개혁론을 제기한 인물로 알려져 있다. 이 세 사람은 비록 그 개성과 학문적 지향은 다르나 학자 내지 사상가로서 모두 1급에 속한다. 그러므로 담헌이 꿈꾼 세상과 유수원·정약용이 꿈꾼 세상을 여기서 잠시 서로 비교해 보는 것은 자못 흥미로운 일이라고 생각된다. 단 본서의 고찰 대상이 담헌의 만년 사상이니, 비교의 형평을 기하기 위해 정약용도 그 만년 사상에 초점을 맞춰 논의하기로 한다.

　　유수원은 어떤 사회를 꿈꾸었는가? 그가 꿈꾼 사회는, 사족의 신분적 세습이 철폐되고 사와 농공상의 자제에게 똑같은 기회가 부여되는 사회다. 사와 농공상의 자제는 비록 그 아버지가 어떤 신분, 어떤 지위에 있었던가에 상관없이 자신의 능력과 자질에 따라 평가되며, 이에 의거해 사가 되든가 농공상이 된다. 즉 개인의 능력에 따라 직분職分이 선택되며, 신분은 세습되지 않는다. 하지만 사와 농공상 간에는 등위의 차등이 있어, 사는 어디까지나 치자에 속하고 농공상은 피치자에 속한다. 노비의 신분은 의연히 세습된다.

　　지주전호제가 유지되기에 지주/소작농, 부농/빈농 간의 모순이 상재常在한다. 국가적으로 상업이 진흥되어, 부상대고富商大賈의 상업자본 축적이 활발하게 이루어지며, 이 때문에 중소상인, 특히 영세상인은 그 입지가 축소되고 부익부, 빈익빈의 현상이 심화된다. 그리하여 영세상인은 도태되든가 부상대고의 점원으로 일할 수밖에 없게 된다. 대상大商의 상업자본은 점점 자신을 확대해 가 중소자본을 빨아들여 그 자립성을 소멸시킨다. 장시場市도 사라진다. 그럼에도 국가는 부상대고를 계속 적극 지원한다. 그들로부터 안정된 세수稅收를 확보할 수 있음으로써다. 부상은 그들의 점증하는 경제력으로 인해 점점 힘이 커져 지방 사회에서 도로나 교량의 건설 등 사회 기간 시설의 확충을 국가를 대신해 수행한다. 토지 소유 관계에서든 자본 관계에 있어서건 강자와 부자가 옹호되고, 약자와 빈자는 충분히 배려되지 않는다. 균산均産, 즉 경제적 평등보다는 공리와 효율, 군국君國의 이익이 우선적으로 고려되기 때문이다.

정약용이 꿈꾼 사회는 어떠한가? 그가 꿈꾼 사회는, 기본적으로 신분적 질서가 강조되는 위에서 민民, 특히 농민에게 제한된 범위 내에서 말단 권력에로의 진입이 허용되는 사회다. 사족과 양민의 신분은 세습되고, 사족은 지배계급으로서 사회적 특권이 인정된다. 노비는 사족의 물질적·생활적 기초로서 정당화되고 존속된다. 이렇듯 기존의 신분제는 그 틀이 바뀌지도 않거니와, 그 틀의 수정이 그다지 기대되거나 희망되지도 않는다. 따라서 신분적 질서의 동요나 와해는 극히 위험시된다. 부국강병이 추구되지만 그것은 어디까지나 이런 질서의 유지를 전제로 한다.

경제적으로는 지주전호제가 철폐되고 소농 경제가 정착되지만 그렇다고 모든 농민에게 토지가 분급되는 것은 아니다. 유력有力하여 노동생산성을 담보할 수 있는 장정壯丁이 있는 호戶에만 토지가 분급된다. 그래야 생산력의 증대를 기할 수 있고, 사회적 부의 창출이 가능하며, 안정적 세수稅收 확보를 통해 국가의 재정이 넉넉해질 수 있기 때문이다. 그러므로 식솔은 여럿이더라도 유력한 장정이 없는 농호農戶는 경작을 통해 자력으로 살아가기 어렵다. 이처럼 평등보다 공리功利가 우선시되기에, 농민 내부에 빈부 격차가 야기되어 빈자貧者는 임금 노동자가 되거나 유리걸식하는 처지로 내몰리게 된다. 『주례』에 언급된 9직九職에 따른 사회적 분업이 강조되지만, 그 역시 신분 질서의 틀 속에서 이루어지는 것이기에 봉건적 테두리 안의 것이다. 위정자의 덕목과 헌신, 애민이 강조되고, 민에 대한 국가나 관리의 수탈과 착취는 완화되지만 그렇다고 해서 민民의 사회적 지위가 향상되거나 민이 하나의 주체로서 정치에 참여할 수 있는 것은 아니다.

그렇다면 담헌은 어떤 사회를 꿈꾸었는가? 담헌이 꿈꾼 사회는, 신분의 세습이 없고 개인의 능력과 자질에 따라 공정하게 직분을 택하게 되어 있는 사회다. 사와 농공상만이 아니라 노비도 그 신분이 세습되지 않는다. 그러므로 사, 농공상, 노비의 자제는 모두 그 부친의 신분이나 지위와 아무 상관없이 자신의 능력과 자질에 따라 사가 되든가 농공상이 된다. 고관대작의 자제라 하더라도 재능과 학식이 없으면 노비로 떨어질 수 있다. 양반 신분의 세습이 철폐되고, 혈통과 당파가 아니라 개인의 능력과 자질이 관리 임용의 기준이 되므로, 조선의 망국적 병폐인 당쟁黨爭이 사라지게 된다.

한편, 사족의 자제든, 농공상의 자제든, 노비의 자제든, 8세가 되면 모두 국가에서 운영하는 초등학교에 들어가 교육을 받게 된다. 교육 기회의 균등이 보장되는 것이다. 여기서 우수함을 인정받은 학생들은 국립의 중등학교로 진학하고, 나머지 학생들은 자신의 능력과 자질에 따라 농공상의 생업을 택하게 된다. 중등학교로 진학한 학생들 중 우수한 학생은 태학에 입학하고, 그중 덕행과 재주를 인정받은 일부 학생이 추천을 통해 관리로 임용된다. 신분은 세습되지 않지만 사와 농공상 간에는 등위의 차등이 있는바, 사는 치자이고 농공상은 피치자로 양자 간에는 지배/피지배 관계가 성립된다. 그렇기는 하나 민民은 군주에게 상소하여 자신의 문제나 사회적 문제를 진언進言할 수 있는 언로가 개방되어 있기에 극히 초보적인 수준이기는 하나 민에게도 정치 참여의 기회가 일부 제공된다.

경제적으로, 지주전호제는 완전히 철폐되며, 토지가 균분된다. 이러한 균산을 기초로 세금이 공정하게 부과되고, 병농일치가 실시된다. 국가의 입장과 인민의 입장은 둘 다 모두 중요하게 고려된다. 그리하여 국가를 위해 인민을 희생시키지 않으며, 어디까지나 인민의 균산, 인민의 경제적 평등의 기초 위에서 국가 재정의 내실을 기하려는 입장이 견지된다. 이 점에서 정약용과 유수원의 경제 정책과는 상당한 차이가 있다.

전 사회적으로 노동과 검소의 가치가 존중된다. 부유하다 할지라도 사치는 미덕으로 간주되지 않는다. 상하층의 그 누구도 놀고먹는 사람이 없으며, 사士는 사대로, 농農은 농대로, 공工은 공대로, 상商은 상대로, 일을 하지 않으면 안 된다. 심지어 장님이나 귀머거리 같은 장애인도 자신이 할 수 있는 일을 사회적으로 수행한다. 이처럼 상하는 모두 합심하여 힘써 일한다.

그러므로 기회의 평등과 경제적 평등은 만민개로萬民皆勞, 즉 전 인민의 정당한 노동을 전제로 하고 있으며, 그 점에서 제고提高된 사회적 생산력을 염두에 두고 있다. 각인各人은 자신의 노동을 통해 자신의 능력을 발휘함으로써 사회적 재부의 확충에 기여해야 한다. 이 점에서, 담헌은 유수원이나 정약용과는 다른 방식이긴 하지만, 넉넉하고 충실한 사회를 꿈꾸고 있다고 생각된다.

담헌은 보다 철저히 기존의 질서를 허물고 새로운 질서를 구축함으로써 좀더 공정한 사회를 만들고자 했으며, 평등이 담보되는 속에서, 그리고 노동과 검소의 가치가 관철되는 위에서, 부국강병을 추구했다는 점에서 그 가치 지향에 있어서건 사회사상적·문명론적 전망에 있어서건 유수원이나 정약용과는 상당한 차이를 보여준다 할 만하다.

이처럼 담헌이 꿈꾼 사회는 당대의 역사적·사상적 지형 속에서 조망할 때 사회적 평등의 실현이라는 면에서 대단히 선진적인 상像을 보여준다. 하지만 지금의 관점에서 본다면 중대한 약점을 안고 있다고 하지 않을 수 없다. 여성에 대한 고려가 부족하거나 결여되어 있음이 그것이다. 일례를 든다면 담헌은 『임하경륜』에서, 아내가 있는 남자에 한해 각각 2결씩의 전지를 분급하고, 남편이 죽으면 3년 후에 국가가 환수해 다른 사람에게 나눠준다고 했는데,[7] 가부장제적 사고를 여실히 보여준다고 할 만하다. 남편이 죽었다고 해서 전지를 환수하면 남은 아내와 가족은 어떻게 살아갈 것인가. 여성은 고려하지 않고 남성 중심으로 사고한 결과다. 이런 예는 교육과 관련해서도 들 수 있다. 담헌은 8세 이상의 아동에 대한 국가로부터의 의무교육을 강조했지만, 그가 말한 '아동' 속에 여아女兒는 포함되지 않는다고 생각된다. 18세기 중엽에 활동한 이인상李麟祥 같은 인물은, 비록 평생 보수적 견해를 견지했음에도 불구하고, 조선에서 여아가 제대로 교육을 받지 못하고 있는 현실을 개탄하면서 '여학'女學, 즉 여성에 대한 교육이 필요함을 지적한 바 있다.[8] 비록 반가班家 여성에 한정된 지적이기는 하나 이런 담론이 담헌 한 세대 위의 인물에게서 제기되고 있다는 사실은 범상히 보아 넘길 일이 아니다. 적어도 '여성 교육'이라는 측면만 갖고 본다면 담헌은 보수파 인물인 이인상의 사유에 미치지 못하고 있다고 할 만하다. 물론 담헌만이 아니라 조선 후기의 실학자 중 그 누구도 여성 교육에 대해 말한 사람이 없었기는 하나, 그 점을 고려한다고 해서 담헌의

---

7 『임하경륜』, 430면.

8 이인상, 「處女洪氏哀辭」, 『雷象觀文藁』 五(후손가 소장). 이 글에 대한 자세한 논의는 김수진, 「능호관 이인상 문학 연구」(서울대 박사학위논문, 2012), 182~183면이 참조된다.

한계가 덮어지는 것은 아니다.

그런데, 담헌이 꿈꾼 이런 사회가 근대에 얼마나 근접해 있는가, 혹은 근대사회를 기준으로 볼 때 거기에 어떤 한계가 있는가 물어야 한다고 생각하는 사람이 혹 있을지도 모른다. 실제로 담헌의 사상에 대한 종래의 연구는 대체로 그 점에 늘 관심을 기울여 왔다. 하지만 필자는, 그런 문제의식이 전연 소용 없는 것은 아니라 할지라도 그다지 의미가 없으며, 공연히 서구西歐의 역사를 가치 기준과 모델로 삼음으로써 선형적線形的·근대주의적 역사관에 함몰될 우려가 있다고 생각한다. 그래서 그런 문제의식 대신 여기서는 다만 담헌의 사회사상적 지향이, 그리고 담헌이 사상을 창조해 나간 방식과 태도가, 금일의 그리고 미래의 사회에 어떤 시사를 주는지에 대해 조금 생각해 봄으로써 이 책을 끝맺기로 한다.

인문학자이기만 한 것이 아니라 당대 최고의 자연과학자이기도 했던 담헌이 기술의 중요성이 아니라 전 사회적 노동의 중요성과 가치를 강조한 것은, 인간의 노동이 갖는 가치적·문명적 의미를 주목했기 때문일 터이다. 과학과 기술 개발, 효용과 능률이 인간을 물신화物神化시키면서 소외시키고 있는 작금의 세계 상황을 생각할 때, 담헌 사상의 이런 인소因素는 창조적으로 재음미될 필요가 있지 않을까 한다.

담헌에 있어 인간 노동의 중시는 사치의 배격과 검소함의 존중으로 이어진다. 자본주의는 검소함이 미덕이 아니며 소비가 미덕이라고 속살거린다. 하지만 그것은 자연의 파괴와 자원의 탐욕스런 낭비, 인간 욕망의 기괴한 팽창을 낳았다. 이런 점을 고려한다면 담헌의 이런 메시지는 결코 낡은 것이라고 생각되지 않으며, 오히려 현자賢者의 가르침처럼 여겨진다. 이 가르침은 문명론적 전망과 연관되며, 그 점에서 주목될 필요가 있다고 본다.

담헌은 '범애'에 입각지立脚地를 둠으로써 인간과 물物의 관계에 있어서건 한 국가와 다른 국가의 관계에 있어서건, 자기중심성을 부정하였으며, 이로부터 상대에 대한 존중과 주체와 타자의 공존을 도출해 냈다. 이는 한편에서는 생태주의적 견지에서, 다른 한편에서는 국제정치학적 견지에서 주목된다. 물物의 존중은 필경 인간 자신에 대한 존중을 낳으며 인간중심주의를 탈피해 인간과 자연의 공존에 이르게 하고, 국가간 관계에 있어 협애한 자기중심주의의 탈피는 서로를 주체로서 존중하면서 호혜互惠와 평화를 정초하는 토대가 되기 때문이다.

담헌의 사상에는 반전주의적 지향과 평화주의적 지향이 풍부하다. 그는 방어를 위한 무비武備는 긍정했지만, 어떤 이유에서도 침략 전쟁은 정당화될 수 없다고 보았다. 한 국가의 평화에는 내적 평화와 외적 평화가 있다. 외적 평화가 전쟁 상태의 부재를 뜻한다면, 내적 평화는 국가 내부의 사회적 평화 상태를 뜻한다. 그것은 곧 사회적·경제적으로 평등하고 정의로우며, 인권이 보장되고 자유로운가, 그리고 갈등과 모순이 제대로 중재되거나 해소되고 있는가 하는 것과 관련된다. 담헌 사상에는 외적 평화에 대한 추구는 물론이려니와 내적 평화를 증진시키고자 하는 면모 역시 강하다. 주목되는 것은, 담헌의 사유에서 내적 평화와 외적 평화는 모두 '평등'을 토대로 하고 있다는 사실이다. 그가 만들고자 한 나라는 평등에 기초한 사회였으며, 국제 관계 역시 상호 평등에 입각해 전개되어야 한다고 보았다. 범애와 평등에 기반한 담헌의 이런 심원한 평화주의 사상은 오늘날 더욱 요청되며, 더욱 빛을 발하는 게 아닌가 생각된다.

담헌이 사상을 만들어 간 방식 역시 주목을 요한다. 한편으로는 자기 시대의 핵심적 과제를 회피하지 않고 그에 정면으로 맞서 대결했으며, 금기나 성역을 뛰어넘어 자신의 논리와 사유를 그 극단에까지 밀고 나간 측면이 주목된다. 다른 한편으로는, 특정한 사상에 구애되지 않고 여러 사상을 '공관병수' 公觀倂受하면서 창조적·원리적으로 새로운 진리를 구성해 나간 면이 주목된다. 이런 기백, 이런 용기 있는 자세와 개방적이고 활달한 태도로써 그는 낡은 질서를 부수고 새로운 세계관을 만들어 낼 수 있었던 것이다.

비판성과 자율성, 용기와 기백을 잃어 버린 오늘날 이 땅의 학자와 지식인이 깊이 음미해야 할 대목이 아닐 수 없다.

부록

아사미 케이사이와 홍대용[*]
―중화적 화이론의 해체 양상과 그 의미

박희병

1

아사미 케이사이淺見絅齋는 1652년에 태어나 1711년에 세상을 떴다. 그가 주로 활동한 시기는 에도시대江戶時代의 전성기라 할 겐로쿠元祿(1688~1704) 전후였다. 홍대용은 1731년에 태어나 1783년에 세상을 하직했다. 활동한 시기는 소중화의식이 한껏 고조된 영조·정조 연간이었다.

생년을 기준으로 할 때 이 두 인물은 80년의 상거相距가 있다. 뿐만 아니라 아사미 케이사이는 무인 출신의 지식인이며, 홍대용은 문인 출신의 지식인이다. 아사미 케이사이는 늘 칼을 차고 다녔고, 홍대용은

---

[*] 이 글은 2002년 2월 1일 도쿄대 인문사회계 연구과(人文社會系研究科) 한국조선문화연구전공(韓國朝鮮文化研究專攻)에서 마련한 자리(장소는 혼고오本鄕 캠퍼스의 산죠오카이칸山上會館)에서 발표한 초고에 약간의 수정을 가하여 동년 6월 『대동문화연구』 제40집에 게재한 논문을 개수(改修)한 것이다. 이 논문에서는 아직 홍대용 사상이 묵자(그리고 장자)와 맺고 있는 관련이 해명되고 있지 못하며, '인물균'(人物均)의 기철학(氣哲學)과의 관련성만이 주목되고 있을 뿐이다. 비록 이런 한계가 있긴 하나, 홍대용이 시도한 화이론 부정의 의의와 맥락을 동아시아적 연관 속에서 음미하는 데 이 논문이 얼마간 도움이 된다고 보아 본서의 부록으로 수록하였다.

중국을 여행할 때에도 군자의 악기로 간주되어 온 거문고를 휴대하는 것을 잊지 않았다. 그러나 이러한 차이에도 불구하고 두 인물 간에는 흥미로운 유사점 또한 적지 않으니, 학문론이라든가 현실인식의 태도, 화이론 등에서 그 점을 확인할 수 있다.

본고에서는 두 인물이 보여주는 화이론에 대한 태도를 중심으로 논의를 전개하고자 한다. 논의의 순서는, 먼저 아사미 케이사이의 경우를 살펴보고, 이어서 홍대용을 살핀 다음, 그 결과를 토대로 둘을 비교해 보기로 한다. 우리는 '비교'가 유사성만이 아니라 차이에 대한 확인까지 포함하는 지적 탐사임을 잊지 않기로 하자. 끝으로, 비교 논의가 갖는 의미에 대한 약간의 비평적 전망을 덧붙이기로 한다.

2

2.1   화이론에 대한 아사미 케이사이의 입장을 명확하게 보여주는 최초의 자료는 『정헌유언강의』靖獻遺言講義 권7의 「처사유인」處士劉因이다. 이 글에서 케이사이는, 일본의 유학자들이 중국 책에서 일본을 이적夷狄이라 한 것을 보고는 몹시 분해 하거나 수치스러워하면서 자기가 이적의 땅에 태어난 데 대해 한탄하고 있음을 지적한 다음, 자신이 태어난 나라만큼 소중한 나라는 없는 법이라고 말하고 있다. 또한, 비록 당唐[1]의 성인聖人이 중국中國·이적夷狄이라는 말을 쓰기는 했지만 그것은 어디까지나 당의 입장에서 말한 것일 뿐이며, 만일 일본

---

1 여기서 '당'(唐)은 특정 왕조를 가리키는 말이 아니라, 가치 개념을 배제한 채 중토(中土 =China)를 가리키는 말이다. 그 점에서 가치 개념인 '중국'(中國)과는 성격을 달리한다.

의 성인이라면 일본을 '중국', 당을 '이적'이라고 했을 것이라고 말하고 있다. 케이사이는, 혹시 누가 이를 모순이라고 할지도 모르지만 실상 이것이야말로 '의리'라고 못 박고 있다. 케이사이는 일본의 유학자들이 바로 이 점을 잘 이해하지 못해 '대의'大義를 제대로 파악하지 못하고 있다고 본 것이다. 그리하여 다음과 같은 재미있는 비유를 들고 있다.

> 남에게도 어버이가 있고 나에게도 어버이가 있다. 남의 어버이의 머리는 때리더라도 내 어버이의 머리는 때리지 않으려고 하는 게 자식 된 자의 의리다. 저쪽 어버이의 자식 또한 각각 자기 어버이의 머리는 때리지 않으려고 생각한다. 이것이 모순된 듯하지만 여기에 의리는 서는 것이다. 그런데도 일본은 소국小國이라고 하니, 그렇다면 체구가 좋은 자의 어버이를 보고서 목전의 그보다 가벼운 체구의 어버이라면 도움이 되지 않는 친부親父라 하여 어디다 갖다 버릴 건가.[2]

그렇다면 한때 일본이 중국에 견당사遣唐使를 보내 조공을 바친 일은 어떻게 해석해야 할 것인가? 케이사이는, 우선 이 일은 일본이 그

---

2 「處士劉因」, 『靖獻遺言講義』 권7, 『淺見絅齋集』(近藤啓吾·金本正孝 編, 東京: 國書刊行會, 1995), 357면. 번역은 인용자의 것. 이하 동일함.
원문은 다음과 같다. "人ニモ親ガアリ我ニモ親ガアル。人ノ親ノ頭ハハラルルトモ、我親ノ頭ハハラレヌヤウニスルガ子タルモノノ義理ゾ。スグニ其アチノ親ト云親ノ子モ、又面面ニ我親ヲバハラセヌヤウニト思フゾ。是ガスレアフヤウナレドモ、ソレデ義理ハ立タモノゾ。ソレデモ日本ハ小國ヂヤト云、ソレナラバ身躰ノヨイモノ、親ヲ見テ、手前ノソレヨリ輕キ身躰ノ親ナラベ役ニ立ヌ親父ヨトテ、ドコヘゾ捨フカ。"

당시 대의大義를 분변치 못해 저지른 실수로 파악하고 있다. 케이사이에 의하면, 일본은 "천지개벽 이래 다른 나라의 그늘에 있었던 나라가 아니며, 신대神代 이래 정통에 조금의 분란도 없었던"[3] 나라다. 그렇건만, 중국 책을 읽어 친숙해지면 정처 없이 중국인처럼 되어 일본을 마치 여관처럼 생각하는 것, 이것이 고금의 제일 편벽된 일이라고 했다.

요컨대 케이사이는 고대의 중국 문헌에 제시된 이래 동아시아의 국제 질서를 위계적位階的으로 틀지어 온 중화적 화이론을 부정하고, 그것이 어디까지나 중국 측 입장에 따른 상대적인 것에 지나지 않으며, 일본은 일본 측 입장에서 중국·이적을 이해하는 것이 바로 대의의 핵심이라고 파악하고 있다. 다시 말해 일본 쪽에서 중국·이적을 규정할 경우, 일본이 중국이 되고 중국이 이적이 된다는 것이 이 글을 쓸 당시 케이사이의 기본 관점이었던 것이다.

이 글은 비록 짤막하지만 화이론에 대한 케이사이의 기본 논점을 잘 드러내고 있다. 그렇기는 하나, 케이사이의 주장을 뒷받침하는 논리적 근거가 그렇게 튼실하다고는 보이지 않는다. 대체로 케이사이가 제시한 논거는, (1)자기가 태어난 나라가 그 무엇보다 소중하다는 것, (2)자기 부모가 남의 부모보다 중요하다는 것, (3)일본은 천지개벽 이래 타국의 지배를 받은 적이 없으며 정통에 조금의 분란도 없었던 훌륭한 나라라는 것 정도를 들 수 있을 터이다. 이 중 (1)과 (2)는 사실 동어반복에 가까우며, 논리적 근거라기보다 소박한 파토스의 직정적直情的 분출에 가깝게 느껴지는 측면이 없지 않다. 뿐만 아니라, 자기가 태어난 나라가 소중하다면 상대의 나라도 역시 소중한 것이 아닌가,

---

3 같은 책, 같은 곳. 원문은 다음과 같다. "天地開闢以來、餘所ノ國ノ蔭ニテ立タル國ニテ無シ。神代以來、正統ニ少モ紛レナシ。"

또한 자기 부모가 남의 부모보다 소중하다고 해서 남의 부모를 때리는 행위가 정당화될 수 있을 것인가, 그것은 유교의 이른바 추기급인推己及人의 정신에도 어긋나는 것이 아닌가 하는 반론도 제기될 수 있다. 한편 (3)의 논거는 일본의 자주적 역사와 황통皇統의 일계적一系的 면모를 지적한 것이다.[4] 즉 일본의 역사·문화가 중국에 못지않음을 지적한 것이다. 여기서 특히 황통의 일계적 면모를 거론한 것은 케이사이가 '정통'을 대단히 중시했기 때문이다(이 점은 그의 「정통론」正統論[5]이라는 글에서 잘 확인된다).

2.2 케이사이는 33세에 『정헌유언』靖獻遺言의 편저編著에 착수해 35세에 이를 탈고해 상재上梓한 것으로 알려져 있으며,[6] 『정헌유언』을 보완하는 의미에서 저술한 『정헌유언강의』는 이로부터 3년 뒤, 그러니까 그의 나이 서른여덟일 때 완성한 것으로 추정되고 있다.[7] 케이사이는 훗날 자신이 『정헌유언』을 편찬한 것은 오직 사람들에게 대의를 깨우치기 위해서였으며, 이 대의라는 것은 일본의 주체성에 대한 자각과 확인에 다름 아님을 밝힌 바 있다. 다음 글이 그것이다.

성현의 도는 존숭해야 한다. 그러나 그러지 않고 경서를 떠받들

---

4 케이사이의 이러한 주장은, 당대 일본 학자들의 한토(漢土) 숭배를 비판하고 왕조가 자주 변한 한토와 달리 일본은 천자(天子)의 지위를 범하는 불의부도(不義不道)한 자가 없었기 때문에 황통(皇統)이 일관되다는 점에서 오히려 일본이야말로 만국(萬國)에 탁월한 중화(中華)＝중국(中國)이라고 부르는 데 어울린다는 주장을 펼친 야마가 소코오(山鹿素行)의 『중조사실』(中朝事實)과 아주 근접해 있다.

5 이 글은 近藤啓吾·金本正孝 編, 『淺見絅齋集』, 365면에 수록되어 있다.

6 近藤啓吾, 「淺見絅齋年譜」, 『淺見絅齋の研究』(東京: 神道史學會, 1970) 참조.

7 田崎仁義 編, 『淺見絅齋集』(社會經濟學說大系; 東京: 誠文堂新光社, 1937), 134면 참조.

기만 하며 존숭하는 것, 그것을 이단異端이라고 한다. 일본에 태어나 지금 태평의 때를 만나 윗분의 은혜로 마음 편하게 살고 생명을 기른다. 이국異國을 두둔하는 것은 큰 이단이니, 지금이라도 이국의 군명君命을 받아 공자孔子와 주자朱子가 일본을 공격하러 온다면 내가 맨 앞에 나가 총을 갖고 공자와 주자의 머리를 얼른 쏠 것이다. 도道가 선 때라고 해서 이국인에 항복하고 혹그 가신家臣이 되는 것은 큰 불충不忠이다. 이 지점을 군신君臣의 대의라고 하는 것이다. 『정헌유언』은 단지 이 뜻을 서술했다. 세유世儒가 책을 읽어 마음이 이국인이 되고 심의深衣·복건幅巾을 걸쳐 이국인 흉내를 내는 것은 정도正道를 알지 못하기 때문이다. 공자와 주자를 총으로 쏘아 죽이는 것이 공자와 주자가 기뻐하시는 바다. 존신尊信하여 따른다면 도리어 불충하다고 생각하실 것이다.[8]

겐로쿠 12년(1699), 케이사이의 48세 때 말이다. 이듬해 케이사이는 사토오 나오카타佐藤直方(1650~1719)의 견해를 따르는 아토베 요시아키라跡部良顯(1659~1729)와 화이론, 신도神道 등의 문제를 둘러싸고

8 「淺見先生學談」, 『淺見絅齋集』(近藤啓吾·金本正孝 編), 643~644면. 원문은 다음과 같다.
"聖賢ノ道ハ尊ムベシ。ソレヲシナイラシク經書ヲイタダキナドシテ尊ハ、ソレガ異端トゾモノゾ。日本ニ生レテ今太平ノ時ニアフテ、上ノ御恩デ心安ク居リ、生命ヲ養フ。異國ノヒイキスルハ大キナ異端。今デモ異國ノ君命ヲ蒙テ孔子朱子ノ日本ヲセメニ來ランニハ、ワレマツ先ヘススンデ、鐵炮ヲ以孔子朱子ノ首ヲ打ヒシグベシ。道ガタットキトテ、異國人ヘ降參シ、或其家臣トナルハ、大ナル不忠モノゾ。ココガ君臣ノ大義ト云モノゾ。靖獻遺言、只此意ヲ述ルゾ。世儒書ヲ讀シテ、心異國人トナリ、深衣幅巾ヲ着シ、異國人ノマネヲスルコト、正道ヲ知ラザルガ故ナリ。孔子朱子ヲ鐵炮デウチコロスガ、孔子朱子ノヨロコビ玉フ處ゾ。尊信シテシタガヒツカバ、却テ不忠トヲモイ玉フベキゾ。"

서한을 통한 논쟁적 의견 교환을 하며, 급기야 다다음해 화이론에 대한 자신의 생각을 「중국변」中國辨[9]이라는 글로 정리하기에 이른다. "내가 전에 일본을 중국이라 하고 이국을 이적이라 함을 『강의』講義(『정헌유언강의』를 가리킴─인용자)에서 말했기는 하지만, 중국·이적의 글자와 관련해 분분한 논의가 많아서 지금 또 명분을 궁구하여 논하는 것이 이와 같다"[10]라고 스스로 밝히고 있듯, 일찍이 케이사이가 『정헌유언강의』의 「처사유인」에서 화이론에 대한 자신의 생각을 천명한 이래 그의 스승인 야마자키 안사이山崎闇齋(1618~1682) 문하에서는 이 문제에 대한 분분한 논의가 있어 왔다.[11] 케이사이와 아토베 요시아키라의 논전역시 그 일환이었던 것이다. 그러므로 케이사이로서는 이러한 사태에 대응하기 위해 좀더 분명하고 진전된 형태로 자신의 생각을 정리할 필요를 느꼈을 법하다. 이 점에서 「중국변」은 『정헌유언강의』의 「처사유인」에서 개진했던 생각을 수정·보완하면서 화이론 및 그 대안에 대한 케이사이의 최종적 견해를 담은 것이라 할 만하다. 이하, 「중국변」의 구조와 의미를 분석해 보기로 한다.

2.3   『정헌유언강의』와 「중국변」 사이에는 12년의 상거相距가 있다. 「중국변」은 『정헌유언강의』에서 표명한 견해를 기본틀로 삼으면서

---

9 이 글은 近藤啓吾·金本正孝 編, 『淺見絅齋集』, 368면에 수록되어 있다.

10 「中國辨」, 『淺見絅齋集』(近藤啓吾·金本正孝 編), 372면. 이하 「중국변」의 인용은 이 자료에 의거한다. 원문은 다음과 같다. "予前ニ日本ヲ中國トシ異國ヲ夷狄トスルコトヲ講義ニノブトイヘドモ、中國夷狄ノ字ニツイテ紛紛ノ論多ケレバ、今又名分ヲツメテ論ズルコト如此。"

11 이 점에 대해서는 『韞藏錄』 권14의 「中國論集」, 『韞藏錄拾遺』 권7의 「荻濃祐重擔當雜志」 참조. 두 글은 각각 『增訂佐藤直方全集』(日本古典學會 編, 東京: ぺリかん社, 1979)의 제1권과 제2권에 수록되어 있다.

도 논의의 방식, 논리 전개의 정치精緻함에서 뚜렷한 차이를 보여줄 뿐만 아니라, '자기/타자' 인식에 있어서도 중요한 변모를 보여준다.

우선, 「중국변」은 「처사유인」과 달리 철저한 문답식의 언술 형식을 취하고 있다. 이는 그간 자신의 견해에 대해 제기되어 온 다양한 반론을 의식한 결과일 것이다. 좀더 구체적으로 말한다면, 「중국변」은 맨 앞에 서술자의 생각을 간략하게 제시한 부분이 있고 그에 이어 아홉 개의 문답이 이어지는 형식을 취하고 있다.

서술자는 먼저, 당唐이든 일본이든 토지와 풍속이 일정한 나라는 저마다 하나의 천하임을 강조하고 있다. 이에 대해 첫 번째 질문이 제기된다. 당은 예의와 도덕이 높으니, 중국과 이적의 구분이 있는 건 당연한 게 아닌가 하는 것이 질문의 요지다.

이에 대한 답변은 두 가지 각도에서 이루어지고 있다. 그 하나는, 대의는 덕德의 상하와 관계없다는 것이다. 이 점은, 설사 자신의 부친이 부덕하다 할지라도 결코 멸시해서는 안 되며 잘 받들어 섬겨야 한다는 비유를 통해 설명되고 있다. 그리고 다른 하나는, 다음 말에서 보듯, 일본의 도덕과 예의가 당에 못지않다는 것이다.

> 우리나라는 천지가 열린 이래 정통正統이 이어지고 만세군신萬世君臣의 대강大綱이 불변이니, 이것은 삼강三綱의 큰 것으로서 타국의 미치지 못하는 바가 아닌가. 그 외 무의장부武毅丈夫로서 염치정직廉恥正直의 풍風이 천성에 뿌리를 내리고 있다. 이것이 우리나라의 훌륭한 점이다. 중흥中興 이래로 자주 성현이 나와 우리나라를 잘 다스려서 전체의 도덕·예의가 어떤 이국보다 못하지 않다.[12]

---

12 「中國辨」, 『淺見絅齋集』(近藤啓吾·金本正孝 編), 369면. 원문은 다음과 같다. "吾國天

두 번째 질문은, 그렇다고 하더라도 당은 대국이요 일본은 소국인데 어찌 같다고 하겠는가라는 것이다. 이에 대한 답변 역시 두 가지 각도에서 이루어진다. 그 하나는, 키가 큰 어버이는 어버이라 하고 키가 작은 어버이는 천하게 여길 것인가라는 것이요, 다른 하나는, 만국의 지도를 보면 당은 겨우 그 작은 한 부분에 불과하다는 것이다. 이 두 번째 답변은 세계에 대한 조망 속에서 당을 상대화시키고 있다는 점에서 주목된다.

세 번째 질문은, 『주례』周禮의 특정 구절로 미루어 볼 때 중국은 역시 천지의 중심에 있지 않은가 하는 것이다. 이에 대한 답변은, 『주례』의 언급은 도시 이치에 닿지 않는 말이요, '중국'이란 당의 지배가 미치는 범위를 당인唐人 자신이 스스로 가리키는 말에 지나지 않을 뿐더러 삼묘三苗나 회이족淮夷族이나 서융西戎은 구주九州의 경내에 있음에도 불구하고 여전히 이적이라 불리고 있다는 것이다. 요컨대 당은 지형상 결코 세계의 중심에 있는 것이 아니며, 따라서 당을 중국이라 하고 세계 각지의 수많은 나라들을 이적이라 불러서는 안 된다는 것이다. 이 답변은 지리적 기준에 의해 화이를 나누는 관점을 전면 부정한 것이라는 점에서 주목된다.

네 번째 질문은, 『춘추』에 의거하면 중국의 가르침을 따를 경우 중국으로 대하고 그렇지 않을 경우 이적으로 대하거늘 그렇다면 풍화風化가 미치는 범위는 모두 중국이라고 함이 당연하지 않은가 하는 것이

地ヒラケテ以來、正統ツツキ萬世君臣大ノ大綱不變コト、コレ三綱ノ大ナルモノニシテ、他國ノ及バザル處ニアラズヤ。其外武毅丈夫ニテ廉恥正直ノ風天性ニ根ザス、是吾國ノスグレタル所也。中興ヨリモ數聖賢出デ、吾國ヲヨク治メバ、全體ノ道德禮義、何ノ異國ニヲトルコトアラン。"

다. 이에 대한 답변은, "그렇다면 당唐 구주九州도 모두 좌임左衽하고 언어가 주리侏離(이적의 언어를 이르는 말—인용자)하다면 완전히 이적으로 이름을 해야 하는가"[13]라는 반문으로 시작된다. 요컨대 덕을 기준으로 화이를 구분하는 것은 모순이라는 지적이다. 첫 번째 질문에 대한 답변과 통하는 논지다.

다섯 번째 질문은, 그렇다면 성인이 중국·이적을 말한 것은 근거 없이 자기 나라를 두둔하여 한 말로서 취하지 말아야 옳은가 하는 것이다. 이에 대한 답변은, 『춘추』의 도道는, 당에서 하는 대로 당을 중국이라 하고 일본을 이적이라고 하는 걸 무조건 따라하는 데 있지 않고 자기 나라를 '주'主, 타국을 '객'客으로 삼아 자기 나라를 기준으로 타국을 보는 데 있다는 것, 이것이 『춘추』를 찬撰한 공자의 원래 뜻이며, 그렇기 때문에 공자가 만일 일본에 태어났더라면 일본을 중심으로 『춘추』의 뜻을 세웠으리라는 것이다. 이 답변은, 공자를 부정하지 않으면서도 공자의 화이론에 대한 새로운 해석을 시도함으로써 『춘추』에 기반을 둔 화이론 자체를 무력화시켜 버리고 있다는 점에서 주목된다.

여섯 번째 질문은, 그렇다고 한다면 훗날 당으로부터 요순문무堯舜文武와 같은 성인聖人이 와서 당을 따르라고 해도 따르지 말아야 하는가라는 것이다. 이에 대한 답변에는, 케이사이의 스승인 야마자키 안사이의 다음과 같은 유명한 말이 거론되고 있다.

당이 일본으로 하여금 따르게 하려고 전쟁이라도 일으킨다면 요순문무가 대장大將으로 온다 하더라도 대포라도 쏘아 쳐부수는 게

---

13 「中國辨」, 위의 책, 371면. 원문은 다음과 같다. "ソレナレバ唐九州モ皆衽ヲ左ニシ言バ侏離ナラバトント夷狄ト名ツクベキヤ。"

대의大義다. 예의덕화禮義德化로써 따른다고 하더라도 신하는 되
지 않는 것이 좋으니, 이것이 『춘추』의 도이며, 우리 천하의 도라
고 말할 수 있다.[14]

그리하여, 옛날에 견당사를 보내고 아시카가足利 말기에 당의 칙봉
勅封을 받은 것은 모두 대의명분을 제대로 알지 못한 탓이라 설명된다.
그런데, 이 여섯 번째 답변에서 주목되는 것은 그중에 조선朝鮮과
관련된 부분이 처음 언급되고 있다는 사실이다. 이 부분은 「중국변」에
제기된 화이론 비판이 어떤 내적 모순을 지니고 있는가를 슬쩍 엿보게
한다는 점에서, 그리고 그 내적 모순을 통해 외관상 보편적 원리를 지
향하는 것처럼 보이는 케이사이의 입론立論이 실제적·현실적으로는
어디에 무게중심을 두고 있는가 하는 것을 추찰할 수 있게 한다는 점
에서 주목을 요한다. 관련 부분을 제시하면 다음과 같다.

한당漢唐 이래 덕德의 시비是非에 상관없이 어쨌든 당의 밑에 붙
으면 좋은 나라라고 칭찬하는 것은 모두 당국唐國을 '주'主로 하
는 데서 일컫는 것이다. 우리나라도 우리나라를 '주'主로 하고
타국이 좇아 붙으면 어루만져 편안히 해 주는 것이 좋으니, 이쪽
(일본을 가리킴—인용자)에서 시키는 것이 아니다. 그런 까닭에 당에
서 일본을 취하려고 하는 것도 잘못이고 일본에서 당을 취하려

---

14 「中國辨」, 위의 책, 371면. 원문은 다음과 같다. "唐ヨリ日本ヲシタガヘントセバ、軍
ナラバ堯舜文武ガ大將ニテ來ルトモ、石火矢ニテモウチツブスガ大義ナリ、禮義德化ヲ
以テシタガヘントスルトモ、臣下トナラヌガヨシ、是則春秋ノ道也、吾天下ノ道ナリ、
トイヘリ。"

고 하는 것도 무리이다. 대저 또한 삼한국三韓國과 같은 것은 우리나라에서 정벌征伐하여 따르게 한 나라라서 그 때문에 지금 우리나라에 사신을 보내 귀복歸服하는데, 이것은 우리나라의 공적이다. 또한 삼한국의 입장에서 말한다면 각각의 나라를 세워 '주主'로 한 것이 저쪽의 공적이다.[15]

이 대문은 보편 논리와 특수 논리라는, 어긋버긋한 두 개의 논리가 공존한다.

A. 보편 논리: 모든 나라는 자신이 주主다.
(1) 당의 입장에서 보면 당이 주다.
(2) 일본의 입장에서 보면 일본이 주다.
(3) 삼한국의 입장에서 보면 삼한국이 주다.

B. 특수 논리: 일본에 타국이 좇아 붙으면 어루만져 편안히 해 주는 것이 좋다.
(1) 삼한국은 일본이 정벌하여 귀복케 한 나라다.
(2) 이것은 일본의 공적이다.

---

15 「中國辨」, 위의 책, 372면. 원문은 다음과 같다. "漢唐以來、德ノ是非カマハズ、兎角唐ノ下ニツケバヨイ國ジヤトホメテアルハ、皆唐國ヲ主トスルヨリイヒタルモノ也。吾國モ吾國ヲ主トシテ、他國シタガイツケバナデヤスンズルガヨシ。此方ヨリシユルニ非。ソレユヘ唐ヨリ日本ヲトラフトスルモアヤマリ、日本ヨリ唐ヲトラフトスルモ無理也。扨又三韓國ノ如キハ、吾國ヨリ征伐シテシタガヘタル國ナレバ、其爲ニ今ニ吾國ヘ使ヲ通ジ、歸服スル、是吾國ノ手柄也。又三韓ノ國ヨリイハバ、面面ノ國ヲタテテ主トスルガ、アノ方ノ手柄也。"

(3) 일본은 삼한국을 어루만져 편안히 해 주는 것이 좋다.

이 둘 중 보편 논리 쪽이 케이사이 사상의 가능성을 보여준다는 점에 대해서는 이론異論의 여지가 없을 터이다. 문제는 이 보편 논리와 특수 논리의 내적 관계, 그리고 특수 논리 자체의 현실적 타당성이다. 보편 논리를 대전제로 할 때 특수 논리가 과연 논리적으로 성립될 수 있을까? 적어도 논리적으로는 성립될 수 없다. 특수 논리는 보편 논리 속에 있는 것이 아니라 어디까지나 그것을 벗어난 지점에 있고, 따라서 서로 모순관계에 놓이기 때문이다.

케이사이는 지금까지 세계의 만국萬國은 저마다 하나의 주主이며, 도덕의 높낮이, 대소의 차이, 지리적 위치로 인해 당이 타국을 멸시하거나 이적으로 부르는 것은 인정될 수 없다고 했다. 일본이 이적일 수 없는 이유, 일본이 당에 복속될 수 없는 이유, 만일 일본이 당의 침략을 받을 경우 그에 분연히 대항해 싸워야 하는 근거도 바로 여기서 찾았다. 그런데 특수 논리에서 관계항關係項이 일본/조선으로 설정되자 이야기는 돌연 달라지고 만다. 임진년(1592) 일본이 조선을 침략한 것을 두고 '일본의 공적'이라고 표현하고 있는 점으로 보아 케이사이는 이를 정당한 전쟁으로 간주하고 있음에 틀림없다. 이 시기 일본의 지식인은 이 문제에 관해 대체로 케이사이와 생각을 공유하고 있었으리라고 생각되지만, 그러나 모두가 그랬던 것은 아니다. 가령 아메노모리 호오슈우雨森芳洲(1668~1755) 같은 이는 도요토미 히데요시豊臣秀吉(1537~1598)의 조선 침략은 잘못된 것이라고 분명한 어조로 말한 바 있다. '귀복'歸服이라고 한 현실인식에 대해서도 문제가 제기될 수 있다. 「중국변」 이후에 성립된 어떤 자료에 보면, 케이사이는 조선이 일본을 "사모하여 올 경우 무안撫安(어루만져 편안히 해 준다는 뜻―인용자)하여 돌려

보냄이 좋다"라고 말하고 있다.[16] 적어도 이 말을 근거로 판단한다면 케이사이는 조선이 임진년 일본의 '정벌' 이후 일본을 사모해 통신사를 보내어 귀복해 오고 있으며, 일본은 조선을 무안撫安하고 있는 것으로 생각했다는 게 된다. 역사인식 내지 현실인식에서의 편면성片面性이 느껴진다.

　이런 점으로 미루어 볼 때 보편 논리에서의 화이론 비판은 어디까지나 그 초점이 중화적 화이론과 맞선 일본적 주체성의 확립이라는 과제에 맞춰져 있었던 것으로 판단된다. 이 보편 논리를 철저히 밀고 나갈 경우 동아시아에 있어서의 또 하나의 관계항인 일본/조선에 대한 인식에 있어서도 관습적 틀을 벗어나 새로운 면모를 보여줄 수 있었을는지 모른다. 그러나 케이사이는 그러지 못했다고 보인다. 그는 보편 논리를 통해 중화적 화이론은 깨뜨릴 수 있었지만, 일본/조선의 관계항에서는 모순되게도 새로운 화이론, 즉 일본적 화이론을 견지했던 것이다. 이 모순 내지 이중성은 일본사상사에서 비단 케이사이에게만 문제가 되는 것이 아니라 시대를 넘어 계속 변주되어 간 면이 있지 않나 생각된다.

　일곱 번째 질문은, 그렇다면 천주天主와 같은 나라, 풍속이 지극히 고약한 달단韃靼과 같은 유는 어떻게 해야 좋은가라는 것이다. '천주'는 포르투갈이나 스페인 등 서양 국가를 가리키고, '달단'은 몽고를 가리킨다. 이에 대한 답변은, 풍속이 어떻든 "자기 나라는 자기 나라대로의 천지"[17]라는 것이다. 위에서 말한 보편 논리의 관철이다. 서양에 대

---

16 「絅齋先生夜話」, 『淺見絅齋集』(近藤啓吾·金本正孝 編), 640면. 원문은 다음과 같다. "アチカラコチヲシタウテクルナラバ、撫安ジテカヘシタガヨイ(ゾ)。"
17 「中國辨」, 위의 책, 372면. 원문은 다음과 같다. "吾國ハ吾國ナリノ天地也。"

해서까지 보편 논리를 관철하고 있다는 점, 주목을 요한다.

　여덟 번째 질문은, 그렇다고 한다면 일본을 '중국', 당을 '이적'이라고 하는 게 좋은가라는 것이다. 이에 대한 답변은, 중국이니 이적이니 하는 명칭은 모두 당에서 붙인 이름이므로 일본을 중국이라고 칭하는 것 역시 당의 모방이 되고 만다. 그러니 자기 나라는 '오국'吾國이라 하고 남의 나라는 '이국'異國이라고 하는 게 좋겠다는 것이다. 말하자면 중국이니 이적이니 하는 용어를 폐기처분하고, 그 대신 쌍방 어느 쪽이든 합당한 것으로 받아들일 수 있는 말을 사용하자는 제안이다. 일찍이 케이사이는 『정헌유언강의』의 「처사유인」에서 중화적 화이론에 반발하면서 일본 입장에서는 일본을 중국, 당을 이적이라고 불러야 한다고 주장한 바 있다. 그러므로 이 제안은 종전의 생각을 수정한 것이라고 해야 할 것이다. 화이론에 대한 케이사이의 숙고와 진전된 입장을 보여주는 것이라 해야 할 이 수정은, 사실 '일본=중국, 당=이적'으로 요약되는 종전의 자신의 입장에 가해진 논쟁적 비판―특히 사토오 나오카타 측의―에 대한 적극적 대응으로서의 의미를 갖는다고 판단된다. 사토오 나오카타는, 덕德과 아무 상관없이 당은 어디까지나 중국이고 일본은 어디까지나 이적이라고 못 박고 있었기 때문이다.[18] 그러므로 중국이니 이적이니 하는 말 자체를 폐기처분하자는 케이사이의 제안은, 아마도 소모적이라고 생각했을지도 모를 이런 용어상의 시비를 잠재우면서 자기/타자 인식을 보다 객관화하려는 의도가 작용하고 있지 않나 여겨진다.

　마지막 질문은, 그렇다면 공자가 일찍이 당은 중국이고 다른 나라

18　사토오 나오카타의 입장은 『山崎闇齋學派』(日本思想大系31; 東京: 岩波書店, 1980)에 수록된 「中國論集」 참조.

는 다 이적이라고 한 것은 어째서인가라는 것이다. 이 질문은 당연히 여덟 번째 질문 다음에 제기되지 않으면 안 되는 질문이다. 어째서인가? 중국·이적이라는 말의 폐기 제안은 결국 공자가 제시한 패러다임의 부정(케이사이의 입장에서 본다면 '재해석')을 의미하기 때문이다. 아마도 케이사이는 이 점을 염두에 두고 자기 방어를 할 필요를 느꼈을 법하다. 그래서 이 질문에 대한 대답은 단도직입적으로, "그것이 공자의 뜻이라면 공자라고 해도 사私다. 내 어버이를 아무튼 더러운 듯이 말하는 것이 도道라고 한다면 공자의 말이라 해도 사용해서는 안 된다"[19]라는 말로 시작된다. 대단히 주체적인 태도다. 이 한마디만큼 도쿠가와 시대 사상사에 있어 유교의 탈중국화, 유교의 일본화의 경향성을 단적으로 드러내는 말도 잘 없지 않을까. 한편 이 뒤에는 이런 요지의 말이 이어진다: 공자라면 그렇게 말하지 않았을 것이다. 공자가 『춘추』를 통해 드러내고자 한 대의는 저마다 자기 나라를 주主로 하는 당연當然을 알게 하는 것이었으며, 이 점에서 자기를 잊고 당을 따르는 일본 유학자의 태도는 유서儒書를 잘못 읽은 탓이다.

　『춘추』에 대한 케이사이의 이런 해석이 공자의 본의本意와는 다른 것이며 일종의 억지가 아닌가 하는 건 여기서 그다지 중요하지 않다. 중요한 것은, 케이사이가 공자를 훌쩍 벗어나서가 아니라 어디까지나 공자를 업고서 공자가 제기한 화이론의 시각을 전면 수정하고자 하고 있다는 사실이다. 바로 이 점에 케이사이의 독특한 위상이 있으며, 동시에 케이사이의 논점이 안고 있는 딜레마가 있지 않나 생각된다. 그 점은, 케이사이

---

19 「中國辨」, 앞의 책, 372~373면. 원문은 다음과 같다. "ソレガ孔子ノ旨ナレバ、孔子トイヘドモ私也。吾親ヲトカクキタナソフニ云ガ道ジャトイヘバ、孔子ノコトバデモ用ヒラレズ。"

의 오른쪽에서 그의 '모자람'을 공격하던 신도파神道派 학자[20]와 케이사이의 왼쪽에서 그의 '지나침'을 공격하던 사토오 나오카타를 떠올릴 경우 좀더 명료해진다.

2.4 이상의 「중국변」 분석의 결과를 간단히 총괄하고 아울러 약간의 음미를 보태기로 한다.

「중국변」에서는, 도덕과 예의의 고하, 지리상의 위치, 국토의 대소, 개벽開闢의 선후에 따른 피차의 차별이 부정되고, 세계 만국은 저마다 '주'主임이 천명되고 있다. 이런 보편적 원리의 확인 위에서 당과 일본의 관계 역시 대등한 관계로 인식된다. 『정헌유언강의』의 중국·이적론은 여러 가지 점에서 미흡한 면이 없지 않았고 객관적 논거의 제시 역시 부족했다고 할 수 있지만, 「중국변」에 이르러 이러한 한계는 극복되고 논의의 진전이 이루어졌다고 말할 수 있다. 이 점과 관련해 크게 두 가지 점이 지적될 수 있다.

그 하나는, 『정헌유언강의』에서는, 못났더라도 자기 어버이가 제일 중요하다는 점과 일본 역사와 문화의 우수성이라는 두 가지 점을 논거로 '일본=중국'론이 도출되었고 이 점에서 파토스의 직정적 분출을 넘어선 보편적 원리의 확인에까지는 이르지 못한 감이 있다면, 「중국변」에서는 세계적 조망 속에서 문제를 고찰함으로써 단순한 주관성을 넘어서서 객관성의 지평을 확보할 수 있었다는 사실이다. 서양에서 유입된 세계지리적 지식이 이런 진전에 간접적으로 기여한 것으로 여겨진다.

다른 하나는, 종전의 '일본=중국'론을 부정하고, 중국/이적이라

---

20 다니 신잔(谷秦山, 1663~1718)이 좋은 예다. 케이사이는 다니 신잔과 신도(神道) 문제로 수차 격렬한 논쟁을 벌였으며 결국 의절하기에 이른다.

는 말 대신 오국吾國/이국異國이라는 말을 사용할 것을 제안하고 있다는 점이다. '일본＝중국'론은 중화적 화이론을 일본식으로 바꾸어 놓은 것이고 그 점에서 어디까지나 중화적 화이론의 논의 지평 속에 자리하고 있는 것이라 말할 수 있다. 케이사이는 이 점을 눈치챈 듯하며, 그래서 아예 논의의 틀 자체를 바꿔 버리려 했던 게 아닌가 생각된다. 오국/이국이라는 이 용어는, 단순한 일개 용어의 문제에 그치지 않고, 케이사이가 도달한 사유, 그가 모색해 온 화이론에 대한 대안의 집약이라는 점에서 주목된다.

「중국변」이 보여주는 이런 진전은 제대로 평가되어야 마땅하고, 그 의의가 충분히 인정될 필요가 있다. 그렇기는 하지만, 「중국변」은 그 논리구조에 있어 내부적 균열과 모순을 지니고 있다는 점 역시 간과할 수 없다. 그 점은 일본/중국의 대립항 쪽이 아니라 일본/조선의 대립항 쪽에서 확인된다. 즉 일본/중국의 관계항에서 보편적 원리가 관철되고 있는 반면, 일본/조선의 관계항에서는 보편적 원리가 단순한 레토릭에 그치고 있는 것처럼 보이며, 실질상 그 관철이 유보되고 있다. 이러한 이중성, 이러한 자기모순은 어디서 기인하는가? 이 점과 관련해선 많은 논의가 필요할 줄 알지만, 여기서는 단지 한두 가지 관견管見만을 덧붙여 두기로 한다. 필자는 우선, 케이사이의 논의 목표가 일본/중국의 현실적 관계 정립에 있었다는 점을 주목한다. 그가 보편적 원리의 확인에까지 나아갔던 것 역시 궁극적으로는 이를 위한 것이었다. 다시 말해 순수히 보편적 원리의 확인 자체가 목적이 아니었던 것이다. 유교적 보편성의 세례를 받은 그로서는 단순히 저 신도파 학자들처럼 일본이 최고다, 일본은 자고로 신국神國이다, 이렇게 선언하고 확신하는 것만으로 화이론이 부정된다고는 생각할 수 없었을 터이다. 따라서 뭔가 보편적 원리 위에서 화이론을 부수며 일본의 주체성을 확립하는 작업이 필요했다. 그래서 보편적 원리가 그 애초의 대상인 일본/중국의 관계항에서는 십분 발동될 수 있었지만, 동아시아의 다른 한 축인 일본/조선의 관계항에서는 퇴색되거나 유보될 수밖에 없었던 것이다.

뿐만 아니라, 케이사이 논리구조의 이러한 이중성은 이른바 기기 사관記紀史觀 이래 연면히 계승되어 온 일본의 전통적 조선관朝鮮觀과도 밀접한 관련이 있다고 생각된다. 이른바 진구우 황후神功皇后의 정한征韓 기사를 근거로 조선을 옛 일본의 조공국朝貢國으로 간주하는 경향은 『신황정통기』神皇正統記에서 재확인되고 있으며, 16세기 말 도요토미의 조선 침략으로 다시 역사의 전면에 드러나게 된다. 17세기 이래 도쿠가와 시대의 지식인들은 이러한 의식—더 정확히 말한다면 '이미지'—으로부터 결코 자유로울 수 없었다. 그것은 가상假像이었지만, 중요한 것은 그러한 가상이 오랜 기간에 걸쳐 흔들릴 수 없는 진실로서 현실에 확고부동하게 뿌리를 내리고 있었다는 사실이다. 가령 하야시 라잔林羅山(1583~1657)조차 조선을 진구우 황후와 관련된 이미지 속에서 보고 있을 정도니,[21] 여타의 인물들이 어떠했을지는 가히 미루어 짐작하기 어렵지 않다. 케이사이 역시 예외는 아니었다. 더구나 그는 존왕적尊王的 대의명분의 확인과 존숭을 학문의 요체로 삼았기에 『신황정통기』를 특히 중요하게 받아들일 수밖에 없는 입장이었고,[22] 따라서 그 연장선상에서 도요토미의 조선 침략과 조선에서 파견된 통신

---

21 「朝鮮信使來貢記」의 다음 말 참조: "原夫朝鮮者, 自古爲我西蕃. 今及其來而厚恵之, 是亦柔遠人懷諸侯之意乎."(『林羅山文集』권22, 大阪: 弘文社, 1930, 249~250면) 한편 하야시 라잔이 저술한 『本朝神社考』上之二. 15「住吉」에, 진구우 황후의 삼한 정벌에 관한 기술이 보인다.

22 케이사이의 『신황정통기』에 대한 언급은 「答跡部良賢」, 『淺見絅齋集』(近藤啓吾·金本正孝 編), 412면 참조.

사의 의미를 규정짓게 되었을 가능성이 높다. 「중국변」에서 도요토미의 조선 침략이 일본의 공적이라고 한 것, 그리고 일본에 귀복하는 나라에 대해서는 어루만져 편안히 해 주는 것이 좋다라는 화이론적 태도를 견지하고 있음은 이런 각도에서 이해해야 하지 않을까 생각한다.

논의가 여기까지 이르면, 혹 『천견경재집』淺見絅齋集을 대충이라도 읽은 사람 중에는 케이사이가 조선의 퇴계退溪에 대해 존경의 염念을 품었고, 게다가 어록語錄의 어디에선가,

> 이퇴계李退溪를 동이東夷 사람이라고 말함은 잘못이다. 각각의 나라가 '주'主라고 심득心得하면 어디에 지키고 있어도 다름이 없다. 이쪽에서 조선을 이적夷狄이라고 이름 하는 것은 쓸데없다.[23]

라고 한 말을 기억해 내고는 다소 의아하게 여길지 모른다. 그러나 이 자료가 "조선을 이적이라고 이름하는 것은 쓸데없다"라고 천명하고 있다고 해서, 지금까지 필자가 한 말이 뒤집어지거나 흔들리지는 않는다고 생각한다. 왜냐하면 케이사이의 입장에서 본다면 이 자료와 앞에서 제시한 자료는 하등 서로 모순되지 않기 때문이다. 즉, 원래 「중국변」의 입장이란 것이, 조선의 일본에의 귀복을 자연스런 것으로 인정하고 있다고 하여 조선을 이적으로 간주한 것은 아니기 때문이다. 하지만 이 경우 중국/이적이라는 단어가 폐기되었다고 해서, 그리고 각각의 나라가 '주'主라고 하는 보편적 원리가 재확인되고 있다고 해서, 일본

---

23 「常話雜記」, 위의 책, 566면. 원문은 다음과 같다. "李退溪ヲ東夷ノ人ト云ハ、アヤマリナリ。メンメンノ國ガ主ト心得ルト、ドコヘモテイテモチガフコトナイゾ。此方ヨリ朝鮮ヲ夷狄ト名ヅケルコトハ、イラヌゾ。"

과 조선의 관계가 주체와 주체 간의 '대등한' 관계로 인식되고 있다고
는 생각할 수 없다. 늘 그렇지만, 말해진 것과 말해지지 않은 것, 액면
대로의 말과 액면 너머의 생각 사이의 긴장과 모순을 염두에 두지 않
고서는 문제의 본질을 파악하기 어렵다.

일찍이 케이사이의 제자 가운데 「중국변」이 안고 있는 이러한 모
순을 간파하고 케이사이에게 그 점에 대한 의문을 예리하게 제기한 이
가 있었다.

> "(선생님께서는 ─ 인용자) 이적·중국의 변辨에서, 이국異國이 우리나
> 라를 따른다면 무안撫安해야 한다고 하셨습니다. 일본이 이국에
> 사신使臣을 보내는 것이 불의不義라면, 이국이 우리나라를 따르
> 는 것은 사私가 아닌지요?"
> 선생님은 이렇게 답변하셨다.
> "본법本法의 지극히 좋은 것을 말한다면 자기 나라의 소중함을
> 말하는 것을 듣고 각각의 나라를 귀하게 여겨야 한다고 말함이
> 좋다. 그렇지 않고 저 나라가 우리나라를 사모하여 올 경우 무안
> 하여 돌려보냄이 좋다."[24]

이것이 케이사이의 확론確論이었던 것이다.

---

24 「絅齋先生夜話」家藏本(차이가 나는 괄호 부분은 谷省吾氏本), 『淺見絅齋集』(近藤啓
吾·金本正孝 編), 640면. 원문은 다음과 같다. "夷狄中國ノ辨。異國ヨリコチヘ從フナ
ラバ、撫安ジテオクベシトアル。日本ヨリ異國ヘ使ナドア(ヤ)ルハ不義ナレバ(トシ、
又)、異國ヨリコノ方ヘ從フハ私デハアルマイカ。先生日。本法ノ至極ヨイヲ云ナラ
バ、トクト己ノ國ノ尊(キ)ヲ云キカセテ、銘銘ノ國ヲ尊ブベシト云タガヨイ。サナケレ
バアチカラコチヲシタテクルナラバ、撫安ジテカヘシタガヨイ(ゾ)。"

3

3.1 담헌 홍대용은 중화적 화이론을 부정하고 중국과 조선이 대등한 나라임을 천명한 학자로 잘 알려져 있다. 담헌의 이런 생각은 그 만년의 저작인 『의산문답』醫山問答에 담겨 있다.

『의산문답』은 케이사이의 「중국변」과 달리 짧은 글이 아니라 소책자 분량의 저술이다. 이 『의산문답』의 맨 끝부분에 화이론과 관련한 언급이 나온다. 그간 한국 사학계에서는 주로 이 부분을 주목하여 담헌이 중화주의를 부정하고 민족주의를 천명한 것으로 보아 왔으며, 현재이런 견해가 통설로 굳어져 있는 듯하다. 이러한 통설은 일면적 타당성이 없는 것은 아니다. 하지만, 『의산문답』은 화이론에 대해서만 언급한 저술은 아니며, 그 속에는 만년의 담헌이 도달한 인간, 자연, 문명, 우주에 대한 인식이 극히 압축적이면서도 유기적으로 망라되어 있다. 화이론은 의미심장하게도 이런 유기적 구성의 맨 끝자리를 차지하고 있는 것이다. 그러므로 『의산문답』 중의 화이론에 대한 언급을 그것 자체만 갖고서 논의하는 것은 불충분하거나 오독의 여지가 있을 수 있으며, 저술의 전체적 구성과의 연관 속에서 그 의미를 포착해 나가지 않으면 안 된다고 생각한다.

3.2 『의산문답』은 실옹實翁과 허자虛子 간의 문답 형식으로 이루어져 있다.[25] 허자는 당시의 통념을 따르던 학자를 대변한다. 그는 인간이 만물의 영장靈長이고 지구가 하늘의 중심이라고 생각하며, 오행

---

25 이하의 논의는 박희병, 『한국의 생태사상』(돌베개, 1999)에 수록된 「홍대용 사상에 있어서 물아의 상대성과 동일성」에 의거한다.

설五行說과 화이론을 신봉한다. 실옹은 허자가 갖고 있는 이런 통념을 조목조목 반박하며 다른 생각, 다른 관점을 제시한다. 이 점에서 실옹은 담헌의 대변자다.

다음은 인人과 물物의 관계에 대해 허자와 실옹이 주고받는 말이다.

허자가 말했다.

"천지간 생물 중에 오직 사람이 귀하지요. 금수한테는 지혜가 없고 초목한테는 감각이 없으니까요. 또한 이들에게는 예의禮義가 없습니다. 그러니 사람은 금수보다 귀한 존재이고, 초목은 금수보다 천한 존재지요."

실옹은 고개를 들어 허허 웃으면서 이렇게 말했다.

"너는 정말 사람이로구나! 오륜五倫과 오사五事[26]가 사람의 예의라면, 무리를 지어 다니면서 함께 먹이를 먹는 것은 금수의 예의이고, 군락群落을 지어 가지를 뻗는 건 초목의 예의다. 사람의 입장에서 물物을 보면 사람이 귀하고 물이 천하지만, 물의 입장에서 사람을 보면 물이 귀하고 사람이 천하다. 하늘의 입장에서 보면 사람과 물이 똑같다. (…) 무릇 대도大道를 해치는 것으론 뽐내는 마음보다 더 심한 게 없다. 사람이 자기를 귀하게 여기고 물을 천하게 여김은 뽐내는 마음의 근본이다. (…) 너는 왜 하늘의 입장에서 물을 보지 않고 사람의 입장에서 물을 보느냐?"[27]

---

26 『서경』의 「홍범」(洪範)에 나오는 말로, 수신(修身)과 관련된 다섯 가지 일, 즉 얼굴은 공손하게, 말은 바르게, 보는 것은 밝게, 듣는 것은 자세하게, 생각은 깊게 하는 것을 가리킨다. 『서경』의 원문은 다음과 같다. "五事: 一曰貌, 二曰言, 三曰視, 四曰聽, 五曰思. 貌曰恭, 言曰從, 視曰明, 聽曰聰, 思曰睿."

27 "虛子曰: '天地之生, 惟人爲貴. 今夫禽獸也, 草木也, 無慧無覺, 無禮無義, 人貴於禽獸,

사람이 물物보다 귀한 존재인가 물이 사람보다 귀한 존재인가는 사람의 입장에서 보는가 물의 입장에서 보는가에 따른 상대적인 것이며, 하늘의 관점, 곧 절대적인 관점에서 본다면 사람과 물은 귀함과 천함이 없이 똑같다는 주장이다. 위의 인용문에서 실옹은 인간중심주의를 견지하는 허자에게 "왜 하늘의 입장에서 물을 보지 않고 사람의 입장에서 물을 보느냐"고 꾸짖는다. 요컨대 담헌은 인간의 자기중심성을 문제 삼고 있다.

그런데, "하늘의 입장에서 보면 사람과 물이 똑같다"고 했을 때 '하늘'이란 구체적으로 무엇을 뜻하며, 또 어째서 하늘의 입장에서 보면 사람과 물이 똑같을 수 있는 것일까? 다음 자료들에서 그 해답을 발견할 수 있다.

(1) 사람과 물物이 생긴 것은 천지天地에 근본한다.[28]

(2) 태허太虛는 고요하고 아득한데, 기氣로 가득 차 있다. 그것은 안도 없고 밖도 없으며, 처음도 없고 끝도 없다. 이 태허의 기가 가득히 쌓여 응결凝結됨으로서 형질形質을 이루어 허공에 두루 퍼지는데 (⋯) 지구, 달, 태양, 별이 그것이다. 지구는 물[水]과 흙이 그 바탕이며 그 형체는 둥근데 공계空界에 떠서 쉬지 않

草木賤於禽獸.' 實翁仰首而笑曰: '爾誠人也. 五倫五事, 人之禮義也; 羣行呴哺, 禽獸之禮義也; 叢苞條暢, 草木之禮義也. 以人視物, 人貴而物賤, 以物視人, 物貴而人賤, 自天而視之, 人與物均也. (⋯)夫大道之害, 莫甚於矜心, 人之所以貴人而賤物, 矜心之本也.'(⋯)今爾曷不以天視物, 而猶以人視物也?'"(『毉山問答』, 『湛軒書』 內集 권4, 18장 뒷면, 19장 앞면). 이하 『의산문답』의 인용은 1939년에 신조선사(新朝鮮社)에서 간행된 『담헌서』 내집 권4의 것임을 밝혀 둔다.
28 "人物之生, 本於天地."(『의산문답』, 19장 앞면)

고 돈다. 만물은 그 곁에 붙어산다.[29]

(3) 형질形質이 있는 물物은 언젠가는 반드시 소멸한다. 기가 응결되어 형질을 이루고, 형질이 풀리어 다시 기로 돌아간다.[30]

(2), (3)에서 드러나듯 담헌은 만물의 시원始原이 '태허'太虛라고 보고 있다. 홍대용의 태허 개념은 북송北宋의 기철학자氣哲學者 장재張載 및 16세기 조선의 기철학자인 서경덕徐敬德의 태허 개념을 이어받고 있다.[31] 태허는 기의 본체로서, 시간적으로 시종이 없고 공간적으로 무한하다. 현상세계의 기는 바로 이 태허의 작용이며, 존재가 갖는 형질은 기가 응결된 결과다. 한편 모든 존재는 유한한바, 언젠가는 소멸한다. 그러나 존재의 소멸은 형질의 소멸이지 기의 소멸은 아니다. 기는 다시 그 본체인 태허로 복귀한다. (3)에 보이는 "형질이 풀리어 다시 기로 돌아간다"는 말에서 '기'란 곧 태허이다.

그러므로 (1)에서 "사람과 물이 생긴 것은 천지天地에 근본한다"라고 했을 때의 '천'天은 곧 태허에 다름 아니다. 따라서 '하늘'의 관점에서 본다는 것은 곧 모든 존재의 근원인 태허의 관점에서 봄을 의미한다. 태허의 관점에서 보면 모든 존재는 그 현상적 차이에도 불구하고 평등하다. 다시 말해 태허는 모든 존재의 동일성을 보증하는 궁극적 근거다. 담헌은 이처럼 기철학氣哲學에 기반해[32] 태허의 관점에서 인人

---

29 "太虛寥廓, 充塞者, 氣也. 無內無外, 無始無終, 積氣汪洋, 凝聚成質, 周布虛空, (…)所謂地月日星, 是也. 夫地者, 水土之質也. 其體正圓, 旋轉不休, 淳浮空界, 萬物得以依附於其面也."(같은 글, 같은 곳)

30 "物之有體質者, 終必有壞. 凝以成質, 瀜以反氣."(『의산문답』, 23장 뒷면)

31 『한국의 생태사상』에 수록된 「서경덕의 자연철학」 참조.

32 홍대용 기철학의 면모에 대해서는 허남진, 「조선후기 기철학 연구」(서울대 박사학위논

과 물物을 봄으로써 인간중심주의를 반성하면서 그것을 벗어나는 이론적 기틀을 마련할 수 있었던 것이다.

3.3 홍대용은 사람과 물物의 관계만이 아니라 모든 존재들 사이의 관계에서 '자기중심성'을 배격한다. 이런 태도는 지구와 다른 별의 관계에 대한 인식에서도 그대로 나타난다. 다음 인용문을 보자.

> 하늘에 가득한 별 치고 세계世界가 아닌 것이 없는데, 별의 세계에서 본다면 지구 또한 한 개의 별이다. 한량 없는 세계가 공계空界에 흩어져 있는데 오직 이 지구가 그 중심에 있다는 말은 있을 수 없다.
> 그러므로 모두 세계가 아님이 없고, 모두 회전하지 않음이 없다. 뭇 세계에서 보면 이 지구에서 보는 것과 마찬가지로 각기 스스로를 중심이라 하나니, 각각의 별이 뭇 세계다.[33]

하늘의 무수한 별들은 저마다 하나의 세계를 이루는데, 별에서 지구를 보면 지구에서 별을 볼 때와 마찬가지로 별이 중심으로 인식된다는 주장이다. 이는 자기중심적으로 이루어지는 인식의 국한성에 대한 지적이다. 그렇다면 무엇이 참일까? 모두가 중심이거나 중심이 없음이 진실일 터이다. 모두가 중심이라는 말은 사실 중심이 없다는 말과

문, 1994); 박홍식, 「조선조 후기유학의 실학적 변용과 그 특성에 관한 연구」(성균관대 박사학위논문, 1993)가 참조된다.

33 "滿天星宿, 無非界也. 自星界觀之, 地界亦星也. 無量之界, 散處空界, 惟此地界, 巧居正中, 無有是理. 是以, 無非界也, 無非轉也. 衆界之觀, 同於地觀, 各自謂中, 各星衆界."(『의산문답』, 22장 뒷면)

같은 말일 수 있다. 그런데 중심이 없으면 불안하지 않을까? 안과 밖이 있고, 위와 아래가 있고, 중심과 주변이 있고, 층위적 질서가 있어야만 세계는 혼란에 빠지지 않고 정연한 조화를 연출할 수 있는 게 아닐까? 담헌은 이와는 정반대로 생각하고 있다. 즉 자기중심적으로 이루어진 안과 밖의 구분, 중심과 주변의 구분으로 말미암아 '태화'太和가 깨어지고 세상의 도가 쇠미해졌다고 보고 있다.[34]

담헌이 인식의 자기중심성에서 벗어나 특정한 존재를 '중심'으로 인정하지 않고 다만 존재들 사이의 수평적인 관계망만을 인정한 것은 물아物我의 동일성을 확신했기 때문이다. 다시 말해 물아의 동일성에 대한 인식이 존재에 대한 차별을 부정하게 만들었던 것이다. 뿐만 아니라 물아의 동일성은, 중심이 없이도, 아니 중심이 없기에 정녕 공존·공생과 조화가 가능한 세계의 밑그림을 그리는 인식론적·존재론적 근거가 되고 있다. 인간이 이룩한 문명을 보는 담헌의 시각에 비관적 정조가 얼마간 느껴지지 않는 것은 아니나,[35] 그럼에도 그의 사상이 한갓 상대주의에 그치거나 허무주의로 떨어지지 아니한 것 역시 물아의 동일성에 대한 굳건한 믿음 때문이라고 보인다.

물아의 인식은 상대적이라는 것, 그러므로 물아는 궁극적으로 동일하다는 홍대용의 사유는 동아시아의 전통적 국제질서를 지탱하던 강고한 이념인 화이론마저 일거에 부정해 버리게 된다. 이에는 다음 자료가 참조된다.

중국은 서양에 대해 경도經度의 차이가 180도에 이르는데, 중국

---

34 『의산문답』, 34·35장 참조. 이 점은 『한국의 생태사상』, 290~292면에서 논의된 바 있다.
35 『의산문답』, 34·35장 참조.

인은 중국을 정계正界로 삼고 서양을 도계倒界로 삼으며, 서양인은 서양을 정계로 삼고 중국을 도계로 삼는다.

그러나 실에 있어서는 하늘을 이고 땅을 밟는 사람으로서 지역에 따라 다 그러하니, 횡계橫界나 도계倒界 할 것 없이 다 정계다.[36]

정계와 도계는 지구의 반대편에 있는 두 지역, 곧 경도차가 180도 되는 두 지역을 가리키고, 횡계는 정계와 도계의 중간에 있는 지역, 곧 경도차가 90도 되는 지역을 가리킨다. 담헌은 자기 지역을 중심으로 생각하면 저쪽이 도계나 횡계가 되지만, 저쪽 입장에서 본다면 거꾸로 자기 지역이 도계나 횡계가 되게 마련인바, 기실 지구상의 모든 지역이 다 정계라는 주장을 펴고 있다. 이는 모두가 중심이라는 말도 되고, 중심은 없다는 말도 된다. 우주의 별들에 대한 상념에서 확인할 수 있었던 논리와 동일하다. 지구상의 모든 지역이 중심이거나 지구상의 그 어떤 지역도 중심일 수 없다는 이런 관점은 중국중심적 세계관, 곧 화이론적 세계관에 대한 전면 부정으로서의 의미를 갖는다. 이 점은 다음에서 더욱 분명히 표현된다.

하늘이 내고 땅이 길러 주는, 무릇 혈기血氣가 있는 자는 똑같이 사람이며, 무리 가운데 뛰어나 한 곳을 맡아 다스리는 자는 똑같이 군왕君王이며, 문을 겹겹이 만들고 해자를 깊이 파서 삼가 강토疆土를 지킴은 똑같이 국가다. 장보章甫건 위모委貌건 문신文身

---

36 "中國之於西洋, 經度之差, 至于一百八十. 中國之人, 以中國爲正界, 以西洋爲倒界; 西洋之人, 以西洋爲正界, 以中國爲倒界. 其實戴天履地, 隨界皆然, 無橫無倒, 均是正界."(『의산문답』, 21장 뒷면)

이건 조제雕題건 간에 똑같이 습속이다. 하늘의 관점에서 본다면 어찌 안과 밖의 구분이 있겠는가.

그런 까닭에 각각 제 나라 사람과 친하고, 제 임금을 높이며, 각각 제 나라를 지키고, 각각 제 풍속을 편안히 여김은 중국과 오랑캐가 하나다. 대저 천지가 변함에 인人·물物이 많아지고 인·물이 많아지매 물아物我의 구분이 생기고 물아의 구분이 생기매 안과 밖이 구분되게 되었다. 오장육부와 팔다리는 한 몸의 안과 밖이요, 내 몸과 처자는 한 집의 안과 밖이며, 형제와 겨레붙이는 한 문중門中의 안과 밖이요, 향리鄕里와 변방邊方은 한 나라의 안과 밖이며, 중국과의 교린이 유지되는 지역과 그렇지 않은 지역은 천지의 안과 밖이다. 대저 자기의 것이 아닌데 취하는 것을 '도盜'라 하고 죄가 없건만 죽이는 것을 '적賊'이라 한다. 동서남북의 오랑캐가 중국을 침략하는 것을 '구寇'라 하고, 중국이 무력을 남발하여 동서남북의 오랑캐를 치는 것을 '적賊'이라 한다. '구寇'와 '적賊'은 똑같은 짓이다. 공자는 주나라 사람이다. 왕실이 날로 낮아지고 제후들이 쇠약해지자 오吳나라와 초楚나라가 중국을 어지럽혀 도둑질하고 해치기를 싫어하지 않았다. 『춘추』는 주나라 역사책이니, 안과 밖에 대해 엄격히 한 것이 또한 마땅하지 않겠는가.

그렇기는 하나 만일 공자가 바다를 건너 구이九夷에 들어와 살았다면 중국의 예악·문물로써 오랑캐를 변화시킴으로써 주나라의 도를 역외域外에 일으켰을 것이니, 안과 밖의 구분과 존양尊攘의 의리상 본래 마땅히 '역외춘추'가 있었을 터이다. 공자가 성인인 건 이 때문이다.[37]

---

37 "天之所生, 地之所養, 凡有血氣, 均是人也; 出類拔萃, 制治一方, 均是君王也; 重門深

위의 인용문은『의산문답』의 종결부로서 이른바 '역외춘추론'域外春秋論에 해당한다. 모든 사람, 모든 임금, 모든 나라, 모든 습속(문화)은 다 같으며, 내외의 구분이 없다는 주장이다. 내외의 구분은 '아'我를 중심으로 한 구분일 뿐이다. 그러므로 그것은 상대적인 것이며, 고정적이지 않다. 하늘의 관점에서 볼 경우 내외는 존재하지 않으며, 수평적 관계 속의 대등함만이 존재할 뿐이다. 요컨대 담헌은 위의 인용문에서 물아의 동일성을 인류, 국가, 문화의 차원에서 확인하고 있는 셈이다.

담헌은 내외를 인정하지 않지만 존재의 독자성을 부정하지는 않는다. 모든 인간, 국가, 문화는 독자적 중요성을 갖는다. 이 점에서 담헌은 세계를 주체와 객체 간의 대립으로 파악하지 않고 여러 주체들 간의 '관계망'으로 파악하고 있다고 할 수 있다. 즉 주체와 객체를 서로 마주세우는 입장을 취하지 않고 여러 주체들을 '병립'並立시키고 있는 것이다. 바로 이 점에서 담헌의 사상은 근대 민족국가의 근거를 제시하고 있으면서도 서구의 주체철학이나 민족주의 이념과는 전연 다른 지향을 보인다. 즉 서구의 주체철학이나 민족주의 이념이 자기중심성의 긍정에서 출발하고 있다면, 담헌의 이념은 자기중심성의 부정 위에

濠, 謹守封疆, 均是邦國也; 章甫委貌·文身雕題, 均是習俗也. 自天視之, 豈有內外之分哉? 是以, 各親其人, 各尊其君, 各守其國, 各安其俗, 華夷一也. 夫天地變而人物繁, 人物繁而物我形, 物我形而內外分. 臟腑之於肢節, 一身之內外也; 四體之於妻子, 一室之內外也; 兄弟之於宗黨, 一門之內外也; 鄰里之於四境, 一國之內外也; 同軌之於化外, 天地之內外也. 夫非其有而取之, 謂之盜; 非其罪而殺之, 謂之賊. 四夷侵疆中國, 謂之寇; 中國瀆武四夷, 謂之賊. 相寇相賊, 其義一也. 孔子周人也. 王室日卑, 諸侯衰弱, 吳楚滑夏, 寇賊無厭. 春秋者, 周書也, 內外之嚴, 不亦宜乎? 雖然, 使孔子浮于海居九夷, 用夏變夷, 興周道於域外, 則內外之分, 尊攘之義, 自當有域外春秋. 此孔子之所以爲聖人也."(『의산문답』, 36장 뒷면, 37장 앞면)

414

서 성립되고 있다는 근본적 차이가 있다.

『의산문답』에서, 나와 타자他者, 자족自族과 타족他族의 관계에 대한 인식의 근저에는 인간과 자연의 관계를 보는 특정한 시각이 스며들어 있다. 자기중심성 위에 구축되고 있는 서구 근대 철학이나 사상에서 자연은 이민족과 마찬가지로 타자로 간주될 뿐이다. 그것은 이용과 지배의 대상에 불과하다. 기묘하게도 자연은 이민족, 특히 식민지 민족과 그 이미지가 오버랩된다. 그러나 담헌의 생각에 의하면 모든 종족이 저마다 주체이듯 자연은 타자의 자리에 있지 않고 인간과 함께 또 다른 주체를 구성한다. 그리하여 자족과 타족, 인간과 자연이 조화와 공존을 도모하면서 공생하는 관계를 형성한다. 그러므로 담헌의 자연관, 인간관, 국가관에서는 서구 근대 민족주의 사상과 달리 제국주의와 연결되는 어떤 단초도 발견할 수 없다.

위 인용문 중 공자를 언급하면서 역외춘추를 이끌어 내고 있는 대목은 논란의 소지가 없지 않으므로 다시 반추해 볼 필요가 있다. 담헌의 논리를 간단히 정리하면 다음과 같다.

(가) 화華와 이夷는 똑같다.
(나) 공자는 주나라 사람이므로 공자가 쓴 『춘추』가 주나라를 '안'으로 오랑캐를 '밖'으로 본 것은 당연하다.
(다) 그러나 공자가 동이東夷에 살면서 주나라 도를 일으켰다면 동이를 '안'으로 중국을 '밖'으로 본 역외춘추를 썼을 것이다.

(나)는, 공자 같은 성인도 자기중심성을 벗어날 수 없었기에 내외를 구분했다는 말이다. (다)는, 공자는 도가 어디 있는가에 따라 내외를 구분하고 존양尊攘을 했지 지역이나 종족에 따라 한 것은 아니라는

말이다. 다시 말해 오로지 문화적 기준에 의해 내외를 구분했다는 말이다. 그러나 (나)와 마찬가지로 (다)에서도 공자는 인식의 자기중심성을 벗어나지 못했다 할 것이다. 만일 (다)가, 지리나 종족과 관계없이 문화가 높은 나라가 '화'華요 그렇지 못한 나라는 '이'夷라는 생각을 표출한 것이며 담헌은 바로 이 점에서 지리적·종족적 기준을 따르던 기존의 화이론을 극복했다고 해석한다면 그것은 피상적이다. 담헌은 (나)와 (다)를 통해, 자기 입장에서 보면 자기가 안이요 남이 밖이지만 남의 입장에서 보면 남이 안이요 자기가 밖이라는 사실, 다시 말해 '화'와 '이'는 상대적임을 환기시키고 있다. 그러므로 담헌이 **궁극적으로** 말하고자 한 것은, 조선의 입장에서 보면 조선이 '화'이고 중국이 '이'라거나 조선도 문화적 노력 여하에 따라서는 얼마든지 '화'가 될 수 있다는 사실이 아니라, **화·이의 구분 자체에 대한 부정**이다. 이 점에서 (가)는 (나)·(다)에 우선하는, 혹은 (나)·(다)를 지양止揚하는 명제로 이해되어야 마땅하다. 그러므로 널리 통용되고 있는 '역외춘추론'이라는 말은 오해의 소지가 없지 않다. 만일 이 말이, 담헌이 궁극적으로 말하고자 한 바가 단지 기존의 화이론을 뒤집어 중국이 '이'이고 조선이 '화'일 수도 있다는 것이거나, 담헌이 바로 이 점에서 자족 중심의 민족주의적 이념의 근거를 마련했다는 것을 의미한다면, 이 말은 잘못 쓰인 것이라 하지 않을 수 없다. '역외춘추론'이 이런 뜻이라면 담헌의 사상은 서구 근대 민족주의 사상과 별반 차이가 없다고 할 것이다. 화이론에 대한 담헌의 견해는 『의산문답』 전체를 관통하는 물아物我의 동일성에 대한 주장에 유의하면서 유기적 관련 하에 파악되지 않으면 안 된다고 한 소이所以가 바로 이에 있다.

4

지금까지 아사미 케이사이와 홍대용, 두 분의 화이론에 대한 생각을 살펴보았다. 놀랍게도 두 학자의 생각에는 비슷한 점이 많다. 그러나 표면적 유사성에만 주목할 건 아니다. 유사성의 기저를 이루는 것, 혹은 유사성이 속해 있는 전체 맥락들, 혹은 유사성의 '곁'에 있으면서 그와 불가분리적인 관계를 맺고 있는 여타의 개념들 내지 지향들에 대한 고려가 없다면 유사성의 확인은 자칫 공허한 것이 될 수도 있다. 어떤 점에서 유사성과 차이란 마치 동전의 앞뒤처럼 맞붙어 있는 건지 모른다. 여기서는 이런 점에 유의하면서 화이론에 대한 케이사이와 홍대용의 생각의 동이同異를 종합적으로 검토해 보기로 한다. 이 과정에서 이 시기, 즉 17세기 후반에서 18세기 중반을 전후한 시기에, 일본과 한국 두 나라에서 중화적 화이론에 대한 전면적 해체의 시도가 이루어진 역사적 배경에 대해서도 조금 살펴볼 수 있을 것이다.

4.1　두 인물은 우선 자기 시대의 학문 풍토에 대해 대단히 비판적이었다는 점에서 공통된다. 케이사이는 일본적 주체성에 대한 자각 없이 무조건 중국을 모방하거나 따르고자 한 당시 일본의 유학자들에 대해 대단히 신랄한 비판을 가하고 있다. 케이사이의 학문은 이理를 강조하는[38] '대의명분'大義名分의 학學으로 그 전체적 성격을 파악해 볼 수

38　케이사이가 기(氣)보다는 이(理)를 강조하는 입장이었음은 『淺見絅齋集』(近藤啓吾·金本正孝 編) 여러 곳에서 확인되는데 일례로 「淺見先生學談」 중의 다음 구절을 들 수 있다. "理カラ行カヌモノハヤクニタタヌゾ。(…) 氣カラスルコトハサダマラヌモノゾ。"(같은 책, 651면)

있는데, 이 경우 '대의명분'이란 곧 존왕尊王을 의미하고 이는 곧바로 일본적 주체성의 중시로 이어진다. 한편 담헌은 당대 조선의 주자학을 허학虛學으로 통렬하게 비판하면서 학문은 공소고원空疎高遠한 것을 추구해서는 안 되며 실심實心으로 실사적實事的인 것을 추구해야 함을 강조하였다. 담헌을 '실학자'實學者로 부르는 것은 이 때문이다. 두 사람의 이런 성향은 급기야 겉으로는 의연히 공자를 성인으로 섬기면서도 내부적으로는 공자의 원래 생각에 수정을 가하게 되는 결과에까지 이른다.

그렇긴 하지만, 케이사이가 이理와 엄격한 대의명분을 제1의적인 것으로 간주했다면,[39] 담헌은 기氣를 중심으로 사유를 펼쳐 나갔으며[40] 대의명분의 해체를 기도하였다. '대의명분의 해체'라는 말에 대해서는 조금 설명이 필요할 듯하다. 당시 조선 학계는 이른바 소중화의식에 사로잡혀 현실 속에 유력한 실체로 존재하는 청나라를 오랑캐의 나라로 경멸하면서 자고자대自高自大의 감정에 빠져 있었다. 그리하여 배청숭명排淸崇明이 최고의 대의명분으로 여겨졌다. 이러한 의식과 감정으로 인해 사상과 학문은 점차 현실로부터 유리되어 갔다. 담헌이 대의명분의 해체를 꾀한 것은 바로 이런 상황 속에서였다. 그것은 사상과 학문을 다시 현실정합적現實整合的인 것으로 되돌리기 위함에 다름 아니었다.

케이사이와 담헌은 허리범론虛理汎論과 기송사장지학記誦詞章之學을 비판하고[41] 실천적·실제적 학문을 중시했다는 점에서도 아주 유사

---

39 케이사이가 퇴계를 높이 평가한 것도 퇴계의 주리적(主理的) 성향 때문이다.

40 이 때문에 담헌은 만년에 장자(莊子)나 묵자(墨子) 등 이단 사상을 수용하는 데 상대적으로 어려움이 적었으리라 생각된다.

41 케이사이의 이런 면모에 대해서는 「跋大學物說」, 『淺見絅齋集』(近藤啓吾·金本正孝 編), 496면 참조.

하다. 케이사이는 무학武學뿐만 아니라 천문지리에도 관심을 보였으며,[42] 유학의 본령이 인륜일용人倫日用과 명교名教에 있음을 강조하고 그 실천적 측면을 중시하였다. 담헌 역시 병학兵學에 대한 깊은 관심을 보여주고 있다. 게다가 그는 당시 조선의 유수한 수학자·천문학자의 한 사람이었다. 두 사람이 중국을 세계 속의 한 나라로 상대화시켜 버릴 수 있었던 데는 여러 가지 요인을 생각할 수 있지만 그중의 한 요인으로 그들의 천문지리적 관심과 연구를 빼놓을 수 없다.

케이사이와 담헌이 중화적 화이론을 부정하고 새로운 세계상, 새로운 동아시아적 질서관을 모색해 간 데에는 두 사람의 학문 성향에 내재해 있던 서상敍上의 측면들이 작용한 것임에 틀림없다.

케이사이와 담헌이 각각 중화적 화이론을 해체하는 작업을 전개한 것은 당시 일본과 조선이 맞닥뜨리고 있던 사상사적 과제, 나아가 그 당시 동아시아의 현실과도 밀접한 관련이 있다고 여겨진다. 국제전의 형태로 전개된 16세기 말의 전쟁이 끝난 후, 중국 대륙에는 명청明淸의 교체가 이루어지고 일본에는 도쿠가와德川 막부幕府가 들어서게 된다. 일본에서 송학宋學에 대한 본격적인 연구가 이루어지기 시작한 것은 이때부터다. 그런데 잘 알려져 있다시피 송학, 특히 주자학은 춘추대의와 화이의 구분을 몹시 강조하는, 한족漢族을 중심에 두는 교학 체계다. 바로 이 점에서 주자학 수용기의 일본사상계가 맞닥뜨린, 그리하여 해결하지 않으면 안 될 중요한 과제가 제기된 것이라고 생각된다. 더군다나 일본은 역사적으로 자국에 대한 강한 자의식을 지녀 온 전통

---

42 케이사이의 무학(武學)에 대한 관심은 「劍術筆記」(近藤啓吾·金本正孝 編, 『淺見絅齋集』 所收), 「然流長刀目錄後記」(같은 책 所收), 「書然流授受記後」(같은 책 所收) 등 참조. 또 그의 천문지리에 관한 관심은 같은 책, 628·641면 참조.

이 있고, 게다가 당시 일본의 지배층인 무사武士는 그 멘탈리티에 있어
서 자존自尊의 감정이 대단히 높았다. 뿐만 아니라 일본이 어쨌든 중국
＝명明과 대등하게 싸워 본 경험을 갖고 있었다는 점, 그리고 이민족인
여진족女眞族이 중원中原을 통치하는 새로운 현실이 대두했다는 점은,
일본 지식인들로 하여금 현재의 중국을 상대화하는 데 유리한 조건을
만들어 주었다고 보인다. 말하자면 케이사이는 이러한 상황 속에서 스
승인 야마자키 안사이의 생각[43]을 한편으로 계승하면서 좀더 분명하고
체계적인 형태로 당시 일본에 제기된 사상사적 과제에 부응했던 것이
라고 말할 수 있을 터이다.

　그렇다면 담헌은 어떤가? 담헌이 살았던 18세기의 조선 사회가 내
면적으로 넘어서지 않으면 안 되는 가장 어려운 사상적 과제의 하나는
역시 중화주의가 아니었을까 생각된다. 전래傳來의 이 중화주의는 17
세기 이래의 변화된 동아시아 질서와 관련하여 기묘하게도 조선중화
주의라는 변형을 만들어냈다. 담헌의 시대는 도쿠가와 초기의 일본과
달리 주자학의 수용기가 아니라 주자학의 하강기였다. 당시의 조선주
자학은 현실에 대한 유연한 태도를 상실한 채, 명분론과 자기절대화에
함몰되어 있었다. 그것의 단적인 표현이 조선중화주의였던 것이다. 물
론 조선중화주의의 부수적 성과물로서 예술적·문화적 성취가 일정하
게 없었던 것은 아니다. 하지만 적어도 현실인식이라든가 '세계'를 읽
어 냄을 본령으로 삼는 사상의 차원에서 본다면 조선중화주의는 소아
병적인 것이고 심각한 문제를 지니는 것이었다. 바로 이 점에서, 조선
중화의식으로 압축된 당대 조선의 천하관天下觀을 수정하는 것이 당시

43　야마자키 안사이의 화이론에 대해서는 朴鴻圭,「十七世紀東アジア秩序の問題—華夷
論を中心に」(『政經硏究』第38卷 第3號, 2001.11) 참조.

의 조선 학계에 부하負荷된 주요한 사상사적 과제였다고 말하지 않을 수 없다. 조선중화의식의 극복은 동시에 중화주의의 극복이지 않으면 안 되었다. 담헌의 작업은 바로 이에 부응한 것이었다고 할 수 있을 터이다.

4.2 문제의 언저리를 더듬는 일은 이 정도로 그치고, 이제 논점을 좁혀 케이사이와 담헌 두 사람의 탈화이론脫華夷論에서 그 '내질'內質 자체의 동이同異는 과연 무엇인가 하는 좀더 본질적인 문제에 대한 검토로 들어가기로 하자.

이와 관련해 최우선적으로 지적해야 할 점은, 케이사이가 자기중심성의 '확인'을 통해 화이론을 해체시키고 있다면, 담헌의 경우 그와 정반대로 자기중심성의 '부정'을 통해 화이론을 해체시키고 있다는 사실이다. 현상적으로 볼 때 그 도달한 결과는 비슷하지만, 그러한 결과에 도달하기까지의 사유의 매개 과정은 전혀 다르다.

케이사이의 경우 모든 논의의 출발점과 귀결점에는 '주체'가 놓인다. 그의 작업 목표는 궁극적으로 일본적 주체의 확인과 긍정에 있었음으로써. 일본적 주체의 확인과 긍정이라면 굳이 케이사이의 작업을 기다릴 것 없이 이미 신도자神道者들을 통해 달성된 게 아닌가? 케이사이는 결코 그렇게 본 것 같지 같다. 케이사이는, 신도자는 신도자대로의 장점이 없는 것은 아니지만 종종 특수를 보편으로 과장하거나 보편=이理에 대한 이해가 부족하다는 점에서 편협하고 천루淺陋하다고 보았다.[44] 그는,

---

44 일본의 신도(神道)가 "기묘신비(奇妙神秘)로 흘러 천루(淺陋)의 학(學)"이 되었다는 지적은 「答跡部良賢問目第二」, 『淺見絅齋集』(田崎仁義 編), 282면 참조. 또 신도가 이(理)의 음미를 결(缺)하고 있어 한심하다는 지적은 近藤啓吾・金本正孝 編, 『淺見絅齋集』, 597면의

천지에 두루 통용되는 보편적 원리에 비추어 일본적 주체를 확인하고 긍정하는 작업[45]은 아직 제대로 이루어진 바 없으며, 따라서 자신이 수행해야 할 과제로 자임했던 듯하다.

케이사이는 주체를 절대의 자리에 놓고 그것들을 서로 마주 세우는 방식으로 기존의 중화적 화이론을 돌파하고자 했다. 이럴 경우 주체와 또 다른 주체(=객체)는 불가피하게 상호대립적인 관계에 놓이게 된다. 나아가 자기 주체의 과도한 강조는 자칫 보편적 원리의 파탄을 초래하면서 또 다른 주체=객체에게 불평등한 관계의 용인을 강요할 수도 있다. 우리는 근대 세계의 국가 간 관계에서, 그리고 오늘날의 국제 관계에서 이런 모순을 늘 목도하고 있는 바이다. 이 경우 보편적 원리는 한갓 가상으로 되고 말며, 실제로 작동하고 있는 원리는 자기중심적인 기준일 따름이다. 케이사이의 탈화이론은 보편적 원리에 기댐으로써 중국과 일본의 관계 인식은 목표한 대로 정립해 낼 수 있었지만, 과도한 자기 주체의 강조로 인해 일본/조선의 관계 인식에 있어서는 내면적 파탄의 계기를 스스로 안고 있었던 셈이다. 이는 역시 보편성을 강조하면서도 자기중심성에 지나치게 집착한 결과가 아닐까 생

마지막 조목 참조. 또 신도는 인륜일용(人倫日用)에 응(應)하지 못하는 게 문제라는 지적이 같은 책, 599면에 보인다.

45 가령 「중국변」의 두 번째 대답 중, "도(道)에 주객(主客) 피차(彼此)의 구별이 없다면, 도가 개시(開示)된 책을 따라 그 도를 배우면 그 도가 바로 우리 천지의 도다. 설사 불이 뜨겁고 물이 차며, 까마귀가 검고 백로가 희며, 어버이가 사랑스럽고 인군(人君)을 떠나기 어려움은, 당(唐)으로부터 말하더라도, 우리나라로부터 말하더라도, 천축(天竺)으로부터 말하더라도, 서로 이쪽의 도라고 말할 수 없음과 같다"(道＝主客彼此ノヘダテナケレバ、道ノヒラケタル書ニツイテ其道ヲ學ベバ、其道卽吾天地ノ道ナリ。タトヘバ火アツク水ツメタク烏クロク鷺白ク、親ノイトヲシク君ノハナレガタキ、唐ヨリ云モ、吾ヨリ云モ、天竺ヨリ云モ、タガイニコチノ道ト云コトナキガ如シ)라고 한 말은 케이사이가 추구한 이러한 문제의식과 관련해 음미를 요하는 의미심장한 대목이라 할 만하다.

각된다.

　담헌은 케이사이와는 다른 방향으로 생각을 전개했다. 그는 현실적으로 문제가 되고 있는 모든 존재의 자기중심성, 그리고 인식의 자기중심적 국한성의 문제를 꿰뚫어보면서도 더 높은 차원에 있어 그것은 결국 지양止揚되지 않으면 안 된다고 하는 관점을 취하였다. 요컨대 담헌은 자기중심성의 강조를 통해서가 아니라 거꾸로 자기중심성을 지양한 자리에서 개개의 주체를 긍정하고, 그럼으로써 주체들 상호간의 대등한 관계라는 밑그림을 그리고 있었던 게 아닌가 생각된다. 이렇게 본다면 담헌이 모색한 탈화이론에서의 주체는 서로 마주선 대립적 주체라기보다 하나의 관계망關係網 속에 '나란히' 병존하는 일종의 '관계적' 주체로서의 면모를 띠게 된다. 이 점에서 그의 탈화이론은 인간과 사물의 관계에 대한 그의 기본 구상을 담고 있는 저 '인물균'人物均의 사유와 정확히 대응된다고 할 만하다. 말하자면 '인물균' 사상을 종족 간 혹은 국가 간 관계에 적용한 것이 바로 그의 탈화이론이라고 말할 수 있다. 만일 오늘날의 세계 상황에서 담헌이 취한 방식을 음미하는 것이 허락된다면, 담헌이 설정한 주체는 아마도 '자존적임과 동시에 타존적他尊的인' 주체, 혹은 '열린' 주체쯤으로 규정될 수 있지 않을까 한다.

　케이사이와 담헌의 탈화이론은, 전자는 주로 경험적 근거에 의거하고 있는 반면 후자는 경험적 근거를 전연 끌어들이지 않은 것은 아니나 궁극적으로는 초월적(혹은 초경험적) 근거에 의거하고 있다는 점에서 뚜렷한 대조를 보인다. 가령 케이사이가 일본적 주체를 강조할 때 그 근거로 제시하고 있는 것은, 자기 어버이가 제일 중요하다는 것, 만국지도萬國地圖로 볼 때 중국이 중심이 아니라는 것, 일본은 개국 이래 "정통이 이어지고 만세군신萬世君臣의 대강大綱이 불변不變"인데 이는 타국이 미치지 못하는 바라는 것, 게다가 일본의 치자治者는 "무의장부武毅丈夫로서 염치정직廉恥正直의 풍風이 천성에 뿌리내리고 있다"[46]는 것 등등이다. 모두 경험적인 사실들이다. 이에 반해 담헌이 화이의 구분을 부정하는 논거는, 비단 '지구는 둥글다. 따라서 지구상의 나라들에 특정한 중심은 없다'는 것만이 아니다. 자기중심성에 대한 반성 내지 지양은 '인물균'에 기초하고 있으며, 그것은 '천'天이라는 최고심급最高審級의 초월적 실체에 의해 떠받쳐지고 있다. 이 점에서 담헌의 논리 전개는 다분히 '연역적'이다. 케이사이의 탈화이론이 현실주의적 성향이 강함에 반해 담헌의 탈화이론이 이상주의적 색채를 띠는 것은 아마 이런 차이와 관련되지 않나 생각된다. 현실주의와 이상주의는 각기 그것대로의 장점과 약점이 있게 마련이다.

탈화이론에서 확인되는 케이사이의 경험적 입장과 담헌의 이상주의적 입장은 자국의 국내 문제나 지배 관계를 바라보는 눈과 서로 밀접하게 연결되어 있다고 보인다. 이를테면 자기 아버지, 정통, 만세군민의 불변의 대강, 무의장부의 염치정직 등을 거론한 케이사이의 경우, 그것들은 강렬한 존왕관尊王觀, 혈통에 바탕한 가족적 군민관君民觀,[47] 역성혁명易姓革命에 대한 부정적 태도,[48] 지배에 대한 합리화 등과 안팎의 관계를 이룬다. 말하자면 케이사이가 국내 문제와 역사를 보는 관점은 지배 담론의 테두리를 한 발짝도 벗어나지 못하고 있는 것처럼 보인다. 담헌은 다르다. 담헌은 국가의 성립 자체를, 인人/물

---

46 「中國辨」, 『淺見絅齋集』(近藤啓吾 · 金本正孝 編), 369면.

47 케이사이가 얼마나 혈통의 순수성을 중시했는가는 양자(養子) 문제를 다룬 「氏族辨證」 (田崎仁義 編, 『淺見絅齋集』所收)에서 잘 드러난다.

48 이와 달리 신도를 철저히 부정하는 입장에 섰던 사토오 나오카타는 맹자의 혁명론을 적극 긍정하는 입장에 섰다.

物, 자기/타자의 구분이 없던 원시공산적 사회가 깨어지면서 지배자가 등장하는 과정으로 설명하고 있으며, 그래서 "문질빈빈"文質彬彬이라며 공자가 그토록 미화해 마지않았던 주周나라에서조차도 그 대규모의 토목공사 등에서 알 수 있듯 인민에 대한 수탈이 자심했음을 환기시키고 있다.[49] 이에서 확인되듯 담헌의 경우 문명과 역사를 보는 눈이 지배 담론 쪽이나 주류적 관점 쪽에 있지 않다. 그것이 비주류적 담론의 성격을 띤다는 점은 명백하다. 그리고, 적어도 현실의 지배 관계를 성찰·반성하고 있으며 그에 대해 신랄한 비판의 눈길을 주고 있음이 분명하다. 담헌이 한국의 전근대 시기의 사상가로서는 드물게 '만민개로'萬民皆勞를 주장한[50] 것도 결코 이런 맥락과 분리해 생각하기 어렵다.

두 사람이 서 있는 '자리'의 이 같은 차이는, 사상을 대하는 양인兩人의 자세에 있어서도 현격한 대조를 낳는다. 가령 케이사이가 극히 엄격한 태도로 이단을 배격하면서 주자학을 견지하고자 했다면(물론 이 주자학은 다분히 일본화된 주자학이지만), 담헌은 '공관병수'公觀併受를 주장하면서[51] 불교, 노老·장莊, 양楊·묵墨, 양명學陽明學, 서학西學 등에 문호를 개방했다. 말하자면 담헌은 진리의 절대성, 특정 진리 체계의 절대화에 깊은 회의를 품었으며, 그것을 부정하는 입장을 취했던 것으로 여겨진다. 아마 이는 주자학을 유일무이의 교의敎義로 떠받들며 여타의 사상을 억압하고 있던 당대 조선의 학문 풍토에 대한 깊은

---

49 박희병, 「홍대용 사상에 있어서 물아(物我)의 상대성과 동일성」, 『한국의 생태사상』, 290~292면 참조.

50 『林下經綸』, 『湛軒書』, 내집 권4 참조.

51 이 점은 박희병, 「홍대용의 생태적 세계관―연구사의 검토를 통한 접근」, 『한국의 생태사상』, 266면에서 논의된 바 있다.

자기성찰의 결과가 아닐까 한다. 그리하여 담헌은 이단을 배격할 것이 아니라 열린 마음으로 제諸 사상으로부터 배우고 그 좋은 점을 섭취해 나감으로써만 진리에 이를 수 있다고 보았다.

5

지금까지, 케이사이와 담헌의 탈화이론의 동이를 개략적으로 검토해 보았다. 동이의 검토는 그 자체가 목적은 아니다. 그것은 하나의 '방법', 즉 사상事象의 전체적이고도 본질적인 면모의 인식에 다다르기 위한 방법일 뿐이다. 이런 방법을 매개해 우리가 지닌 인식의 일면성을 가까스로 조금 넘어서면서 자기 자신을, 그리고 타자를 좀더 잘 이해할 수 있게 된다면 그것은 분명 의미 있는 일일 터이다. 자기 자신에 대한 진정한 인식은 타자에 대한 인식을 통해 가능하며, 거꾸로 타자에 대한 인식의 깊이는 자기 자신에 대한 인식의 정도를 결정한다.

끝으로, 여기서는 시야를 조금 확대해 18세기 이후의 상황을 염두에 두면서 약간의 비평적 전망을 덧붙여 두고자 한다.

5.1 보편성 속에서 일본적 주체성을 분명히 하고자 한 케이사이의 작업은 정당한 것일 뿐만 아니라, 17세기 일본사상사에서 대단히 의미 있고 돋보이는 것이라고 하지 않을 수 없다. 일본사상 속에는 일본을 신국神國으로 간주하며 절대화하는 흐름이 없지 않다. 가령 케이사이 이전에는 『원형석서』元亨釋書, 『신황정통기』神皇正統記 같은 저술을 대표적으로 거론할 수 있다. 하지만 케이사이는 일본적 주체의 정립을 강조하긴 했어도 자고자대自高自大의 감정에서 일본을 절대화하는 입

장과는 거리를 두고 있었다고 판단된다. 바로 이 점에 그의 독특한 사상사적 위상이 있다고 생각된다. 케이사이는 훗날 스이카 신도垂加神道를 주창한 스승 야마자키 안사이와 결별하게 되지만, 그가 신도를 받아들일 수 없었던 것도 여기에 그 일단의 이유가 있을 터이다. 말하자면 케이사이는 보편적 지평 속에서 일본을 전망하면서 그 특수성을 승인하고자 했던 것이다. 이 점이야말로 케이사이의 가장 빛나는 부분이라고 말해야 할 것이다.

　　그러나 동시에 케이사이가 서 있는 지점은 그 독자성의 지속에 어려움이 따르고, 그 점에서 상당히 위태로운 측면이 없지 않다고 여겨진다. 그가 서 있는 지점은 자칫 조금만 균형을 잃어버리면 그 오른편에 있는 신도자류神道者流 쪽으로 다가갈 수 있는 어떤 소지를 내포하고 있다고 보이기 때문이다. 그러므로 다니 신잔谷泰山과 같은 신도파神道派 학자의 다음과 같은 말, 즉 케이사이가 만년에 신도에 뜻을 두었지만 불과 1, 2년 사이에 죽어 아무 것도 남기지 못했다[52]는 말에는 일말의 진실이 깃들어 있을지 모른다. 하지만 이 점을 입증할 만한 확증은 없다. 케이사이의 어록을 검토해 보면, 그가 신도와 일정한 거리를 두고 있음이 분명한 시절에 있어서조차 신도의 의의를 전면 부정한 것은 결코 아니었다. 존왕론尊王論에 투철하고 황통의 만세일계萬世一系에 큰 자부심을 느낀 그였던만큼 적어도 이런 생각과 연결된 맥락에 있어서는 신도의 의의를 적극적으로 긍정할 수밖에 없었던 것이다. 아마도 이런 점 때문에 만년의 그가 신도에 좀더 관심을 쏟고 그쪽으로 경사되어 갔을 가능성을 완전히 배제하기는 어렵다. 만일 그렇다고 한다면

52　谷泰山, 『保建大記打聞』(日本國粹全書 第17輯; 東京: 日本國粹全書刊行會, 1916)에 이 말이 보인다. 近藤啓吾, 「淺見絅齋年譜」, 『淺見絅齋の硏究』, 429면 참조.

그의 사상은 좀더 오른쪽으로 기운 게 되는 셈이다.

내적 모순이 없지는 않지만 기본적으로 보편성을 견지하면서 일본적 주체를 수립하고자 한 케이사이의 소중한 면모는 18세기 후반에 불어닥친 국학國學의 바람 앞에 덮여 버린 감이 없지 않다. 특수성이 일방적으로 보편성을 주장하는 공간에서는 진정한 보편성에 대한 탐구가 설 자리를 잃어버리고 만다. 이러한 사상사적 상황은, 다른 각도에서 해석한다면, 케이사이의 사상이 안고 있던 내적 모순, 그 어떤 위태로운 측면의 현실적 확대 과정으로 해석될 수 있는 여지가 없지 않다.

요컨대 케이사이의 사상은 원천적으로 두 가지 길을 열어 놓고 있다고 보이며, 이 점에서 문제적이다. 그 하나는, 앞에서 필자가 케이사이의 빛나는 부분이라고 한 측면을 계승·발전시키면서 그 모순과 문제점을 극복해 나가는 길이고, 다른 하나는 쉽게 눈에 띄고 얼른 다가오는 부분, 즉 일본적 특수성의 강조라는 측면을 계승·확대시키는 길이다. 전자의 길은 부단히 균형을 잡아 가야 하고 긴장과 자기성찰이 수반되지 않으면 결코 성립될 수 없는 길이다. 후자의 길은 불가피하게도 케이사이의 모순을 확대재생산하는 길이다. 일본사상사는 과연 어느 방향으로 나아갔는가? 유감스럽게도 후자 쪽이 아닌가 한다.

덧붙여 후대의 케이사이 수용 방식과 관련해 한두 가지 점만 지적해 두고자 한다. 19세기 전반기의 저명한 존왕사상가尊王思想家인 요시다 쇼오인吉田松陰(1830~1859)이 『정헌유언』을 열독熱讀했음은 이미 잘 알려져 있는 사실이다.[53] 요시다 쇼오인은 그의 『유수록』幽囚錄에서 보듯 진구우 황후神功皇后의 삼한 정벌 이래 삼한은 일본의 조공국朝貢國이었다는 사관을 재확인하고 있을 뿐만 아니라, 거기서 한술 더 떠

---

53 田崎仁義, 「淺見絅齋集解題」, 『淺見絅齋集』, 134면 참조.

서 일한日韓 관계를 다시 원래의 상태로 되돌리지 않으면 안 된다는 점을 역설하고 있다. 막말幕末의 가쓰 카이슈勝海舟(1823~1899), 유신維新 초기의 기도 타카요시木戶孝允(1833~1877), 사이고오 타카모리西鄕隆盛(1827~1877) 등이 정한론征韓論을 제기하기 전 일찌감치 그런 주장을 펼친 셈이다. 요시다 쇼오인의 이런 관점은 케이사이의 '부否의 측면을 확대 계승하고 있다고 할 만하다. 한편 20세기에 들어와서는, 케이사이가 야마자키 안사이와 더불어 국체론國體論을 선구적으로 제기한 사상가라는 해석과 미화가 주로 국가주의 이데올로그들에 의해 이루어졌다. 태평양 전쟁 패전敗戰 전전戰前의 히라이즈미 키요시平泉澄(1895~1984), 우치다 슈우헤이內田周平(1858~1945), 그리고 패전 후 이들을 충실히 계승하고 있는 곤도오 케이고近藤啓吾(1921~) 등을 대표적인 인물로 꼽을 수 있을 터이다. 곤도오 케이고에서 단적으로 볼 수 있듯 이들의 케이사이 해석은 주로 신도神道를 궁극적 준거점으로 삼아, 이처럼 훌륭한 일본주의자日本主義者 케이사이가 왜 신도를 받아들여 좀더 철저해질 수 없었던가 하는 점에 아쉬움을 표시함과 더불어 그렇기는 하지만 케이사이가 만년에는 신도로 사상 전회思想轉回를 이룩했다는 사실을 애써 강조함으로써 스스로를 위안하고 있는 것처럼 보인다는 점에 그 주요한 특색이 있다.

5.2 『의산문답』은 국가와 국가 간의 보편적 원리를 확인하고 있기는 하나, 현실적 문제와 관련한 구체적 대안을 제시하고 있지는 않다. 가령 케이사이가 지금부터 '중국'과 '이적'이라는 말을 폐기하고 '오국吾國과 '이국異國이라는 말을 쓰자고 한 것과 같은 유의, 사상의 실제적 적용을 발견하기는 어렵다. 이 점은, 케이사이의 담론이 철저히 구체적·실제적 방식을 취하고 있음에 반해 담헌의 그것은 원리적·이론적 방식을 취하고 있음과도 일정하게 관련된다. 이처럼 두 사람이

퍽 대조적인 방식으로 사상을 전개한 데에는 두 나라 사상 풍토의 차이가 반영되어 있을지 모른다.

구체적인 사실에 대한 질문과 그에 대한 구체적인 답변으로 이루어져 있는 「중국변」에서 일본과 조선의 관계가 언급되어 있음에 반해, '추상'의 수준을 높이 하여 이론을 전개해 가고 있는 『의산문답』에서는 조선과 일본의 관계에 대한 그 어떤 언급도 찾아볼 수 없다. 조선의 지식인들이 전통적으로 일본을 중화문명의 변두리로 간주하여 '이적'으로 치부하며 얕잡아보아 왔음은 잘 알려져 있는 사실이다. 그래서 담헌이 과연 조선과 일본의 관계를 여하히 인식했을까 하는 점이 적이 궁금하지 않을 수 없다. 이 점은, 경우에 따라서는 케이사이처럼 총론과 각론의 모순, 이론과 실제의 모순을 보여줄 수 있는, 담헌의 탈화이론에 있어서의 일종의 아킬레스건에 해당할 수도 있기 때문이다. 다행히 이 점을 짚어 볼 수 있는 하나의 자료가 남아 있다. 『담헌서』湛軒書에 실려 있는 「일동조아발」日東藻雅跋이라는 글이 그것이다. 이 글은 담헌이 원중거元重擧가 편찬한 책에 써 준 발문跋文이다. 원중거는 실학계實學系 학자로, 1763년의 통신사행 때 서기書記로서 일본에 다녀왔으며, 귀국 후 『일동조아』日東藻雅라는 책을 편찬하였다. 발문의 내용으로 추정컨대 원중거는 "정학正學을 밝히고 사설邪說을 없앤다"[54]는 소신을 갖고 있었던 듯하다. 그런데 담헌은 이 발문에서, 일본의 여러 학자와 문인文人을 거론하면서 이들이 조선은 물론이려니와 중국에서조차 구하기 쉽지 않다고 극찬한 다음, 일본을 깔보아서는 안 된다는 것, 이토오 진사이와 오규우 소라이는 존경받아 마땅하다는 것, 원중거가 정학을 밝

---

54 "玄翁(원중거를 가리킴―인용자)之明正學息邪說, 不可謂急先務也."(「日東藻雅跋」, 『湛軒書』, 內集 권3, 30장 뒷면)

히고 사설을 없애겠다고 하지만 진사이와 소라이의 학술의 요체는 몸을 닦고 백성을 구제하는 것인 만큼 그들 또한 성인聖人의 무리이고 따라서 그 학술 역시 가可하다는 입장을 천명하고 있다. 한편, 조선을 일본의 "서린"西隣, 즉 '서쪽 이웃'이라 부르고 있다. 이런 명칭은 두 나라에 대한 대등한 인식을 전제로 하지 않고서는 불가능하다. 일본에 대한 이런 평등한 인식은 당시의 조선 지식인에게서 그 유례를 찾기 어렵다.[55]

「일동조아발」이 언제 씌어졌는지는 정확히 알 수 없다. 하지만 적어도 「일동조아발」을 통해 우리는 『의산문답』이 담고 있는 형이상학적·보편적 사유의 차원이 구체적·현실적 레벨에서도 관철되는 양상을 확인할 수 있다. 말하자면 총론과 각론이 일치하고 있는 셈이다.

『의산문답』은 외부에 그다지 알려지지 않은 채 담헌의 집안에 전해 내려온 것으로 보인다. 문헌에서 확인되기로는 박지원의 손자 박규수朴珪壽(1807~1877)의 글에 이 책이 처음 거론되고 있다.[56] 담헌과 박지원은 학문적·인간적으로 평생 돈독한 관계를 유지했고, 그 교분은 후손들에게까지 이어졌다. 박규수의 시대는 담헌의 시대처럼 평화로운 시대는 아니었으며, 이른바 서세동점西勢東漸으로 동아시아가 요동치고 있던 때였다. 이처럼 새롭게 조성된 국제 관계는 기존의 화이론을 청산하고 주체/타자에 대한 새로운 인식과 규정을 요구하고 있었다고 보인다. 하지만 박규수가 이런 시대적 요구와 관련해 『의산문답』에서 어

---

55 이익(李瀷), 박지원(朴趾源), 박제가(朴齊家), 정약용(丁若鏞) 등도 일본에 관심을 가지고 일본의 변화상에 주목하기는 했으나, 일본과 조선을 평등하게 보는 데까지는 이르지 못했다. 이들은 문화적으로 일본이 조선보다 열등한 나라라고 보았다.

56 김명호, 『환재 박규수 연구』(창비, 2008), 164~165면 참조.

떤 시사나 영향을 받은 것 같지는 않다.[57]

담헌의 『의산문답』이 세상에 널리 알려진 것은 1939년 정인보鄭寅普의 작업에 의해 그의 문집인 『담헌서』가 간행되면서다. 그러므로 케이사이의 사상과 달리 『의산문답』의 사상은 19세기 말, 20세기 초 격동기의 한국 지식인들에게 현실적 영향을 미치지 못했다고 해야 할 것이다.

그렇기는 하지만, 담헌이 『의산문답』에서 제기한 사상은 공존과 평화, 상호존중과 자기성찰에 입각한 21세기의 새로운 동아시아상像을 그려 나가는 데, 그리고 배타적 국가주의를 넘어선 새로운 세계상을 모색해 나가는 데 하나의 중요한 참조가 될 수 있다. 설사 타락한 세계에서 이상이 관철되지 못한다 하더라도, 이상은 끊임없이 대항 담론으로서 존재하지 않으면 안 되며, 적어도 그 점에서 현실의 악화惡化를 막거나 현실을 교정하는 힘이 될 수 있기 때문이다.

---

57 박규수의 학문과 경세론에 대해서는 김명호, 위의 책 참조.

참고문헌

1. 자료

『論語』

『大學』

『書經』

『孝經』

『禮記』

『周禮』

『漢書』

『墨子』

『莊子』

『孫子』

『管子』

『淮南子』

『近思錄』

『二程全書』

『朱子語類』

『朱子全書』

『性理大全』

『明宗實錄』

『英祖實錄』

『承政院日記』

―

金純澤, 『志素遺稿』, 국립중앙도서관 소장본.

金履安, 『三山齋集』, 여강출판사, 1987.

金鍾秀, 『夢梧集』, 한국문집총간 제245책, 민족문화추진회, 2000.

金昌協,『農巖集』, 한국문집총간 제162책, 민족문화추진회, 1996.

金昌翕,『三淵集』, 한국문집총간 제166책, 민족문화추진회, 1996.

南公轍,『金陵集』, 한국문집총간 제272책, 민족문화추진회, 2001.

朴齊家,『貞蕤閣全集』, 여강출판사, 1986.

朴趾源,『燕巖集』, 경인문화사, 1974.

成大中,『青城雜記』, 이병도 舊藏本.

成大中,『青城集』, 한국문집총간 제248책, 민족문화추진회, 2000.

元重擧,『乘槎錄』, 고려대 육당문고본.

元重擧,『和國志』, 이우성 편, 아세아문화사, 1990.

柳壽垣,『迂書』, 규장각 소장본.

柳馨遠,『磻溪隧錄』, 명문당, 1982.

李德懋,『青莊館全書』, 한국문집총간 제257책, 민족문화추진회, 2000.

李福休,『漢南集』,『近畿實學淵源諸賢集』五, 성균관대 대동문화연구원, 2002.

李彦瑱,『松穆館燼餘稿』, 한국문집총간 제252책, 민족문화추진회, 2000.

李惟泰,『草廬先生文集』, 한국문집총간 제118책, 민족문화추진회, 1995.

李宜顯,『陶谷集』, 한국문집총간 제181책, 민족문화추진회, 1997.

李珥,『栗谷全書』, 한국문집총간 제44·45책, 민족문화추진회, 1989.

李瀷,『星湖全書』, 여강출판사, 1984.

李瀷,『星湖全集』, 한국문집총간 제198책, 민족문화추진회, 1997.

李麟祥,『雷象觀文藁』, 후손가 소장본.

張維,『谿谷集』, 한국문집총간 제92책, 민족문화추진회, 1992.

鄭道傳,『三峰集』, 국사편찬위원회, 1961.

丁若鏞,『與猶堂全書』, 경인문화사, 1982.

鄭齊斗,『霞谷全集』, 여강출판사, 1988.

趙璥,『荷棲集』, 한국문집총간 제245책, 민족문화추진회, 2000.

崔漢綺,『人政』,『明南樓全集』二, 여강출판사, 1986.

許筠,『許筠全集』, 성균관대 대동문화연구원, 1981.

許筠,『惺所覆瓿藁』, 한국문집총간 제74책, 민족문화추진회, 1991.

洪吉周,『縹礱乙幟』, 연세대 소장본.

洪樂純,『大陵雜書』, 국립중앙도서관 소장본.

洪大容,『湛軒書』, 한국문집총간 제248책, 민족문화추진회, 2000.

洪萬宗,『洪萬宗全集』, 태학사, 1980.

洪良浩,『耳溪洪良浩全書』, 민족문화사, 1982.

黃胤錫,『頤齋亂藁』, 한국정신문화연구원, 1997.

翁方綱,『復初堂文集』, 四庫全書本.

王陽明,『王陽明全集』, 上海古籍出版社, 1992.

劉向,『說苑』, 四庫全書本.

李光地,『榕村集』, 四庫全書本.

『諸子集成』, 中華書局, 1986.

林希逸 撰,『莊子口義』, 四庫全書本.

張載,『張載集』, 台北: 漢京文化事業有限公司, 1983.

黃式二,『儆居集』, 四庫全書本.

F. Verviest,『坤輿圖說』, 四庫全書本.

—

林羅山,『林羅山文集』, 京都史蹟會 編, 東京: ぺりかん社, 1979.

佐藤直方,『增訂佐藤直方全集』, 日本古典學會 編, 東京: ぺりかん社, 1979.

淺見絅齋,『淺見絅齋集』, 近藤啓吾·金本正孝 編, 東京: 國書刊行會, 1995.

淺見絅齋,『淺見絅齋集』, 田崎仁義 編, 東京: 誠文堂新光社, 1937.

—

『묵자』, 김학주 역, 명문당, 2003.

『순자』, 이운구 역, 한길사, 2006.

—

金昌業,『燕行日記』,『국역 연행록선집』 IV, 민족문화추진회, 1976.

朴齊家,『북학의』, 안대회 역, 돌베개, 2003.

朴宗采,『역주 과정록』, 김윤조 역주, 태학사, 1997.

朴宗采,『나의 아버지 박지원』, 박희병 역, 돌베개, 1998;『過庭錄』의 국역.

朴趾源,『연암집』, 신호열·김명호 역, 돌베개, 2007.

朴趾源,『열하일기』, 김혈조 역, 돌베개, 2009.

박희병 외 역,『연암산문정독』, 돌베개, 2007-2009.

成大中,『국역 청성잡기』, 민족문화추진회, 2006.

元重擧,『와신상담의 마음으로 일본을 기록하다』, 박재금 역, 소명출판, 2006;『和國志』
의 국역.

元重擧,『조선 후기 지식인, 일본과 만나다』, 김경숙 역, 소명출판, 2006;『乘槎錄』의 국
역.

柳壽垣,『국역 우서』, 민족문화추진회, 1981-1982.

柳馨遠,『國譯註解 磻溪隨錄』, 한장경 역주, 충남대, 1962-1968.

李德懋,『국역 청장관전서』, 민족문화추진회, 1978-1981.

李宜顯,『庚子燕行雜識』,『국역 연행록선집』 V, 민족문화추진회, 1976,

李瀷,『국역 성호사설』, 민족문화추진회, 1977-1984.

정길수 편역,『나는 나의 법을 따르겠다―허균 선집』, 돌베개, 2012.

丁若鏞,『국역 경세유표』, 민족문화추진회, 1977-1986.

丁若鏞,『역주 목민심서』, 다산연구회 역주, 창작과비평사, 1981-1985.

丁若鏞,『국역 다산시문집』, 민족문화추진회, 1982-1997.

최지녀 편역,『개구리 울음소리―장유 선집』, 돌베개, 2006.

洪大容,『국역 담헌서』, 민족문화추진회, 1974-1975.

洪大容,『산해관 잠긴 문을 한 손으로 밀치도다』, 김태준·박성순 옮김, 돌베개, 2001:
   『乙丙燕行錄』의 현대역.

洪大容,『주해 을병연행록』, 소재영·조규익 외 주해, 태학사, 1977.

2. 저서

강만길,『조선후기 상업자본의 발달』, 고려대 출판부, 1973.

김명호,『열하일기 연구』, 창작과비평사, 1990.

김명호,『환재 박규수 연구』, 창비, 2008.

김문용,『홍대용의 실학과 18세기 북학사상』, 예문서원, 2005.

김용섭,『조선후기농업사연구(II)』(증보판), 지식산업사, 2007.

김인규,『북학사상의 철학적 기반과 근대적 성격』, 다운샘, 2000.

김태영,『실학의 국가 개혁론』, 서울대 출판부, 1998.

김태준,『홍대용과 그의 시대』, 일지사, 1982.

김태준,『홍대용 평전』, 민음사, 1987.

김태준,『홍대용』, 한길사, 1998.

박희병,『한국의 생태사상』, 돌베개, 1999.

박희병,『운화와 근대』, 돌베개, 2003.

박희병,『연암을 읽는다』, 돌베개, 2006.

박희병,『韓國漢文小說 校合句解』(제2판), 소명출판, 2007.

박희병,『나는 골목길 부처다―이언진 평전』, 돌베개, 2010.

박희병,『저항과 아만』(개정판), 돌베개, 2012.

박희병 외,『通信使의 筆談』, 서울대 출판부 간행 예정.

신용하, 『조선후기 실학파의 사회사상 연구』, 지식산업사, 1997.

오수경, 『연암그룹 연구』, 한빛, 2003.

유봉학, 『연암일파 북학사상 연구』, 일지사, 1995.

이동인, 『율곡의 사회개혁사상』, 백산서당, 2002.

정인보, 『詹園鄭寅普全集』, 연세대 출판부, 1983.

정훈식, 『홍대용 연행록의 글쓰기와 중국인식』, 세종출판사, 2007.

진재교, 『耳溪 洪良浩 문학 연구』, 성균관대 대동문화연구원, 1999.

최남선, 『조선역사』, 동명사, 1931 ; 『조선역사』(신판), 동명사, 1946(『六堂崔南善全集』,
　　현암사, 1973 所收).

하우봉, 『조선후기 실학자의 일본관 연구』, 일지사, 1989.

한영우, 『꿈과 반역의 실학자 유수원』, 지식산업사, 2007.

한우근, 『성호 이익 연구』, 서울대 출판부, 1980.

한우근 외, 『다산사상의 종합적 연구』, 프린트本, 1982.

—

Vitaly A. Rubin, 『중국에서의 개인과 국가―공자, 묵자, 상앙, 장자의 사상 연구』, 임철
　　규 역, 현상과인식, 1988.

蕭公權, 『중국정치사상사』, 최명 역, 서울대 출판부, 1998.

James B. Palais, 『유교적 경세론과 조선의 제도들―유형원과 조선 후기』, 김범 역, 산처
　　럼, 2008.

—

汪學群·武才娃, 『清代思想史論』, 中國社會科學出版社, 2007.

鄭杰文, 『中國墨學通史』, 人民出版社, 2006.

馮友蘭, 『中國哲學史』, 中華書局, 1961.

許涤新·吳承明, 『中國資本主義的萌芽』, 人民出版社, 1985.

侯外廬 外, 『中國思想通史』, 人民出版社, 1961.

—

谷秦山, 『保建大記打聞』, 東京: 日本國粹全書刊行會, 1916.

近藤啓吾, 『淺見絅齋の研究』, 東京: 神道史學會, 1970.

近藤春雄, 『日本漢文學大辭典』, 東京: 明治書院, 1985.

吉川幸次郎 外 校注, 『伊藤仁齋·伊藤東涯』, 岩波書店, 1971.

吉川幸次郎 外 校注, 『荻生徂徠』, 岩波書店, 1973.

渡辺卓, 『古代中國思想の研究』, 創文社, 1973.

西順藏 外 校注, 『山崎闇齋學派』, 東京: 岩派書店, 1980.

狩野直喜, 『中國哲學史』, 岩波書店, 1953.

一原利國, 『春秋公羊傳の硏究』, 創文社, 1976.

淺野裕一, 『古代中國の文明觀―儒家·墨家·道家の論爭』, 岩波書店, 2005.

川原秀城, 『朝鮮數學史』, 東京大學出版會, 2010.

―

國史大辭典編輯委員會 編, 『國史大辭典』 2, 東京: 吉川弘文館, 1980.

3. 논문

강만길, 「조선후기 상업의 문제점」, 『한국사연구』 6, 한국사연구회, 1971.

구만옥, 「조선 후기 주자학적 우주론의 변동」, 연세대 박사학위논문, 2002.

김명호, 「연암 문학사상의 성격」, 『한국한문학연구』 17, 한국한문학회, 1994.

김문식, 「홍양호의 북학론」, 『문헌과 해석』 24, 태학사, 2003.

김문용, 「담헌의 천문·우주 이해와 과학」, 문석윤 외, 『담헌 홍대용 연구』, 성균관대 출판부, 2012.

김선경, 「유형원의 이상국가 기획론」, 『한국사연구』 125, 한국사연구회, 2004.

김수진, 「능호관 이인상 문학 연구」, 서울대 박사학위논문, 2012.

김영식, 「조선 후기의 지전설 재검토」, 『동방학지』 133, 연세대 국학연구원, 2006.

김용섭, 「18, 9세기 농업실정과 새로운 농업경영론」, 『한국근대농업사연구』, 일조각, 1975.

김용태, 「실학과 사의식」, 임형택 외, 『연암 박지원 연구』, 성균관대 출판부, 2012.

김인규, 「홍대용 사회개혁론의 특징과 그 의의」, 『한국사상과 문화』 32, 한국사상문화학회, 2006.

김인규, 「유수원의 직분주의 신분제 개혁론」, 『동방학』 16, 한서대 동양고전연구소, 2009.

김재섭, 「반계 유형원의 교육개혁사상」, 『한국교육사학』 제24권 제1호, 한국교육사학회, 2002.

김태영, 「반계 유형원의 변법론적 실학풍」, 『한국실학연구』 18, 한국실학학회, 2009.

문석윤, 「담헌의 철학사상」, 문석윤 외 『담헌 홍대용 연구』, 성균관대 출판부, 2012.

문중양, 「18세기 조선 실학자의 자연지식의 성격―象數學的 우주론을 중심으로」, 『한국과학사학회지』 제21권 제1호, 한국과학사학회, 1999.

민두기, 「『열하일기』의 一硏究」, 『역사학보』 20, 역사학회, 1963.

박경안, 「하곡 정제두의 경세론」, 『學林』 10, 연세대 사학연구회, 1988.

박광용, 「18~19세기 조선사회의 봉건제와 군현제 논의」, 『한국문화』 22, 서울대 한국문화연구소, 1998.

박성래, "Hong Tae-Yong's Idea of the Rotating Earth", 『한국과학사학회지』 1, 한국과학사학회, 1979.

박성래, 「홍대용의 과학사상」, 『한국학보』 23, 일지사, 1981.

박성래, 「홍대용 湛軒書의 서양과학 발견」, 『진단학보』 79, 진단학회, 1995.

박찬승, 「정약용의 정전제론 고찰」, 『역사학보』 110, 역사학회, 1986.

박홍식, 「조선조 후기유학의 실학적 변용과 그 특성에 관한 연구」, 성균관대 박사학위논문, 1993.

박희병, 「홍대용 연구의 몇 가지 쟁점에 대한 검토」, 『진단학보』 79, 진단학회, 1995.

박희병, 「한국고전문학의 전통과 생태적 관점」, 『창작과비평』 제23권 제4호, 창작과비평사, 1995.

박희병, 「淺見絅齋와 홍대용―중화적 화이론의 해체양상과 그 의미」, 『대동문화연구』 40, 성균관대 대동문화연구원, 2002.

백승철, 「농암 유수원의 상업관과 상업진흥론」, 『동방학지』 140, 연세대 국학연구원, 2007.

송양섭, 「약천 남구만의 왕실재정개혁론」, 『한국인물사연구』 3, 한국인물사연구소, 2005.

송양섭, 「正祖의 왕실재정 개혁과 宮府一體論」, 『대동문화연구』 76, 성균관대 대동문화연구원, 2011.

송영배, 「홍대용의 상대주의적 사유와 변혁의 논리」, 『한국학보』 제20권 제1호, 일지사, 1994.

신용하, 「다산 정약용의 여전제 토지개혁사상」, 『규장각』 7, 서울대 규장각, 1983.

신용하, 「담헌 홍대용의 사회신분관과 신분제도 개혁사상」, 『한국문화』 12, 서울대 한국문화연구소, 1991.

심경호, 「조선후기 지성사와 제자백가―특히 『관자』와 『노자』의 독법과 관련하여」, 『한국실학연구』 13, 한국실학학회, 2007.

안대회, 「조선 후기 燕行을 보는 세 가지 시선」, 『한국실학연구』 19, 한국실학학회, 2010.

원재린, 「성호 이익의 '造命'論과 신분제 개혁방안」, 『역사와 실학』 29, 역사실학회, 2009.

유봉학, 「북학사상의 형성과 그 성격―담헌 홍대용과 연암 박지원을 중심으로」, 『한국사론』 8, 서울대 국사학과, 1982.

이경구, 「담헌의 지식인 교유와 지성사적 위치」, 문석윤 외, 『담헌 홍대용 연구』, 성균관대 출판부, 2012.

이동환, 「연암 사상의 한계에 대하여」, 『대동한문학』 23, 대동한문학회, 2005.

이선민, 「이이의 更張論」, 『한국사론』 18, 서울대 국사학과, 1988.

이우성, 「18세기 서울의 도시적 양상」, 『향토서울』 17, 서울특별시사편찬위원회, 1963.

이우성, 「실학파의 문학과 사회관」, 『한국사상대계』 I, 성균관대 대동문화연구원, 1973.

이우성, 「실학연구서설」, 『실학연구입문』, 일조각, 1973.

이우성, 「실학파의 문학과 사회관」, 『한국의 역사상』, 창작과비평사, 1982.

이우성, 「초기 실학과 성리학과의 관계―반계 유형원의 경우」, 『동방학지』 58, 연세대 국학연구원, 1988.

이지형, 「홍담헌의 경학관과 그의 시학」, 『한국한문학연구』 1, 한국한문학회, 1976.

이헌창, 「반계 유형원의 경제사상에 관한 연구」, 『조선시대사학보』 10, 조선시대사학회, 1999.

이헌창, 「유수원과 박제가의 상업진흥론」, 『한국실학연구』 4, 한국실학학회, 2002.

이현식, 「『열하일기』의 제일장관, 청나라 중화론과 청나라 문화 수용론」, 『동방학지』 144, 연세대 국학연구원, 2008.

이현식, 「『열하일기』의 「皇城記」, 청 왕조 정통론」, 『국어국문학』 152, 국어국문학회, 2009.

이현식, 「「도강록서」, 『열하일기』를 위한 위장」, 『동방학지』 152, 연세대 국학연구원, 2010.

임종태, 「무한우주의 우화」, 『역사비평』 71, 역사문제연구소, 2005.

임형택, 「실학자들의 일본관과 실학」, 『실사구시의 한국학』, 창작과비평사, 2000.

임형택, 「연암의 경제사상과 이용후생론」, 임형택 외, 『연암 박지원 연구』, 성균관대 출판부, 2012.

전용훈, 「조선후기 서양천문학과 전통천문학의 갈등과 융화」, 서울대 박사학위논문, 2004.

정구복, 「반계 유형원의 사회개혁사상」, 『역사학보』 45, 역사학회, 1970.

조광, 「홍대용의 정치사상 연구」, 『민족문화연구』 14, 고려대 민족문화연구소, 1979.

조성을, 「정약용의 신분제개혁론」, 『동방학지』 51, 연세대 국학연구원, 1986.

조성을, 「홍대용의 역사인식」, 『진단학보』 79, 진단학회, 1995.

조성을, 「정약용의 토지제도 개혁론」, 『한국사상사학』 10, 한국사상사학회, 1998.

조성을, 「실학의 사회·경제사상―신분제도 개혁을 중심으로」, 『대동문화연구』 37, 성균관대 대동문화연구원, 2000.

조영록, 「17~8세기 尊我的 화이관의 한 시각」, 『동국사학』 17, 동국사학회, 1982.

천관우, 「반계 유형원 연구」, 『역사학보』 2·3, 역사학회, 1952.

천관우, 「홍대용」, 천관우 외, 『한국의 인간상』 4, 신구문화사, 1965.

천관우, 「담헌 홍대용」, 『한국사의 재발견』, 일조각, 1974.

천관우, 「홍대용의 실학사상」, 『근세조선사연구』, 일조각, 1979.

한영우, 「유수원의 신분개혁사상」, 『한국사연구』 8, 한국사연구회, 1972.

허남진, 「조선후기 기철학 연구」, 서울대 박사학위논문, 1994.

허남진, 「홍대용의 철학사상」, 『진단학보』 79, 진단학회, 1995.

허태용, 「'북학사상'을 연구하는 시각의 전개와 재검토」, 『오늘의 동양사상』 14, 예문동양 사상연구원, 2006.

홍기문, 「박연암의 예술과 사상」, 金貞煥 편, 『現代文化讀本』, 文榮堂, 1948; 「박연암의 예술과 사상」, 『한국한문학연구』 11, 한국한문학회, 1988.

—

傅衣凌, 「明淸時代江南市鎭經濟的分析」, 『明淸資本主義萌芽硏究論集』, 人民出版社, 1981.

—

宮嶋博史, 「조선시대의 신분, 신분제 개념에 대하여」, 『대동문화연구』 42, 성균관대 대동 문화연구원, 2003.

朴鴻圭, 「十七世紀東アジア秩序の問題─華夷論を中心に」, 『政經硏究』 第38卷 第3號, 日本大學法學會, 2011.

山內弘一, 「洪大容の華夷觀について」, 『朝鮮學報』 159, 朝鮮學會, 1996.

小川晴久, 「地轉(動)說에서 우주무한론으로: 김석문과 홍대용의 세계」, 『동방학지』 21, 연세대 국학연구원, 1979.

越智重明, 「華夷思想と天下」, 『久留米大學論叢』 第37卷 第2號, 久留米大學法學部 〔他〕, 1988.

4. 기타

홍기문, 「박연암의 예술과 사상」, 《조선일보》 1937.7.27~8.1.

찾아보기